二十五史藝文經籍志
考補萃編續刊

第十一卷

《宋史·藝文志》史部著錄暨未收宋代著述考

王承略 劉心明 主編

清華大學出版社 北京

（第四冊）

劉兆祐 著

十二、地理類

（一）總志之屬

三代地理志六卷　宋不著撰人　佚

地理論六卷　宋不著撰人　佚

右二書《宋史·藝文志》地理類著錄。

按：右二編諸家書目罕見著錄，蓋宋時人所纂。

坐知天下記四〇卷　宋樂史撰　佚

史有貢舉故事二〇卷已著錄。

此書《宋史·藝文志》地理類著錄。

按：《玉海》卷一五"太平寰宇記"條引《書目》云："樂史《坐知天下事》四〇卷。"

九域圖三卷　宋王曾撰　佚

曾，字孝先，益都人，咸平中由鄉貢試禮部廷對皆第一，累拜中書侍郎，同中書門下平章事，後出知貢州，終判鄆州，卒諡文正。著有《王文正公筆錄》《契丹志》等。事迹具《宋史》卷三一〇本傳。

此書《宋史·藝文志》地理類著錄。

按：此書《崇文總目》《通志·藝文略》並著錄三卷。《玉海》卷一四"祥符九域圖"條云："祥符初，命李宗諤修圖經，有司請約唐《十道圖》以定賦役，上命學士王曾修《九域圖》，六年（1013）成。"考《蜀中廣記》卷一一榮縣引本志云："蓮宇山在學宮後，有宋人九域圖碑。"

皇祐方域圖記三〇卷要覽一卷　宋王洙等撰　佚

洙有《祖宗故事》二〇卷已著錄。

此書《宋史·藝文志》地理類著録。

按:《玉海》卷一四"皇祐方域圖志"條云:"皇祐三年(1051)七月己巳,知制誥王洙,直集賢院掌禹錫上《新修地理圖》五十卷,《國史志》:三卷。圖繪要覽一卷,詔賜名《皇祐方域圖志》。《九域志》云《圖記》。"此書《玉海》云五十卷,《宋志》僅三十卷,疑析併不同也。

又按:《玉海》卷十四載,至和元年(1054)十二月庚子,洙、禹錫又上《皇祐方域續圖》。禹錫,字唐卿,鄆城人,進士,直集賢院,兼崇文院檢討,以尚書工部侍郎致仕,事迹具《宋史》卷二九四本傳。

十道四蕃引一卷　宋韓郁撰　佚

郁,生平待考。

此書《宋史·藝文志》地理類著録。

按:《玉海》卷一六引《國史志》云:"韓郁《十道四蕃引》一卷。"

十八路圖一卷圖副二〇卷　宋趙彦若撰　佚

彦若,字元考,青州臨淄人,師民子。元祐初,累官兵部侍郎,改禮部,尋權刑部尚書兼侍讀,轉爲翰林學士、知制誥。紹聖初,章惇當國,惡元祐黨人,以彦若預修《神宗實録》,謫澧州,尋卒。嘗與司馬光同修《宗室世表》三卷,本書已著録。事迹附見《宋史》卷二九四《趙師民傳》、《東都事略》卷六〇、《元祐黨人傳》卷二等書。

此書《宋史·藝文志》地理類著録。

《宋志》注云:"熙寧間,天下州府軍監縣鎮圖。"

按:《玉海》卷一四"熙寧十八路圖"條云:"熙寧四年(1071)二月甲戌,召集賢校理趙彦若,歸館管當畫天下州軍府監縣鎮地圖。先是中書命畫院待詔繪畫,上欲有記問者精考圖籍,故命彦若。六年(1073)十月戊戌上《十八路圖》一,及《圖副》二十卷."此書《宋志》不著撰人,茲據《玉海》署趙彦若。

元豐郡縣志三〇卷圖三卷　宋李德芻撰　佚

德芻有《聖朝徽名録》一〇卷已著録。

此書《宋史·藝文志》地理類著録。

按:《玉海》卷一五"元豐郡縣志"條云:"元豐三年(1180)十月辛酉,詳定官制所檢討文字光禄寺丞李德芻,上《元豐郡縣志》三十卷,圖三卷。"

天下郡縣圖不著卷數　宋沈括撰　佚

括有《熙寧詳定諸色人廚料式》一卷已著録。

此書《宋史·藝文志》地理類著録。

按:《玉海》卷一四"天下州縣圖"條云:"熙寧九年(1076)八月六日,三司使沈括言,天下州府軍監縣鎮圖,其間未全具,先曾別編次一本,稍加精詳,欲再於職方借圖經、地圖等圖草,躬親編修,從之,元祐三年(1088)八月丙子,沈括賜絹百匹,以括編修《天下州縣圖》故也。"考《夢溪筆談》卷二五云:"予奉使按邊,始爲木圖,寫其山川道路,其初遍履山川,旋以麪糊木屑寫其形勢於木案上,未幾寒凍,木屑不可爲,又鎔蠟爲之,皆欲其輕易齎故也。至官所則以木刻上之,上召輔臣同觀,乃詔邊州皆爲木圖藏於内府。"是知沈氏深於地理也。

皇州郡縣志一〇〇卷　宋范子長撰　佚

子長,字少才,華陽人,師張杖,以進士官太學,崇寧知縣,著有《格齋集》。

此書《宋史·藝文志》地理類著録。

按:此編諸家書目罕見著録。

圖經九八卷　又圖經七七卷　宋李宗諤等撰　佚

宗諤有《永熙寶訓》二卷已著録。

此書《宋史·藝文志》地理類著録。

考《玉海》卷一四"祥符州縣圖經"條云:"景德四年(1007)二月庚辰,真宗因覽《西京圖經》,有所未備,詔諸路州府軍監,以圖經校勘,編入古迹,選文學之官纂修校正,補其闕略來上。及諸路以圖經獻,詔知制誥孫僅、待制戚綸、直集賢院王隨、評事宋綬、邵焕校定。僅等以其體製不一,遂加例重修,命翰林學士李宗諤、知制誥王曾領其事,又增張知白、晏殊,又擇選人李垂、韓羲等六人參其事。祥符元年(1008)四月戊子,龍圖待制戚綸,請令修圖經官先修東封所過州縣圖經進内,仍賜中書、密院、崇文院各一本,以備檢閲,從之。三年(1010)十二月丁巳,書成,凡一千五百六十六卷,目録二卷,宗諤等上之,詔嘉奬,賜器幣,命宗諤爲序。又詔重修定大小圖經,令職方牒諸州謹其藏,每閏依本録進。景祐四年(1037)二月甲子,賜御史臺,《中興書目》,今存九十八卷,袞州至利州,或附以近事云。凡京府二、次府八、州三百五十二、軍四十五、監十四、縣千二百五十三,祥符四年(1011)八月十八日,中書門下牒别寫録,頒下諸道圖經新本共三百四十二本。《續書目》有圖經七十七卷,台州至筠州,其間亦有經後人增益者。"

李宗諤《序》云:"夏載弼成於五服,職方周知於數要,其後地志起於史官,郡記出於風土。昔漢蕭何先收圖籍,趙充國圖上方略,光武按司空輿地圖封諸子,李恂使幽州圖山川,並釐定封域,章施丹采。今閏年諸州上地圖,亦其比也,圖則作繪之名,經則載言之别。景德丁未(四年,1007)歲,展孝山園,循功鼎邑,覽山河之形勝,酌方志之前聞,勑土訓而夾車,校地官之著籍,亟詔方州,精加綜輯,曾未半載,悉上送官。毛舉百代,派引九流,舉春秋筆削之規,遵史臣廣備之法,立言之本,勸戒爲宗,守令循良,罔不採尋,畯良攸産,往諜備傳。自餘經界之疆畔,道里之邇遐,版賦耗登,軌迹昭晦,土毛良苦,氣俗剛柔,具有差品,無相奪倫。"①

按:《宋志》所著録九十八卷及七十卷之本,當是一千五百六十六卷之子餘也。

輿地要覽二三卷　宋李和篪撰　佚

和篪,生平待考。

此書《宋史・藝文志》地理類著録。

聖域記二五卷　宋余嘉撰　佚

嘉,字若蒙,號淡軒,漳州龍溪人。淳熙十一年(1184)進士。官新州教授,攻慶元僞學,上書乞斬朱熹。著述甚富,有《周禮解》《禹貢考》《春秋地理增釋》《五音姓譜》等書。事迹具《慶元黨禁》《宋元學案》卷九七、《宋元學案補遺》卷九七等書。

此書《宋史・藝文志》地理類著録。

按:《玉海》卷一五"紹興歷代疆域志"條云:"十六年(1146)九月六日,撫州布衣吳澥上《宇内辯》《歷代疆域志》各十卷,詔免解,余嘉進《聖域城記》二十五卷,以本朝州縣沿革、山川、風物及古今守備之處彙書之。"

地理圖一卷　宋不著撰人　佚

此書《宋史・藝文志》地理類著録。

按:《中興館閣書目輯考》三著録《地理圖》一卷,不著撰人,蓋即此編也。

東京至益州地理圖不著卷數　宋不著撰人　佚

此書《宋史・藝文志》地理類著録。

按:《宋志》注云:"卷亡。"

圖經不著卷數　宋李昉撰　佚

昉有《歷代年號》一卷已著録。

---

① 《玉海》卷一四"祥符州縣圖經"條引。

此書《宋史·藝文志》不著録,見《郡齋讀書志》卷八地理類。

晁氏曰:右皇朝李昉撰。

孫猛《郡齋讀書志校證》云:"按:《宋史》卷二六五《李宗諤傳》云宗諤嘗預修《諸路圖經》。《諸路圖經》凡一千五百六十六卷、《目録》二卷。景德四年二月庚辰詔修,翰林學士李宗諤、知制誥王曾領其事,大中祥府三年十二月丁巳書成,宗諤等上之,令宗諤爲《序》,撰修始末及宗諤《序》見《玉海》卷十四'祥符州縣圖經'條。《玉海》引《中興書目》云:'今存九十八卷,袞州至利州,或附以近事云。'《宋志》卷三著録止李宗諤《圖經》九十八卷,又《圖經》七十七卷,亦殘卷,意省。《郡齋讀書志》著録即宗諤《圖經》殘本,卷帙零落,不易計卷數,而公武又誤署宗諤之父昉之名。"

太平寰宇記二〇〇卷　宋樂史撰　存

史有《貢舉故事》二〇卷《目》一卷已著録。

此書《宋史·藝文志》地理類著録。

書前有朝奉郎太常博士直史館賜緋魚袋樂史《進太平寰宇記表》,云:"臣聞四海同風,九州共貫,若非聖人提機蹈杼,織成天下,何以逮此。自唐之季,率土纏兵,裂水界山,窺王盜帝,至于五代,環五十年,雖奄有中原,而未家六合。不有所廢,其何以興,祖龍爲炎漢之梯,獨夫啓成周之路。皇天駿命,開我宋朝。太祖以握斗步天,掃荊蠻而幹吳蜀;陛下以呵雷叱電,蕩閩越而縛并汾。自是五帝之封區,三皇之文軌,重歸正朔,不亦盛乎。有以見皇王之道全,開闢之功大。其如圖籍之府未修,郡縣之書罔備,何以頌萬國之一君,表千年之一聖?眷言闕典,過在史官。雖則賈耽有《十道述》,元和有《郡國志》,不獨編修太簡,抑且朝代不同,加以從梁至周,郡國割據,更名易地,暮四朝三。臣今沿波討源,窮本知末,不量淺學,撰成《太平寰宇記》二百卷,並《目録》二卷,自河南周於海外,至若賈耽之漏落,吉甫之闕遺,此盡收焉。萬里山河,四方險阻,攻守利害,沿襲根源,伸紙未窮,森然在目,不下堂而知五土,不出户而觀萬邦,圖籍機權,莫先於此。臣職居館殿,志在坤輿,輒撰此書,冀聞天聽,誠慙淺略,仰冒宸衷,謹上。"

《直齋書録解題》卷八地理類著録《太平寰宇記》二〇〇卷,陳氏曰:"太常博士直史館宜黃樂史(子正)撰。起自河南,周於海外,當太宗朝上之。"

《郡齋讀書志》卷八地理類著録《太平寰宇記》二〇〇卷,晁氏曰:"右皇朝樂史等撰。太平興國中,盡平諸國,天下一統。史悉取自古山經地志,考正謬誤,纂成此書,上之於朝。"

《四庫全書總目》卷六十八史部地理類著録《太平寰宇記》一九三卷,云:"宋樂史撰。史有《廣卓異記》已著録。宋太宗時,始平閩越,并北漢,史因合輿圖所隸,考尋始末,條分件繫,以成此書。始於東京,迄於四裔,然是時幽、媯、營、檀等十六州,晋所割以賂遼者,實未入販章,史乃因賈耽《十道志》、李吉甫《元和郡縣志》之舊,概列其名,蓋太宗置封椿庫,冀復燕雲,終身未嘗少置,史亦預探其志,載之於篇,非無所因而漫録也。史進書序議賈耽、李吉甫爲漏闕,故其書採摭繁富,惟取賅博,於列朝人物,一一並登,至於題詠古迹,若張祐《金山詩》之類,亦皆並録,後來方志,必列人物藝文者,其體皆始於史,蓋地理之書,記載至是書而始詳,體例亦自是而大變,然史書雖卷帙浩博,而考據特爲精核,要不得以末流冗雜,追咎濫觴之源矣。原本二百卷,諸家藏本並多殘闕,惟浙江汪氏進本,所闕自一百十三卷至一百十九卷,僅佚七卷。又每卷末附校正一頁,不知何人所作,辨析頗詳,較諸本最爲精善,今據以著錄。《文獻通考》作《太平寰宇志》,此本標題實作《太平寰宇記》,諸書所引,名亦兩歧。今考史進書原序亦作記字,則《通考》爲傳寫之誤,不足據也。"

清陳蘭森所輯《太平寰宇記補闕》七卷,陳氏《自序》云:"其書共缺八卷,而自江南西道一百十三卷至十九卷,凡七卷皆缺。按之目錄,皆楚南嶺西州縣,森生於桂林,瀟湘從宦,故鄉風物,衡嶽遨游,猶堪記述。至第四卷開封府七縣,則宋室西京,聖迹名臣,班班可考,乃從而補輯之,附之卷末,並屬芝堂再爲訂正。大要以《大清一統志》爲宗,而參之《元和》《九域》諸志,中有引《寰宇記》者,一字必存,以無忘所本。他如山川人物,或史或傳,悉原舊載,無取煩言,《寰宇記》數百年之書,於是完然大備。"

《古逸叢書本》載清楊守敬《跋》,云:"《太平寰宇記》中土宋刊本久不存,《四庫》著錄據浙江汪氏所進鈔本,闕一百十三至一百十九,凡七卷。而乾嘉間江西萬氏、樂氏兩刊本,更闕河南道第四一卷。考曝書亭所見池北書庫本,亦闕河南道第四,則審闕八卷矣。余於森立之訪古志,見有此書宋槧殘本,藏楓山官庫,意或有足以補中土所佚者,因託修史館監事嚴谷修探之,並告知星使黎公,行咨於其太政大臣借之以出。計原書凡二十五册,爲蝴蝶裝,其存者不及半焉,乃以近刻本校一過,其一百十三至一百十八(一百十四尾缺湘鄉以下五縣),則重刻之《古逸叢書》,並刊其卷首一表。雖尚佚其二卷又半(河南道第四一卷,一百十九一卷,一百十四數頁),未爲完書,亦足以慰好古之懷矣。世傳岣嶁禹碑,始自宋何致一,多有疑其僞造者,今按此書於潭州下引庾仲雍《湘州記》云,'夏禹刻石書名山之上,而不敢質言之',則樂氏時不見此碑審矣。又錢竹汀《養新錄》,稱《元史·地理志》於郴州之郴陽

縣云：'舊敦化至元十三年改今名，疑敦字犯宋諱，湖南爲宋
土，不得有敦化縣，因據《輿地紀勝》引《寰宇記》爲晋天福時
所改，漢初復舊，以訂其誤。'今此書與《紀勝》悉合，其他所引
逸書逸事，不遑縷述，固非後人所得臆補者也。至江西兩刊，
皆據傳鈔及活字本入木，互有脱誤，而萬氏本臆改尤甚。世
有好事君子，因此所存殘本，以正江西兩刻，又以兩刻互校，
而一一考樂氏所引原書，雖未必盡復舊觀，亦庶幾十得八九。
若陳氏蘭森臆補之卷，固無論焉。光緒癸未九月，宣都楊守
敬記於日本東京使館。"

陳運溶跋此《古逸叢書》本云："案《寰宇記補闕》，於河南道第
四及潭、施、辰、錦、叙、溪六州謂仍殘缺者，亦有故焉。蓋《補
闕》以《輿地紀勝》爲據，《紀勝》中無河南郡縣，而潭、施等州
亦缺，辰州雖存，頗難區別，故於潭州略補一二縣以自掩飾，
其餘則亦謂之殘缺矣。楊云此書與《紀勝》悉合，既知兩書有
相合之處，何不一一考核，已可知其以《紀勝》爲藍本也。然
陳氏蘭森雖屬臆補，當非杜撰古書，以此較彼，罪孰甚焉。光
緒己亥三月，善化陳運溶識於麓山精舍。"

《太平寰宇記辨僞》六卷，載陳運溶《序》，云："影宋本《寰宇記
補闕》之僞，已詳爲辨證，皆附録各條下。是書初觀，竟可亂
真，流傳海内，並無疑議，余因閲《輿地紀勝》，而恍然是書之
僞所由來矣，雖未逐條勘校，亦已十得八九，以當爰書，無可
置喙。因思作者用功良苦，使不假託宋本，明爲是書補闕，則
亦未始非樂氏功臣也。其州縣沿革，以及四至八刻，勤爲考
證，頗覺詳明，而奈何蹈豐坊故智，以自欺欺人，良可慨矣。"

《太平寰宇記拾遺》七卷載陳運溶《自序》，云："宋王象之《輿
地紀勝》一書中引樂史《寰宇記》最詳，間爲印證，删節無多。
是則《寰宇記》所缺卷目，惟《紀勝》可以補之，雖未能盡復舊

觀,而逸事遺文,幾於每縣皆備。然《紀勝》亦有殘缺,斯爲恨事,潭州、施州有録無書,錦州、叙州、溪州在宋中葉皆歸併辰、沅境内。今於潭、施二州,仍付闕如,錦、叙二州,略爲採集,而溪州則已無可考核矣。故影宋本《寰宇記》之僞,亦從兹悟出,蓋《紀勝》所缺各州,而影宋本亦缺,恐未必恰如此數,殆作僞者以《紀勝》爲藍本,《紀勝》所無,殊難懸揣,遂亦以殘缺目之也。兹所録者,皆非臆補,必稱引原書,方爲收入。其中有十七條,爲影宋本所未載,豈僞撰此書時,有所遺落耶? 另有《寰宇記辨僞》附刊於後。光緒二十五年歲次己亥春三月,善化陳運溶序。"

此書傳本尚多。《四庫簡明目録標注》云:"活字板本。又樂氏刊本。江西萬氏刊本,附徐午撰《大清一统志表》,校正舛訛,又補《四庫》本所闕,定爲一百九十二卷,補闕八卷,《紀元表》一卷。錢遵王家有足本。王漁洋云:'金陵焦氏有宋刻,今歸昊廬侍郎。'朱修伯曰:'《大典》有足本。'《續録》云:'季氏鈔,缺卷四及一百十三至一百十九凡八卷。'明鈔本。清初傳鈔趙清常校本。清鈔本,孔繼涵依宋本手校。金陵局本。傅沅叔曰:'曾在揚州文樞堂收得萬鈔本,有趙清常校記,蓋從趙氏本出,取校局本,改正甚多。'"

臺北"國家圖書館"藏有:舊鈔本,缺卷一百十三至卷一百十九,存一百九十三卷;藍格舊鈔本,缺卷四、卷一百十三至卷一百十九,存一百九十二卷;舊鈔本,缺卷四、卷一百十三至卷一百十九,存一百九十二卷。臺北"故宫博物院"有清文淵閣《四庫全書》本,缺卷一百十三至卷一百十九,存一百九十三卷。又有舊鈔本一部,缺卷四、卷一百十三至卷一百十九,存一百九十二卷,係前國立北平圖書館舊藏。"中央研究院"歷史語言研究所有明烏絲闌鈔本一部,二百卷,附《目録》二卷。收入叢刻者有《説郛》本,僅一卷;《古逸叢書》《叢書集成初編》本,六卷,存卷一百十三至卷一百十八;《趙氏叢書》本,二百卷,缺卷一百十三至卷一百十九,另有《補闕》七卷,係清陳蘭森輯;《麓山精舍叢書》第一集,收有清陳運溶輯《太平寰宇記拾遺》七卷及《太平寰宇記辨僞》六卷;《經籍佚文》收清王仁俊輯《太平寰宇記佚文》一卷。

九域志一○卷　宋王存等撰　存

存(1023—1101),字正仲,一字敬仲,潤州丹陽人。幼善讀書,年十二,辭親從師於江西,五年始歸。時學者方尚雕篆,獨爲古文數十篇,鄉老先生見之,自以爲不及。慶曆六年(1046)進士,調嘉興主簿,擢上虞令,除密州推官,修潔自重,爲歐陽修、吕公著所知,歷知太常禮院,與王安石厚。安石執政,數引與論事,不合,叩謝不往。存在三館歷年,屢上書陳時政,累官户部尚書。哲宗朝轉吏部,時朋黨論熾。存爲帝言恐濫及善人,與任事者戾,出知杭州,遷右正議大夫致仕。建中靖國元年(1101)卒,年七十九。事迹具《宋史》卷三四一、《宋史新編》卷一一五等書。

此書《宋史·藝文志》地理類著録。

《郡齋讀書志》卷八地理類著録《九域志》十卷,晁氏曰:“右皇朝王存被旨删定,總二十三路,京府四,次府十,州二百四十二,軍三十七,監四,縣一千一百三十五。”

《直齋書録解題》卷八地理類著録元豐《九域志》十卷,陳氏曰:“知制誥丹陽王存(正仲)、集賢校理南豐曾肇(子開)、官制所檢討邯鄲李德芻等删定,總二十三路、四京、十府、二百四十二州、三十七軍、四監、一千一百三十五縣。”

《四庫全書總目》卷六十八史部地理類一著録元豐《九域志》十卷,《提要》云:“宋承議郎知制誥丹陽王存等奉敕撰。存字

敬仲,丹陽人,登進士第,調嘉興主簿,歷官尚書右丞。事迹
具《宋史》本傳。初,祥符中,李宗諤、王曾先後修《九域圖》。
至熙寧八年,都官員外郎劉師旦,以州縣名號多有改易,乞奏
重修。乃命館閣校勘曾肇、光禄丞李德芻删定,而以存總其
事。以舊書名圖而無繪事,請改曰志,迄元豐三年閏九月書
成。此本前有存等進書原《序》,稱國朝以來,州縣廢置與夫
鎮戍城堡之名,山澤虞衡之利,前書所略,則謹志之,至於道
里廣輪之數,昔人罕得其詳,今則一州之内,首叙州封,次及
旁郡,彼此互舉,弗相混淆。總二十三路,京府四,次府十,州
二百四十二,軍三十七,監四,縣一千二百三十五,釐爲十卷。
王應麟稱其文見於《曲阜集》,蓋曾肇之詞也。其書始於四
京,終於省廢州軍,及化外羈縻州,凡州縣皆依路分隸,首具
赤畿望緊上中下之名,次列地里,次列户口,次列土貢,每縣
下又詳載鄉鎮,而名山大川之目,亦併見焉。其於距京距府,
旁郡交錯,四至八到之數,縷析最詳,深得古人辨方經野之
意,叙次亦簡潔有法。趙與峕《賓退録》尤稱其土貢一門,備
載貢物之額數,足資考核,爲諸志之所不及,《自序》所稱文直
事核,洵無愧其言矣。其書最爲當世所重,民間又有别本刊
行,内多《古迹》一門,故晁公武《讀書後志》,有新舊《九域志》
之目。此爲明毛晋影抄宋刻,乃元豐間經進原本,後藏徐乾
學傳是樓中,字畫軒朗,訛闕亦少,惟佚其第十卷,今以蘇州
朱焕家抄本補之,首尾完具。按張淏《雲谷雜記》稱南渡後閩
中刊書不精,如睦州宣和中始改嚴州,而新刊《九域志》直改
爲嚴州,今檢此本内睦州之名尚未竄改,則其出於北宋刻本
可知。近時馮集梧校刊此書,每卷末具列考证,其所本亦此
本也。"

《四庫全書總目》卷七十二史部地理類存目一著録《新定九域

志》十卷，《提要》曰："此書與宋王存等所撰《元豐九域志》文
並相同，惟府、州、軍、監、縣下，多出《古迹》一門。詳略失宜，
視原書頗爲蕪雜，蓋即晁公武《郡齋讀書志》所云新本，朱彝
尊《跋》以爲是民間流行之書者也。首卷四京及京東東路俱
已闕，次卷亦有訛脱，彝尊曾見崑山徐氏家藏宋槧本，所紀闕
文與此本同，蓋即從徐氏録出者。張淏《雲谷雜記》稱南渡後
閩中刻《九域志》，誤改睦州爲嚴州，今檢毛晋家影鈔《九域
志》舊本，睦字未改，而此本則已作嚴州。足知其出於南宋閩
中刊本，而《古迹》一門，當即其時坊賈所增入矣。王士禎《居
易録》載所見《九域志》與此本合，而誤以爲即元豐經進之書，
則亦未見王存原本也。"
按：《提要》謂"晁公武《郡齋讀書志》所云新本"者，語見《郡齋
讀書志》卷八地理類"職方機要四十卷"條。晁氏於《職方機
要》一書云："右不題撰人姓名。《序》云：'本新、舊《九域
志》，上據歷代史，旁取《左氏》《水經》《通典》，且採舊聞，參以
小説，黜謬舉真，紬成此書。'其間載政和間事，蓋當時人也。"
此書傳本尚多。《四庫簡明目録標注》云："聚珍板本。乾隆
四十九年（1784）馮氏刊本。"季目有鈔本二十四卷，似附古
迹，所謂民本也，十卷則官修原本。《存目》有《新定九域志》
十卷，即附古迹之本。新定本影宋鈔，十一行，行大二十二，
小二十三、四、五字不等。"邵章《續録》云："閩覆聚珍本。傳
是樓影宋本，字密而小，佚第十卷，以蘇州朱焕家鈔本補之。
閩中刻本不精，如睦州宣和中改嚴州，此本未改，出於北宋可
知。宋刊大字本，又小字本。青芝堂影宋鈔本，葉大字廿二，
小字夾行，廿二至廿五字不等。德聚堂刊本。盧氏鈔本。金
陵局本。"前國立北平圖書館有《新定九域志》十卷二册，係經
坊賈增訂者，明錫山秦氏雁里草堂烏絲闌鈔本，今藏臺北"故

宮博物院"。臺北"國家圖書館"舊鈔本元豐《九域志》一部，
十卷五册，又有舊鈔本《新定九域志》兩部，一部十卷二册，一
部存卷一至卷四，四卷二册。臺北"故宫博物院"則有清文淵
閣《四庫全書》本一部。

春秋地譜十二卷　宋楊湜撰　佚

湜，揚州人，漢太尉震之裔。治平中爲符離縣尉。事迹具嘉
靖《宿州志》卷三。

此書《宋史・藝文志》不著録，見《郡齋讀書志》卷八地里類。

晁氏曰："右皇朝楊湜編。十三國地皆釋以今州縣名，并爲圖
於其後。蓋常氏已嘗有此書，而湜增廣焉。"

孫猛《郡齋讀書志校證》云："按《隋志》卷一春秋類，卷一地理
類複出《春秋土地》三卷，題晉裴秀客京相璠撰。疑此'常氏'
爲'京氏'之誤。"

地理指掌圖一卷　宋税安禮撰　存

安禮，事迹待考。

此書《宋史・藝文志》不著録，見《直齋書録解題》卷八地
理類。

陳氏曰："蜀人税安禮撰。元符中欲上之朝，未及而卒。書肆
所刊，皆不著名氏，亦頗闕不備。此蜀本，有涪右任慥《序》，
言之頗詳。"

《宋史藝文志補》地理類著録此書，注云："蜀人，或云東坡
者，誤。"

《四庫全書總目》卷七十二史部地理類存目一著録此書，題
《歷代地理指掌圖》，一卷，《提要》云："舊本題宋蘇軾撰。始
自帝嚳，迄於宋代，爲圖凡四十有四。前有《序》，後有《總
論》。其《序》云據元豐《九域志》，然書中乃有建炎二年改江
寧爲建康府，紹興三十二年升洪州爲隆興府諸語。案費袞

《梁谿漫志》曰：'今世所傳《地理指掌圖》，不知何人所作。其
考究精詳，詮次有法，上下數十百年，一覽而盡，非博學洽聞
者不能爲，自足以傳遠。然必託之東坡，其《序》亦云東坡所
爲。觀其文淺陋，乃舉子對策手段，東坡安有此語。最後有
《本朝升改廢置州郡》一圖，乃有崇寧以後，迄於建炎、紹興所
廢置者，此豈出於東坡之手哉。'云云，則此書之僞，南宋人固
已言之，而流傳刊本仍題軾名；刊胡安國《春秋傳》者，皆摘其
《列國》一圖爲冠，亦仍題曰東坡，謬之甚矣。其書雖簡明，而
疏略殊甚，費袞所稱，殊爲過當，亦不足據也。"

此書之傳本：《書舶庸譚》卷八下著録宋刊本一部，不分卷。
《知聖道齋讀書跋尾》卷一著録明翻宋刊本一部，不分卷。
《天禄琳瑯書目·後編》卷十五、《振綺堂書録》地志類，並著
録明刊本一部，不分卷。臺北"國家圖書館"有明刊本兩部，
不分卷。臺北"故宮博物院"有明刊本一部，不分卷。

輿地廣記三十八卷　宋歐陽忞撰　存

忞有《巨鰲記》五卷已著録。

此書《宋史·藝文志》地理類著録。

歐陽忞《序》云："地理之書，雖非有深遠難見之事，然自歷世
以來，更張改作，先王之制，無一在者，自非專門名家而從事
於此者，其孰能知之。予不佞，自少讀書，私嘗留意於此，嘗
自堯舜以來至於今，爲書凡三十八篇，命之曰《輿地廣記》。
凡自昔史官之作，與夫山經地誌，旁見雜出，莫不入於其中，
庶幾可以成一家之言，備職方之考，而非口傳耳受嘗試之説
者也。統之有宗，會之有源，則繁而不能亂，衆而不能惑。夫
以今之州縣，而求於漢則爲郡，分而爲今之三百餘州，雖其間
或離或合，不可討究，而吾胸中蓋已了然矣。譬如三十幅之
車，制之以轂，二篇之策，統之以乾坤，豈不約而易操乎。是

以願廣其書於世,必有能辨之者,世之君子,其試以是觀之。
政和十一年三月日,廬陵歐陽忞序。"

《郡齋讀書志》卷八地理類著録《輿地廣記》三十八卷,晁氏
曰:"右皇朝歐陽忞纂。自堯舜以來,至於五代,地里沿革離
合,皆繫以今郡縣名。或云無所謂歐陽忞者,特假名以行其
書耳。"

《直齋書録解題》卷八地理類著録《輿地廣記》三十八卷,陳氏
曰:"廬陵歐陽忞撰。政和中作,其前三卷以今之郡縣系於前
代郡國之下。其《序》曰:'以今州縣求於漢,則爲郡;以漢郡
縣求於三代,則爲州。三代之九州,散而爲漢之六十餘郡,又
分而爲今之三百餘州,雖或離或合不可討究,而吾胸中則已
了然矣。'漢郡國一百三,今云六十餘郡,不可曉也。忞爲文
忠族孫,行名皆連心字。"

《四庫全書總目》卷六十八地理類著録《輿地廣記》三十八卷,
《提要》云:"宋歐陽忞撰。晁公武《郡齋讀書志》謂實無其人,
乃著書者所假託。陳振孫《書録解題》則以爲其書成於政和
中。忞,歐陽修從孫,以行名皆連心字爲據。按此書非觸時
忌,何必隱名,疑振孫之説爲是。然修廬陵人,而此本有忞自
序,乃自稱廣陵,豈廣廬字形相近,傳寫致訛歟？其書前四
卷,先叙歷代疆域,提其綱要,五卷以後,乃列宋郡縣名,體例
特爲清析,其前代州邑,宋不能有,如燕雲十六州之類者,亦
附各道之末,名之曰化外州,亦足資考證。雖其時土宇狹隘,
不足括輿地之全,而端委詳明,較易尋覽,亦輿記中之佳
本也。"

按:此書傳本尚多。《四庫簡明目録標注》云:"聚珍板本。
黃氏影宋刊本,附札記二卷,內有缺卷,依曝書亭鈔本補重
刊。許氏有鈔本,云與黃刻本有異同。朱修伯曰:'宋本字密

而小，曾見傳是樓影宋本。'"今臺北"國家圖書館"藏有清嘉慶間王士和手鈔本，清周錫瓚手校並跋兼過録，黄丕烈題記。臺北"故宫博物院"有清文淵閣《四庫全書》本。

輿地新書一〇卷　宋李如篪撰　佚

如篪，字季牗，崇德人。少游上庠，博學能文，紹興間以特科官桐鄉丞。著有《樂書》《東園叢説》等。事迹具《緣督集》卷十七《李季牗輿地新書序》、《四庫提要辯證》卷十五"東園叢説三卷"條。

此書《宋史·藝文志》不著録，見宋曾丰《緣督集》卷十七。

《緣督集》卷十七《李季牗〈輿地新書〉序》云："疆理之制，始乎伏羲，成乎黄帝，至周而大備，至於東周寖壞矣。凡物之壞，未有不變者，故周而上封建，秦而下郡縣，秦而下未久可考也，周而上則或可考，或不可考矣。春秋之初，周之列國猶有千二百存焉，訖獲麟則千二百國，見於經傳者百有七十，百三十九知其所，三十一亡其處。嗚呼，春秋二百四十二年耳，千二百之中，地若名俱可考者，纔百三十九，而俱不可考者至於一千三十，蓋十無二矣。等而上之，比周之初千八百國，十無一矣。又等而上之，比商之初三千國，百無三四矣。又等而上之，比塗山之會，黄帝畫野分州凡萬國，百無一二矣。合五帝三王二千年間，率百無一二可考，況自黄帝等而上之，又有無窮之往古，率千萬猶恐無一二也。秦而下，疆理之制具於史，互見於百家傳記，十猶八九可考，雖然，更代爲一書，而百家傳記則人立一説者焉。夫代爲一書，則先後散；人立一説，則是非雜，十猶八九可考，顧第未久耳。等而下之，又有無窮之來，今散與雜不止也，則安保其終之不與黄帝等而上者類耶？余竊病之久矣，淳熙乙巳，至廣州司理參軍括蒼李如篪（季牗）出所著《輿地新書》十卷，類而疏之，於國都自伏羲於

陳,數至本朝於汴,於形勢自王畿數至於荒服,於禹貢自壺口
數至於海,於周官自揚州數至於幽并,井井畫畫,散者聚,雜
者一,余平生討論欲爲而無力其及者,一朝而驟至,慰滿歎
賞,次轉以語廣之士大夫,聞者爭睹,睹者爭傳,白口一舌,服
季脯之用力專,施功久,而不知所謂季脯者將老矣,而猶未遇
也。或謂季脯習貧熟,其祝食斗升,操尺寸,不啻鏡鼎鈞衡之
安,遇不遇非所計,敢問此傳否? 余爲言九州之志謂之九丘,
蓋輿地書類也,九丘傳自上世,逮周無恙,孔子出始除,顧此
書芟浮剪蕪,舉綱錄要,往往用孔子述職方法也。復有孔子
出,則容有去取其間,傳不傳未可知,未有孔子,則其書必傳,
其傳必久,季脯雖老矣,猶未遇也,殆有遇而不老者存焉。七
月二十有三日,曾丰序。"

九州圖志不著卷數　宋薛季宣撰　佚

季宣有《資治通鑑約説》(不著卷數)已著錄。

此書《宋史・藝文志》不著錄,見《宋史藝文志補》地理類。

按:《朱子語類》此書作《九域圖》。《朱子語類》云:"李德之
問薛常州《九域圖》如何? 曰:'其書細碎,不是著書手段。'七
十九:薛常州作他志,不載揚豫二州,先生曰此二州所經歷,
見古今不同,難下手,故不作,諸葛誠之要補之,以只見冊字
上底故也。"

又按:清孫詒讓《温州經籍志》卷十地理類著錄此書,孫氏曰:
"案:艮齋《浪語集》二十四《答陳君舉第二書》云:'《八州圖》
別後都不暇料理。'又《第三書》云:'州圖納去荆南交二紙鈔
畢希芘寄示,揚冀草具,未補梁州,和夷未曾釋地。幽雍都未
下手,幽經卻備,幸而不爲事奪,一兩月間莫可成矣。'書內有
'旋聞上庠中補,喜之不寐'之語。蔡幼學《止齋行狀》載乾道
六年從薛公晋陵,其秋入太學,則艮齋書必是秋所寄,其後三

年，艮齋即卒，止齋作行狀，載其著述，云《九州圖志》止若干卷，則終未成書，故揚豫仍闕。朱子謂二州難下手，故不作非艮齋意也。"

又云："又案：《九州圖志》黎氏編《朱子語類》作《九域圖》，注引《學蒙録》作《九域志》（見《語類》七十九）。考宋王存有元豐《九域志》，艮齋不宜襲其名。《千頃堂書目》及《宋史藝文志補》並作《九州圖志》，與陳止齋所作行狀同，蓋得其實，今從之。"

輿地會元四○卷　宋倪樸撰　佚

樸（朴），字文卿，號石陵，浦江人。喜談兵説劍，恥爲無用之學。紹興末聞金人將南牧，擬上萬言書而不果，鄭伯熊、陳亮皆極稱之。後爲里人所構，徙廢筠陽。久之赦歸，以寒窶死，學者稱石陵先生。著有《鑑轍録》《倪石陵遺書》等。事迹具《宋史翼》卷二十九、《金華賢達傳》卷八、《金華先民傳》卷七、《敬鄉録》卷六、《南宋文範作者考》卷上、《宋元學案》卷五十六、《宋元學案補遺》卷五十六等書。

此書《宋史·藝文志》不著録，見《宋史藝文志補》地理類。

《金華經籍志》地理類著録此書，云："宋浦江倪朴（文卿）撰，見《敬鄉録》《宋史藝文志補》。佚。宗楳按：東萊《石陵先生倪氏雜著序》云：'先生嘗本其兵戰之所自出，備知天下山川陰要、户口虚實，著爲《輿地會元志》四十卷，又推古今華夷内外境土徼塞之遠近，繪以爲圖，張之屋壁，而預定其計策，逆料其戰守者，不一而足。'"

《蒲陽藝文考》著録此書，云："朴著述詳倪石陵書。是志《淵穎集》《人物記》《千頃堂書目》均著録。吴萊云：'（朴）嘗本其兵將之所出，備知天下山川險要、户口虚實，著爲《輿地會元》四十卷。又推知古今華夷内外境土繳境之遠近，繪以爲圖，張之屋壁。'又云：'《輿地會元》之書，兹既不能以復見，至於華夷内外境土繳塞之圖，則尤未免乎參差矛盾而未盡善者。(《淵穎集》卷一，《石陵先生倪氏雜著序》)。'宋濂云：'以天下山川阻險户口多寡，用兵者所當知，乃遍考群書，成《輿地會元志》四十卷。(《蒲陽人物記·倪朴傳》)'是《輿地會元志》一書，在萊當時已不復見，僅地圖似尚幸存，萊亦曾見之，所以有'參差矛盾而未盡善'之批判。但宋濂未叙及地圖事，想此書早亡，而地圖亦亡於宋末之喪亂，故宋濂未及目見也。惟千頃堂黄氏《書目》以著録明代目見藝文爲主，附著宋金元人之書，以《宋志》漏略，《元史》又無藝文志，援宋、隋志例，補録遺逸，今著録萊時已不可復見之書，亦附著遺佚，以備參考而已，未必盡屬目見者。"

地理總括不著卷數　宋翁夢得撰　佚

夢得，字景説，壽昌人，通《春秋》。端平、咸淳兩中詞科，隱居教授。著有《春秋指南》一卷、《摭實》一卷、《要論》十卷、《紀要》十卷、《盤珠篆論》等書。事迹具《宋元學案補遺别附》卷二。

此書《宋史·藝文志》不著録，見《宋史藝文志補》地理類。

地理詳辨二卷　唐仲友撰　佚

仲友有《唐史義》十五卷《續唐史精義》十卷已著録。

此書《宋史·藝文志》不著録，見《宋史藝文志補》地理類。

輿地紀勝二○○卷　宋王象之撰　存

象之有《輿地碑記目》四卷已著録。

此書《宋史·藝文志》不著録，見《直齋書録解題》卷八地理類。

王象之《序》云："世之言地理者尚矣，郡縣有志，九域有志，寰宇有記，輿地有記。或圖兩界之山河，或紀歷代之疆域，其書不爲不多，然不過辨古今，析同異，考山川之形勢，稽南北之離合，資游談而誇辯博，則有之矣。至若收拾山川之精華，以借助於筆端，取之無盡，用之不竭，使騷人才士，於一寓目之頃，而山川俱若效奇於左右，則未見其書，此《紀勝》之編，所以不得不作也。余少侍先君，宦游四方，江、淮、荆、閩，靡國不到，獨恨未能執簡操牘，以紀其勝。及仲兄行甫，西至錦城，而叔兄中甫，北趨武興，南渡渝瀘，歸來道梁益事，皆袞袞可聽。然求《西州圖紀》於篋中，藏未能一二，雖口以傳授，而猶恐異時無所據依也。余因暇日，搜括天下地理之書，及諸郡圖經，參訂會粹，每郡自爲一編，以郡之因革，見之編首，而諸邑次之，郡之風俗又次之，其他如山川之英華，人物之奇傑，吏治之循良，方言之異聞，故老之傳説，與夫詩章文翰之關於風土者，皆附見焉。東南十六路，則倣范蔚宗《郡國志》條例，以行在所爲首，西北諸郡，亦次第編集。第書品浩繁，非一家所有，隨假隨閱，故編次之序，未能盡歸律度，然而一郡名物，亦庶幾開卷而盡得之，則回視諸書，似未爲贅也。嘉定辛巳孟夏，東陽王象之謹序。”

卷前又有李埴《序》，云：“東洋王象之（儀父），著《輿地紀勝》一書，甚鉅，書成匄余爲序。且曰，吾書收拾天下郡縣山川之精華，使人於一寓目之頃，而山川俱若效奇於左右，以助其筆端，取之無盡，用之不竭。余告之曰，昔昌黎韓公南遷過韶州，先從張君使借圖經，其詩曰：‘曲江山水聞來久，恐不知名訪倍難，願借圖經將入界，亦逢佳處便開看。’然則天下郡縣山川之精華，是真名人志士汲汲所欲知也。然所在圖經，類多疏略舛訛，失之鄙野多矣，必得學者參伍考正，而勒爲成書，然後可據也。本朝真宗時，翰林學士李宗諤等，承詔譔諸道圖經，凡一千五百六十六卷，今其書存者，止十之三四，甚可惜也。然四方一郡一邑,隨所至亦各有好學之士,收擴記識甚備,其目一一見於册府。纂録最可稱者,如唐麗正殿直學士韋述東西《兩京新記》,及本朝龍圖閣直學士宋公敏求長安、河南二志,尤爲該贍精密。今儀父所著,余雖未睹其全,第得首卷所紀行在所以下觀之,則知其論次積日而成,致力非淺淺者。蓋其書比李氏圖經則加詳,比韋、宋所著記志庶幾班焉,使人一讀,便如身到其地,其土俗人才,城郭民人,與夫風景之美麗,名物之繁縟,歷代方言之詭異,故老傳記之放紛,不出戶庭,皆坐而得之,嗚呼,儀父之用心,可謂慬矣。然余又嘗語儀父曰,古人讀書,往往止用資以爲詩,今儀父著書,又秖資他人爲詩,不亦如羅隱所謂徒自苦,而爲他人作甘乎。儀父笑而不答,余以是知儀父前所與余言者,特寓言耳,其意豈止此哉。寶慶丁亥季秋三日,眉山李塏序。"

《直齋書録解題》卷八地理類著録此書。陳氏曰:"知江寧縣金華王象之撰。蓋以諸郡圖經,節其要略,而山川景物、碑刻詩詠,初無所遺,行在宮闕官寺,實冠其首,關河版圖之未復者,猶不與焉。眉山李説齋(季允)爲之《序》。"

清阮元《四庫未收書提要》卷五著録此書,《提要》云:"宋王象之撰,《四庫》未著録,惟有《輿地碑記》四卷,云:'象之,金華人,嘗知江寧縣,所著有《輿地紀勝》二百卷,今未見傳本。此即其中之四卷。'今于江南得影宋抄本二百卷,前有象之《自序》,象之,東陽人,略云:'余披括天下地理之書,參訂會粹,每郡自爲一編。以郡之因革,見之編首,而諸邑次之,以及山川、人物、詩章、文翰,皆附見焉。東南十六路,則倣范蔚宗《郡國志》條例,以在所爲首,而西北諸郡,亦次第編集。'今考其成書之年,在南宋嘉定十四年,故其所指在所,以臨安府爲首,而一切沿革,亦準是時。又宮闕殿門壽康宮下,引《朝野雜記》云'寧宗始受禪'云云，則是作《序》在嘉定，全書之成，又在理宗時矣。是書自卷一行在所起，至劍門軍訖，共府廿五，軍卅四，州一百零六，監一，共府軍州監一百六十六。内或有一府一軍而分爲上下二卷，故與總數不合。其卷數全闕者，自十三至十六，又自五十至五十四，又自一百卅六至一百四十四，又自一百六十八至一百七十三，又自一百九十三至二百，共闕三十一卷。至其餘各卷内之有闕葉，又皆注明于目録卷數之下。"

清錢大昕《十駕齋養新録》卷十四載此書《跋》，云："王象之《輿地紀勝》二百卷，予求之四十年未得，近始于錢唐何夢華齋中見影宋鈔本，亟假歸，讀兩月而終篇。每府州軍監分子目十二，曰府州沿革，若有監司軍將駐節者，別叙沿革於州沿革之後，曰縣沿革、曰風俗形勝、曰景物上、曰景物下、曰古迹、曰官吏、曰人物、曰仙釋、曰碑記、曰詩、曰四六，今世所謂《輿地碑記目》者，蓋其一門，不知何人鈔出，想是明時金石家爲之。此書所載，皆南宋疆域，非汴京一統之舊。然史志於南渡事多闕略，此所載寶慶以前沿革，詳贍分明，裨益於史事者不少。前有嘉定辛巳孟夏《自序》，及寶慶丁亥季秋李塏《序》，及曾鳴鳳劄子。此書體裁，勝於祝氏《方輿勝覽》而流傳極少，又失三十二卷，想海内不復有完本也。"

此書之傳本：《廉石居士藏書記》卷上著録宋刊本。《皕宋樓藏書志》卷二十九、《愛日精廬藏書志》卷十五、《儀顧堂題跋·續跋》卷八、《宋元本書目行格表》《鐵琴銅劍樓藏書目録》卷十一，並著録影鈔宋刊本。《開有益齋讀書志》卷三著録鈔本。《持靜齋藏書紀要》卷上著録明刊本。今國内所藏善本：臺北"故宮博物院"有舊鈔本一部，黑筆簽校，存一百六十六卷，缺卷數十三至卷十六、卷五十至卷五十四、卷八十一、卷

八十二、卷一百三十六至一百四十四、卷一百六十八至卷一百七十三、卷一百九十三至卷二百，凡三十四卷，係前國立北平圖書館舊藏。臺北"國家圖書館"有清道光二十八年揚州岑氏懼盈齋綠格鈔本，存一百六十八卷，缺卷十三至卷十六、卷五十至卷五十四、卷一百三十六至一百四十四、卷一百六十八至卷一百七十三、卷一百九十三至卷二百，凡三十二卷。

輿地圖十六卷　宋王象之撰　佚

象之有《輿地碑記目》四卷已著錄。

此書《宋史·藝文志》不著錄，見《直齋書錄解題》卷八地理類。

陳氏曰："王象之撰。紀勝逐州爲卷，圖逐路爲卷，其搜求亦勤矣，至西蜀諸郡尤詳。其兄觀之漕夔門時所得也。"

按：《千頃堂書目》卷八輿地類下補著錄此書，作者題王觀之。《宋史藝文志補》據此著錄。觀之，字中甫，象之兄。

六合掌運圖一卷　宋不著撰人　佚

此書《宋史·藝文志》不著錄。見《文獻通考》卷二百四《經籍考》三十一地理類。

《文獻通考》引晁氏曰："不著名。凡爲四十四圖。首列禹迹，次爲中興後南北二境，其後則諸邊關險要，以及虜地疆界亦著之。"

按：今存各本《郡齋讀書志》並未見此書。

方輿勝覽七○卷　宋祝穆撰　存

穆字和甫，亦曰和父，初名丙，歙人，徙居崇安，幼孤，與弟癸同從朱熹受業，性行温淳，刻意問學，以儒學昌其家。著有《事文類聚》前、後、續、別四集。事迹具《閩中理學淵源考》卷二十、《考亭淵源錄初稿》卷十四、《宋元學案補遺》卷六十九、《宋詩紀事》卷六十四等書。

此書《宋史·藝文志》不著録，見《宋史藝文志補》地理類。

卷首載吕午《序》，云："建陽祝穆（和父），本新安人，朱文公先生之母黨也。幼從文公諸大賢游，性温行淳，學富文瞻。雅有意於是書，嘗往來閩浙江淮湖廣間，所至必窮登臨，與予有連，每相見必孜孜訪風土事，經史子集，稗官野史，金石刻，列郡志，有可採撷，必晝夜鈔録無倦色，蓋爲紀載張本也。且許異日成編，當以相示，如是者累年，近訪予錢塘馬城之竹坡，曰編成矣。敢名以《方輿勝覽》，而鋟梓以廣其傳，庶人人得勝覽也，君幸爲《序》，以冠其首。予丕視所載，辭簡而暢，事備而核，各州風物見於古今詩歌記序之佳者，率全篇登入，其事實有可拈出者，則纂輯爲儷語，附於各州之末。較之録此而闕彼，舉署而遺全，循訛而失實，泛濫於著述而不能含咀其英華者，萬萬不侔也，信乎其爲勝覽矣。嘉熙己亥（三年，1239）良月望日，新安吕午序。"

按：吕午（1179—1255），字伯可，號竹坡，歙人。嘉定四年（1211）進士，累官監察御史，糾正官邪，不顧忘觸，史嵩之欲疏之，遷浙東提刑，復入爲御史，兼崇政殿説書，遷起居郎，以論諫切直名。寶祐三年（1255）卒，年七十七。著有《左史諫草》《竹坡類稿》等。事迹具《宋史》卷四〇七、《宋史新編》卷一五五、《史質》卷三六、《南宋書》卷五五、《宋元學案補遺》卷七一、《宋詩紀事》卷六一、《宋詩紀事補遺》卷六四等書。

祝穆《序》云："始予游諸公間，强予以四六之作，不過依陶公樣初不能工也。其後稍識户牖，則酷好編輯郡志，爲嗜昌歜，予亦自莫曉其癖。所至輒借圖經，積十餘年，方輿風物，收拾略盡。出以誌予友，乃見譏曰，還如食小魚，所得不償勞。予恍然自失，益蒐獵古今記序詩文與夫稗官小説之類，摘其要語以附入之，予友又唒曰：天吴與彩鳳，顛倒在短褐。予復愧

其破碎斷續而首末之不貫也,又益取夫鉅篇短章所不可闕者
悉載,今文大書以提其綱,附注以詳其目,至三易稿而體統粗
備,予友亦印可焉。予猶未欲以爲然也,即又攜以謁今御史
呂公竹坡先生,幸不斥以狂僭,辱爲之序,走不足以當之也。
然世有揚子雲,必知是編之不苟,豈直爲四六設哉,若夫網羅
遺逸,啓發愚蒙,予方有望於博雅君子。嘉熙己亥仲冬既望,
建安祝穆(和父)書。"

《天祿琳瑯書目》卷二著録此書,云:"《方輿勝覽》,宋祝穆編,
七十卷,呂午《序》,祝穆《自序》,祝洙《跋》,卷首有引用文集
目一卷,書首有咸淳二年六月福建轉運使司禁止麻沙書坊翻
版榜文。祝穆《跋》爲咸淳丁卯季春,丁卯係咸淳三年,是書
當是咸淳二年開雕,成於三年。因洙重訂是書,故禁坊間翻
刻舊版,洙稱先君子《方輿勝覽》行於世者三十餘年,版老字
漫,遣工新之,重整凡例,分爲七十卷,又云元本拾遺各入本
州之下,新增五百餘條,並標出,是此書不盡爲祝穆之舊矣。
編次首浙西,訖利州,凡十七路,每州郡分標事要二十門。"

《四庫全書總目》卷六十八地理類一著録此書,《提要》云:"宋
祝穆撰。穆字和甫,建陽人,《建寧府志》載穆父康國。從朱
子居崇安,穆少名丙,與弟癸同受業於朱子,宰執程元鳳、蔡
抗録所著書以進,除迪功郎,爲興化軍涵江書院山長。是書
前有嘉熙己亥呂午《序》,蓋成於理宗時。所記分十七路,各
係所屬府州軍於下,而以行在所臨安府爲首,蓋中原隔絕,久
已不入輿圖,所述者惟南渡疆域而已。書中體例,大抵於建
置沿革、疆域道里、田賦戶口、關塞險要,他志乘所詳者,皆在
所略。惟於名勝古迹,多所臚列,而詩賦序記,所載獨備,蓋
爲登臨題詠而設,不爲考證而設,名爲地記,實則類書也。然
採摭頗富,雖無裨於掌故,而有益於文章,摛藻捃華,恒所引

用,故自宋元以來,操觚家不廢其書焉。考葉盛《水東日記》稱元絳閔忠詩石刻在康州,《方輿勝覽》乃載在封州,又誤以爲魏矼作,亦訛數字,幸真迹石刻尚存三洲巖中,則小小舛誤,亦所不免,要不害其大致之詳贍爾。"

此書傳本尚多。《四庫簡明目録標注》云:"内府及孫氏平津館均有宋咸淳刊本。路小洲亦有宋刊本。振綺堂有元刊本,即瓶花齋藏本。蔣生沐有元刊本,又有宋刊本殘本。"邵章《續録》云:"宋刊黑口本,半葉十四行,行二十三字,其中事要,標以大書,則跨兩行。京肆見宋刊本,行款與上記同,有嘉熙己亥新安吕午序文,祝穆自序。張有鈔本。"今國内所藏善本:臺北"國家圖書館"有宋咸淳丁卯(三年,1267)建安刊本一部,題《新編方輿勝覽》;又有清孔氏嶽雪樓鈔本,有朱筆校正。臺北"故宫博物院"有宋淳熙丁卯(三年,1267)建安祝氏刊本兩部,其中一部殘存五十四卷;又有清文淵閣《四庫全書》本一部。

輿地綱目十五卷　宋曹彦約撰　佚

彦約(1157—1228),字簡甫(夫、父),號昌谷,都昌人。天資穎異,嘗從朱熹講學。淳熙八年(1181)舉進士,歷建平尉、桂陽司録、辰溪令,累遷知漢陽軍,官至兵部尚書。平生以建立事功爲務,在朝多所建明。以華文閣學士轉通議大夫致仕,紹定元年(1228)卒,年七十二,贈宣奉大夫,嘉熙初,謚文簡。著有《經幄管見》《昌谷類稿》《昌谷集》等。事迹具《宋史》卷四一〇、《宋史新編》卷一五四、《史質》卷四十七、《南宋書》卷五十五、《宋元學案》卷六十九等書。

此書《宋史·藝文志》不著録,見《昌谷集》卷十四。

《昌谷集》卷十四《輿地綱目初稿序》曰:"輿地之書,作於車同軌之時則易,作於國異政之時則難,時同軌矣,猶必君相注其意,郡縣宣其力,咨訪於下者無遺慮,編摩於上者有實學,然後可以稽古,可以傳遠,茲事浩博,非經生學士所能獨辦。自漢班孟堅志地理之後,後魏酈道元注《水經》以來,世無儔匹,尚稱牴牾,該洽事力,僅能有此,惟唐李吉甫志元和郡縣,身爲宰相,世號中葉,其時尚可其位,又稱比量他書,粗有本末,百或一失,未暇盡備也。本朝全盛之時,記寰宇於樂史,志九域於王存,一則自出己意,不假朝命,一則依倣舊圖,撮其大要,或討論之不精,或紀載之不備,觀者歉然,未爲大典,而歐陽忞輩,乃欲以專門自許,廣記其事,志則良苦事,力猶有限也。觀書誦史,如坐暗室,東征西轅,出門有礙,儒者之恥也。暮年脫迹吏事,櫽括舊聞,始類韻爲《輿地綱目》,以備檢閱。在目前稱謂,則主乎嘉定,其陷没州縣,則號從中國,詳於三代,秦、漢以前,次及於魏、晋分離之後,日附而月益,期以自淑而已。名數繁多,位置未暇,簡册有所未備,足迹有所未履,字畫豈無訛誤,筆力豈無差舛,以至凡例之不立,稱謂之不同,或詳或略,明知而故犯之,方將考諸書而證同異,著拾遺,以助闕失。會寶慶訪落,録及耄謬,京塵膠擾,茲事已廢,及請老得閒,窘於藥鼎,餘息如髮,不復可以考正矣。筆力所及,僅能出初檢以示本意,若乃國諱御名,非不欲避,慮以殷爲商,則盤庚失其都;以朗爲明,則武陵失其郡。古者臨文不諱之義,或出諸此。異時吾家子弟,知吾本志,求其細目之略而能增廣之,見天下一家,請於博雅君子而是正之。使後之立綱陳紀者有考焉。似易爲力,或因其疏闊而遂譏之,亦其所也。"

皇朝方域志二○○卷 宋王希先撰 佚

希先,事迹待考。

此書《宋史·藝文志》不著録,見《直齋書録解題》卷八地理類。

　　陳氏曰：東陽布衣王希先撰。凡前代謂之譜，十六譜爲八十卷；本朝謂之志，爲一百二十卷。譜叙當時事實，而注以今之郡縣；志述今日疆理，而繫於古之州國，古今參考，《譜》《志》互見，地理學之詳明者，無以過此矣。嘉熙二年上於朝，得永免文解。其父玲本建寧人，己未進士，試詞科不中，頗該洽，希先述其遺藁，以成此書。

括輿志二卷　宋吴銓撰　佚

　　銓，字伯承，蒲城人。以大父恩補官，監潭州户部酒庫，改承議郎。銓天性狷介質直，疾惡如仇。築居湘濱，名其堂曰“思親”，居湘城者幾二十年。事迹具《宋元學案補遺》卷三十四。

　　此書《宋史·藝文志》不著録，見《福建通志》卷六十八著述。

地理撮要一○卷　宋黄超然撰　佚

　　超然，字五道，號壽雲，黄巖人。宋末舉進士，精《易》學。元至治初卒，門人私謚康敏。著有《周易通義》《周易或問》《周易發例》《周易釋象》《壽雲集》等。事迹具《宋季忠義録》卷十三、《宋詩紀事》卷八十一、萬曆《黄巖縣志》卷五等書。

　　此書《宋史·藝文志》不著録，見《台州經籍志》卷十三地理類。

　　《台州經籍志》卷十三地理類著録此書，云：“《地理撮要》十卷，張翥《柔川書院記》《黄巖縣志》著録，宋黄巖黄超然撰，今佚。”

（二）都會郡縣之屬

金陵地記六卷　宋黄元之撰　佚

　　元之，生平待考。

　　此書《宋史·藝文志》地理類著録。

按:《崇文總目》及《通志‧藝文略》著録《金陵地記》一卷,云黄元之撰。《宋志》作元廣之,蓋傳寫之誤,今正。

蜀都故事二卷　宋楊備恩撰　佚

備恩,生平待考。

此書《宋史‧藝文志》地理類著録。

按,此編諸家書目罕見著録。

會稽録三〇卷　宋林特撰　佚

特有《東封西祀朝謁太清宫慶賜總例》二六卷已著録。

此書《宋史‧藝文志》地理類著録。

按:宋華鎮亦嘗撰《會稽録》一卷,見《雲溪居集》卷三〇附録行狀,今亦不傳。

越州圖經九卷　宋李宗諤等撰　佚

宗諤有《永熙寶訓》二卷已著録。

此書《宋史‧藝文志》地理類著録。

《直齋書録解題》卷八地理類著録《越州圖經》九卷,陳氏曰:"李宗諤,祥符所上也,末有秘閣校理李垂,邵焕修及覆修名銜,然則書成於衆手,而宗諤特提總其大凡耳。"

按:此書張國淦《中國古方志考》著録。張氏據《輿地紀勝》所引舊經輯得二十九條;據《嘉泰會稽志》所引舊經輯得二二四條;所引《祥符圖經》得一條;據《寶慶會稽續志》所引《祥符圖經》得一條,引舊經得四條。張氏又有《大典》輯本,據《大典》二千二百六十七:六模(鏡湖)(《續會稽志》)所引《越州圖經》得一條。

恩平郡譜一卷　宋楊備撰　佚

備有《歷代紀元賦》一卷已著録。

此書《宋史‧藝文志》地理類著録。

按:《通志‧藝文略》著録《恩平郡譜》三卷,楊備撰。《宋志》

僅一卷，蓋非完本。考明《文淵閣書目》（卷一九）著録《陽江府恩平志》一册；《輿地紀勝》卷九八"南恩·風俗形盛"條"郡監山海之利，富於漁鹽"下注云："恩平志風俗門。"又《永樂大典》卷八五二六十九庚"黄精"條引《恩平志》云："黄精味甘，苗可供菜菇，無食其根者，蓋地之所産不同也。"同書卷九七六四二十二覃"洞石巖"條引《恩平志》云："洞石巖在廣東肇慶府陽江縣，張登詩云：'山斷開元蝎，龕留大業僧；七年馳便路，三躡石梯層。'"疑《恩平志》者即此書，或所題不同也。

重修閩中記一○卷　宋林世程撰　佚

世程，生平待考。

此書《宋史·藝文志》地理類著録。

按：《通志·藝文略》著録《閩中記》十卷，林世程撰。考《輿地紀勝》卷一二八"福州·碑記"條："閩中記。"下注云："慶曆二年（1042）林世程序。"弘治《八閩通志》引《閩中記》，有漳州、福州、泉州、興化諸府，知閩中包括今福建省地也。

又按：張國淦《中國古方志考》著録此書，據《輿地紀勝》《大明一統志》、弘治《八閩通志》等書，蒐羅佚文。張氏又有《大典》輯本，云："據《大典》二千二百六十三：六模（西湖），引《閩中記》一條；又二千二百六十三：六模（西湖）（《三山志》），二千六百零三：七皆（靈塔臺），引舊經二條。宋有林世程重修《閩中記》，此記作於慶曆二年，弘治《八閩通志》引舊記，又《慶曆舊記》，據此《三山志》所引舊記，當是《閩中記》。"

重修徐州圖經三卷　宋不著撰人　佚

此書《宋史·藝文志》地理類著録。

宋志注云："嘉定中撰。"

按：考《大明一統志》卷一八"徐州風俗"條："風俗高邁，迥出等倫。"注云："舊圖經。"此所謂舊圖經者，疑即此書也，然則，此書明天順年間李賢等猶及見也。

廣西郡邑圖志一卷　宋張維撰　佚

維有《釋奠通祀圖》一卷已著録。

此書《宋史·藝文志》地理類著録。

按：《宋史·張維傳》謂其乾道五年（1169）知桂州，此書或當時所修。考《輿地紀勝》卷一〇三"廣南西路"引張維《廣西郡邑志》一條。又"靜江府鑑司·沿革·提點刑獄司"條引張維《廣邑圖志》。同書卷一〇四"容州·州沿革"條"以合浦郡之北流縣，永平郡之普寧縣，於今州理北置銅州"下云據《廣西郡邑圖》"中興以來，因而不改，今領縣三，治普寧"。同書卷一〇五"象州·州沿革"："晋桂林郡，仍析桂林，又析桂林之建陵"，同書卷一〇六"邕州·州沿革"："省郎寧入宣化，省昌樂入武緣"，同書卷一〇七"昭州·州沿革"："析置沙亭縣又以蕭銑所置，尋省沙亭縣"等句下注並引《廣西郡邑圖》，或《廣西郡邑圖志》。張國淦《中國古方志考》著録此書。

廣東會要四卷　宋王靖撰　佚

靖，字詹叔，素從子。歷主管北京御史臺。熙寧元年（1068），知廣州軍州事，二年（1069），任廣南東路經略安撫使，官終度支副使。事迹具《宋史》卷三二〇、《宋史新編》卷一〇二及《北宋經撫年表》等書。

此書《宋史·藝文志》地理類著録。

按：《通志·藝文略》著録此書四卷。《玉海》卷一五"晋交廣二州春秋"條引《中興書目》云："《廣東會要》四卷，治平中知廣州王靖撰，載十六郡四十一縣地理事實。"

廣西會要二卷　宋張田撰　佚

田，字公載，澶淵人，登進士第，知應天府司録，歐陽修薦其才，通判廣信軍。熙寧初直龍圖閣，知廣州，卒年五十四。著

有《幼幼方》。事迹具《宋史》卷三三三、《宋史新編》卷一一〇
及《北宋經撫年表》等書。

此書《宋史·藝文志》地理類著録。

按：《玉海》卷一五引《中興書目》云：“《廣西會要》二卷，治平
中知桂州張田撰，載二十九郡及羈縻化外諸蕃山川地理。”

富川圖志六卷　宋潘廷立撰　佚

廷立，括蒼人，教授。

此書《宋史·藝文志》地理類著録。

《直齋書録解題》卷八地理類著録《富川志》六卷，陳氏曰：“軍
學教授括蒼潘廷立撰，太守趙善宣，紹熙四年（1193）也，軍治
永興，本富川縣故名。”

按：考《輿地紀勝》卷三三“興國軍·碑記”條《富川志》下注
云：“潘庭立序。”同卷“官吏李宜之”條下云：“建炎間爲守。
《富川志序》云：‘自太平興國以來，如楊繪、王琪之文章事業，
李宜之捍難。’”同卷“軍沿革”條“分野界於吳頭楚尾之間”，
“縣沿革”條“大冶縣”“通山縣”，“風俗形勝”條“介乎吳楚之
間”，“景物下”條“九宮山”，“古迹”條“下雉故城”“李王墓”等
句下，並引《富川志》，張國淦《中國古方志考》著録此書，題宋
趙善宣修，潘廷立纂。云：“永興縣，本隋富川縣，此用舊名。”
又按：善宣，太宗七世孫，紹熙中知永興軍，累官知寧國府。
嘉定元年（1208）以工部郎中直文華閣知臨安府。事迹具《南
宋制撫年表》《宋詩紀事補遺》卷九二等書。

儀真志七卷　宋韓挺撰　佚

挺有《服制》一卷已著録。

此書《宋史·藝文志》地理類著録。

考《輿地紀勝》卷三七“揚州·州沿革”條“星紀之次”，又卷三
八“真州·州沿革”條“星紀之次”，“縣沿革”條“楊子縣”，“監

司沿革”條“發運使司”“淮南轉運司”,“古迹”條“白沙鎮”等
句下,並引《儀真志》。又《永樂大典》卷一三一三九一送“夢
龍徙居”,同書卷一八二二三十八漢“刻夫人像”等句下,引紹
熙《儀真志》二條。

按:明《文淵閣書目》卷一九舊志著録《儀真志》五册。隆慶
《儀真縣志》前志序載宋紹熙《真州志》七卷,云:“朝請大夫直
秘書閣知真州韓挺,真州州學博士蔣佑纂。”是此書明隆慶年
間猶及見也。

又按:《中國古方志考》著録此書,云宋韓挺修,蔣佑纂。佑,
事迹待考。

合肥志一○卷　宋劉浩然撰　佚

浩然,史無傳。

此書《宋史‧藝文志》地理類著録。

考《輿地紀勝》卷四五“盧州‧碑記”條“新合肥志”句下注云:
“帥李大東,郡文學劉澹然序。”“州沿革”條“中興以來,兼本
路安撫,改帥府於和州,未幾復舊,併淮南一路治揚州,未幾
復分云”句下,云:“此並據《合肥新志》。”又《永樂大典》(卷二
五三九)七皆“曰益齋”條下,又(卷二七五四)八灰“雜陂名”
條下,又(卷七五一三)十八陽“鎮敖倉”條下,又(卷七五一
四)十八陽“椿積倉”條下,又(卷七五一六)十八陽“都倉”條
下,共引《合肥志》五條。

按:淳熙年間,鄭興裔嘗撰《合肥志》(鄭興裔《鄭忠肅公奏議
遺集》卷下有《合肥誌序》),惟《永樂大典》“都倉”條及“椿積
倉”條下引《合肥志》云:“嘉定六年(1213)帥李大東”,知此書
嘉定六年(1213)以後所修,非淳熙年間之鄭志也。劉浩然,
《輿地紀勝》作劉澹然,未審孰是。又考明《文淵閣書目》卷一
九舊志著録《合肥志》十册,疑是此書,若是,則正統年間猶及

見此書也。

又按：《中國古方志考》著録此書，云宋李大東修，劉浩然纂。大東，端州四會人，寓豫章。嘉定二年（1209），由知平江府移知建康，徙廬州，在任五年。累官至龍圖閣學士。事迹具《南宋制撫年表》《宋元學案補遺》卷九六等書。蒲圻張氏有《大典》輯本。

黃州圖經五卷　宋李宗諤等撰　佚

宗諤有《永熙寶訓》二卷已著録。

此書《宋史·藝文志》地理類著録。

《直齋書録解題》卷八地理類著録《黃州圖經》四卷，附録一卷，陳氏曰："李宗諤祥符所修圖經，亦頗有後人附益者，郡守李訧又以近事爲附録焉，訧參政邴漢老之子也。"

按：此書《宋志》本作"李説《黃州圖經》五卷。"此書本李宗諤所修四卷，李訧爲附録一卷，《宋志》作五卷者，合計附録也。《宋志》撰人作李説者，當是涉附録李訧而誤，今改署李宗諤等撰。考《輿地紀勝》卷四九"黃州·州沿革"條"楚宣王滅邾，徙其君於此城故又名邾城。"及"景物下"條"橫江館"等句下，並引李宗諤《圖經》。

又按：《中國古方志考》著録此書，云；"宋黃州齊安郡，明清黃州府，府治黃岡縣。"

盱江志一○卷　宋童宗説撰　佚

宗説，字夢弼，南城人，號南城先生，紹興二十一年（1151）進士，爲袁州教授。著有《增廣注釋音辯柳集》。

此書《宋史·藝文志》地理類著録。

《遂初堂書目》地理類著録《盱江志》，不著撰人卷數。《直齋書録解題》卷八地理類著録《盱江志》十卷續十卷，陳氏曰："郡守胡舜舉，紹興戊寅（二十八年，1158），俾郡人童宗説、黃敷忠爲之。續志慶元五年(1199)，三山陳岐修，亦郡守也。"
考《輿地紀勝》卷三五"建昌軍·碑記"條"盱江志"下注云：
"胡舜舉序。"惟未引序文。同書卷二九"撫州·州沿革"條：
"南唐李氏因之，又割南城縣置建武軍。"又卷三五"建昌軍·
軍沿革"條"於古爲荒服之國"，"春秋時爲吳南境，戰國屬楚"
"煬帝時改臨川郡，唐平林士宏，復置撫州""改建武軍曰建昌
軍"，"縣沿革"條"新城縣""廣昌縣"等句下，並引《盱江志》。
張國淦《中國古方志考》著録此書，張氏云："建昌府城東有盱
江，一名建昌江，此用水名。"又有《大典》輯本：《永樂大典》
(卷二六〇三)七皆"翻經臺"條下，(卷八〇九一)十九庚"南
城""石城""都軍城""南豐縣城""廢東興縣城""廢危全諷土
城"條下，(卷九七六六)二十二"覃西巖條"下，共引《盱江志》
八條。同書(卷二二六六)六模"龍湖"條下，(卷二六〇三)七
皆"文殊臺"條下，(卷三一四一)九真"陳公兗"條下，(卷三五
二五)九真"戟門""儀門"條下，(卷八〇九一)十九庚"石城"
"廢永城縣城""建昌府城"條下，(卷一三一三五)一送"夢曾
罕"條下，(卷一三一三九)一送"夢豬相謝"條下，共引《盱江
前志》九條。
　按：宋有童宗説《盱江志》，又有陳岐《續志》，故《大典》所引
《盱江前志》，當即此書也。
　又按：《中國古方志考》此書題宋胡舜舉修，童宗説、黃敷
忠纂。

(盱江)續志一〇卷　宋姜得平撰　佚

得平，建昌軍教授。
此書《宋史·藝文志》地理類著録。
　按：《直齋書録解題》著録《盱江續志》十卷，云"慶元五年
(1199)三山陳岐修，亦郡守也。"已見前《盱江志》十卷條，卷

數亦與此書同,疑此書由岐主修,實由得平所爲。惟光緒《江西通志》卷一○三著録陳、姜二志,又似二書,今已無可考。明《文淵閣書目》卷一九有《盱江後志》五册,不著撰人,未審是否即此編。

臨江軍圖經七卷　宋袁震撰　佚

震,生平待考。

此書《宋史·藝文志》地理類著録。

重修臨江志七卷　宋李伸撰　佚

伸,字里未詳,嘗知天興縣,金人入,堅守不下,城陷,曰:"吾豈使敵殺我?"遂自殺。事迹具《宋史》卷四五二、《史質》卷六六。

此書《宋史·藝文志》地理類著録。

瑞州郡縣志一九卷　宋雷孝友撰　佚

孝友,開禧三年(1207)十二月爲參知政事,嘉定二年(1209)爲知樞密院事,事迹略具《宋大臣年表》及《南宋館閣續録》等書。

此書《宋史·藝文志》地理類著録。

《郡齋讀書志·附志》著録《瑞陽志》十卷,縣志三卷,云:"右嘉定六年(1213),郡守周綸修,郡人雷孝友序。"當是一書,書名卷數不同。光緒《江西通志》卷一○三云:"《郡齋讀書附志》。謹案:《輿地碑記》載《瑞州志》周徐序,徐或是綸之誤,又引有《蜀江志》,注學職雷公編,蜀江即錦江也。又贛州官吏,載雷孚釋寇脅從事,注見《瑞州志》,殆即《瑞陽志》也。惟《宋史·藝文志》載《瑞州郡縣志》十九卷,雷孝友撰,倪燦《宋史藝文志補》,又載《瑞陽志》二十一卷,注失名,諸書互有異同,附識於此。"

按:張國淦《中國古方志考》著録此書,並以爲《輿地紀勝》所引《瑞州志》即此書。又有《大典》輯本,著録二條。

潼川府圖經一一卷　宋袁觀撰　佚

觀,字子游,小名主郎,小字復孫,縣州巴西縣人。年二十四中紹興十八年(1148)進士第,見《紹興十八年同年小録》。

此書《宋史·藝文志》地理類著録。

按:《中國古方志考》著録此書。考《輿地紀勝》卷一五四"潼川府·府沿革"條"肅宗時分屬爲東西川,而梓州爲東川節度治所""前屬爲武德軍""復爲東川節度""仍爲安靜軍節度""詔梓州復稱劍南東川""守臣兼提潼瀘戎果渠州懷安廣西□兵馬"等句下,"縣沿革"條"通泉縣""永泰縣"句下,"古迹"條"唐郪縣城""唐涪城縣城""隋光漢縣城"等句下及"碑記"條"馬光直開元中誥""陳拾遺與趙彦昭郭元振題壁"句下,並引《圖經》。

建康志一〇卷　宋史正志撰　佚

正志,字志道,江都人,紹興二十一年(1151)進士,陳康伯薦於朝,除樞密院編修,乾道六年(1170)知成都府。後歸老姑蘇,號吳門老圃,著有《菊譜》。事迹具嘉定《鎮江志》卷一九、《南宋制撫年表》。

此書《宋史·藝文志》地理類著録。

《直齋書録解題》卷八地理類著録《建康志》十卷,陳氏曰:"府帥史正志(志道)撰,時乾道五年(1169)。"

《郡齋讀書志·附志》卷五著録《建康志》十卷,《續志》十卷,趙希弁曰:"右帥史正志所修,而爲之序,乾道五年(1169)三月也。慶元六年(1200)八月,帥吳琚續之,又爲之序。"

考《輿地紀勝》卷一七"建康府·碑碣"條"建康志"下注云:"史正志序。""歷代宮苑殿閣制度"條"陪都"句引《建康志序》云:"坐鎮江淮,爲民陪都。""四六"條下復引《建康志序》云:

"行宫万鑰,禁旅千營。斗星呈祥,金陵表慶。户納千里,囊括六代。觀埋金鑿淮之舊迹。則知王氣之長存。尋烏衣清溪之故里,則知衣冠之素盛、訪結綺望仙之遺址,然後知淫奢之可戒。驗石頭白下之高壘,然後知備禦之有方。以至愴新亭風景,則見王導有剋復神州之心。登冶城四望,則知謝安有遐想高世之志。""府沿革"條"建行都,置行宫留守","監司軍帥沿革"條"轉運司""總領所""都統副司","歷代宫苑殿閣制度"條"陪都""新宫""苑倉""晋新宫""昭明宫""永安宫","景物上"條"青溪""南埭""舊城""攝山","景物下"條"讀書臺""芙蓉堂""白蓮菴""佳麗亭""兩花臺""霹靂溝""寶乘院""石臼湖""丹陽湖""洗鉢池""小金山""南澗樓""青溪七橋""九日臺""清涼寺""華藏寺""仙人臺""仙几山""迷子洲""證聖寺""法靈寺""永慶院","古迹"條"孔子巷""蔡伯喈讀書堂""昭明太子讀書堂""寶公塔","仙釋"條"靜照禪師"等句下,並引《建康志》。

按:慶元六年(1200),吳琚撰《續志》十卷,《輿地紀勝》亦引之,作《(慶元)建康志》,引史志則云《建康志》。

又按:張國淦《中國古方志考》著録此書,張氏復據景定《建康志》、至正《金陵新志》等書所引乾道《舊志》、乾道《志》、乾道《建康志》輯録多條。復有《大典》輯本。

桂林志一卷　宋江文叔撰　佚

文叔,初名登,字清之,後改今名,福州侯官縣人,洵直之子。紹興二十七年(1157)王十朋榜進士,爲南雄州學、靜江府學教授,通判建寧府。淳熙十三年(1186)爲廣南提舉市舶,在官三年,未嘗私市一物,奉祠歸。紹熙五年(1194)五月卒,年六十七。著有《桂林文集》二十卷。事迹具《周文忠公集》卷七二《廣南提舉市舶江公文叔墓志銘》及淳熙《三山志》卷二九。

此書《宋史·藝文志》地理類著録。

《直齋書録解題》卷八地理類著録《桂林志》一卷,陳氏曰:"靜江教授江文叔編,時乾道五年(1169),張維爲帥。撰次疏略,刊刻草率,亦不分卷次。"

按:《千頃堂書目》卷八補著録宋江文叔《桂林志》二十七卷,注:"靜江軍教授。"《南廱志經籍考》亦著録《桂林志》二十七卷,云:"教授江文叔編,乾道五年(1169)刊。"然則,此編本二十七卷,《書録解題》及《宋史·藝文志》作一卷者,非完本也。

靜江府圖志一二卷　宋蔡戡撰　佚

戡,字定夫,其先興化軍仙游人,紹興中移寓常州武進縣。戡以門廕補溧陽尉,後中乾道進士,官至寶謨閣直學士。有《定齋集》。事迹具《宋史翼》卷一四、《淳熙薦士録》《南宋館閣録》及《南宋制撫年表》等書。

此書《宋史·藝文志》地理類著録。

《郡齋讀書志·附志》卷五上著録《靜江志》十二卷,云:右嘉泰癸亥(三年,1203)帥蔡戡修,以高宗皇帝除太傅靜江奉寧軍節度使桂州牧兼鄭州牧制詞冠於篇端。"

鎮江志一○卷　宋熊克撰　佚

克有《九朝通略》一六八卷已著録。

此書《宋史·藝文志》地理類著録。

考《輿地紀勝》卷七"鎮江府·碑記"條"鎮江志"下注云:"熊克編。""府沿革"條"而楚屈申貳於吳"句下注云:"熊克新志云:'朱方本爲吳地,不當繫之二國也。'"《中國古方志考》著録此書,有張氏《大典》輯本一卷。

按:此書乾道中所修,[1]嘉定中,史彌堅知鎮江府,盧憲爲教

---

① 語見清周中孚《跋(嘉定)鎮江志》,載《鄭堂讀書記》。

授，又撰嘉定《鎮江志》三十卷，①盧志亦早佚，惟《永樂大典》中頗多徵引，後人由《大典》中輯出得二十二卷，今猶有刊本，而熊志諸書少所徵引，不得見矣。

武陽志一〇卷　宋葛元隤撰　佚

元隤，字朝瑞，閩清人，紹興十一年(1151)進士，終宣教郎知晉安縣。事迹具淳熙《三山志》卷二八。

此書《宋史·藝文志》地理類著録。

《直齋書録解題》卷八地理類著録《武陽志》十卷，陳氏曰："教授葛元隤撰，太守廖遲(元達)，乾道六年(1170)也。"

考《輿地紀勝》卷一三四"邵武軍·風俗形勝"條引葛隤《武陽志序》云；"左延平，右盱江，前瞰鄞水，側睨章貢。""人性獷直尚氣，治生勤儉，力農重穀，然頗好儒，所至村落，皆聚徒教授，有古之遺意。""儒雅之俗，樂善之俗。""東抵富沙，西抵盱江，南抵臨江，北抵廣信。""其土夷曠，其氣清淑，其勢蜿蜒抱負，如在碧玉環中。""何潭流斗角，此地出三元志讖。""昭武居上四州之上游，其封畛與江東西接。""景物"條下"筆笏石"，"古迹"條"故義寧軍""故綏城縣"等句下，並引《武陽志》。

按：此書撰人陳録及《宋志》作葛元隤，《紀勝》作葛隤。

又按：張國淦《中國古方志考》有張氏《大典》輯本，著録二條，云："宋有葛元隤、何友諒兩《武陽志》，《紀勝》邵武軍録葛隤《志》，《大典》引未知屬何志，茲據《紀勝》並録作葛隤《志》。"

無爲志三卷　宋宋宜之撰　佚

宜之，教授。

此書《宋史·藝文志》地理類著録。

---

① 見《直齋書録解題》。

《直齋書録解題》卷八地理類著録《無爲志》三卷,陳氏曰:"教授宋宜之纂,太守柴瑾爲之序。"

按:柴瑾,字懷叔,號退翁,江山人。官福建漕使。著有《退翁集》。事迹具《宋元學案》卷二五。考《輿地紀勝》卷三九"楚州·風俗形勝"條"兩淮轉運使,舊置司楚州"句下注云:"《無爲志》云:'淮漕使副舊置司楚州,中興始分儀真無爲。'"

秋浦志八卷　宋胡兆撰　佚

兆,南昌人,乾道間池州太守。

此書《宋史·藝文志》地理類著録。

《直齋書録解題》卷八地理類著録《秋浦志》八卷,陳氏曰:"太守南昌胡兆乾道(1172)修。"

按:秋浦縣爲池州治,以其地有秋浦之水得名。考《輿地紀勝》卷二二"池州·風俗形勝"條"山川風物,清和平曠,有剡縣長沙之想",句下引胡兆《秋浦志序》云:"九華五松,齊山清溪,秋浦玉鏡之潭,水車之嶺,成紀白苟之陂,太白樂天牧之讀書、論文、垂釣,問宿,弄水登高,遐矚隱然在人耳目云云。""總池州·詩"條"昨夜清溪明月裏"句下注云:"程師孟弄水亭詩:'昨夜清溪明月裏,想君靈魄未消沈。《秋浦志》。'"明《文淵閣書目》卷一九舊志著録《秋浦志》二册,又《秋浦志》八册,是正統年間此書猶存也。

昭潭志二卷　宋韋楫撰　佚

楫,生平待考。

此書《宋史·藝文志》地理類著録。

考《輿地紀勝》卷一〇七"昭州·碑記"條"昭潭志"下注云:"韋楫編。""風俗形勝"條引《昭潭志序》云:"居蒼梧始安之間,與全道地犬牙相入,風聲氣習,布衣韋帶之士,肩摩袂屬,視沅湘以南猶伯仲。"又引《昭潭志》風俗門云:"與九疑、清湘

接境,其風俗大率相似。""州沿革"條"古百越之地""與永平
縣而西",及"景物上"條"昭潭"等句下,並引《昭潭志》。

按:《元和郡縣志》云:"平樂郡有昭潭,周圍一里,其深不
測。"《輿地紀勝》昭州蓋取昭潭爲名也。明《文淵閣書目》卷
一九舊志著録《昭潭志》二册,是正統間猶及見此書也。

又按:《中國古方志考》著録此書,有張氏《大典》輯本,收録九
條,張氏云:"嘉慶《湖南通志》於《長沙志》後録韋楫《昭潭
志》,據《紀勝》昭州碑記所載知係廣南西路之昭州,非湖南之
潭州。"

潯陽志一二卷　宋晁百揆撰　佚

百揆,字元采,迪功郎。

此書《宋史·藝文志》地理類著録。

《直齋書録解題》卷八地理類著録《潯陽志》十二卷,陳氏曰:
"迪功郎晁百揆(元采)撰,淳熙三年(1176),太守開封曹訓爲
之序。"

考《輿地紀勝》卷三〇"江州·碑記"條"潯陽志"下注云:"曹
訓序。"惟序文未見徵引。"州沿革"條"軍校胡則,據江州不
下,曹翰攻拔知,歸于版圖。""縣沿革"條"瑞昌縣","景物
下"條"東林寺","古迹"條"尋陽縣城""上甲縣""九江縣"
"盆城縣""廣晉縣"等句下,並引《潯陽志》。又"風俗形勝"
條"九江一水,而名之曰九江。"句下引晁氏《志》云云一條,
當亦此書也。《中國古方志考》有張氏《大典》輯本,收録
四條。

沅州圖經四卷　宋吳芸撰　佚

芸,生平待考。

此書《宋史·藝文志》地理類著録。

考《輿地紀勝》卷七一"沅州·官吏"條引《圖經序》云:"力士

特責巫州。"一句,"州沿革"條"五代叙州刺史,鍾存志奔武
陵,而土豪大姓分擅封壤。""縣沿革"條"盧陽縣下""麻陽縣"
"黔陽縣","風俗形勝"條引"牂牁武陵二縣之交","有明山崗
巒重複,朝抱郡城,飛雲濃嵐,望如屏圖""子厚夜築城,西偏
一面,比曉而畢,東南北三面,三日而成",及"景物下"條"五
峴坡"等句下,並引《圖經》。

按:此書《宋志》未著年代,考光緒《湖南通志》卷二四九著録
乾道《沅州圖經》,張國淦謂據《湖州府志》而云。張氏復云有
善化陳氏《荆湖圖經》輯本。

歷陽志一〇卷　宋程九萬撰　佚

九萬,字鵬飛,青陽人,淳熙進士,知武康縣。歷司農簿,太府
丞,尋擢待制,安撫襄陽,著有《三老奏議》。事迹具《南宋制
撫年表》。

此書《宋史·藝文志》地理類著録。

《直齋書録解題》卷八地理類著録《歷陽志》十卷,陳氏曰:"郡
守九華程九萬(鵬飛),教授天台黄宜(達之)撰,慶元元年
(1195)。"

考《輿地紀勝》卷四八"和州·碑記"條"新圖經"下注云:"程
九萬序。"惟序文未見徵引。又同書卷四五"廬州·景物上"
"龍潭",又卷四八"和州·州沿革"條"中興以來,爲淮西路帥
治,尋龍。""縣沿革"條"含山縣"及卷六五"江陵府下·令佐"
條"本朝劉摯"等句下,並引《歷陽志》。

曲江志一二卷　宋蘇思恭撰　佚

思恭,字欽甫,號省齋,晉江人,嘉定進士,調韶州教授,有《省
齋文稿》。事迹具《閩南道學源流》卷一六、《閩中理學淵源
考》卷二八、《宋元學案》卷六八、《宋元學案補遺》卷六八
等書。

此書《宋史·藝文志》地理類著録。

考《輿地紀勝》卷九〇"韶州·州沿革"條"陳於此置東衡州"句下，引《曲江志》一條。又道光《廣東通志》卷一九一著録《曲江縣志》十二卷，注："佚，見《宋志》。"

按：《永樂大典》卷二四四〇"蘇思恭"條引《清源志》云："思恭，字欽甫，晋江人，祖尊己，學行著於鄉。思恭明《春秋》，篤意朱氏之學，踐履堅確，時然後言，教授莆陽，以理義之實革詞藻之華，士翕然爲變，陳復齋諸賢推重之，又分教曲江，甫脱選而終，有《省齋文稿》數十卷。"此書蓋其爲曲江教授時所撰也。

信安志一六卷　宋毛憲撰　佚

憲，字孝則，衢州西安人。淳熙二年（1175）進士，温州知州。開禧元年（1205）以樞密院檢討文字，兼國史院編修官及實録院檢討官，除右司郎中仍兼。事迹具《南宋館閣續録》。《平齋文集》卷一八載《明堂加恩制》，《後樂集》卷二載《特授行左司諫侍講制》，可藉考其歷官。

此書《宋史·藝文志》地理類著録。

《直齋書録解題》卷八地理類著録《信安志》十六卷，陳氏曰："教授衞玠撰，太守四明劉壃也，實嘉定己卯（十二年，1219）。"

按：此書撰人《宋志》所著録者署毛憲，陳録則署衞玠，毛憲淳熙二年（1175）進士，距嘉定己卯（十二年，1219），實四十五年，卷數相同，未審是否一書？考《輿地紀勝》卷一二二"宜州·官吏"條"趙扗"下引《衢州信安志》一條。咸淳《毗陵志》（卷三〇）"紀遺"條"方允武"下引《信安志》一條。

又按：張國淦《中國古方志考》著録此書，以毛、衞二書分別著録，然亦不敢定爲是否一書。

臨賀郡志一卷　宋不著撰人　佚

此書《宋史·藝文志》地理類著錄。

按：《宋志》注云："不知作者。"考《郡齋讀書志·附志》（卷五）著錄《臨賀志》三卷集二卷，云："右莫詳誰所修也，集以蘇東坡答彭賀州啓爲首。"兩書卷數不同，未知是一書否。

又按：張國淦《中國古方志考》著錄此書，引嘉慶《廣西通志》卷二一三云："謹案：《宋志》注云，莫詳作者，似與《讀書附志》所載莫詳誰修者爲一書，但卷目不同，故並著之。"張氏曰："《宋史·藝文志》三，潘廷立《富川圖志》六卷，屬江南西路興國軍（清湖北興國州，今陽新縣），嘉慶《廣西通志》誤作廣西平樂府之富川縣，附識於此。"

晉康志七卷　宋蕭玠撰　佚

玠，生平待考。

此書《宋史·藝文志》地理類著錄。

按：明《文淵閣書目》卷一九舊志著錄《晉康志》二册。張國淦《中國古方志考》著錄此書，引嘉靖《廣東通志初稿》卷三八，"陵墓"條"肇慶府晉温媪墓"下引《晉康志》一條。又有《大典》輯本，收錄二條。

桂陽志五卷　宋周端朝撰　佚

端朝有《冠婚喪祭禮》二卷已著錄。

此書《宋史·藝文志》地理類著錄。

《温州經籍志》卷十著錄此書，云："佚。案宋桂陽軍屬荊湖南路，周文忠嘗爲桂陽軍教授，故爲修志。《輿地紀勝》六十一："桂陽軍·碑記"載《桂陽志》教授鄭紳編，與文忠別。明《文淵閣書目》十九，有《桂陽志》三册，一部二册，不知即文忠書否也。"

考《輿地紀勝》卷六一"桂陽軍·軍沿革"條"於辰在巳，楚之分野”，“縣沿革”條“平陽縣上”“臨武縣”，“風俗形勝”條“湖南道院”“峒猺斑爛其衣，侏離其言，稱槃王子孫”“峒甿遺子入學”“淳朴近古，畏法少訟”，“景物下”條“三瑞堂”“晝錦閣”“松柏臺”及“碑記”條“桂水集”等句下，並引《桂陽志》。

按：張國淦《中國古方志》考復據《大明一統志》“卷六四”輯録二條；又有《大典》輯本，收録三條。張曰：“案：咸淳《毗陵志》二十一，周端朝《宜興岳鄂王廟記》，有嘉定十一年知縣事戴君桷，末署從政郎本學録周端朝記。戴，永嘉人，故周端朝爲作記，知周端朝嘉定時人。又案：是志《廣東通志》作廣南東路連州之《桂陽志》，《湖南通志》作荆湖南路之《桂陽軍志》，周端朝爲桂陽軍教授，兹據《温州經籍志》作《桂陽軍志》。”

又按：端朝，嘉定三年（1210）試禮部第一，官終刑部侍郎兼寺講，事迹具《宋史》卷四五五，張氏蓋未詳檢《宋史》。

武陵圖經一四卷　宋劉子澄撰　佚

子澄，字清叔，泰和人。嘉定十三年（1220）進士，官棗陽令，以較畫軍事忤賈似道遭貶後隱廬山。著有《玉淵唫集》。事迹具《宋詩紀事補遺》卷六五。

此書《宋史·藝文志》地理類著録。

按：張國淦《中國古方志考》著録此書。考《永樂大典》（卷二二〇六）七皆“曲臺”，（卷二二六一）六模“赤沙湖”“清泥湖”，（卷二二六二）六模“東湖”，（卷二二六五）六模“武陵南湖”，（卷二二六六）六模“澎湖”“花湖”“櫟湖”，（卷二二六七）六模“蔣湖”“七湖”“長湖”“鱯湖”，（卷三五二五）九真“澄江門”“迴波門”“桃川門”，（卷三五二七）九真“泮宮門”“朝宗門”“安靖門”，（卷七二四一）十八陽“清古堂”，（卷七五一〇）十八陽“社倉”，（卷七五一六）十八陽“米倉”等條下，引《武陵圖經》十一條。

又按：此書撰人,《宋志》作劉子登,光緒《湖南通志》卷二四九亦載劉子登《武陵圖經》十四卷。考《宋史·度宗本紀》云："知常德軍劉子澄",然則"登"當作"澄",兹據《宋史·度宗紀》正。

潮州記一卷　宋王中行撰　佚

中行,字知復,餘姚人,俣孫。早歲穎悟,熟諳經史。以遺恩補官,調武義簿,遷慈溪,改知建德,爲政以德,視民如子。歷奉議郎致仕。嘉定三年(1210)卒,年五十三。事迹具《宋元學案補遺》卷二一四。《絜齋集》卷一九載《朝奉郎王君墓誌銘》。

此書《宋史·藝文志》地理類著錄。

《直齋書錄解題》卷八地理類著錄《廣州圖經》二卷,陳氏曰："教授王中行撰。"

按：嘉靖《廣東通志》卷四二著錄此書,他書罕見徵引。①

莆陽人物志三卷　宋不著撰人　佚

此書《宋史·藝文志》地理類著錄。

按：《宋志》注云："鄭僑序。"僑,字惠叔,號回溪,莆田人。乾道五年(1169)進士第一。寧宗即位,拜參知政事,進知樞密院事,後以觀文殿學士致仕。卒謚忠惠。事迹具《莆陽文獻傳》卷二六、《宋詩紀事》卷五三等。

閬苑記三〇卷　宋王震撰　佚

震,字子發,鞏從子,紹聖初累拜龍圖閣學士,終岳州知州。事迹具《宋史》卷三二〇本傳。

此書《宋史·藝文志》地理類著錄。

---

①　見張國淦《中國古方志考》。

考《輿地紀勝》卷一八五"閬州·碑記"條"新記"下注云："王震序。""風俗形勝"條引《新閬苑志·跋》云："南隆孕秀，毓靈發越。"《蜀中廣記》卷九六載《閬苑新記》三十卷，注云："《（宋史）新編》王震撰。"

按：此書《輿地紀勝》及《蜀中廣記》並謂之"新記"者，蓋熙寧中何求撰《閬苑記》，亦三十卷，故《輿地紀勝》及《蜀中廣記》引何記，謂之"前記"；引王記，則謂之"新記"以別之也。

潛藩武泰志一四卷　宋冉木撰　佚

木，生平待考。

此書《宋史·藝文志》地理類著録。

齊記一卷　宋張朏撰　佚

朏，生平待考。

此書《宋史·藝文志》地理類著録。

按：《崇文總目》地里類著録："《三齊記》一卷，李朏撰。"李，當做張。宋姚寬《西溪叢語》卷上"樂府解題"條引張朏《齊記》云："三士塚，所謂二桃殺三士者。"

又按：金李餘慶嘗撰《齊記補》，見宣統《山東通志》卷一三三《藝文志》十，于欽《齊乘》頗引之，餘慶所補，未審是否即張朏之書也。

平江府五縣正圖經二卷　宋不著撰人　佚

此書《宋史·藝文志》地理類著録。

《宋志》注云："不知作者。"

按：《太平寰宇記》卷九一江南東道三"蘇州"條云："皇朝爲平江軍節度使，元領縣八，今五：吳縣，長洲，崑山，常熟，吳江新置。"《輿地紀勝》卷五"平江府·府沿革"條引《國朝會要》云："政和三年（1113）升平江府。"又云："舊領縣五，後又分崑山置嘉定縣，凡領縣六，治吳縣、長洲兩邑。"《宋史·地理

志》云：“嘉定，嘉定十年（1217）析崑山縣置。”然則《紀勝》曰
平江府五縣者，當在政和三年（1113）以後，嘉定十年（1217）
以前也。

河南志二〇卷　宋宋敏求撰　佚

敏求有《唐武宗實録》二〇卷已著録。

此書《宋史·藝文志》地理類著録。

宋紹興《秘書省續編到四庫闕書目》著録：“宋敏求《河南志》
二十卷。”

《郡齋讀書志》卷八地理類著録《河南志》二十卷，晁氏曰：“皇
朝宋敏求以唐韋述兩京爲未備，演之爲《長安河南志》，司馬
光爲之序。”

考宋龔頤正《芥隱筆記》“荊公用事”條嘗引此編，云：“《河南
志》盧元明《侯山記》曰：‘漢有王玄者隱於此山，景帝再徵不
屈，就其山封侯，因以爲名。’”《温國文正司馬公集》卷六五載
《河南志序》，云：“周官有職方土訓誦訓之職，掌道四方九州
之事物，以詔王知其利害，後世學者，爲書以述地理，亦其遺
法也。唐麗正殿直學士韋述爲《兩京記》，近故龍圖閣直學士
宋君敏求字次道，演之爲《河南長安誌》。凡其廢興遷徙，及
宮室城郭坊市第舍縣鎮鄉里山川津梁亭驛廟寺陵墓之名數，
與古先之遺迹，人物之俊秀，守令之良能，花卉之殊尤，無不
備載。考諸韋記，其詳不啻十餘倍，開編粲然，如指諸掌，真
博物之書也。次道性嗜學，先正宣獻公蓄書三萬卷，次道自
毁齒至於白首，從事其間，未嘗一日捨置。故其見聞博洽，當
時罕倫，閑習國家故事，公私有疑，咸往質焉。又喜著書，如
《唐書仁宗實録》《國史會要》《集注史記》之類，與衆共之，或
專修而未成者，皆不計外，其手自纂述，已成者凡四百五十
卷，蓋昔人所著，未有此其多也。次道既没，太尉潞公留守西

京，其子慶曾等奉《河南誌》以請於公曰：'先人昔嘗叙此府，叙其事尤詳，惜其傳於世者甚鮮，願因公刻印以廣之，豈徒先人蒙不朽之賜於泉壤，抑亦使四方之人未嘗至洛者，得之如游處已熟，後世聞今日洛都之盛者，得之如身逢目睹也，幸公留意。'公從之，且命光爲之序，光於次道友人也，烏敢以固陋而辭。"

按：元代嘗修《河南志》，其書實多取敏求之書，而略加金元事數條而已。《元志》《永樂大典》頗引之。

清徐松編《全唐文》時自《大典》中輯録爲四卷，繆荃孫輯《藕香零拾》收之。繆氏跋云："《河南志》鈔本一巨帙，無卷數，用《全唐文》格子，封面題《河南志》，識是徐星伯先生手筆。城池、宮闕自周至唐悉具，知是宋次道《河南志》之首册，而星伯先生修《全唐文》時所録者。後歸常熟師所，因乞歸録副而細校之。開卷即云河南府路羅城，方知《大典》所録爲元《河南志》，而仍是《宋志》原文。至述元時寥寥數語，必是星伯先生止録《宋志》，元代事則置之耳。"

又清沈垚《落帆樓集》載《與徐星伯中書論〈河南志〉書》，云："日前奉教，攜《河南志》一册歸，細讀一過，欣快無比。是志實出元人之手，而宮殿坊市，則直録宋敏求之書，間加改竄。按隋唐東都宮城，南爲皇城，東爲東城，外爲京城，包東南兩面，周六十九里，區置坊市，西爲西苑，周百二十六里，洛水自苑流經皇城東城之南東出郭。皇城南門曰端門，跨洛水爲天津橋，其街直南出京城定鼎門，曰定鼎門街。河南府治宣範坊，在定鼎門街東，當東城之南。河南縣治寬政坊，在定鼎門街西，當皇城之南。洛陽縣治毓德坊，當東城之東。唐末移河南府廨于臨闠坊，則在舊治東北，然猶在東城東南。至金正大初，改河南爲中京金昌府，但據故東城而略展其東偏。

於是府廨始移在東城中,而故宮城,皇城及京城,皆棄爲城外地。元因金城而改曰河南府路,今是志言隋皇城在府治城西二里,惟府治移處故東城中,故皇城在府城之西,若府仍治洛水之南,當曰皇城在西北,不得言治西二里。又言定鼎門在府城南一十里,建春門在府城東南一十里,屢言府城,又每言河南府路,則爲元人書無疑。且言寧風坊,安國寺,今徙東城承福門內,爲祝釐之所,內有八思巴帝師殿,尤元事之顯然者。蓋其時敏求書具在,故宮殿坊市,盡録原文,而略加金元事一二條。今宋氏長安志雖存,而坊市有訛缺,《河南志》久佚,獨藉是志,而隋唐東都制度,猶可考見其全,其當寶貴何如也。是志非全本,言千金堨事,具河南縣中,可見原書具載屬縣。言菏澤寺,詳寺類。郭從義安審琦宅,詳宅類,可見第宅寺觀,原書又別載其詳,是册特全書什之一二耳。而訛字甚多,秋冬當取新舊唐書及諸史細爲校正也。"知此書元時尚存。今雖已佚,然猶可據元《河南志》輯本略見其書也。

熙河六州圖記一卷　宋陳冠撰　佚

冠,熙寧間人。

此書《宋史·藝文志》地理類著録。

宋紹興《秘書省續編到四庫闕書目》著録《熙河六州記》一卷,州下奪"圖"字。《玉海》卷一四"祥府州縣圖經"條云:"《熙河六州圖記》一卷,熙寧間陳冠撰,載王韶收復六州之地。圖闕。"

按:《宋史·地理志》載,宋代熙河六州爲熙州、河州、洮州、岷州、通遠軍、蘭州,並今甘肅省西部地。

龍門記三卷　宋王向弼撰　佚

向弼,生平待考。

此書《宋史·藝文志》地理類著録。

按：《輿地碑記目》卷四“龍州·碑記”條載《龍門志》，下注云：
“楊熹修。”此書或楊熹主修，向弼所撰也。考《輿地紀勝》卷
一八六“隆慶府·景物下”條“白莒水”句下引《龍門郡志》，
《蜀中廣記》卷一〇“名勝記”條龍安府“竇子明遇仙處”句下，
引《龍門志》。

上饒志一〇卷　宋孟猷撰　佚

猷，字良甫，洺州人，居於吳縣，忠厚孫也。師事葉適，恭謹退
遜，不異寒士，嘉泰年間知信州。嘉定九年（1216）卒，年六十
一。著有《孟侍郎集》。事迹具《宋元學案》卷五五、《宋元學
案補遺》卷五五等書。

此書《宋史·藝文志》地理類著錄。

按：上饒縣，宋屬信州。考《輿地紀勝》卷二一“信州·碑記”
條“上饒志”下注云“趙蕃編，王自中序。”自中，字道夫，或字
道甫，淳熙進士，紹熙年知信州，慶元五年（1199）卒，年六十
六。[1] 事迹具《宋史》卷三九〇、《南宋書》卷三六等書。知孟
志或取趙志爲本，加以補編也。

鎮洮補遺一卷　宋李洪撰　佚

洪，字子大，盧陵人，著有《續文房四譜》，又與弟漳、泳、浻、浙
等，著有《李氏花萼集》。事迹具《宋詩紀事補遺》卷六一。

此書《宋史·藝文志》地理類著錄。

按：宋紹興《秘書省續編到四庫闕書目》著錄《鎮洮補遺》一
卷，不著撰人。考宋熙州臨洮郡，鎮洮軍節度，此曰鎮洮，是
用軍名也。

永陽志三五卷　宋林嶠撰　佚

嶠，三山人，右科首選，慶元中，累官知潮州，多惠政。事迹具

---

[1] 《宋史》作年六十，誤，説見鄧廣銘《〈宋史·王自中傳〉辨正》。

《宋詩紀事》卷五九、《宋詩紀事小傳補正》卷四。

此書《宋史·藝文志》地理類著錄。

《直齋書録解題》卷八地理類著錄《永陽志》三十五卷,陳氏曰:"滁守林嶧命法曹龔維蕃修。"

張國淦《中國古方志考》著錄此書,有《大典》輯本,收録二條,並引明永樂《永陽志》載陳璉序云:"永樂二年(1404),璉擢守滁郡,即求志書,既得一編,乃宋淳熙中法曹龔維蕃所修者,惜乎舊無刻本,閱歲既久,傳寫舛訛,殘缺益甚。"知此書永樂年猶有殘本也。

永陽郡縣圖志四卷　宋曾旼撰　佚

旼有《刑名斷例》三卷已著錄。

此書《宋史·藝文志》地理類著錄。

按:《大明一統志》卷一八"滁州風俗"條"習尚勤儉"句下,"古迹"條"三隱山"句下,引《郡志》二條。又《文淵閣書目》卷一九"舊志"條著錄《永陽圖志》八册,疑即此書也。

池陽記一卷　宋范致明撰　佚

致明,字晦叔,建安人,元符進士,徽宗時鑑岳州酒税,著有《岳陽風土記》一卷。《四庫提要辨證》卷八"岳陽風土記"條,考述范氏事迹甚詳。

此書《宋史·藝文志》地理類著錄。

考《輿地紀勝》卷二二"池州·碑記"條"池陽前記"下注云:"政和八年(1118)范致明編。""景物上"條"秋浦"句下,"景物下"條"九華樓"句下,"人物"條"顧雲","杜荀鶴","青陽孝子"等句下,並引《池陽記》。

按:《輿地紀勝》引此書稱前記者,蓋建炎四年(1130),張古又爲《池陽記》,《紀勝》稱之爲《後記》,説見《輿地紀勝》卷二二。

永康軍圖志二〇卷　宋虞剛簡撰　佚

剛簡，字仲易，一字子韶，隆州仁壽人，嘉定初知永康軍。嘗與魏了翁、李心傳輩講學於蜀，得程朱微旨，著《易書論語説》以發明其義，蜀人師尊之，稱滄江先生。事迹具《宋史翼》卷一六、《宋蜀文輯存作者考》《宋元學案》卷七二、《宋元學案補遺》卷七二等書。

此書《宋志·藝文志》地理類著録。

按：《鶴山先生大全集》卷三八載《永康軍評事橋免夫役記》《永康軍花州記》，又卷六〇載《跋黄侍郎送虞永康赴召詩》，並可藉以考見剛簡知永康軍之事迹。

同安志一〇卷　宋錢紳撰　佚

紳，字伸仲，毗陵人。大觀三年（1109）進士，官知州。事迹具《宋詩紀事補遺》卷三四。

此書《宋史·藝文志》地理類著録。

《直齋書録解題》卷八地理類著録《同安志》十卷，陳氏曰：“毗陵錢紳（伸仲）撰。宣和五年（1123），太守曰曾元禮，未幾而有狄難。至紹興十三年（1143），太守張彦聲始取而刻之。”

按：張國淦《中國古方志考》著録此書。考《輿地紀勝》卷四六“安慶府·碑記”條“同安志”下注云：“錢紳編。”“風俗形勝”條引《同安志後序》云：“龍舒自唐爲名郡，其山深秀而穎厚，其川迤邐而蕩潏，魚蟹麥禾之饒，仙宫佛寺之勝，清寧而舒緩。”同書卷一七“江南東路建康府·歷代詩”條“玉樹歌枕王氣終，景陽鐘合曙樓空，梧楸遠近千家冢，禾麥高低六代宫。石燕拂雲晴亦雨，江豚翻浪夜還風，英雄一去豪華盡，惟有江山似洛中。”卷三〇“江州·古迹”條“彭浪磯”，卷四十六“安慶府·府沿革”條“天官星記，爲斗分野”，“景物上”條“皖城”等句下，並引《同安志》。

豫章職方乘三卷　宋洪芻撰　佚

芻,字駒父,南昌人,哲宗紹聖元年(1094),進士,欽宗時官至
諫議大夫,爲金人括財,入王邸中挾内人歌唱侍酒,高宗斥謫
沙門島卒。著有《老圃集》。事迹具《元祐黨人傳》卷八。

此書《宋史·藝文志》地理類著録。

《直齋書録解題》卷八地里類著録《豫章職方乘》三卷,陳氏
曰:"郡人洪芻(駒父)宣和己亥(元年,1119)撰。乘取晋乘
爲名。"

《郡齋讀書志·附志》卷五著録《職方乘》三卷,趙希弁曰:"右
洪芻所編也,曰郡縣,曰城宇,曰山,曰水,曰觀寺,曰祠廟,曰
塚墓,曰寶瑞,曰妖異,曰牧守,曰仙真,曰人物,凡十二部。
芻字駒父,自少以詩名,取重於時,登進士第,爲晋州學官,山
谷素稱其才,嘗曰甥之文學,他日當大成,但願極加意於忠信
孝友之地,甘受和,白受采,不但用文章照映今古,乃所望也。
又嘗作釋權以遺山谷,山谷答曰,筆力縱横,極見日新之功,
芻之名因是益顯。靖康之初,爲尚書郎,三遷至諫議大夫,遭
變坐事貶文登,有《老圃集》行於世。"

考《輿地紀勝》卷二六"龍興府·碑記"條"職方乘"句下注云:
"洪芻編。"同書卷二五"南康軍·古迹"條"昌邑王城"句下引
《豫章職方乘》一條。又卷二六"龍興府·府沿革"條"王莽改
曰九江,東漢復爲豫章郡,皆屬揚州刺史。""唐平蕭銑,置洪
州總管""復爲江南西道觀察使""南唐國主遷郡南昌""曰南
昌府""隆興以來,以孝宗潛蕃升隆興府"等句下,"縣沿革"條
"奉新縣""分寧縣""武寧縣"等句下,"風俗形勝"條"襟帶江
湖,控引荆越"句下,"景物下"條"孺子亭""報恩院"等句下,
"官吏上"條"韋宙"下,"仙釋"條"劉道真""洪崖先生"等句
下,並引《職方乘》。張國淦《中國古方志考》有《大典》輯本,

收録三條。

按：淳熙十一年（1184），程叔遠爲《豫章後乘》十四卷，[1]今並不見矣。

嚴州圖經八卷　宋董棻撰　佚

棻有《誕聖録》三卷已著録。

此書《宋史・藝文志》地理類著録。

《直齋書録解題》卷八地理類著録《新定志》八卷，陳氏曰："郡守東平董棻（令升）撰，紹興己未（九年，1139）也，淳熙甲辰（十一年，1184）武義陳公亮重修。"

考《輿地紀勝》卷八"嚴州・縣沿革"條"建德縣""桐廬縣""壽昌縣"等句下，"景物下"條"清白泉"下，"古迹"條"嚴子陵釣臺"下，"官吏"條"田錫"下，並引圖經。淳熙《嚴州圖經》今猶有殘本。[2]卷首《舊序》載董棻《序》，云："漢得秦圖書，具知天下阨塞戶口多少彊弱處，光武中興，按司空輿地圖，以封諸子。至唐立制，凡地圖，命郡府三年一造，與版籍偕上省，國朝定令，閏年諸州上地圖，大中祥符四年（1011），詔儒臣修纂圖經，頒下州縣，俾遵承之，距今百二十有八年矣，其間州名有更易，軍制有升降，戶口有登耗，税賦有增損，既皆不同，而又艱難以來，州縣唯科斂是急，趣具目前，閏年之制，寖以不舉，蓋職方之職廢也。紹興七年（1137），棻來承乏，嘗訪求歷代沿革，國朝典章，前賢遺範，率汗漫莫可取正，詢之故老，則曰是邦當宣和庚子（二年，1120）之後，圖籍散亡，視它州尤難稽考。乃喟然曰，惟嚴爲州，山水清絶，有高賢之遐躅，久以輯睦得名，今因嚴陵紀號，自唐爲軍事州，藝祖開基，首命太

---

① 見《直齋書録解題》。

② 臺北"國家圖書館"藏前國立北平圖書館寄存之鈔本《嚴州圖經》三卷二册，朱校，清光緒十年（1884）陸心源手跋。

宗爲睦州防禦使,先帝政和中悉襃録祖宗潛藩之地,詔升其軍爲節度,既而出節少府以授今上,嘗以親王遥臨鎮焉,其後繼世以有天下,實似太宗,蓋是邦兩爲真主興王之地,其視少康之綸,漢文之代,有不足道,則地望顧不重哉。而汎歷代以來,文人才士,間出於其地,偉賢鉅公,來爲牧守者相望也,庸可以勿紀乎。於是因通判軍州事有請,乃屬僚屬知建德縣事熊通,州教授朱良弼,主建德縣簿汪勃,主桐廬縣簿賈廷佐,及郡人前漢陽軍教授喻彦先,相與檢訂事實,各以類從,因舊經而補輯,廣新聞而附見,凡是邦之遺事略具矣,豈特備異日職方舉閏年之制,抑使爲政者究知風俗利病,師範先賢懿績,而承學晚生,覽之可以輯睦而還舊俗,宦達名流,玩之可以全高風而勵名師,豈小補也哉,至於紀録尚或未盡,則以俟後之君子。紹興己未(九年,1139)春正月壬午知軍州事董棻序。”按:據《宋史·地理志》,宋睦州新定郡,又改嚴州遂安軍,故陳《録》題《新定志》也。又元方回《桐江續集》卷三五《新修建德縣記》云:“今建德府本漢丹陽吴郡之分地……及宋復號嚴州,而升州爲府,則又取縣名以媲之……縣故有唐進士張秉所撰縣碑,紹興中,郡守董公棻(按:棻,原作弅,今正),重修縣志,謂碑已不存。”董氏所修係郡志非縣志,方氏一時未詳考也。

齊安志二〇卷　　宋屬居正撰　　佚

居正,教授。

此書《宋史·藝文志》地理類著録。

《直齋書録解題》卷八地理類著録《齊安志》二十卷,陳氏曰:“郡守吕昭問,俾教授屬居正重修,慶元己未(五年,1199)也。”

考《輿地紀勝》卷四九“黄州·州沿革”條“禹貢荆州之域”句

下，"景物下"條"青草亭""白沙關"句下，"古迹"條"舊州城"
"古邽城""女王城"等句下，並引《齊安志》。張國淦《中國古
方志考》復據《大明一統志》輯録一條。

東陽志一〇卷　宋洪遵撰　佚

遵，字景嚴，鄱陽人，與兄适同中高宗紹興十二年（1142）博學
宏詞科，賜進士出身，爲祕書省正字，歷官徽猷閣直學士。卒
謚文安。著有《小隱集》《翰苑群書》《泉志》等。事迹具《宋
史》卷三七三、《宋史新編》卷一三五、《南宋書》卷三七、《宋大
臣年表》《宋中興學士院題名録》及》《南宋館閣録》等書。

此書《宋史·藝文志》地理類著録。

《直齋書録解題》卷八地理類著録《東陽志》十卷，陳氏曰："樞
密院鄱陽洪遵（景嚴）撰，紹興二十四年（1154）爲通判時所作。"
考《輿地紀勝》卷一二八"福州·碑記"條"烏石宣威感應王朝
碑銘用契丹年號"句下引《東陽志》一條。嘉定《赤城志》（卷
四〇）"辨誤門"條"蓋竹山"句下，引《東陽志》一條。康熙《金
華府志·舊序》載洪遵《序》，云："東陽爲郡，自吳之寶鼎，迄
今八百八十有九年矣，於天文上直婺女，重以三洞雙溪之勝，
隱然爲東浙大郡。遵通守于兹，樂其風嫩而俗淳，竊意方經
輿志，粲然有紀，可以周知古今之故，聞日取視，茫然不可讀，
思有以釐正之，則訪之七邑，其習俗所由，區産所宜，生齒之
登降，穀帛之夥尠，山川之所以名，觀寺之所以始，以至官府
亭傳橋梁之屬，悉提要領，又稽諸史氏，旁逮稗官小説，凡及
吾婺者毋不載，稍加整比，引類相從，爲卷者十，目曰《東陽
志》，後之君子，其亦有取於此乎。"

按：明《文淵閣書目》卷一九舊志著録《東陽志》三册，蓋即
此編。

又按：張國淦《中國古方志考》有《大典》輯本，收録九條。

汴都名實志三卷　宋環中撰　佚

中,字應之,淮陽人,紹興三年(1133)十二月除祕書丞,五年
(1135)六月知臨江軍。事迹具《南宋館閣録》。

此書《宋史·藝文志》地理類著録。

按:《玉海》卷一六"宋朝四京"條云:"紹興中,環中撰《汴都
名實志》三卷。"

續修宜春志一○卷　宋郭正己撰　佚

正己,嘉熙初宜春郡守。

此書《宋史·藝文志》地理類著録。

《郡齋讀書志·附志》卷五著録《宜春志》十卷《集》八卷,《續
修志》四卷《集》六卷,趙希弁曰:"右嘉定中守滕強恕修,郡人
張嗣古序,《續志》《集》則嘉熙初守郭正己也。"

按:此編《宋志》不著撰人,兹據《讀書志·附志》署郭氏。又
滕強恕《宜春志》,《宋志》未著録。

章貢志一二卷　宋李盛撰　佚

盛,生平待考。

此書《宋史·藝文志》地理類著録。

考《輿地紀勝》卷三二"贛州·州沿革"條"於天文爲星紀之分
野""又置雩都縣,俱隸豫章郡""中興以來,以爲管内安撫使,
尋罷,復爲江南西路兵馬鈐轄兼督南安軍南雄州甲兵司""隸
江南西道"等句下,"風俗形勝"條"城於章貢二水之間"下,
"景物上"條"貢水""章水""贛水"等句下,"景物下"條"金精
山"下,又卷三六"南安軍軍沿革""吳及百粵之地,於天文爲
星紀之分野""春秋時屬吳"等句下,並引《章貢志》。張國淦
《中國古方志考》,又有不著撰人之《章貢志》。

按:明《文淵閣書目》卷一九舊志著録《章貢志》八册,又《章貢
志》六册,是此書明正統年間猶及見也。

括蒼志一〇卷　宋曾賁撰　佚

賁，字子文，福州閩縣人。年二十中紹興十八年（1148）四甲第三名進士。教授。事迹具《紹興十八年同年小録》、淳熙《三山志》卷二八。

此書《宋史·藝文志》地理類著録。

《直齋書録解題》卷八著録《括蒼志》七卷，陳氏曰："教授曾賁撰，乾道六年（1170）太守四明樓璩（叔韞）序。"

按：璩，乾道間知處州。此書《宋志》云十卷，陳《録》作七卷，振孫所見，或非完本。考嘉靖《海寧縣志》載樓淳撰潘景夔《海昌圖經》序云："海昌由今畿縣，令尹右括潘侯景夔，下車以來，慈祥臨民，儒雅飾吏，政成暇日，摭《臨安志》全書，增考故牘，命秀士相與訂正之，歷代之沿革，山川之向背，風俗人物，賦役土産，凡一邑之所當問者，會粹滿篇，而以碑碣紀詠次之，將與斯人仰許睢陽之餘烈，挹張無垢之遺風，以庶幾於起敬起慕之意。先祖太師岐公（樓璩），頃歲由工部郎知處州，作《括蒼志》，繪郡境及城府爲圖，以便觀覽，遂不失圖經之旨，後之作者，雖或加詳，實本諸此云。時在嘉定三年（1210）立冬之日。"

括蒼續志一卷　宋陳百朋撰　佚

百朋，事迹待考。

此書《宋史·藝文志》地理類著録。

《直齋書録解題》卷八地理類著録《括蒼志續》一卷，陳氏曰："郡人陳百朋撰。"

按：此書蓋多本曾賁《括蒼志》也。又百朋，《宋志》作柏朋，誤，今正。

莆陽志一五卷　宋趙彦勵撰　佚

彦勵，字懋訓，浚水人，紹熙元年（1190）知興化軍，見《南宋制撫年表》。

此書《宋史·藝文志》地理類著録。

《直齋書録解題》卷八地理類著録《莆陽志》十五卷,陳氏曰:
"郡守趙彦勵(懋訓),紹熙三年(1192)集郡士爲之。"

按:弘治《八閩通志》卷三九秩官"名宦興化府"條云:"宋趙
彦勵,字懋訓,浚水人,紹熙初知軍事,嘗編《莆陽志》十五
卷。"同書卷七二人物"隱逸興化府"條云:"宋方秉白號草堂,
莆田人,郡守趙彦勵辟編《莆陽志》。"是此書之成,多方氏之
力也。

又按:張國淦《中國古方志考》引康熙《莆田縣志》所載趙彦勵
《序》云:"莆陽山川之秀,甲於閩中,人物奇偉,自唐以來,間
見層出,而圖志缺焉。彦勵假守此邦,日以事奪,未暇搜訪,
比將秩滿,亟延郡之諸彦而謀之,皆曰曩嘗纂輯,阻於異議,
請及今類而次之,以竟其事,未幾書成,獨人物一志,猶未之
備,於此不無遺恨,然其卓然彰著者,蓋已登信史之録,而潛
德隱行,舊聞放失,又豈一旦卒能紀而傳之邪。時校勘是役
者:迪功郎興化軍軍學教授林選;文林郎鎮江府務使劉彌
正,草堂方秉白,荔臺翁元也。紹熙壬子四月朔,浚水趙彦勵
謹書。"

莆陽志七卷　宋陸琰撰　佚

琰,字倫琬,侯官人,愷孫。紹興二十七年(1157)進士,終宣
教郎知南昌縣。事迹具淳熙《三山志》卷二九。

此書《宋史·藝文志》地理類著録。

考弘治《八閩通志》卷八四"詞翰"條載林光朝《序》云:"太守
鍾離公,以淮海之雋,有古昔之聞,嘗出河朔,涉燕薊,所歷爲
甚多,其於治郡如治劇邑。每以我爲知言者,我有慚色,偶一
日。道人物山川,且欲按圖而求之,以縣之北三里有故家爲

林氏門安綽楔，出南郭可五里，端明蔡公有舊第，熟視雙闕
者，不覺歛容，過蔡公之門，或立馬低徊不忍去，公以南北通
塗數里中乃得此，若求之井邑聚落，所得又益多，此圖經所由
出也。前時書未成，公屬我叙其大略，不敢辭，是書訪之名
山，酌之故老，取之佚人，得之殘牒遺編續纂舊志，論次先後，
惟出一手，乃爲軍學教授長樂陸琰也。"

按：鍾離公者，即鍾離松也。松，字法松，一字其紹，又字少
公，江寧人，紹興十八年（1184）進士，乾道間知興化軍。事迹
見《紹興十八年同年小錄》。

又按：張國淦《中國古方志考》著錄此書，據《紀勝》《大明一統
志》輯錄四條。

相臺志一二卷　宋李琮撰　佚

琮有《隆慮洞天錄》一卷已著錄。

此書《宋史·藝文志》地理類著錄。

《郡齋讀書志》卷八地理類著錄《相臺志》十卷，晁氏曰："皇朝
韓琦欲編次，未成，郡守李琮令郡文學椽陳申之，效宋敏求
《長安志》成此書。"

按：此書《宋志》題李獻甫撰，獻甫，琮字也。相臺者，銅雀臺
也，以其在相州，唐以後曰相臺。[①] 明《文淵閣書目》卷一九舊
志著錄此書，又有《相臺志節》一册，未知是否即此編之節本。

又按：張國淦《中國古方志》考著錄此書，載《大典》輯本，收錄
十四條，又云："嘉靖鄞乘崔銑序，正德己卯，太保湯陰李公，
於中祕得《臺志》十二卷，續志十卷。又宦蹟，李琮知相州，嘗
命其子回作《相志》十二卷，紀事頗詳，後郡志多因之云云。
明人序跋中所謂中祕或内閣書，皆指文淵閣著錄而言，據此

---

① 説見《青箱瑣記》。

知李公所見,即《大典》所引之本。"

同安後志一○卷　宋不著撰人　佚

此書《宋史·藝文志》地理類著録。

按:宣和五年(1123),錢紳撰《同安志》十卷,《宋志》地理類已著録,此書蓋本錢《志》改修也。

南劍州圖經一卷　宋不著撰人　佚

此書《宋史·藝文志》地理類著録。

《宋志》注云:"不知作者。"

考《輿地紀勝》卷一三三"南劍州·州沿革"條"劍浦郡軍事"句下,注云:"圖經以爲延平郡,未知改於和時,當考。"

按:《通志·藝文略》著録《南劍州圖經》六卷,不著撰人,未知是否即此書。又唐延平軍,後改劍州,南宋劍州,州治南平縣。

福建地理圖一卷　宋不著撰人　佚

泉南録二卷　宋不著撰人　佚

右二書《宋史·藝文志》地理類著録。

按:右二編《宋志》注云:"不知作者。"

武陽志二七卷　宋何友諒撰　佚

友諒,生平待考。

此書《宋史·藝文志》地理類著録。

永寧編一五卷　宋陳謙撰　佚

謙有《鴈山行記》一卷已著録。

此書《宋史·藝文志》地理類著録。

《直齋書録解題》卷八地理類著録《永寧編》十五卷,陳氏曰:"待制郡人陳謙(益之)撰,漢分章安之東甌爲永寧,今永嘉四邑是也,故以名編,時嘉定九年(1216),留元剛(茂潛)爲太守。"

《郡齋讀書志‧附志》卷上著録《永寧編》十五卷,趙希弁曰:
"右嘉定中守留元剛序,陳謙所述也,叙州、叙縣、叙山、叙賦、
叙役、叙兵、叙人、叙産、叙祠、叙遺凡十一類。"

《溫州經籍志》卷一○著録《永寧編》十五卷,孫氏曰:"佚,案
陳易菴《永寧編》,成於嘉定九年(1216),即易菴卒年也。易菴
卒於嘉定九年八月,年七十三,見《水心集‧二十五朝請大夫提舉江州太平興國宮陳
公墓誌銘》。其目見《讀書附志》者,始叙州終叙遺,凡十一門。
《方輿覽勝》九:瑞安府,山川鴈蕩山下引叙山云云,蓋即此書
叙山篇文也。"

又引王象之《輿地碑目》《永寧編》陳謙所述,留元剛序云:"是
編非取夫搜摭新故,誇詡形勝而已,事變之會,風俗之趨,蓋
將有考焉。觀叙州自晋以來,守凡幾人,孰賢孰否,觀叙人自
國朝以來,作者幾人,孰先孰後,熙寧而後,所易兵制,善於古
否,建炎而後,所增賦稅,鈔本碑目作稅賦,今從車氏刊本。要於民否,
水利何爲而便,役法何爲而病,是非得失之迹,興廢鈔本碑目作廢
興。沿革之由,安危理亂,於是乎在,一言去取,萬世取信。案非
全文。"

按:元剛,字茂潛,嘉定間以朝請郎直顯謨閣,知軍州事。又
永嘉縣隋以前曰永寧。

惠陽志一○卷　宋黄以寧撰　佚

以寧,郡文學。

此書《宋史‧藝文志》地理類著録。

考《輿地紀勝》卷九九"惠州‧碑記"條"新圖經"下注云:"郡
文學黄以寧序。"

按:張國淦《中國古方志考》著録此書,有《大典》輯本,收録
六條。

建安志二四卷建安續志類編二卷　宋林光、劉牧等撰　佚

光,字子輝,性資極敏,讀書過目輒不忘,少有文名,乾道二年

(1166)以第四名中進士丙科,歷韶州、循州教授,恬靜有守。卒於承議郎。著有《兵論》《迂論》數十卷。事迹見《建甌縣志》卷三三。

牧,字先之,一作牧之,號長民,衢州西安人。舉進士第,調饒州軍事推官,與州將爭公事,爲所擠,幾不免。累官荆湖北路轉運判官。治平元年(1064)卒,年五十四。著有《易解》《赴通德論》《先儒遺論九事》《釣隱圖》等。事迹具《宋史翼》卷二三、《宋元學案》卷二、《宋詩紀事補遺》卷一八等書。《臨川集》卷九七載劉君墓誌銘。

此書《宋史·藝文志》地理類著録。

《直齋書録解題》卷八地理類著録《建安志》二十四卷《續志》一卷,陳氏曰:“删定官郡人林光撰,慶元四年(1198),郡守永嘉張叔椿俾僚屬成之。《續志》嘉定十二年(1219)府學士人所録。”

按:右二編《宋志》並題劉牧撰,《建安志》當是林光所撰,以《續志》劉牧所撰,遂並題牧撰也,今正。明《文淵閣書目》卷一九舊志著録《建安郡志》十八册,《建安續志》二册。又《續志》,《宋志》云二卷,《書録解題》作一卷,振孫所見,或非完本也。

又按:張國淦《中國古方志考》著録此書,題宋張叔椿修,林光纂,據《紀勝》輯録十九條,《大明一統志》五條,弘治《八閩通志》二條;又有《大典》輯本,收録三十七條。張氏云:“永樂政和縣志附觀游録吳廷用序,建寧知府張叔椿,嘗著《建寧誌》,凡本縣山川人物,悉皆登載,以今觀之,尚多遺漏。又弘治《八閩通志》七十二,建寧府禪山石寺:按舊志云,唐末邑人倪智獲金觀音小像,建寧守張叔椿遂采入郡志。六十五,人物文苑,建寧府:宋林光,字子輝,建安人,乾道初登第,撰《建安志》二十卷。"

寧武志一五卷　宋鄒孟卿撰　佚

孟卿，字淳甫，開禧進士，官至四川制置兼茶馬使。

此書《宋史·藝文志》地理類著録。

考《輿地紀勝》卷一八四"利州·碑記"條圖經《寧武志》下注云："鄒卿序，楊炎正編。"《四川通志》亦作鄒卿，按：此卿上並奪孟字。"風俗形勝"條引《寧武志》序云："劍外一大都會。"又"州沿革"條"而葭萌隸蜀郡""晋武改漢壽縣爲晋壽縣""李氏據蜀，以李雄之子期爲梁州刺史，鎮葭萌，凡葭萌之陷於蜀者四十六年""武陵王紀潛位于蜀，地入西魏""又改西益州爲利州""五代前蜀仍爲昭武軍""改郡曰益川，後蜀因之"等句下，"縣沿革"條"綿谷縣"句下，鑑司軍帥沿革"總領所"句下，"風俗形勝"條"前界關表，後處劍北，實爲重地""郡據川陸之會，前接關表，後通巴蜀""自城以南，純帶巴音，由城以北，雜以秦語"等句下，"景物下"條"八詠詩""葭萌關"等句下，並引《寧武志》。

按：唐昭武軍，宋景德中改寧武軍。

汀州志八卷　宋李皋撰　佚

皋，昭武人，事迹待考。

此書《宋史·藝文志》地理類著録。

《直齋書録解題》卷八地理類著録《鄞江志》八卷，陳氏曰："郡守古靈陳曄（日華），俾昭武士人李皋爲之，時慶元戊午（四年，1198）。郡有鄞江溪，故名。"

考《輿地紀勝》卷一三二"汀州·碑記"條"鄞江志"下注云"慶元戊午，昭武李皋詮次，林仲文序。"又縣沿革"蓮城縣"句下，"風俗形勝"條"今汀閩越西南，其地與章貢潮梅接，崇山複嶺，民生尚武""島居者安魚鹽之利，山居者任耕織之勞""閩部所隸八州,而汀爲絶區,山曰靈蛇,曰雞籠,曰蘘荷,水曰九龍,曰寅湖,曰鄞江""西鄰贛吉,南接潮梅,實江西二廣往來之衝"等句下,"景物下"條"靈洞山""南安巖"等句下,並引《鄞江志》。

按:汀州府城東有鄞江,故《汀州志》又名《鄞江志》也。明《文淵閣書目》卷一九舊志有《汀州志》三册。

景陵志一四卷　宋林英發撰　佚

英發,永嘉人,贅居嘉定,知建昌縣,戡定洞寇,擢知壽昌軍,趙與懃嘗師事之,卒葬蘇州穹窿山,事迹具《江南通志》卷一七二。

此書《宋史·藝文志》地理類著録。

《郡齋讀書志·附志》上著録《景陵志》十四卷,趙希弁曰:"右嘉定庚辰(一三年,1220),郡文學林英發修,詩文集録附焉,唐陸鴻漸、皮日休、陸龜蒙、皇朝李昂、宋祁、晏殊、吳育、楊徽之、蘇紳、石延年、王禹偁、張耒諸公之作爲多。"

按:宋復州景陵郡防禦屬荆湖北路,見《宋史·地理志》。

保昌志八卷　宋楊彦爲撰　佚

彦爲,生平待考。

此書《宋史·藝文志》地理類著録。

按:張國淦《中國古方志考》著録《保昌志》三種,一爲淳熙間曾恕撰,一爲嘉定間孫宓撰,一即此書,張氏云:"宋《保昌志》,曾恕《志》知是淳熙,孫宓《志》知是嘉定,楊彦爲《志》未詳。孫《志》八卷。《道光通志》作十卷,係據乾隆《南雄府志》。楊《志》亦八卷,《宋史·藝文志》止録楊《志》,未録孫《志》,嘉定《通志》亦止録《楊志》,《千頃堂》同,未知孫宓、楊彦爲是一書否?道光《通志》兩存之,茲據録待考。"

郟城志一二卷　宋傅巖撰　佚

巖,教授。

此書《宋史·藝文志》地理類著録。

《直齋書録解題》卷八地理類著録《鄆城志》十二卷,陳氏曰:"教授傅巖撰,慶元戊午(四年,1198),太守李楫序。"

考《輿地紀勝》卷五平江府詩"浪迹姑蘇人不管,春風吹笛酒家樓"句下,又卷七七"得安府·風俗形勝"條"李白喜雲夢之勝,留此邦三年"句下,"景物下"條"根子菜"句下,"古迹"條"楚襄王廟"句下,"官吏"條"范純仁"句下,並引《鄆城志》。

按:《中國古方志考》著録此書,張氏曰:"安陸郡春秋時鄖國,後周改溳州,劉澄之《山川記》云安陸縣居鄖城。"

普州志三〇卷　宋楊泰之撰　佚

泰之,字叔正,眉州青神人,慶元元年(1195)類試,授瀘州尉,累官知晋果二州,理宗時大理少卿,出知重慶府。著有《克齋文集》及經史雜著多種。事迹具《宋史》卷四三四、《宋史新編》卷一六五及《南宋書》卷四五。

此書《宋史·藝文志》地理類著録。

考《輿地紀勝》卷一五八"普州·碑記"條"普慈志"下注云:"郡守楊泰之序。""風俗形勝"條引《普慈志序》云:"介萬山間,無土地肥饒之産,無舟車貨利之聚,民生之艱,視中州不及遠甚,獨惟人物之富,甲於蜀東。"

按:《輿地紀勝》"普州·沿革"條:"普州,梁爲普慈郡。"故此書或作《普慈志》也。

高郵志三卷　宋孫祖義撰　佚

祖義,興化縣主簿。

此書《宋史·藝文志》地理類著録。

《直齋書録解題》卷八地理類著録《高郵志》三卷續修十卷,陳氏曰:"興化縣主簿孫祖義撰,郡守趙不憖刻之,淳熙四、五年(1177—1178)間也。其書載圖志中最爲疏略,嘉定中守汪綱再修,稍詳定矣。"

考《輿地紀勝》卷四三"高郵軍·碑記"條"高郵志"下注云:
"無編集人姓名。"又"軍沿革"條"星土分野,與揚州同""秦以
高郵置郵傳爲郵亭""漢爲高郵縣,屬廣陵國""唐末五代,楊
氏李氏,繼有其他,周世宗征淮南攻高郵,而南唐泰州刺史郭
載棄城走"等句下,"風俗形勝"條"東漸于海,南接大江,北據
長淮,西有山川""自孫覺秦少游諸公,以文章政事名,俗皆喜
儒,至今號談儒學""高郵若齊魯","景物上"條"盂城""秦郵"
等句下,並引《高郵志》。

按:張國淦《中國古方志考》著錄此書,又有汪綱《高郵續志》
十卷,張氏云:"《直齋書錄解題》八淳熙孫祖義《志》,在嘉定
汪綱《志》前。隆慶《高郵志》凡例,郵舊有《志》十卷,《圖經》
四卷,宋教授魯穎秀、孫祖義撰也。又《秩官表》,嘉定魯穎秀
著《高郵郡志》十卷,今不存。嘉熙孫祖儀先爲興化縣簿,高
郵守壽春王郡聞其賢,辟爲高郵教授,嘗撰《高郵圖經》四卷。
嘉熙似淳熙之談。"

臨邛志二〇卷補遺一〇卷　宋宇文紹奕撰　佚

紹奕,字褒臣,廣都人,以承議郎通判劍州,守臨邛,有能名,
以謗黜。著有《原隸》《石林燕語考異》等。事迹具《宋蜀文輯
存作者考》。

此書《宋史·藝文志》地理類著錄。

考《輿地紀勝》卷四"安吉州·官吏"條"常同"下,又卷八"嚴
州·官吏"條"趙岌"下,並引《臨邛志》。

按:張國淦《中國古方志考》有《大典》輯本,收錄二條。

姑孰志五卷　宋林桷撰　佚

桷,字子長,一字景安,長樂人,紹興二十一年(1151)進士。
秦熺之壻。官右司郎中。著有《橫塘小集》。事迹具《宋詩紀

事》（卷五〇）、淳熙《三山志》卷二八。

此書《宋史·藝文志》地理類著録。

《直齋書録解題》卷八地理類著録《姑孰志》五卷，陳氏曰："教授長樂林桷（子長）撰，太守楊愿（原仲）也，實淳熙五年（1178）。"

按：此書撰人《宋志》誤題林脯，蓋"脯""桷"二字形近而誤，今正。

又按：張國淦《中國古方志考》著録此書，並據《紀勝》《大明一統志》輯録十餘條。又有《大典》輯本，收録四條。

蕪湖圖志九卷　宋王桕撰　佚

桕，蕪湖人，自號仙居。與弟枏、桐同領鄉薦，桕尤力學，試進士不第，以特恩監南嶽廟。與崔與之、樓鑰、滕強恕交善。著有《先居集》。事迹具《宋元學案補遺》卷七九。

此書《宋史·藝文志》地理類著録。

按：乾隆《江南通志》卷一九一著録《蕪湖志》五卷，注云："邑人王桕。"桕，《宋志》誤作招，今正。

臨漳志一〇卷　宋楊樛撰　佚

樛，温州郡守。

此書《宋史·藝文志》地理類著録。

按：張國淦《中國古方志考》著録此書，張氏云："東魏分鄴縣置，明清屬河南省彰德府，今改屬河北省。"

清漳新志一〇卷　宋方杰撰　佚

杰，字宗卿，閩縣人。慶元五年（1199）進士，官至朝奉郎。事迹具淳熙《三山志》卷三一。

此書《宋史·藝文志》地理類著録。

《直齋書録解題》卷八地理類著録《清漳新志》十卷，陳氏曰："司理參軍方杰撰，嘉定六年（1213），太守趙汝譖（蹈中）也。"

按：清漳又名漳州。① 張國淦《中國古方志考》著錄此書，不著
卷數，題宋趙汝譴修，方杰纂。又有趙崇垟撰《清漳志》，亦不
著卷數。張氏有《大典》輯本，收錄一條。又引康熙《漳州府
志》舊序載黃桂《序》，云：“方輿圖志古也，漳州自唐始得爲
郡，宋興天下一統，郡圖悉以圖書來上，累朝熙洽，禮樂事備，
中興以來，生齒日繁，漳之事物，益非昔比。祥符四年
(1011)，尚書職方準敕遍牒諸道州府軍監，各令修圖書如法，
架閣修掌，其意遠矣。豈非以今既異於昔，則略寧過乎詳，淳
熙丁酉(四年，1177)，顏定蕭公師魯作《漳州重建州廳記》，
尚嘆息四百年間，漫無所考，抑漳之圖經，昔猶略乎哉。今
距淳熙初元(1174)四十年矣，戶數人物，視古繁阜，城池學
校，驛館輿渠，道途阡陌，雙遷廢置總總也，前後出守是邦
者，類皆名公卿，或因舊而更新之，或昔未有而創爲之，或前
未畢而續成之，或已廢絶而振起之，其關風教補治道不少
也，前政皆未及耳，夫今不記，恐後之視今，猶今視昔也。嘉
定六年(1213)夏，黃堂寺丞趙公，以其事委秋官方杰，本之
唐宋之經，參之淳熙之《志》，旁摭公牘，遠採碑刻，或文藉所
載，或故老親傳，及耳目所覩記，皆撫其實詮次之，三閱月書
成，屬桂爲之《序》。桂不得辭也，中元日郡從事三山黃桂
敬序。”

文州古今記一二卷　宋章穎撰　佚

穎，字茂獻，臨江軍人，以兼經中鄉薦，孝宗立，下詔求言，爲
萬言書附驛以聞。官太常博士。光宗朝爲左司諫。寧宗即
位，除侍御史，兼侍講，遷禮部尚書，嘉定十一年(1218)卒，年
七十八，著有《南渡十將傳》，事迹具《宋史》卷四〇四本傳。

---

① 説見《輿地紀勝》。

此書《宋史·藝文志》地理類著録。

按：《輿地碑記目》卷四"文州·碑記"條"文州古今志"下注云："郡守楊櫃編。"未知與此是否一書也。

文州續記四卷　宋杜孝嚴撰　佚

孝嚴，普州人，慶元進士，嘉定十五年（1222）權兵部侍郎兼同修國史，知文州。事迹具《南宋館閣續録》卷九。

此書《宋史·藝文志》地理類著録。

按：《輿地碑記目》卷四《文州續志》下注云："郡守杜孝嚴撰。"

春陵圖志一〇卷　宋孫梀撰　佚

梀，字德操，太平人，紹興二十四年（1154）進士，歷判池、真、穎三州，所至以興學節財爲務。累遷知文州，朱熹稱其愛立而教明，爲古良吏。後韓侂胄用事，謝官歸隱。事迹見《南宋文範》卷四四《醉樂亭記》。

此書《宋史·藝文志》地理類著録。

《直齋書録解題》卷八地理類著録《春陵圖志》十卷，陳氏曰："教授臨江章穎（茂獻）撰，淳熙六年（1179），太守趙汝誼。"

按：《輿地紀勝》卷五八"道州·碑記"條"春陵志"下注云："章穎序。"疑此書孫氏撰，章氏序，振孫誤記也。

又按：張國淦《中國古方志考》著録此書，又有趙汝誼修、章穎撰《春陵圖志》十卷，以爲二書不同。

臨汝圖志一五卷　宋張貴謨撰　佚

貴謨，字子智，處州遂昌人，慶元中以左司郎中兼實録院檢討官，官至朝議大夫。著有《詩説》《泮林講義》等，事迹具《慶元黨禁》《淳熙薦士録》《南宋館閣續録》及《南宋制撫年表》等書。

此書《宋史·藝文志》地理類著録。

按:張國淦《中國古方志考》著録此書,曰:"宋汝州臨汝郡,清汝州直隸州。"

零陵志一〇卷　宋徐自明撰　佚

自明,字誠甫,號愒堂,永嘉人,嘗官太常博士,終零陵郡守,著有《宋宰輔編年録》《浮光圖志》等。事迹具《宋詩紀事補遺》卷六六。

此書《宋史·藝文志》地理類著録。

《直齋書録解題》卷八地理類著録《零陵志》十卷,陳氏曰:"郡守徐自明,嘉定己卯(十二年,1219)重修。"

《溫州經籍志》卷一〇著録徐氏自明《零陵志》十卷,孫氏曰:"佚。案宋永州零陵郡軍事,屬荆湖南路。徐愒堂知永州,在嘉定十年(1217)十二月,見史能之《毗陵志》八。《零陵志》成於嘉定己卯(十二年,1219),蓋除官後二年也。《宋宰輔編年録》陳昉跋云:愒堂終零陵郡守。"《輿地紀勝》五十六《永州碑記》載有《零陵志》張埏序,不著撰人,未知即此書否。《宋志》張埏《零陵志》十卷,與徐書並收。"

按:徐自明與張埏二《志》並十卷,《宋志》並收,詒讓不能定其是否一書。埏,孝宗朝知永州,其撰《零陵志》,在淳熙年間,徐自明寧宗朝知永州,撰志在嘉定年間,非一書也。光緒《湖南通志》卷二四九著録淳熙《零陵志》,又著録嘉定《零陵志》,是也。今張志有善化陳氏《荆湖圖經》輯本,徐志則不可得見矣。

浮光圖志三卷　宋徐自明撰　佚

自明有《零陵志》一〇卷已著録。

此書《宋史·藝文志》地理類著録。

按:乾隆《光山縣志·凡例》云:"徐自明《浮光圖志》三卷,李棟《浮光圖志》二十卷,蓋俱南渡後纂,書佚不傳。"《溫州經籍

志》卷一〇著録徐氏自明《浮光圖志》三卷,孫氏曰:"佚。案,
《方輿勝覽》五十:淮西路光州,郡名曰浮光。愷堂所著圖志,
見《宋史·藝文志》,疑嘗官光州也。"

長樂志四〇卷　宋梁克家撰　佚

克家,字叔子,晋江人,紹興中進士第一,遷給事中。乾道中
累遷右丞相,卒謚文靖,著有淳熙《三山志》,監修《中興會
要》。事迹具《宋史》卷三八四、《宋史新編》卷一四一、《南宋
書》卷三二、《宋大臣年表》《宋中興學士院題名録》及《南宋館
閣録》等書。

此書《宋史·藝文志》地理類著録。

《直齋書録解題》卷八地理類著録《長樂志》四十卷,陳氏曰:
"府帥清源梁克家(叔子)撰,淳熙九年(1182)序,時永嘉陳傅
良君舉通判州事,大略皆出其手。"

蘄春志一〇卷　宋陸峻、丁光遠等撰　佚

峻,字申伯,嘉興府海鹽人,乾道五年(1169)進士,嘉泰二年
(1202)三月除著作郎,三年(1203)二月爲監察御史,事迹具
《南宋館閣續録》卷八。

光遠,生平待考。

此書《宋史·藝文志》地理類著録。

按:《輿地紀勝》卷四七"蘄州·碑記"條"蘄春志"下注云:
"丁光遠編。"又卷六七"鄂州下·人物"條"王玠"下引《蘄春
志》一條。

均州圖經五卷　宋段子游撰　佚

子游,教授。

此書《宋史·藝文志》地理類著録。

考《輿地紀勝》卷八五"均州·碑記"條"新圖經"下注云:"教
授段子游序。""風俗形勝"條引《均州圖經》序云:"其山武當,

其浸滄浪，東連襄沔，西徹梁洋，南通荆衡，北抵襄鄧。"又"州沿革"條"梁爲南始平郡""西魏改興州爲豐州"，"風俗形勝"條"民多秦音"，"景物上"條"太嶽""聖木"，"景物下"條"武當山""香爐峰""落帽峰"，"古迹"條"謝羅山""唐濮王泰廟"，"人物"條"龐德公"，"仙釋"條"尹真人"等句下，並引《圖經》。

邵陽記舊一卷　宋黄汰撰　佚

汰，生平待考。

此書《宋史·藝文志》地理類著録。

按：漢置昭陵縣，晋改曰邵陵，隋又改邵陽，唐爲邵州治，宋至清爲寶慶府治。

邵陵類考二卷　宋鞏嶸撰　佚

嶸，字仲問，武義人。淳熙進士，類官大理寺丞，歷遷司封郎致仕，著有《厚齋集》。事迹具《宋史翼》卷二八。

此書《宋史·藝文志》地理類著録。

按：張國淦《中國古方志考》引《紀勝》五十九"寶慶府·碑記"條"邵陵類考"下注云："郡守鞏嶸序。"張氏曰："寶慶府，本晋南朝邵陵郡，此用古名。"

靖州圖經四卷　宋孫顯祖撰　佚

顯祖，磁州人，從政郎，淳熙九年(1182)知靖州，後知延安府，所歷皆有政聲。事迹具《直隸靖州志》卷四。

此書《宋史·藝文志》地理類著録。

考《輿地紀勝》卷七二"靖州·州沿革"條引《圖經》云："《春秋元命包》曰：軫星散爲荆州。昔秦昭王時，使白起侵楚，略取蠻夷，定巫黔中，置黔中郡。漢高祖更黔中爲武陵郡。武帝始開西南夷，置牂牁郡，屬益州。"又"唐爲夷播叙三州之境""皇朝十洞酋長楊通蘊送款内附""又詔於武崗之西作城，在渠河之陽爲誠州""復置誠州""改爲靖州"，"風俗形勝"條"漢牂牁武陵之間”“州據夷播敘州之間”“蠻皆槃瓠之餘種,故其族類尚有犵狫獠之號。其計歲月,率以甲子。其要約以木鐵爲契,其樂器有愁笛壺笙。其兵器有甲胄標牌刀及偏架弩,其利與中國神臂等,雖濕暑亦可用。東通於邵,南通於融,北通於沅”,“景物(上)”條“飛山”,“景物(下)”條“九疊山”,“碑記”條“唐久視中古碑”等句下,並引《圖經》。

鼉山志三卷　宋黃曄撰　佚

曄,生平待考。

此書《宋史·藝文志》地理類著録。

考《輿地紀勝》卷九八“廣南東路南恩州·碑記”條“鼉山志”下注云:“黃曄序。”“風俗形勝”條引《鼉山志·序》云:“恩平爲郡,其山川形勝,與夫所産之珍,蓋不弱於中州。”又云:“龍鼉山爲南服之冠,金雞石亦舊壤所有,山麓名勝之境,海珍果實之饒。”又云:“今陽江蓋併唐之三縣,而陽春乃昔春勤二州之地焉。”又“古迹”條“高涼郡”下引《鼉山志序》云:“以高涼爲春州,始於武德四年(621),廢春州入陽春隸恩州,徙州治陽江,實開寶五年(972)也。”又“州沿革”條“粵地斗牛之分野”句下,引《鼉山志》一條。

按:廣東陽江縣城内東北隅有鼉山,“鼉”“黿”二字形近,宋以來多有淆誤,此書《宋志》誤題《黿山志》,兹據《紀勝》序文正。

彭門古今集志二〇卷　宋李震撰　佚

震,廬陵(今江西吉安)人,玨姪。咸淳七年(1271)進士,長於詩詞。《鐵網珊瑚畫品》卷三載其《賀新郎·題高克恭夜山圖》,事迹具《全宋詞》卷五。

此書《宋史·藝文志》地理類著録。

按:秦置彭城縣,項羽都彭城,在今徐州。

續同安志一卷　宋蔡時撰　佚

時,生平待考。

此書《宋史‧藝文志》地理類著録。

按:《輿地紀勝》卷四六"安慶府‧碑記"條"續志"下注云:
"蔡時編。"時,《紀勝》作時,未知孰是。

隆興續職方乘一○卷　宋程叔達撰　佚

叔達,字元乘,徽州黟縣人,紹興進士,淳熙四年(1177),除秘
閣修撰,知隆興府,事迹具《宋中興學士院題名録》《宋中興東
宮官僚題名》及《南宋制撫年表》等書。

此書《宋史‧藝文志》地理類著録。

按:宣和元年(1119),洪芻撰《豫章職方乘》三卷,已著録,是
書淳熙十一年(1184)所撰,續洪書也,參見洪芻《豫章職方
乘》三卷條。

吳陵志一四卷　宋項預撰　佚

預,生平待考。

此書《宋史‧藝文志》地理類著録。

按:《直齋書録解題》卷八地理類著録《吳陵志》十卷,陳氏曰:
"不著名氏,淳熙壬寅(九年,1182)所修,後三年乙巳(十二
年,1185)太守錢塘萬鍾(元亨)屬僚佐參正而刻之。泰州在
唐爲吳陵縣。"疑即此書,惟卷數不同。

南康記八卷　宋朱端章撰　佚

端章,淳熙十年(1183)知南康軍,置白鹿洞學田七百餘畝,以
贍四方來學者。事迹具《宋元學案補遺》卷四九。

此書《宋史‧藝文志》地理類著録。

《直齋書録解題》卷八地理類著録《南康志》八卷,陳氏曰:"郡
守朱端章撰,淳熙十二年(1185)。"

考《輿地紀勝》卷二五"南康軍‧軍沿革"條"屬江州,太宗時

升南康軍""舊隸江南西路，紹興初始隸東路"，"縣沿革"條
"都昌縣"，"風俗形勝"條"郡負康廬面彭蠡"，"景物（上）"條
"蘇山"，"官吏"條"陳可大"等句下，並引《南康志》。

按：據光緒《江西通志》卷一〇四，寶慶間，胡存重修此書。又
明《文淵閣書目》卷一九舊志著錄《南康志》八册，是明正統間
猶及見此書。

廬州志一〇卷　宋練文撰　佚

文，生平待考。

此書《宋史·藝文志》地理類著錄。

按：光緒《續修廬州府志》卷九一著錄《廬州舊志》，云："宋前
合肥縣學教諭樓悌所輯。"練氏之書或據樓《志》重修也。

吉州記三四卷　宋吳機撰　佚

機，嘉定元年（1208）官承議郎，二年（1209）改除諸司糧料院，
見《宋中興行在雜買務雜賣場提轄官題名》。

此書《宋史·藝文志》地理類著錄。

按：《輿地紀勝》卷三四"臨江軍·人物"條"陳喬"下注云：
"字子喬，《吉州志》以爲廬陵人。"又明《文淵閣書目》卷一九
舊志著錄《吉州志》十一册，又《吉州志》十四册。

楚州圖經二卷　宋錢之望、吳莘撰　佚

之望，字表臣，一字大守，武進人，乾道五年（1169）進士，華文
閣待制，知廬州卒。事迹具《南宋館閣續錄》卷九及《南宋制
撫年表》等書。

莘，字商卿，浙江歸安人，淳熙八年（1181）進士，教授。事迹
具《吳興掌故集》卷四。

此書《宋史·藝文志》地理類著錄。

《直齋書錄解題》卷八地理類著錄《楚州圖經》二卷，陳氏曰：
"教授雪川吳莘（商卿）撰，太守毗陵錢之望（大受），時淳熙十

三年（1186）。"

按《輿地紀勝》卷三九"楚州·風俗形勝"條引《圖經》序云：
"枚乘之文，韓信之武，必有聞風而興起者。"又"景物（下）"條
"櫻桃園""石鼈縣"，"官吏"條"宋蕭僧珍"等句下，並引《圖
經》。

按：張國淦《中國古方志考》著録此書，張氏據《大明一統志》
輯録一條。

襄陽志四○卷　宋劉宗撰　佚

宗，吳興人，教授。

此書《宋史·藝文志》地理類著録。

《直齋書録解題》卷八地理類著録《襄陽志》四十卷，陳氏曰：
"郡守朐山高夔命教授吳興劉宗，幕官上蔡任浼編纂爲書，既
詳備，而刊刻亦精緻，圖志之佳者。"

考《輿地紀勝》卷二八"襄陽府·風俗形勝"條"皇子出鎮""江
陵唇齒"，"景物（下）"條"樂喜堂"，又卷八七"光化軍·景物
（上）"條"泌河"，"詩"條"層樓壓清漢，初上更忘歸，夕靄藏平
野，晴煙漏翠微。城昏晚鴉集，江靜野鷗飛，何日賦招隱，行
吟傍釣磯"等句下，並引《襄陽志》。

按：《中國古方志考》著録此書，張氏據萬曆《湖廣總志》輯録
二條；又有《大典》輯本，收録三條。

隆山志三六卷　宋趙甲撰　佚

甲，生平待考。

此書《宋史·藝文志》地理類著録。

考《輿地紀勝》卷一四五"簡州·官吏"條"第五倫"下，引《隆
山志》一條。又卷一五○"隆州·縣沿革"條"井研縣"，"風俗
形勝"條"前距漢嘉，後距廣都，分棟牛韗在其東，鼎鼻崛嵊在
其西""龍淵之水，歷資之東津，而入於東江，龍溪之水，歷眉

之魚蛇,而入于西江"等句下,並引《隆山志》。

張國淦《中國古方志考》云:"宋隆州,本隋隆山郡。"

毗陵志一二卷　宋鄒補之撰　佚

補之,字公兗,衢州開化人,受業朱吕之門,第進士,淳熙十二年(1185)以從政郎充常州學教授,慶元中知休寧縣,新學校,修祠宇,嘉泰元年(1201)通判江寧府,尋致仕。著有《春秋語孟注》《兵書解》《宋朝職略》等書。事迹具《宋元學案》卷七三、《宋元學案補遺》卷七三、《宋詩紀事補遺》卷五五等書。

此書《宋史·藝文志》地理類著録。

《直齋書録解題》卷八地理類著録《毗陵志》十二卷,陳氏曰:"教授三山鄒補之撰。"

按:咸淳年間,史能之又撰《毗陵志》三十卷,是謂咸淳《毗陵志》,今史志猶存。考史志中多引舊志,如卷一《古今郡縣表》"東漢光武""陳高祖",卷二"縣境"條"百瀆口",卷三"坊市"條"雙桂坊",卷五"宫寺"條"荆溪堂""見山亭",卷一五"山水"條"宜興國山",卷二四"財賦"條"聖節進奉銀絹",卷二五"仙釋"條"稠錫禪師"等句下,並引舊志,所引當是此編也。

又按:張國淦《中國古方志考》著録此書,有《大典》輯本,收録四條。

荆門志一〇卷　宋王銖撰　佚

銖,紹熙元年(1190)知常德軍,見《宋史·兵志》。

此書《宋史·藝文志》地理類著録。

按:《遂初堂書目》地理類著録《荆門志》,蓋即此編也。

富水志一〇卷　宋張孝曾撰　佚

孝曾,歷陽人,字實來,淳熙十二年(1185)知郢州。《鍾祥縣治》卷一〇云:"張孝曾、孫廷堅,俱淳熙中知郢州,先後築堤百里,以障水患,民至今賴之。孝曾又輯訪典故,成《富水志》。"

考《輿地紀勝》卷八四"郢州州沿革"條"禹貢職方,皆荊州之城""秦屬南郡""梁爲南司北新二州之境","縣沿革"條"長壽縣","風俗形勝"條"石城田山以爲固""其民樸,其俗儉,其土饒,粟麥有西北之風,聲氣習焉","景物(上)"條"石城""唐山","景物(下)"條"白雪樓""石人山","古迹"條"新市故城""康富水縣"等句下,並引圖經。

按:清康熙《京山縣志》載淳熙十五年(1188)張聲道《富水郡志》序,云:古者封建諸侯,亘天下爲列國,至秦始郡縣之,晋宋以來,錯置州郡,唐興盡易州名,郢之爲郢,楚郊郢之舊也。東走江淮,西通梁漢,南徑荊湘,北則馳騖乎陳蔡汝穎之郊,雖號爲四通八達之地,而有石城以爲固,漢水以爲限,昔人因形便以置州,本事始以取名,蓋得之矣。楚始都郢,今江陵是也。後遷郢於壽春,而魏文帝亦嘗以荊之江北諸郡爲郢州,然壽春之郢,終於復故,南郡之郢,旋即正名,郢之名雖四,而實一耳。惟劉宋以後,一彼一此,互別爲州,名有東西南北之殊,地有江夏、義陽、淮安、定城、赤石、安廣之異,其分裂變置於南北之間,至有十之三焉。迨唐始合爲一,至乾元州名始定;迄今言郢事者,乖戾錯雜,認鄂渚者十八九,指江陵者半之,而於義陽淮安汝蔡光隨亦略取其二三也。沿襲訛謬,綿歷久遠,不知者,類以爲真,而知者則説曰《春秋傳》疑之之義,固當爾爾,信如所云,則古人辨國正封之義,果安在哉。郢舊有志,其先出於綿蕝,淳熙丙午(十三年,1186),張侯實來,見其疏略舛誤缺焉,甚不滿也,已而興樸植僵,條具貫整,暇乃命衆俊輯成此書,凡爲十卷,分三十四門,細大畢載,顛末具舉。以公星所臨,各有封域,而徐雍荊揚,南北互見,故辨郢州。以坎險之象,天造地設,而依山爲固,彼此弗類,故辨石城。都邑郊鄙，不宜混并也，故辨二郢。分疆對境，安可錯雜也，故辨章山。名迹事實，必有定所也，故辨新市。於是名正言順，綱舉目隨，千載訛謬，一洗空之。侯於是州也，日夜究心，恢張形模，革易敝陋，將去之日如始至，而是書之成，蓋可見其綱目，聲道敬歎之餘，敢叙所以，冠於篇首云。淳熙十五年(1188)，歲在戊申十二月旦日，修職郎郢州州學教授張聲道序。"

重修荆門志一○卷　宋王榮撰　佚

榮，生平待考。

此書《宋史·藝文志》地理類著録。

按：王銖撰《荆門志》一○卷，《宋志》已著録。銖，紹熙間人，此書當在紹熙以後也。

郴江記八卷　宋徐得之撰　佚

得之，字思叔，淳熙十年(1183)進士，累遷通直郎致仕。著有《左氏國記》《史記年紀》《鼓吹詞》等，事迹具《宋史》卷四三八、《宋史新編》卷一六七及《南宋書》卷三七等。

此書《宋史·藝文志》地理類著録。

按：郴州東有郴江，故名。考《輿地紀勝》卷五七"郴州·景物（上）"條"羊山"，"景物（下）"條"彈子巖"，"詩"條"賢如贈扇揚風日，貧似開門臥雪時。"等句下，並引《郴江志》。又《遂初堂書目》地理類有《郴州志》，《文淵閣書目》卷一九舊志著録《郴州志》二册，蓋並此書也。

又按：《中國古方志考》著録此書，又有不著撰人之《郴州古志》《郴州志》《郴江志》三書。

古沔志一卷　宋史本傳　佚

本，性至孝，父歿，盧墓悲慕，芝草生。寧宗時進士，通《易經》，仕至奉直大夫。

此書《宋史‧藝文志》地理類著録。

考《輿地紀勝》卷九七"漢陽軍‧景物(上)"條"魯山""赤壁"句下,引史本新經二條。

按:《文淵閣書目》卷一九舊志有《古沔志》一册。

又按:張國淦《中國古方志考》著録此書有《大典》輯本,收録三條。

贛州圖經不著卷數　宋周夢祥撰　佚

夢祥,嘉泰三年(1203)二月除秘書郎,十一月爲著作佐郎,見《南宋館閣續録》。

此書《宋史‧藝文志》地理類著録。

按:此書《宋志》注云:"卷亡。"考《輿地紀勝》卷三二"贛州‧州沿革"條"治雩都","縣沿革"條"會昌縣""石城縣""龍南縣","景物(下)"條"梓潭山""覆笥山","古迹"條"蕭帝巖"等句下,並引《圖經》。

興元志二〇卷　宋閭蒼舒撰　佚

蒼舒,字惠夫,一字才元,唐安人。紹興二十七年(1157)進士,授夔州府教授。淳熙三年(1176)以刑部員外郎兼侍講,六年(1179)以權吏部侍郎兼同修國史。工正書,雄健尚有楷則。卒謚恭惠。事迹略見《皇宋書録》《南宋館閣續録》《宋中興東宮官僚題名》《南宋制撫年表》《宋詩紀事》卷五五及《宋詩紀事小傳補正》卷三等書。

此書《宋史‧藝文志》地理類著録。

按:《輿地碑記目》卷四"興元府‧碑記"條舊志下注云:"閭蒼舒序。"《輿地紀勝》卷一九〇"洋州‧仙釋"條"陳七子",卷一九一"大安軍‧軍沿革"條"改屬梁州"等句下,引《興元志》二條。又嘉靖《雍大記》卷一〇"古迹"條"駱谷"下引《興元志》一條。《雍大記》,刊於明嘉靖元年,是此書嘉靖間猶及見之。

南安志二〇卷　宋許開撰　佚

開，慶元四年(1198)十一月，以諸王宮大小學教授兼實錄院檢討官，五年(1199)六月爲司農寺丞仍兼，著有《志隱類稿》，事迹略具《南宋館閣續錄》(卷九)。

此書《宋史·藝文志》地理類著錄。

《直齋書錄解題》卷八地理類著錄《南安志》二十卷，陳氏曰："太守方崧卿，教授許開修。"

考《輿地紀勝》卷三六"南安軍·風俗形勝"條"橫浦有關，大庾有嶺，通道交廣，此其襟喉""置軍自查陶始"，"古迹"條"漢城蕃子孫墓"，"官吏"條"嚴肅""都潔""李聞之"，"人物條""何大正"，"詩"條"英江今日掌刑回，上得梅山不見梅，輙奉買將三十本，清香留與雪中開"等句下，並引《南安志》。

按：張國淦《中國古方志考》著錄此書，據《大明一統志》輯錄一條。張氏曰："嘉靖《南安府志》劉節序，南安郡志，宋知軍事方崧卿氏，軍學校教授許開氏修之，卷二十，《拾遺》卷一，今亦不可考。"

淮南通州志一〇卷　宋孫昭先撰　佚

昭先，字延父，龍溪人，淳熙進士，官朝散大夫，吏部郎中，開禧三年(1207)知通州，事迹略具《會稽續志》卷二。

此書《宋史·藝文志》地理類著錄。

考《輿地紀勝》卷四一"通州·州沿革"條"禹貢揚州之域""春秋屬吳，吳滅屬越，戰國屬楚""秦屬九江郡，漢屬臨淮郡，東漢、晉屬廣陵郡""南唐李氏，於海陵縣之東境，置靜海都鎮制置院""仍廢諸鎮舊額""爲靜海郡"，"縣沿革"條"海門縣"等句下，並引《通川志》七條。

按：明萬曆《揚州府志》卷一四著錄《淮南通州志》十卷，云：

"宋孫昭先撰。"此書《宋志》誤作《通川志》,今正。

清湘志六卷　宋余元一撰　佚

元一,字景思,仙游人,淳熙進士,終池州通判。事迹具《考亭淵源録初稿》卷一四、《閩南道學源流》卷一四、《閩中理學淵源考》卷一九、《蒲陽文獻傳》卷三〇及《宋元學案》卷六三等書。

此書《宋史·藝文志》地理類著録。

按:《直齋書録解題》卷八地理類著録《清湘志》六卷,陳氏曰:"郡守永嘉峴(壽南)俾教授林瀛修,嘉泰二年(1202)也。"元一亦當時人,卷數復同,疑即此書,以與修修者多人,所蜀或不同也。峴,字壽南,一字儔南,號東齋,溫州平陽人,淳熙十四年(1187),以博學宏詞科賜第。寧宗時知潭州。瀛,潭州教授。考《輿地紀勝》卷六〇"全州·景物(上)"條"洮治"句下,引《清湘志》一條。又"風俗形勝"條引《清湘志》序云:"清湘爲郡,始自晋天福中。"又云:"極湖湘之西,其南抵桂嶺。"

又按:張國淦《中國古方志考》陳峴《志》與余元一《志》分別著録,又有不著撰人之《清湘志》。

廣陵志一二卷　宋鄭少魏撰　佚

少魏,淳熙間爲揚州教授。事迹具《揚州府志》卷一九。

此書《宋史·藝文志》地理類著録。

《直齋書録解題》卷八地理類著録《廣陵志》一二卷,陳氏曰:"教授三山鄭少魏,江都尉會稽姚一謙撰,紹熙元年(1190)太守鄭興裔也。"

考《輿地紀勝》卷三七"揚州·風俗形勝"條"揚一益二""淮海之間,揚爲重地""其俗樸而不爭,有學而好文""迷樓九曲,珠簾十里""邈若仙境","古迹"條"陳公塘""南柯太守墓"等句下,並引《廣陵志》。又考鄭興裔《鄭忠肅奏議遺集》卷下載

《廣陵志》序，云："郡之有誌，猶國之有史，所以察民風，驗土俗，使前有所稽，後有所鑑，甚重典也。余奉簡書，自廬移守茲土，表章先哲，利賴兆民，日求康治，而文獻無徵，心竊悼焉。夫廣陵名勝之區，淮南一大都會也，襟江帶海，包絡吳楚，通道甌粵，鮑子所謂重江複關之隩，四會五達之莊，非其地歟。春秋時屬吳，傳曰吳城邗溝，以通江淮是也，秦并天下，屬九江郡，漢屬荆，尋屬吳，景帝時名江都國，武帝更名廣陵國，東漢爲廣陵郡，魏晉屬徐州，宋曰南兗州，北齊曰東廣州，後周曰吳州，隋曰揚州，亦曰江都郡，唐初爲兗州，又爲邗州，尋復爲揚州，此沿革之大概也。唐曹憲始創揚州誌，五代喪亂之餘，殘編斷簡，無復存者。我國家定鼎，以維揚爲重鎮，歷今二百三十餘年，休養生息，民臻富庶，而名邦掌故，終令淪亡，殊非守土牧民之責，爰命鄭教授少魏，姚尉一謙輯之，爲卷一十有二，書成請余識諸簡端。余思先王之有天下也，礪山帶河，畫疆以理，金城湯池，度地而居，齊詩四至之履，易垂重門之文，明乎各有定守也。乃若任土作貢，厥賦恒殊三等，魚鹽蜃蛤，伯國用以富强，且江珍海錯，地實生焉，踐其土者，食其毛，寧敢忘享王之義乎。其或嵩嶽降靈，勳名成於仕宦，山川毓秀，賢聲著於鄉邦，千秋之俎豆增光焉。若夫遇名山而歌詠，擲地金聲，歷館閣而抒辭，光天藻彩，鄒枚鮑庾之徒，赫赫在人耳目也。他如刲股砥純孝之行，斷指凜冰霜之節，可以立懦廉頑，風茲百世，旌廬表墓，又奚忝耶。至於隋陵盤塚，古迹相沿，瓊觀迷樓，勝地非昔，弔遺徽於寂寞之濱，捫碑碣於薜蘿之內，雖微必録，無隱不宣，數百里封域中之事，群匯而筆之於書，則身雖不下堂階，而廣陵錯壤，恍然在目，斯無負守土牧民之責乎。聖天子採風問俗，藉以當太史之陳，後之來守是邦者，亦庶乎其有所據依矣，是爲序。"

長沙志一一卷　宋不著撰人　佚

此書《宋史·藝文志》地理類著録。

《直齋書録解題》卷八地理類著録《長沙志》五十二卷,陳氏曰:"郡守趙善俊,以紹熙二年(1191)命教授褚孝錫等七人撰,時陳止齋將漕,相與考訂商略,故序言當與《長樂志》並也。"

又著録《續長沙志》十一卷,云:"不著名氏,録紹興以後事。"

按:此書撰人《宋志》本題褚孝錫撰,誤。褚氏五十二卷之書,《宋志》未著録。今考《輿地紀勝》卷二三多引《長沙志》,而《續志》未見徵引,此書在當時或已不多見也。

龍城圖志一〇卷　宋黃疇若撰　佚

疇若,字伯庸,豐城人,淳熙進士,知廬陵縣,開禧初應詔言急務,拜監察御史,以焕章閣學士致仕卒,著有《竹坡集》。事迹具《宋史》卷四一五、《宋史新編》卷一四九、《南宋書》卷五四、《南宋館閣續録》卷七、《宋中興東宮官僚題名及南宋制撫年表》等書。

此書《宋史·藝文志》地理類著録。

考《輿地紀勝》卷一一二"柳州·風俗形勝條"引《龍城圖志序》云:"山石奇秀,平地忽崛起數百,韋曲鄠杜蓋無之。"又云:"自唐以來,多著遷客,山哀浦思,翰墨具存。"又"嶺南登科,自柳州甘翔始""出相弟長,入相慈孝,以爲柳河東教化之及",及"景物(上)"條"馬平","景物(下)"條"仙奕山"等句下,並引《龍城圖志》。

重修龍城圖志一〇卷　宋胡至撰　佚

至,生平待考。

此書《宋史·藝文志》地理類著録。

按:此編蓋就黃疇若《龍圖志》一〇卷續補之也。

房州圖經三卷　　宋陳宇撰　　佚

宇,字允初,毗陵人,郡守。事母至孝,作郡甚辨,臨事應變,事集而民不擾,事迹略具《淳熙薦士録》《考亭淵源録初稿》卷一四、《閩中理學淵源考》卷二九及《宋元學案補遺》卷六九等書。

此書《宋史·藝文志》地理類著録。

《直齋書録解題》卷八地理類著録《房州圖志》三卷,陳氏曰:"郡守毗陵陳宇修。"

考《太平寰宇記》卷一四三"房州·竹山縣""堵水"句下,引《圖經》一條。《輿地紀勝》卷八六"房州·縣沿革"條"竹山縣","風俗形勝"條"即唐遷州故城","人物"條"尹吉甫","碑刻"條"後唐刺史修廨斷碑"等句下,並引《圖經》。

臨封志三卷　　宋虞大中撰　　佚

大中,字士明,崇文人,乾道進士,歷知隆興新建縣,通判汀州,嘉泰間知循州,改知南康軍,嘉定中乞歸。

此書《宋史·藝文志》地理類著録。

考《輿地紀勝》卷九四"封州·州沿革""星紀之次""中興以來併封州入德慶府,未幾復爲封州","風俗形勝"條"風俗質樸,民淳訟簡""據邕桂賀三江口,誠控扼之地""東坡作《司馬温神道碑》云,公薨,封州父老相率致祭,且作佛事,公之至誠,無所不敢,而封民獨見稱於坡公,亦足見其民之知義也"等句下,並引《臨封志》。

按:道光《廣東通志》卷一九二著録《臨封志》,云:"佚,《輿地紀勝》嘗引之,撰人見《宋志》。"

永嘉志二四卷　　宋曹叔遠撰　　佚

叔遠,字器遠,瑞安人,登紹興進士,累官太常少卿,權禮部侍郎,終徽猷閣待制,卒謚文蕭。著有《周官講義》。事迹具《宋史》卷四一六、《宋史新編》卷一四九、《南宋書》卷五五及《南宋館閣續録》等書。

此書《宋史·藝文志》地理類著録。

《直齋書録解題》卷八地理類著録《永嘉譜》二十四卷,陳氏曰:"禮部侍郎郡人曹叔遠(器遠)撰,曰年譜、地譜、名譜、人譜、時紹熙三年(1192),太守宛陵孫枀,屬器遠裒集,創爲義例如此,器遠庚戌(元年,1190)進士,蓋初第時也。"

《溫州經籍志》卷一〇著録《永嘉譜》二十四卷,孫氏曰:"佚。按:曹文蕭《永嘉譜》,區分四目,在古地志中,實爲創例,其所謂年譜者,蓋以志建置沿革諸大事,並編年紀之,其所謂地譜者,蓋以志山川、疆域、名勝、古迹,其所謂人譜者,蓋以志官師除罷,選舉人物,惟名譜不得其義,不知所志何事也。其書明《文淵閣書目》有十册,周天錫《慎江詩類》一,録謝靈運《北亭往松陽》《始發至三州》《讀書齋詩》,下附邵少文云,右三詩見宋《永嘉譜》,《康樂集》中不載。近馮惟訥《詩紀》亦遺之,是此書明末尚存,今則不可復得矣。"

按:《宋史·曹叔遠傳》謂其嘗編《永嘉譜》,識者謂其有史才。考宋吳仁傑《離騷草木疏》卷四多引《永嘉譜》中所載草木。又明《文淵閣書目》卷一九舊志著録《永嘉譜》十册,嘉靖《浙江通志》卷五四亦載此書。

又按:此書撰人《宋志》作曹叔達,誤,今正。

永嘉志七卷　宋周澂撰　佚

澂,左朝請大夫,淳熙二年(1175),知溫州軍事。事迹具《溫州府志》卷一七。

此書《宋史·藝文志》地理類著録。

《溫州經籍志外編》卷上著録《永嘉志》七卷,云:"佚,案淳熙《永嘉志》、雍正《浙江通志》二百五十三、萬曆《溫州府志》十七,並題徐嘉言修,乾隆《府志》作《永嘉縣志》殊誤,此郡志非縣志也。蓋周澂爲州守,實主其事,纂輯則出嘉言也。"

按:嘉言,教授。[①] 此書視曹叔遠之《譜》爲早,曹書或多本此書。考嘉定《赤城志》卷九秩官門"本朝郡守乾道三年錢昱"下引《永嘉舊志》一條,當即此書也。

江陰志一○卷　宋鄭應申撰　佚

應申,紹熙三年(1192)任江陰軍教授,邑舊無志,知軍施邁始命應申創爲之,蒐抉載籍,網羅散亡,成志十卷,邑中文獻,賴以不墜,見光緒《江陰縣志》卷一五。

此書《宋史·藝文志》地理類著錄。

考《輿地紀勝》卷九"江陰軍·軍沿革"條"禹貢揚州之域,周職方亦如之""考楚烈王封黃歇爲春申君,其地又爲春申君之采邑","詩"條"紫蕈江上是吾家,一葉扁舟一釣車,何必陶公種魚法,雨汀煙渚盡生涯"等句下,引《江陰志》三條。

按:明《文淵閣書目》卷一九舊志著錄《江陰志》五册。

又按:光緒《江陰縣志》卷首舊《序》載宋紹熙五年(1194)簽判俞巨源《序》,云:"大江自京口委折而南,浩漾澎湃,勢益壯,越數百里,聚爲澄江之區。其山川甚秀,其生齒甚繁,其風物甚雅,而名公賢士大夫,落落繼出,如騎星辰,通德之門,奂焉相接也。自縣升軍額,不惟其地望更重,而其去行在所不信宿,亦獲附畿甸五等侯之列,故守將爲時高選。雖在江一隅,商舶輻至,然道號清簡少事,有枚數,當今樂州者,必屈指焉。郡各有志,澄江獨未之作也。吳興施公太傅知軍事,慨然以爲缺典,首命郡博士鄭君,邑大夫徐君,相與蒐獵,以編爲書,庶幾來者有考。鄭君於是質之古,驗之今,採其土

---

① 見《温州府志》卷一七。

地所有,記聞所傳,科條所當登載者,分爲三十二門,計一十卷。其文直、其事核,其目井井也。書成,而施公以請祠去,巨源嘗以幕僚攝承汴宮,諸生僉以鋟木爲鄭君請,因贊其成;且巨源嘗爲施公屬,載其作書之目,及識其月日,敬不敢辭。然鄭君爲是書也亦勤矣,先賢讀詩之綠竹猗猗,知衛地淇澳之産,在其板屋,知秦野西戎之居,隻字片辭,坐致千里,古人發興於詠歌且爾,而況紀事之書乎。鄭君誠有做乎此。

施邁,紹熙四年(1193)以朝散郎知江陰事,時徵科繁重,而公用尚不足逋官錢至二十四萬餘緍,且大軍移屯,商旅絕迹,於是贏蚌蔬茹,亦皆科稅,邁疏請蠲減,以寬民力。尤篤意文獻,屬教授鄭應申纂修志乘,江邑有志自此始,事迹具光緒《江陰縣志》卷一五。

新昌志一卷　宋梁希夷撰　佚

希夷,生平待考。

此書《宋史·藝文志》地理類著録。

通川志一五卷　宋馬景修撰　佚

景修,生平待考。

此書《宋史·藝文志》地理類著録。

考《輿地紀勝》卷一七九"梁山郡·碑記"條"浮蘭碑"下,引《通川志》一條。

夷陵志六卷　宋黄環撰　佚

環,生平待考,著有《備問方》二卷。

此書《宋史·藝文志》地理類著録。

考《輿地紀勝》卷七三"峽州·州沿革"條"在星土爲鶉尾之分野""命將督軍於西陵曰西陵督","唐改峽州,始從山","風俗形勝"條"楚先生墳墓之地","景物(下)"條"石鼻山"等句下,並引《夷陵志》。

按：明《文淵閣書目》卷一九舊志著録《夷陵志》五册。

又按：張國淦《中國古方志考》著録此書，有《大典》輯本，著録一條。

夔州志一三卷　宋馬導撰　佚

導，生平待考。

此書《宋史·藝文志》地理類著録。

考《輿地紀勝》卷一六三“叙州·風俗形勝”條“冠冕兩川”句下，引《夔州志》一條。

按：《輿地碑記目》卷四著録《新夔州志》，云高導編，疑即此書，惟撰人姓氏不同。

又按：張國淦《中國古方志考》著録此書，有《大典》輯本，收録二條。

番陽志三〇卷　宋史定之撰　佚

定之有《鄉飲酒儀》一卷已著録。

此書《宋史·藝文志》地理類著録。

考《輿地紀勝》卷二三“饒州·碑記”條“鄱陽志”下注云：“史定之序。”人物條“文翁”，仙釋條“張道陵”“伏虎禪師”等句下，並引《鄱陽志》。

按：明張誼《宦游紀聞》云：“鄱陽爲郡，文物之盛，甲於江東，無圖經地志，元祐六年（1091）餘干都頡作《七談》一編，叙土風人物，云張仁有篇，徐濯有説，顧雍有論，王德璉有記，今不復存矣。嘉定乙亥（八年，1215）史守始延郡之前輩，訪問彙聚而爲圖經，然登載亦未詳盡，如秋薦五十有五人，殊無確然之説。”

又按：張國淦《中國古方志考》著録此書，有《大典》輯本，收録二十七條。

修水志一〇卷　宋徐筠撰　佚

筠有《漢官考》四卷已著録。

此書《宋史·藝文志》地理類著録。

《直齋書録解題》卷八地理類著録《修水志》十卷,陳氏曰:"分寧宰徐筠撰。"

考《輿地紀勝》卷二六"隆興府·景物(下)"條"毛竹山","外邑·詩"條"蜀道稱天險,南州號地靈,山腰生雨露,屋角走雷霆。揮扇雲生岫,開窗月傍檻,明朝一回首,毛竹插天青"等句下,並引《修水志》。

按:張國淦《中國古方志考》云:"嘉靖《寧州志》龔暹序,宋徐子筠始爲《修水志》十卷,毀於兵燹。《清一統志》,修水源出義寧州西。"

嘉禾志四卷　宋張元成撰　佚

元成,字純一,毗陵人,郡守。

此書《宋史·藝文志》地理類著録。

《直齋書録解題》卷八地理類著録《嘉禾志》五卷,《故事》一卷,陳氏曰:"郡守毗陵張元成撰,爲書極草草。"

考《輿地紀勝》卷三"嘉興府·碑記"條"嘉禾志並詩"句云注云:"郡守張元成序。"

按:張國淦《中國古方志考》著録此書,題宋張元成修,聞人伯紀纂,二十六卷不知何所據。"

古涪志一七卷　宋王寬夫撰　佚

寬夫,生平待考。

此書《宋史·藝文志》地理類著録。

按:《輿地紀勝》卷五"平江府·人物"條"蘇舜卿"下,引《古涪志》一條。又趙與峕《賓退録》卷三引楊天惠《彰明縣附子記》,頗引《古涪志》。

浮光圖志二〇卷　宋李棣撰　佚

棣,生平待考。

此書《宋史·藝文志》地理類著録。

按:乾隆《光山縣誌》凡例雲:"徐自明《浮光圖志》三卷,李棣《浮光圖志》二十卷,蓋俱南渡後纂,書佚不傳。"徐自明《志》,《宋志》已著録。

古歸志一〇卷　宋林仁伯撰　佚

仁伯,事迹待考。

此書《宋史·藝文志》地理類著録。

歷陽志補遺一〇卷　宋趙興清撰　佚

興清,事迹待考。

此書《宋史·藝文志》地理類著録。

按:《安徽通志》卷三三九著録此書作趙師清撰,未知孰是。

合淝志一〇卷　宋王知新撰　佚

知新,慶元元年(1195)三月,自建康副都統制差知廬州,三年(1197),帶忠州刺史再任,四年(1198)六月,除知閤門事,見景定《建康志》。

此書《宋史·藝文志》地理類著録。

按:淳熙間鄭興裔撰《合肥志》四卷,今《鄭忠肅奏議遺集》卷下載《合肥志序》。此編或據鄭志補修也。《宋志》又著録劉浩然《合肥志》十卷,與此編未審是否一書也。

灃陽圖志八卷　宋霍篪撰　佚

篪,鎮江丹徒人,官都梁郡守,撰有《都梁志》八卷,見《直齋書録解題》。

此書《宋史·藝文志》地理類著録。

陵水圖志三卷　宋劉伋撰　佚

伋,生平待考。

此書《宋史‧藝文志》地理類著錄。

按：《郡齋讀書志‧附志》上著錄《陵水志》三卷,趙希弁曰：
"右慶元丙辰(二年,1196)郡文學劉奕修,詩文附。"

又《輿地紀勝》卷一一六"化州‧碑記"條"陵水志"下注云：
"劉奕序。"伋、奕未知是否一人？ 疑不能定,姑識之於此,俟
更詳考。

普寧志三卷　宋胡槻撰　佚

槻,字伯圖,廬陵人,嘉定十三年(1220)知靜江府,見《南宋制
撫年表》。

此書《宋史‧藝文志》地理類著錄。

按：《輿地紀勝》卷一〇四"容州‧碑記"條"普寧志"下注云：
"司法梁日成編。"未審是否一書。

沈黎志二三卷　宋王寅孫撰　佚

寅孫,生平待考。

此書《宋史‧藝文志》地理類著錄。

按：宋黎州漢源郡,魏晉時爲沈黎郡。《蜀中廣記》卷九六著
錄《沈黎志》二十三卷,云："宋王寅孫撰。"

程江志五卷　宋趙汝廈撰　佚

汝廈,生平待考,著有《瓊管圖經》十六卷。

此書《宋史‧藝文志》地理類著錄。

按：宋梅州西有程江,故名。

瓊管圖經一六卷　宋趙汝廈撰　佚

汝廈有《程江志》五卷已著錄。

此書《宋史‧藝文志》地理類著錄。

按：《輿地紀勝》卷一二四"瓊州‧州沿革"條曰："皇朝平南
漢,割崖州之地入瓊州,以舍城、文昌、澄邁來屬,後省舍城入
瓊山,以儋、崖、振、萬安四州隸瓊州,又以瓊州守臣提舉儋、

崖、萬安等州水陸轉運使，後罷轉運，改瓊管安撫都監，監昌
化、萬安、吉陽三軍隸焉。"又嘉靖《廣東通志》卷四二載《瓊管
圖經》十六卷，云："宋趙汝廈修，今亡。"

清源志七卷　宋劉穎撰　佚

穎，字公實，信安人，紹興進士，慶元中知泉州，官至寶謨閣直
學士。事迹具《宋史》卷四〇四本傳。

此書《宋史·藝文志》地理類著録。

《直齋書録解題》卷八地理類著録《清源志》七卷，陳氏曰："通
判州事永嘉戴溪（肖望）撰，時慶元己未（五年，1199），太守信
安劉穎也。"

《溫州經籍志》卷一〇著録《清源志》七卷，孫氏曰："佚。案：
宋泉州清源郡平海軍節度，屬福建路。《宋史》本傳載，文端
升博士，除慶元府通判，未行，改宗正簿，累官兵部郎官，不
云嘗通判泉州，考文端除宗正簿在慶元二年（1196）二月，其
除兵部郎官在開禧二年（1206）七月，其修《清源志》，陳録謂
在慶元己未，則其倅泉當在爲宗正簿之後，兵部郎官之前，
本傳所叙官秩，不無删削耳。《清源志》、明《文淵閣書目》十
九、《世善堂書目》上，並有其書，今則久無傳本，惟王氏《輿
地紀勝》一百三十，《泉州》一卷，略引數條，其體例無可
考也。"

考《輿地紀勝》卷一三〇"泉州·古迹"條"劉王墓"句下，"人
物"條"歐陽詹"句下，"仙釋"條"僧行雲"句下，並引《清
源志》。

按：淳祐年間，徐明叔、王稼等"訂舊聞志尤詿舛者，失記載
者，摭近事志有考據者，未流傳者"，爲《清源新志》十二卷，[1]

---

[1]　見劉克莊《後村先生大全集·跋〈清源新志〉》。

今亦不存矣。

又按,此書撰人劉穎,"穎",《宋志》誤作"灝",今正。

括蒼慶元志一卷　宋邵笇撰　佚

笇,生平待考,著有《虜韻考悌蒙求》。

此書《宋史·藝文志》地理類著録。

通義志三五卷　宋趙善贛撰　佚

善贛,生平待考。

此書《宋史·藝文志》地理類著録。

考《輿地紀勝》卷八"嚴州·官吏"條"田錫"句下,又卷一五一"永康軍·軍沿革"條"復專爲永康軍,以青城縣來屬"句下,並引《通義志》。

按:《蜀中廣記》卷九六載《通義志》三十五卷,云宋趙善贛撰。

西和州志一九卷　宋張士佺撰　佚

士佺,郡守。

此書《宋史·藝文志》地理類著録。

按:《輿地碑記目》卷四"鳳州·碑記"條載圖經,云"郡守張士佺修。"

同谷志一七卷　宋李修己撰　佚

修己,字思永,永豐人,乾道進士,從朱熹、張杕游,以哭趙汝愚忤宰相,通判成都,尋知成州,著有《李成州集》。事迹具《宋元學案》卷七二、《宋元學案補遺》卷七二。

此書《宋史·藝文志》地理類著録。

考《輿地紀勝》卷一八三"興元府·縣沿革"條"西縣",又卷一九〇"洋州·風俗形勝"條"子午駱谷爲蜀門户",又卷一九一"大安軍·景物(上)"條"金牛"等句下,並引《同谷志》。

按張國淦《中國古方志考》云:"唐宋成州同谷郡,清階州直隸州成縣。"

續同谷志一〇卷　宋李錡撰　佚

錡,生平待考。

此書《宋史·藝文志》地理類著録。

高涼圖志七卷　宋義太初撰　佚

太初,字仲遠,一作冲遠,道州人,淳熙進士,與周必大、朱熹等游,歷知高瓊二州,著有《冰壺詩》《易集注》文集等。事迹具《楚紀》卷一八、《宋元學案補遺》卷一二。

此書《宋史·藝文志》地理類著録。

《直齋書録解題》卷八地理類著録《高涼志》七卷,陳氏曰:"教授莆田劉裳撰,太守春陵義太初,嘉泰壬戌(二年,1202)也。"按:此書或題《高州新圖經》,道光《廣東通志》卷一九二載《高涼志》七卷,云"宋劉裳撰,佚,《輿地紀勝》作《高州新圖經》。"考《輿地紀勝》卷一一七"高州·碑記"條"圖經"下注云:"劉裳序。"又"州沿革"條"牽牛婺女之分野,星紀之次""廢竇州爲信宜縣,併屬高州,今領縣三,治電白","縣沿革"條"信宜縣""茂名縣","風俗形勝"條"高州居二廣之間,國初寇攘未平,故用武守,嘉祐以來,境土晏安,奏易文臣""五嶺之南,號爲瘴鄉,高竇雷化俗有説著也怕之諺,高在粵地,民尚簡儉,易於取足,元城先生謂此間飲食粗足,絶無醫藥,土人遇疾,惟祭鬼以祈福""郡據叢山之中,去海百里,四時之候,多燠少寒,春冬遇雨差凍,頃刻日出,復如四五月天氣,雖與内地不同,然亦無甚瘴癘","景物(上)"條"寶山"等句下,並引圖經。

潮州圖經二卷　宋趙師岌撰　佚

師岌,生平待考。

此書《宋史·藝文志》地理類著録。

考《輿地紀勝》卷一〇〇"潮州·州沿革"條"牽牛之分野"下引《圖經》一條。"風俗形勝"條引《圖經序》云:"一潮州耳,或曰金城者,以是山舊属于金氏。曰鳳水者,以鳳凰山一水緣溪而出。曰鱷渚者,以韓公驅鱷之舊。曰揭陽者,蓋有取於古之舊縣。曰潮陽,蓋有取於今之郡名。""太平興國間,始有聯名桂籍者","景物(上)"條"韓木","景物(下)"條"瘦牛山""雙旌石","古迹"條"仰韓閣","人物"條"陳希伋"等句下,並引《圖經》。

按:道光《廣東通志》卷一九一載《潮州圖經》一卷,云:"宋趙師岌撰,佚,見《宋志》,《輿地紀勝》:郡守常禕序。"常禕所序,乃《潮陽圖經》,見《輿地紀勝》卷一〇〇。

洋州古今志一六卷　宋鄭郾撰　佚

郾,淳熙間人,持身甚廉,愛民甚力,嘗知南雄州保昌縣,事迹略具《淳熙薦士録》。

此書《宋史·藝文志》地理類著録。

考《輿地紀勝》卷一九〇"洋州·碑記"條"洋川志"下注云:"鄭員序。"員,當做郾。"風俗形勝"條引洋州志序云:"東連襄漢,西接秦鳳,北直長安,南蔽巴蜀。"

甘泉志一五卷　宋張懥撰　佚

懥,生平待考。

此書《宋史·藝文志》地理類著録。

南海志一三卷　宋陳峴撰　佚

峴,字壽南,温州平陽人,淳熙中以博學弘辭科賜第,嘉定元年(1208)知廣州軍,徙泉州卒,著有《東齋吟稿》。事迹具《宋史》卷三七七、《宋史新編》卷一三七、《慶元黨禁及宋中興學士院題名録》等書。

此書《宋史·藝文志》地理類著録。

考《輿地紀勝》卷八九"廣州·碑記"條"南海志"下注云:"郡守陳峴序。"又"州沿革"條"獻帝升爲交州牧""後以廣、桂、容、邕、安南五府皆隸廣州，以廣州爲嶺南五府節度五管經略使”“名嶺南五管”，“監司·沿革”條“提舉常平茶鹽司”，“古迹”條“大奚山”等句下，並引《南海志》。

按：此書之序，《輿地紀勝》未引。考嘉靖《廣東通志》藝文載陳峴《序》，云：“宋興混并六合，迄於兹二百四十餘年，民物歲滋，聲教日洽，人之視之，所謂若東西州焉者，誠可睹不誣，顧若昔方志之傳，其存者蓋尟，近時圖述復多缺略，或所録率猥醜，覽者病焉。因委郡文學齊琥、監鹽倉季端仁，相與纂輯，訪之耆老，參以舊聞，考質彙次，凡閱月數四，以成書告，視前頗有倫且加詳矣。嘉定三年（1210）十一月辛卯朔，大中大夫集英殿修撰，知廣州軍州事、兼管内勸農使、充廣南東路經略安撫使、馬步軍都總管、永嘉縣開國子、食邑五百户、陳峴序。”又道光《廣東通志》卷二三六云：“陳峴以大中大夫集英殿修撰，嘉定元年（1208）知廣州軍州事。嘗以政暇，委州文學齊琥，監鹽倉李端仁編《南海志》，凡都會名迹，湮遏弗彰者，皆補書之，成一方信史，凡十三卷。”

韶州新圖經一二卷　宋趙伯謙撰　佚

伯謙，紹熙間知州軍事，事迹見阮修《廣東通志》。

此書《宋史·藝文志》地理類著録。

按：道光《廣東通志》卷一九一著録《韶州舊圖經》，云：“未詳撰人，佚，見《輿地紀勝》。”又著録《韶州圖經》，云：“未詳撰人，佚，《輿地紀勝》曰：‘郡守楊祐跋。’”又著録《韶州新圖經》十二卷，云：“佚，見《宋志》，又案：《輿地紀勝》所引楊祐跋之《韶州圖經》，以時次論之，當即《宋志》之《新圖經》也。”（此條亦見林述訓等修《韶州府志》卷三九。）考《輿地紀勝》卷九十韶州頗引《圖經》，或稱《舊經》，或稱《韶州圖經》，或稱《韶州新圖經》，楊祐所跋爲《韶州圖經》，與此編不爲一書明矣。

叙州圖經三〇卷　宋俞聞中撰　佚

聞中,字夢達,邵武人,從朱熹學,淳熙進士,累官知黎州。事
迹具《考亭淵源録初稿》卷一四、《閩南道學源流》卷一四、《閩
中理學淵源考》卷二三及《宋元學案》卷六九等書。

此書《宋史·藝文志》地理類著録。

考《輿地紀勝》卷一五三"瀘州·風俗形勝"條"五月渡瀘",又
卷一六三"叙州·州沿革"條"秦地天官東井輿鬼之分野""入
參三度""領僰道犍爲南溪開邊郁僰五縣,移治南溪,太宗時
徙僰道在蜀江之西三江口""高宗罷戎州都督府""仍依舊都
督羈縻三十六州一百七十三縣""武宗時以大水移於蜀江之
北,即今治也","縣沿革"條"宣化縣","風俗形勝"條"叙介兩
蜀之間,東距瀘水,西連大峨,南通六詔,北接三榮","景物
(上)"條"汶江""蘭山","景物(下)"條"南廣水""瀘水辨"等
句下,並引《圖經》。

靜南志一二卷　宋黎伯巽撰　佚

伯巽,太守。

此書《宋史·藝文志》地理類著録。

考《輿地紀勝》卷一六一"昌州·碑記"條"靖南志"下注云:
"太守黎伯巽序。"又"風俗形勝"條"士愿而勤學,民勤而力
穡,不趨末作,不事燕游""海棠香國""雖無舟輯江沱之利,而
有桑麻秔稌之饒"等句下,並引《靜南志》。

墊江志三〇卷　宋任逢撰　佚

逢,字千載,眉山人。淳熙進士,歷嘉定通判,終朝散郎知隆
慶府。《鶴山大全集》卷五九載《跋黃尚書由於任千載書後》,
可藉考其事迹。

此書《宋史·藝文志》地理類著録。

考《輿地紀勝》卷一五九"合州·碑記"條"墊江志"下注云:

"郡守任逢編。"

按,明《文淵閣書目》卷一九舊志著録《墊江江志》四册。

又按:《中國古方志考》有《大典》輯本,收録一條。

夔州圖經四卷　宋劉得禮撰　佚

得禮,生平待考。

此書《宋史・藝文志》地理類著録。

考《輿地紀勝》卷一八二"雲安軍・軍沿革"條"雲安縣禹貢梁州之城""國朝中興"等句下,引《夔州圖經》二條。又沈括《夢溪筆談》卷一六"烏鬼"條引《夔州圖經》一條云:"《夔州圖經》稱峽中人謂鸕鷀為烏鬼。蜀人臨水居者皆養鸕鷀,繩繫其頸,使之捕魚,得魚則倒提出之,至今如此。予在蜀中見人家養鸕鷀,使捕魚,信然,但不知謂之烏鬼耳。"

按:乾隆《夔州府志》云:"夔志源流,粵考往籍,唐時源乾曜所編之《夔州圖經》,李國緯所編之《舊圖經》,宋時費士戣所編之《固陵集》,馬導所編之《新夔州志》,事遠年湮,皆蕩然無存矣。"知得禮撰此編時,當有所本也。

江州圖經一卷　宋不著撰人　佚

此書《宋史・藝文志》地理類著録。

《宋志》注云:"不知作者。"

考《輿地紀勝》卷三〇"江州・州沿革"條"晋惠帝時割荆揚之十郡,置江州,因江水以為名""隸江南西道","監司軍帥沿革"條"都統司","風俗形勝"條"南面廬山,北背九江,左挾彭蠡","景物(上)"條"九江"等句下,並引圖經。

宕渠志二卷　宋不著撰人　佚

此書《宋史・藝文志》地理類著録。

《宋志》注云:"不知作者。"

考《輿地紀勝》卷一六〇"榮州・官吏"條"何息"下,引《宕渠志》一條。又卷一六二"渠州·碑記"條"宕渠志"下注云："無編集人姓名，無郡守題名及仙釋詩章等文。"

吉陽軍圖經一卷　宋不著撰人　佚

此書《宋史·藝文志》地理類著録。

《宋志》注云："不知作者。"

按：道光《廣東通志》卷一九二著録《吉陽軍圖經》一卷，云不著撰人。考《輿地紀勝》卷一二七"吉陽軍·軍沿革"條"星土分野，並同瓊州"句下，引圖經一條。

忠州圖經一卷　宋不著撰人　佚

此書《宋史·藝文志》地理類著録。

《宋志》注云："不知作者。"

按：《輿地紀勝》卷一七七"萬州·人物"條"甘寧"下注云："字興霸，臨江人也。"謂詳見忠州人物門。疑即《忠州圖經》人物門也。

珍州圖經三卷　宋不著撰人　佚

此書《宋史·藝文志》地理類著録。

《宋志》注云："不知作者。"

衢州圖經一卷　宋不著撰人　佚

此書《宋史·藝文志》地理類著録。

《宋志》注云："不知作者。"

按：嘉靖《浙江通志》卷五四載《衢州圖經》，不著撰人。

復州圖經三卷　宋不著撰人　佚

此書《宋史·藝文志》地理類著録。

《宋志》注云："不知作者。"

考《輿地紀勝》卷七六"復州·州沿革"條"《禹貢》：荊州之域，楚地翼軫鶉尾之次""移理沔陽"，"縣沿革"條"景陵縣"，"風俗形勝"條"竟陵一柏一井"，"古迹"條"古沔陽縣""伏羲廟"

等句下，並引《圖經》。

果州圖經五卷　宋不著撰人　佚

此書《宋史・藝文志》地理類著録。

《宋志》注云：“不知作者。”

考《輿地紀勝》卷一二七“吉陽軍・官吏”條“吕湛”，又卷一六五“廣安軍・軍沿革”條“又割渠州之渠江，合州之新明，果州之岳池三縣，並隸廣安軍”等句下，並引《果州圖經》。

思州圖經一卷　宋不著撰人　佚

此書《宋史・藝文志》地理類著録。

《宋志》注云：“不知作者。”

南平軍圖經一卷　宋不著撰人　佚

此書《宋史・藝文志》地理類著録。

《宋志》注云：“不知作者。”

考《輿地紀勝》卷一八〇“南平軍・軍沿革”條“而軍之境土，南則牂牁郡之境，北則巴蜀之故疆也”“本朝平蜀而南州即先歸化”“升爲懷化軍，以軍使兼知南州縣事，隸渝州”“其後收復土疆，建南平軍”“廢南川縣爲鎮，又割涪州之隆化縣隸焉”，“縣沿革”條“南川縣”，“風俗形勝”條“風俗大率與恭涪類，尚鬼信巫，巴蜀之舊”“自唐賓服，開拓爲郡，今衣冠宮室，一皆中國”“南平跨漢二郡，唐五州之境，封疆闊遠，控扼蠻夷之要地也”，“景物（上）”條“丹溪”，“官吏”條“本朝茹孝標”等句下，並引《圖經》。

大寧監圖經六卷　宋不著撰人　佚

此書《宋史・藝文志》地理類著録。

《宋志》注云：“不知作者。”

考《輿地紀勝》卷一八一“大寧監・監沿革”條“五代屬夔州，皇朝太祖時始立監”“太宗時以大昌縣來屬”“今隸夔州路，領縣一”,“縣沿革”條“大昌縣”,“風俗形勝”條“監隸古荆州之域,地近巴夔,有楚遺風”“利走四方,吳屬之貨,咸萃於此”,“景物(上)”條“鹹泉”,“景物(下)”條“鳳山書院”等句下,並引《圖經》。

湘中記一卷　宋不著撰人　佚

此書《宋史·藝文志》地理類著録。

按:此書《宋志》不著撰人,原書久佚,清陳運溶輯湖南省境内之古地志六十六種,爲《荆湘地記輯本》,中有《湘中記》一卷。陳氏抄出《後漢書·郡國志》劉昭注引三條,《藝文類聚》引七條,《初學記》引二條,《太平御覽》引四條,釐爲一卷。光緒二十六年(1900),陳氏輯刻《麓山精舍叢書》,即將此六十六種輯本刻入。

零陵總記一五卷　宋陶岳撰　佚

岳有《荆湘近事》一〇卷已著録

此書《宋史·藝文志》地理類著録。

按:此書又名《永州地理志》,其所録多連及數郡,自序云:以其皆零陵舊地,故收之。[①] 此書久佚,清陳運溶採《山谷詩内集》宋任淵注引七事,彙爲一卷,收入《麓山精舍叢書》中。

都梁志二卷　宋鄭昉撰　佚

昉,寧宗朝武岡軍教授。

此書《宋史·藝文志》地理類著録。

按,此書久佚,清陳運溶採《輿地紀勝》所引五事,輯爲一卷,《麓山精舍叢書》收之。

吳興統計一〇卷　宋左文質撰　佚

文質,景德元年(1004)攝湖州長史,事迹見《吳興掌故集》。

---

① 説見《郡齋讀書志》。

此書《宋史·藝文志》地理類著録。

按：此書序稱甲辰歲，景德元年（1004）也。[1] 此書《輿地紀勝》
頗引之，清范鍇輯有一卷本，道光中范氏輯刊《范白舫所刊
書》收之。

岳陽志二卷　宋馬子嚴撰　佚

子嚴，字莊父，建安人，紹興年間知岳州。事迹具《全宋詞》
卷三、《宋詩紀事》卷七三、《宋詩紀事小傳補正》卷四。

此書《宋史·藝文志》地理類著録。

按：《直齋書録解題》載《岳陽志》甲二卷乙三卷，乙集乃嘉定
十三年（1220）張肇道所撰也。此書久佚，清陳運溶採《輿地
紀勝》所引三十二條輯爲一卷，《麓山精舍叢書》收之。

零陵志一○卷　宋張埏撰　佚

埏，鄱陽人，孝宗朝知永州。

此書《宋史·藝文志》地理類著録。

按：清陳運溶採《輿地紀勝》所引五事爲一卷，《麓山精舍叢
書》收之。

邵陽圖志三卷　宋李韋之撰　佚

韋之，教授，時淳熙壬寅（九年，1182）也。[2]

此書《宋史·藝文志》地理類著録。

按：清陳運溶採《輿地紀勝》所引七事，輯爲一卷，《麓山精舍
叢書》收之。

衡州圖經三卷　宋劉清之撰　佚

清之，字子澄，臨江人，紹興進士，孝宗時差權發遣衡州，事迹
具《宋史》卷四三七本傳。

此書《宋史·藝文志》地理類著録。

---

[1]　説見《郡齋讀書志》。

[2]　《郡齋讀書志·附志》謂淳熙壬辰，淳熙無壬辰，今從《輿地紀勝》。

按：宋廖行之《省齋集》，附錄《宋故寧鄉主簿廖公行狀》云：
"郡守臨江劉公清之，雅意教化，慨歎是邦圖之闕，拉公預纂
修，研究歷代廢置，上下數千百年，綜理不亂，專以芟翦誣誕
爲先，郡月以萬錢致朱墨之費，公曰誘我肄業博古，又敢圖利
耶？却之而不可，公即眞之，洎終篇，合六萬，乃悉以繕治頹
宮。"又《宋故寧鄭主簿廖公修職墓志銘》云："郡守劉公清之，
欲補圖志之闕，公首爲規創凡例，網羅遺佚，上下千載，糾剔
妄謬，參覈異同，厥功爲多，書甫就而公歿。"行之歿於淳熙己
酉(十六年，1189)，則是書成於淳熙十六年。是編久佚，清陳
運溶輯有一卷本，《麓山精舍叢書》收之。

桂陽圖志六卷　宋鄭紳撰　輯

紳，開封人，興裔曾祖，顯肅皇后父。始爲直省官，以后貴累
進太師，爲鎮南軍節度使，封樂平郡王致仕。靖康二年
(1127)卒，謚僖靖，進封南陽郡王。事迹具《宋史》卷二四三、
《宋史新編》卷一八三、《南宋書》卷六七等書。

此書《宋史·藝文志》地理類著録。

按：此書明《文淵閣書目》卷一九舊志著録，其後傳本遂絕。
清陳運溶採《輿地紀勝》所引十一事，輯爲一卷，《麓山精舍叢
書》收之。

沅州圖經四卷　宋不著撰人　輯

此書《宋史·藝文志》地理類著録。

此書《宋志》注云："不知作者。"

按：清陳運溶採《輿地紀勝》所引十事，輯爲一卷，《麓山精舍
叢書》收之。

長安志十卷　宋宋敏求撰　存

敏求有《唐武宗實録》二〇卷已著録。

此書《宋史·藝文志》地理類著録。

卷前有趙彦若《序》，云："雍之爲都，涉三代，歷漢唐之全盛，世統屢更，累起相襲，神靈所儲，事變叢巨。宜其較然有明册大典，暴天下耳目，而圖牒殘脱，宿老無傳，求諸故志，唯韋氏所記爲一時見書，遺文古事，悉散入他説，班班梗槩，不可復完，非好學深思博物善作，孰能盡收其軼而追成之。《長安志》者，今史官諫議大夫龍圖閣直學士常山公所定著也。公以文章世家，爲朝廷名臣，兢業之餘，紀述自命，蓋考論都邑，網羅舊聞，詞人所鋭精，而載筆之尤務也。近代建國，率縣西遷，崤函之區，陶冶浚洛，實上游要會最重之地。而陊毀零落，寖就堙没，將無以自振，校之本末先後，二京已録，固不得獨闕於此。前在河南，旁接三輔，嘗有意於搜采矣，然猶未遑暇。又踰二紀，乃創屬體緒，續次其言，窮傳記諸子鈔類之語，絶編斷簡，靡不總萃隱括而究極之，上下浹通，爲二十卷，用備舊都古今之制，俾其風瀼光塵，有以於永久。故夫府縣有政，官尹有職，河渠關塞有利病，皆干於治而施於用，取諸地記，集而讀之，而後見其法，叙列往躅，遠者謹嚴而簡，近者周密而詳，各有所因革規模，猶親處其世，畫里陌同經行之熟，而後見其功。自本而推，始終大略，其所昭發，又不特如是而已。熙寧九年二月五日謹序。"

《郡齋讀書志》卷八地理類著録此書，晁氏曰："右皇朝宋敏求撰。敏求因韋氏所記，搜采群書，罔有遺帙，二紀而成。凡府縣之政，官尹之職，河渠關塞之類，至於風俗、物産、宮室、道街，無不詳備，世稱其博，趙若彦爲之《序》。"

《郡齋讀書志·附志》地理類著録此書二十卷，趙希弁曰："右龍圖閣直學士、右諫議大夫、修國史常山宋敏求所撰也。熙寧九年二月五日，太常博士、充集賢校理、崇文院檢討、同知宗正丞事趙彦若《序》。敏求亦嘗爲《河南志》，時以朝奉郎守

太常丞、充集賢校理、編修《唐書》官、通判西京留守司兼畿內
勸農事、飛騎尉署銜。元豐六年二月戊辰，端明殿學士兼翰
林侍讀學士司馬光《序》。《郡齋讀書志》中有《河南志》，而無
《長安志》云。」

按：《郡齋讀書志》卷八著錄《長安志》，趙氏謂未著錄，蓋偶
疏也。

《四庫全書總目》卷七十史部地理類三著錄此書二十卷，《提
要》云：「宋宋敏求撰。敏求有《唐大詔令》已著錄。是編皆考
訂長安古迹，以唐韋述《西京記》疏略不備，因更博採群籍，參
校成書。凡城郭、官府、山川、道里、津梁、郵驛，以至風俗、物
產、宮室、寺院，纖悉畢具。其坊市曲折，及唐盛時士大夫第
宅所在，皆一一能舉其處，粲然如指諸掌。司馬光嘗以爲考
之韋《記》，其詳不啻十倍，今韋氏之書久已亡佚，而此志精博
宏贍，舊都遺事，藉以獲傳，實非他地志所能及。程大昌《雍
錄》稱其引類相從，最爲明晰。然細細校之，亦不免時有駁
複。如曲臺既入未央，而又入之三雍，是分一爲二矣。長門
宮在都城之外長門亭畔，而列諸長信宮內，則失其位置矣。
況宮殿園囿，又多空存其名。不著事迹，則亦無可尋繹矣云
云，其說雖不爲無見，實則凌雲之材，不以寸折爲病也。敏求
尚有《河南志》，與此凡例稍異，而並稱贍博，今已不存。又楊
慎《丹鉛錄》謂杜常《華清宮詩》見《長安志》，詩中曉風乃作曉
星，檢尋本實無此詩，蓋慎喜偽託古書，不足爲據，非此志有
所殘闕。惟晁公武《郡齋讀書志》載有趙彥若《序》，今本無
之，則當屬傳寫佚脫耳。」

《經訓堂叢書》本載清王鳴盛《序》，云：「秋帆先生撫陝，陝故
長安也，搜得宋敏求《長安志》二十卷，校正刻之，附圖三卷，
間序於予。予向求此書未獲，今始一讀焉。唐以前地志存者

寥寥，宋元人作，存者不下二十餘，然皆南方之書，北方惟有此志，興于欽《齊乘》耳。耳長安漢唐都邑所在，事迹尤夥，記載尤宜加詳，宋氏此編，綱條明析，瞻而不穢，可云具體。厥後程大昌《雍録》，好發新論，穿鑿支離，不及宋氏遠矣。先生既刻此，又於期間糾正踳駁，疏釋蒙滯，附逐條之下焉。圖每卷署河濱漁者，實出元末李好文譔，古人地志必與圖俱，先生彙訂以傳，亦猶土訓誦訓之道地圖道方志云爾。"

清周中孚《鄭堂讀書記補逸》卷十二載此書《跋》云："《長安志》二十卷，《經訓堂叢書》本，宋宋敏求撰。《四庫全書》著録，衢本《郡齋讀書志》《文獻通考》俱作十卷，趙氏《讀書附志》、陳氏《書録解題》作二十卷，蓋已分析其卷數，至《宋志》作一十卷，疑今本脱去一畫也。長安爲周、秦、漢、唐。建都作邑之所，事迹本夥，記載宜詳。次道以唐韋述《兩京記》但詳於古迹，餘多闕而未備，乃創爲體例，遍搜傳記諸書，彙次成書，舊都古今三制，於是乎備。首卷分總叙、分野、土産、土貢、風俗、四至、管縣、户口、附雜制八篇，次卷分雍州、京都、京兆尹、府縣官四類，三卷至十卷皆歷代古迹，十一卷至二十卷則爲各縣。凡府縣之政，官尹之職，河渠、關塞、風俗、物産、宫室、街道之屬，無不綱舉目張，典而有體，瞻而不蕪，其後程氏大昌之《雍録》，殊不及也。此本爲畢秋帆（沅）所重刊，復多爲之糾正踳駁，疏釋蒙滯，附注逐條之下。前載熙寧九年趙彦若原序，又有乾隆丁未王西沚（鳴盛）新校正序。按諸家書目，次道又撰有《東京記》三卷，《河南志》二十卷，與此書相發明，惜已佚矣。《説郛》中摘録是書僅有六條。"

此書之傳本，《四庫簡明目録標註》云："明初刊本。經訓堂刊本。振綺堂有篆竹堂所藏刊本，連圖。"《附録》云："朱竹垞藏本，較畢本佳，有趙彦若《序》。明嘉靖刊本。"邵章《續録》云：

"明初刊大字本。傅沅叔曾收得明嘉靖十一年(1532)西安李
經刊本,後有李文藻《跋》,後歸涵芬樓。瓶花齋鈔本。"臺北
"故宫博物院"有清文淵閣《四庫全書》本。"中央研究院"歷
史語言研究所有清光緒十七年(1891)思賢講舍重刊本,二十
卷,《圖》三卷。臺北"國家圖書館"有民國二十年(1931)長安
縣志局排印本,二十卷,《圖》三卷。東海大學有影印本,二十
卷。收入叢刻者有《經訓堂叢書》本,是本有《附圖》三卷,係
元代河濱漁者(李好文)所撰。《説郛》所收,則僅五條。

長安圖記一卷　宋吕大防撰　佚

大防有《家祭儀》一卷已著録。

此書《宋史·藝文志》未著録,見《直齋書録解題》卷六地
理類。

陳氏曰:"丞相汲公吕大防知永興軍,以爲正長安故圖,著其
説於上。今信安郡有此圖,而别録其説爲一篇。"

元李好文《長安圖志》三卷引吕氏曰:"隋氏設都,雖不能盡循
先王之法,然畦分碁布,閭巷皆中繩墨,坊有墉,墉有門,遏亡
奸僞,無所容足,而朝廷宮寺,民居市區,不復相參,亦一代之
精制也。唐人蒙之以爲治,更數百年,不能有改,其功亦豈小
哉。隋文有國纔二十二年,其剗除不庭者非一國,興利後世
者非一事,大趣皆以惠民爲本,躬決庶務,未嘗逸豫,雖古聖
人夙興待旦,殆無以過,惜其不學無術,故不能追三代之盛。
予因考證《長安故圖》,愛其制度之密,而勇於敢爲,且傷唐人
冒疾,史氏没其實,聊記於後。元豐三年五月五日,龍圖閣待
制知永興軍府事,汲郡吕大防題。京兆府户曹參軍劉景陽按
視并州。觀察推官吕大臨檢定鄜州,觀察大使石蒼舒書。此
圖舊有碑刻,在京兆府公署,兵後失之。有雷德元完顔椿者,
訪得碑本,訂補復完,命工鋟梓,附於《長安志》後。壬子年中

秋日,谷口邗邦用跋。"

雍録一○卷　宋程大昌撰　存

大昌有《北邊備對》六卷已著錄。

此書《宋史·藝文志》地理類著錄。

《文獻通考·經籍考》三十二地理類著錄此書,云:"陳氏曰:
'吏部尚書新安程大昌(泰之)撰。'周、秦、漢、隋、唐、五代皆
都雍,故以名錄,前史及《黃圖》《宋志》異同,往往辨訂,其辨
《黃圖》,有唐縣名,且晉灼所引《黃圖》,皆今書所無,蓋唐人
續成之,非見漢事者。"

按:今本《直齋書錄解題》無此條。

《四庫全書總目》卷七十地理類三著錄此書,《提要》云:"宋程
大昌撰。大昌有《古周易占法》已著錄。是編考訂關中古迹,
以《三輔黃圖》《唐六典》宋敏求《長安志》、呂大防《長安圖記》
及《紹興祕書省圖》案書中稱閣圖者,即祕書省圖。諸書,互相考證,
於宮殿、山水、都邑,皆有圖有説,謂《三輔黃圖》由唐人增續,
初非親生漢時,目覩漢事,故隨事立辨,不以其名古而不敢置
議。《長安志》最爲明析,然亦時有駁複。呂大防圖,凡唐世
邑屋宮苑,已自不存,特其山川地望,悉是親見,今故本而言
之,若與古記不合,亦復訂正,其參校亦可謂勤矣。今考其書
如函谷關參都邑之中,太子宮序職官之次,地圖之後,忽列書
目數條,都邑之前,突出山名一處,驟然尋之,不得端緒,體例
稍爲叢雜。又集古諸錄所列碑刻,自獵碣以外,罕登紀載,
《考古圖》有輦酌宮,亦不著其名,蓋但憑圖籍,而未考金石之
文,故未免於疏漏。然其蒐羅既富,辨證亦詳,在輿記之中,
固爲最善之本也。明代陝西諸志,皆號有法,其亦以是數書
者在前歟。考大昌之時,關中已爲金土,而隔越江表,爲隣國
著書,殊爲無謂。蓋孝宗鋭意恢復,有志中原,大昌所作《北

邊備對》一書，即隱寓經略西北之意，此書猶此志焉耳。第五卷中特創漢唐用兵攻取守備要地一圖，其圖説多舉由蜀入秦之迹，與郭允蹈《蜀鑑》所謂由漢中取關陝者，大旨相合，其微意固可見矣。"

清周中孚《鄭堂讀書記補逸》卷十七載此書《跋》，云："《雍録》十卷，宋程大昌撰。《四庫全書》著録，《宋志》亦載之。是編皆記西安府蜀，周、秦、漢、隋、唐五代之事。以五代皆都雍，而周秦自初興以至遷滅，屢東屢西，不常厥邑，漢、隋、唐皆都渭南，雖稍有遷改，而相去不遠。因以渭爲經，取五代都地隨列渭旁，謂人能並渭以推其芳，而關雍地望，如指諸掌矣。其於都邑、宮殿、城闕、山水既皆有圖説，考訂古迹，亦最精核。而尤致意於險要，當是時，孝宗方有恢復中原之意，泰之亦抱經略故疆之才，與所作《北邊備對》，皆此物此志也。故關中雖久爲金地，而搜考群書，作爲此録。所據者《三輔黃圖》《唐六典》以及宋次道之《長安志》、吕微仲之《長安圖記》、紹興祕書省圖。述雍之故，小大靡遺，而又取諸雅馴，棄彼荒唐，較之他志，實尠駁複，在興書中，誠古本亦善本也。此本爲明嘉靖辛卯知西安府李南埠（經）所重刊，前有康對山（海）《序》，末有南埠《後序》。"

此書之傳本：《四庫簡明目録標註》著録《古今逸史》本、明嘉靖刊本。《鐵琴銅劍樓藏書目録》卷十一著録明刊本。《皕宋樓藏書志》卷三十三、《愛日精廬藏書志》卷十七、《雙鑑樓善本書目》卷二，並著録明嘉靖十年（1531）錫山安國刊本。《藝風藏書記》卷三著録明嘉靖十一年（1532）知西安府事汝南李經刊本。《皕宋樓藏書志》卷三十三又著録舊鈔本。今國内所藏善本："中央研究院"歷史語言研究所有明嘉靖間刊本一部。臺北"國家圖書館"有明新安吳琯校刊《古今逸史》本兩

部。臺北"故宮博物院"有《古今逸史》本一部,又有清文淵閣
《四庫全書》本一部。

蘇州圖經六卷　宋李宗諤撰　佚

宗諤有《永熙寶訓》二卷已著錄。

此書《宋史·藝文志》不著錄,見《直齋書錄解題》卷八地
理類。

陳氏曰:"翰林學士饒陽李宗諤(昌武)等撰。景德四年詔以
四方郡縣所上圖經,刊修校定爲一千五百六十六卷,以大中
祥符四年頒下。今皆散亡,館中僅存九十八卷。余家所有惟
蘇、越、黄三州刻本耳。"

張國淦《中國古方志考》著錄此書,云:"《輿地紀勝》五:平江
府,景物下,響屧廊。引《蘇州圖經》一條。元豐《吳郡圖經續
記》上:坊市、南園、亭館、牧守、人物,中:橋樑、宮觀、寺院、
山、水,下:往迹、冢墓、事志、雜錄,引《圖經》十九條。案,元豐
《續志》係續祥符,其所引當是《祥符圖經》。乾道《臨安志》二:倉場庫務,
錢監。引《吳郡圖經》一條。紹熙《雲間志》上:古迹,引祥符
《吳郡圖經》一條。案,據此,祥符《蘇州圖經》,亦曰吳郡。紹定《吳郡
志》三十一:宮觀,引《祥符圖經》一條。淳祐《琴川志》一:叙
縣,常熟縣。廟宇,至聖文宣王廟。市,七市。四:山,虞山。十:寺廟,
延福禪院。引《祥符圖經》五條。"

又有《大典》輯本:據《大典》嘉泰《吳興志》輯本五:河瀆引
《吳郡圖經》二條。

吳地記後集一卷　宋不著撰人　存

此書《宋史·藝文志》不著錄,見《四庫全書總目》卷七十史部
地理類三。

《四庫全書》將此書附於唐陸廣微《吳地記》一卷之後。《四庫
全書總目》卷七十史部地理類三著錄《吳地記》一卷附《後集》

一卷,《提要》云:"舊本題唐陸廣微撰。《宋史·藝文志》作一卷,與今本合。書中稱周敬王六年丁亥,至今唐乾符三年庚申,凡一千八百九十五年,則廣微當爲僖宗時人。……又《吳地記後集》一卷,蓋續廣微之書者,不著撰人名氏,前有題詞,稱自唐王郢叛亂,市邑廢毁,或傳記無聞,或廢興不一,謹採摘縣録,據圖經,選其確實者,列於卷後。所記建置年號,止於祥符元年,疑北宋人作。舊本附録,今亦併存備考焉。"

張國淦《中國古方志考》著録《吳地記》及《後集》,張氏據《學津討原》本考證,云:"《吳地記後集》舊本原文有周太王三子至羅城條末二行(二十二頁),後因王郢叛亂,羅城乃以重修,今姑纂成圖畫,以俟後來者添修矣,咸通時張搏《删治吳地記》,并繪郡圖(見乾隆《蘇州府志》七十八),原文羅成周敬王六年丁亥造,至今唐乾符三年丙申,凡一千八百九十五年。張搏于咸通十三年,自湖州移蘇州,距乾符三年至四年,搏尚在蘇州,此纂成圖畫,或即搏所爲,其'又至大宋淳熙十三年丙午總二千二百十五年'十九字,又似淳熙時人就原文旁注,其後原撰抄寫,移作正行,洪武《蘇州府志》引無此十九字可證(《唐宋叢書》本、《古今逸史》本,無此十九字。)《吳地記後集》今採摘縣録,據圖經選其確實者,列於卷後,所記止乾符三年(《四庫全書總目》作元年誤),當是乾符時書。其長洲縣大元□貞元年,天慶觀大元貞元年,似又是宋至元陸續增補,非盡宋人書矣。"

此書之傳本:臺北"故宫博物院"有清文淵閣《四庫全書》本一部。收入叢刻者有《古今逸史》本、《唐宋叢書》本、《學津討原》本。

吳郡圖經續記三卷　宋朱長文撰　存

長文(1039—1098),字伯原,號樂圃,蘇州吳縣人。未冠,舉嘉祐四年(1059)進士，築室樂圃坊，著書不仕，吳士夫過其門者，必往造請，謀政所急，於是名動京師。元祐中召爲秘書省正字，元符元年(1098)卒，年六十，哲宗知其清，賻絹百。著有《春秋通志》《墨池編》《琴臺志》《樂圃餘稿》等。事迹具《宋史》卷四四四、《宋史新編》卷一七一、《史質》卷四一、《吳中人物志》卷六、《宋詩紀事》卷二二、《宋元學案》卷二等書。

此書《宋史·藝文志》地理類著録。

朱長文《序》云："方志之學，先儒所重，故朱贛風俗之條，顧野王輿地之記，賈耽十道之録，稱于前史。蓋聖賢不出户知天下，矧居是邦而可憒於古今哉。按《唐六典》，職方氏掌天下之地圖，凡地圖命郡府三年一造，與版籍偕上省，聖朝因之，有閏年之制。蓋城邑有遷改，政事有損益，户口有登降，不可以不察也。吳爲古郡，其圖志相傳固久，自大中祥符中詔修圖經，每州命官編輯而上，其詳略蓋繫乎其人，而諸公刊修者，立類例據所録而删撮之也。夫舉天下之經而修定之，其文不得不簡，故陳迹異聞，難于具載。由祥符至今，逾七十年矣，其間近事，未有紀述也。元豐初，朝請大夫臨淄晏公出守是邦，公乃故相國元獻公之子，好古博學，世濟其美。嘗顧敝廬語長文曰，吳中遺事，與古今文章，湮落不收，今欲綴緝，而吾所善練定，以謂唯吾子能爲之也。長文自念屏迹陋巷，未嘗出庭户，於求訪爲艱，而練君道晏公意，屢見趣勉，於是參考載籍，探摭舊聞，作《圖經續記》三卷，凡圖經已備者不録，素所未知，則闕如也。會晏公罷郡，乃藏於家，今太守朝議大夫武寧章公，治郡三年，以政最被命再任，比因臨長文所居，謂曰，聞子嘗爲《圖經續記》矣，予願觀焉。於是稍加潤飾，繕寫以獻，寘諸郡府，用備諮閲，固可以質疑滯，根利病，資議論，不爲虛語也。方聖上睿謨神烈，聲教光被，四海出日，罔不率俾,廣地開境,增爲郡縣,倘或申命方州,更定圖籍,則此書庶幾有取也。事有缺略,猶當刊補,其古今文章,別爲《吳門總集》云。元豐七年九月十五日,州民前許州司戶參軍,朱長文上。"

此書末載常安民《後序》,云:"辟曹朱伯原,少以文學第進士,退居吳郡,博覽載籍,多所見聞,因爲《圖經續記》,以補缺遺。觀其論戶口則繼之以教,陳風俗則終之以節,至於辯幻玉之悲,正語兒之妄,紀譚生之譏,其論議深切著明,皆要之禮義,與夫守牧之賢,人物之美,事爲之善,凡前言往行有足稱者,莫不褒嘉歎異,重復演說,信乎所謂君子於言無所苟者。予每至伯原隱居,愛其林圃臺沼,逍遙自樂,及得斯記觀之,然後又愛其趣識志尚,洒然有異于人,使逢辰彙征,則其所據發豈易量哉。惜其遺逸沈晦,而獨見於斯記,故爲書其後,以身待知伯原者。元祐元年四月十五日,臨邛常安民書。"

按:常安民,字希古,臨邛人。熙寧六年(1073)進士,選成都教授,秩滿寓京師。妻孫氏,與蔡確之妻姊妹也,確時爲相,安氏絕不相聞。累遷御史,紹聖初召對,論章惇、蔡京之罪,尋竄黨籍,流落二十年,政和末卒,年七十。事迹具《宋史》卷三四六,《宋史新編》卷一一八,《史質》卷三四、《東都事略》卷一〇〇、《宋元學案》卷一九、《宋詩紀事》卷二五等書。

又有林慮《後序》,云:"余雖少長於蘇,而山川城邑津梁園觀,往往未知其所由來。嘗以問樂圃先生,先生出所爲《圖經續記》,以示我曰,此一覽盡之矣。退而觀之,千數百載之廢興,千數百里之風土,燦然如指諸掌,嗚呼何其備哉!先生之書三卷,若干條,而所包括者,古今圖籍,不可勝數,雖浮圖方士之書,小說里諺之言,可以證古而傳久者,亦畢取而並録,先生豈欲矜淹博而耀華藻哉。舉昔時牧守之賢,冀來者之相承也,道前世人物之盛,冀後生之自力也,溝瀆滌浚水之方,倉庾記裕民之術,論風俗之習尚,夸户口之蕃息,遂及於教化禮樂之大備,於是見先生之志,素在於天下者也,豈可徒以方域輿地之書視之哉。先生未冠而擢第,英聲振於士林,不幸以末疾臥家,不得建其志於斯民,然而潛心古道,篤於著述,其所撰次成帙如是書者非一。伏讀終篇,感先生之未遇,輒書卷末,庶幾萬一有儆於朝廷今日當爲官而擇人者。元祐七年十二月朔,大雲編户林慮序。"

又有祝安上《後序》,云:"秘書省正字樞密院編修朱公伯原,嘗爲前太守晏公作《吳郡圖經續記》三卷,既成而晏公罷去,遂藏於家。其後太守章公,雖求其本以實郡府,而見之者尚鮮也。元符改元,安上以不才濫縮倅符,到郡之後,周覽城邑,顧瞻山川,竊欲究古今興替盛衰之迹,而舊經事簡文繁,考證多缺,方欲博訪舊聞,稍加增綴,而得此書於公之子耜,讀之終卷,惜其可傳而未傳也。於是不敢自秘,偶以承乏郡事,俾鏤板於公庫,以示久遠。若乃著述之本意,則詳於自序,而攄辭之博贍,指意之深遠,則又詳於常、林二君之後序矣。兹不重見,姑誌其刻鏤之歲月云。越明年,歲在庚辰八月望日,朝請郎通判蘇州權管軍州事,祝安上書。"

又有孫佑《跋》,云:"自庚辰八月,權州祝君鏤板題跋之後,距今紹興甲寅實三十五年,佑被命假守,時兵燹之餘,圖籍散亡,秉筆凝滯,觸事面墙,每賢士大夫相過,必以諮訪。未幾前湖州通判陳能千,自青龍泛舟,携此書相訪,開卷欣躍,因授學官孫衛補葺校勘,復爲成書,以傳。異日職方氏續修中興新書,當亦有取於斯,則樂圃先生之志不泯矣。紹興四年六月初十日,漣水孫佑書。"

《四庫全書總目》卷六十六地理類一著録此書,《提要》云:"宋

朱長文撰。長文,字伯原,蘇州人,未冠登進士乙科,以足疾
不仕。後以蘇軾薦充本州教授,召爲太常博士,遷祕書省正
字,樞密院編修。書成於元豐七年,上卷分封域、城邑、戶口、
坊市、物産、風俗、門名、學校、州宅、南園、倉務、海道、亭館、
牧守、人物十五門。中卷分橋梁、祠廟、宮觀、寺院、山水六
門、下卷分治水、往迹、園第、冢墓、碑碣、事志、雜録七門。徵
引博而叙述簡,文章爾雅,猶有古人之風。首有長文《自序》
一篇,末有《後序》四篇:一爲元祐元年常安民作;一爲元祐
七年林慮作;一爲元符二年祝安上作;一爲紹興四年孫佑
作。州郡志書,五代以前無聞,北宋以來,未有古於《長安志》
及是記者矣。朱彝尊跋咸淳《臨安志》,歷數南北宋地志,不
及是記,知彝尊未見其書,爲希覯之本也。長文《自序》稱古
今文章,別爲《吳門總集》,書中亦屢言某文見《總集》,今其書
已不傳,是記亦幸而僅存耳。"

按:此書傳本,《四庫簡明目録標註》云:"明嘉靖戊申錢氏縣
磬室刊本。黄丕烈有宋刊本,九行十八字,云即錢氏所藏,而
錢功甫刊本多訛舛。《學津討原》本,劣,胡氏《琳瑯秘室叢
書》活字本,佳。"今臺北"國家圖書館"有宋紹興四年(1134)
孫佑蘇州刊本,明錢穀鈔補,清黄丕烈、胡珽、沈秉成、翁同龢
各手跋。臺北"國立故宮博物院"有清文淵閣《四庫全書》本。
收入叢刻者有《學津討原》本、《得月簃叢書》本,《反約篇》本、
《榕園叢書》本、《琳瑯秘室叢書》本、《叢書集成初編》本等。
其中《琳瑯秘室叢書》本有清胡珽所撰《校勘記》一卷,清董金
鑑撰《續校》一卷,《叢書集成初編》本,即據胡氏本影印。

會稽三賦三卷　宋王十朋撰　存

十朋(1112—1171),字龜齡,號梅溪,温州樂清人。幼穎悟,
日誦數千言,及長,有文行,聚徒梅溪,受業者以百數。入太

學,主司異其文。紹興二十七年(1157)廷對忠鯁,高宗親擢第一。孝宗時,歷知饒、夔、湖、泉諸州。累官太子詹事,以龍圖閣學士致仕。乾道七年(1171)卒,年六十,諡忠文。著有《梅溪集》《春秋解》《尚書解》《論語解》《東坡詩集注》等。事迹具《宋史》卷三八七、《宋史新編》卷一四三、《南宋書》卷四四等書。

此書《宋史·藝文志》不著錄,見《四庫全書總目》地理類。

《四庫全書總目》卷七十史部地理類三著錄此書,《提要》云:"宋王十朋撰。十朋,字龜齡,樂清人,紹興二十七年(1157)進士第一,官至龍圖閣學士,諡文忠,事迹具《宋史》本傳,所著有《梅溪集》。此賦三篇又於集外別行,一曰《會稽風俗賦》,仿《三都賦》之體,歷叙其地山川、物産、人物、古迹。一曰《民事堂賦》,民事堂者,紹興中添差簽判廳之公堂也。元借寓小能仁寺,歲久圮廢,十朋始重建於車水坊。一曰《蓬萊閣賦》,其閣以元稹詩'謫居猶得住蓬萊'句得名,皆在會稽,故統名曰《會稽三賦》。初,嵊縣周世則嘗爲註《會稽風俗賦》,郡人史鑄病其不詳,又爲增註,併註後二賦末有嘉定丁丑(十年,1217)鑄自《跋》。十朋文章典雅,足以標舉茲邦之勝,鑄以當時之人,注當時之作,耳聞目覩,言必有徵,視後人想像考索者,亦特爲詳贍,且所引無非宋以前書,尤非近時地志杜撰故實,牽合名勝者可比,與王十朋之賦,相輔而行,亦劉逵、張載分註三都之亞也。"

清孫詒讓《溫州經籍志》卷十二地理類據宋刊本著錄此書一卷,云:"案《會稽風俗賦》《民事堂賦》《蓬萊閣賦》,皆紹興戊寅冬,梅谿爲越州添差簽判時所作(詳史注),周世則爲注《會稽風俗賦》,《梅谿後集》一所載是也。至嘉定丁丑(十年,1217)史鑄即周注增其未備,又補注《民事堂》《蓬萊閣》兩賦,是爲今時所傳單行本。據《民事堂賦》'寬公私之債負兮'，注：'按《梅溪集》中作積負'云云，則史氏未作注之前，三賦已與集本別行，特不知何時刊布耳。史注援據甚詳博，所載賦文與明槧集本，異同尤夥，如昔作咎，僕作瞂，它作厇，善作譱之類，即史叙所云奇字，集本並爲校者改竄。他如《風俗賦》'龍樓翼而乾峙'，'乾峙'不作'屹峙'。《蓬萊閣賦》'暢幽懷於廖廓'，'廖廓'不作'廖閣'，並足刊正集本訛誤，不弟箋釋精核也。宋刊本三賦一册不分卷，《四庫總目》作三卷，蓋館中所析，今從宋本箸錄。"

又云："又案：此書別有明南逢吉注本，分爲四卷。《萬姓統譜》六十五，南逢吉字元貞，渭南人，嘉靖戊寅進士，歷提學副使。其注即隳括史注爲之，別無考證。明刻本又附陶望齡評，尤鄙淺不足論。因三賦史注外，有此別本，故附識之。南注別有李錫齡《惜陰軒叢書》本，不載陶注。"

此書之傳本，《四庫簡明目錄標註》云："宋大字板九行，行大十八字，小三十二字不等。小字本十一行，行二十字。《湖海樓叢書》本。道光乙未杜氏仿宋刊本。有明初刊本。萬曆刊本。《惜陰軒叢書》本。明南逢吉、尹壇删補舊注四卷。"《附錄》云："宋本於《會稽風俗賦》，題周世則注，郡人史鑄增注。其《民事堂》《蓬萊閣》二賦，題愚齋處士注，即鑄注也。明刊本一卷，前刊《紹興府圖》。宋大字本(墨詁)。杜仿宋本，即大字九行本，末有勘誤二葉(詁讓)。"邵章《續錄》云："明嘉靖三年張士佩刊本。"國內所藏善本：臺北"國家圖書館"有明刊本一部，四卷四册，明南逢吉注，尹壇補註。"中央研究院"歷史語言研究所有明嘉靖三年刊本一部，一卷二册，題明逢吉校注。臺北"故宮博物院"有清文淵閣《四庫全書》本。收入叢刻者有：《湖海樓叢書》《託跋廛叢刻》，此二種叢書本並爲一卷本，宋周世則注，宋史鑄增注。又有《惜陰軒叢書》本，題《會稽三賦注》，四卷，明南逢吉注，明尹壇增注。

吳陵志一〇卷　宋不著撰人　佚

此書《宋史·藝文志》不著録，見《直齋書録解題》卷八地理類。

《直齋書録解題》著録此書十卷，陳氏曰："不著名氏，淳熙壬寅（九年，1182）所修，後三年（十二年，1185），太守錢塘萬鍾（元亨）屬僚佐參正而刻之。泰州在唐爲吳陵縣。"

萬鍾，字元亨，錢塘人。登紹興二十四年（1154）進士。歷官秘書監、吏部侍郎，知泰州，累遷至龍圖閣待制。事迹具《南宋館閣續録》卷七。

張國淦《中國古方志考》著録此書，云："《輿地紀勝》三十六：南安軍，風俗形勝，置軍自查陶始。三十九：楚州，詩，半升濁酒試尊羹。四十：泰州，州沿革，《禹貢》揚州之域，越滅吳其地屬越。風俗形勝，俗務儒雅，海陵幽邃，自皇朝查公尚書。景物下，三至堂，鳳凰台山。古迹，天女繅絲井。仙釋，東陵聖母。引《吳陵志》十一條。《大明一統志》十二：揚州府，風俗，俗務儒雅，性多樸野。引《吳陵志》二條。案：宋泰州軍，治海陵縣，唐武德三年改海陵爲吳陵，尋復故，此用舊名。"

又云："《直齋書録解題》：《吳陵志》十卷，不著名氏，淳熙壬寅所修。萬曆《揚州府志》二十四：《吳陵志》三十五卷，淳熙壬寅修，係本直齋，以王似壬而誤。萬曆《府志》作淳熙王寅，乾隆通志作歙王寅，則沿萬曆府志又以王寅歙人誤作歙王寅。萬曆《府志》三十五卷，與直齋十卷亦不同。"

雲間志三卷　宋楊潛撰　存

潛，浙江義烏人，乾道八年（1172）進士，紹熙初以奉議郎特差知秀州華亭縣，主管勸農公事，兼兵馬都監，兼監鹽場。事迹具《宋詩紀事小傳補正》卷四。

此書《宋史·藝文志》地理類著録。

清阮元《四庫未收書提要》著録此書，《提要》云：“宋楊潛撰，見《宋史·藝文志》。按：雲間即今江南之華亭縣，在宋時兼今松江全郡之地。此志體例，繁簡得中，不讓宋人《會稽》《新安》諸志。書成于紹熙四年，而知縣題名載至淳祐八年而止，則張穎以下三十人，是後人所續。又進士題名載至寶祐元年姚勉榜錢拱之而止，則慶元五年趙汝詒以下二十四人，亦後人續入也。又載樓鑰等記，並爲後人所增。考之元徐碩至元《嘉禾志》華亭一縣，全取是書中語，知潛此志爲當時所重矣。”

卷前有楊潛《序》，云：“華亭爲今壯縣，生齒繁夥，財賦浩穰，南距海，北瀕江，四境延袤，視偏壘遐障所不逮，質之《寰宇記》《輿地廣記》《元和郡國圖志》，僅得疆理大略，至如先賢勝概、户口、租税、里巷、物産之屬則闕焉、前此邑人蓋嘗編類，失之疏略，續雖附見於《嘉禾志》，然闕遺尚多。余謬領是邑，雖曰困於簿書期會，而此心實拳拳，今瓜代有期，不加討論以詔來者，則鞅鞅不滿，若將終身焉。於是□□邑之博雅君子，相與講貫，疇諸井里，考諸傳記，質諸故老，有據則書，有疑則闕，有訛則辯，凡百里之風土，粲然靡所不載。至若前輩詩文，散落於境内者非一，姑摭南渡以前者，附於卷末。書成而鋟墨，公帑匱而莫能舉，又得邑之賢士大夫鳩工助成。是書也，雖一邑之事，未足以廣見聞，異時對友朋則可以資談塵，事君父則可以備顧問，孰謂其無補歟。紹熙癸丑仲冬旦日，奉議郎特差知秀州華亭縣主管勸農公事兼兵馬都監兼監鹽場主管堰事借緋楊潛謹序。”

張國淦《中國古方志考》著録此書，載清華亭沈慈古倪園刊本載陽湖孫星衍《序》，云："國家集四庫書，載諸宋元方志，而宋楊潛《雲間志》，以後出不得預。其書按據舊圖經，搜羅古碑碣，詳載故實題詠，書僅三卷，繁簡得中，不讓宋人《會稽》《新安志》也。余自嘉慶癸酉，有松江府修志之役，病舊志之不能典核，因求松江事迹，惟華亭一縣見於王象之《輿地紀勝》，至元升縣爲府，師載其事於《嘉禾志》，并楊潛之書，爲一郡掌故。康熙間知府郭廷弼作郡志，本之明人顧清及陳繼儒，時亦似見此二書者，而改易其文，又多舛誤。華亭沈司馬恕者，好古士也，家有古倪園，購求古書藏之，出示此志，後有錢少詹大昕題記，因余言即付之梓，他時恐郡縣之成，卒不及古人矣。書中訛缺，得顧茂才廣圻是正之，又核以至元《嘉禾志》，庶的十八九。考《輿地紀勝》，尚有寶雲寺碑，在華亭縣南三十五里，又有《大唐蘇州華亭縣顧亭林市新創清雲禪院記》，大中十四年歲在庚辰吳興沈珹述并書，又有《亭林法雲寺感夢迦藍神記》，慶曆六年記，碑文皆不見《雲間志》，恐今石亦并亡矣。顧茂才又檢古刻叢鈔，有華亭唐故陸氏廬江郡何夫人、唐故陸氏劉夫人二墓志銘，及戴府軍墓誌，俱可補爲雲間故迹者，聊因序録此志并及之。

又著録錢大昕記，云："此書成于紹熙四年，而知縣進士題名續至淳祐、寶祐而止，卷末數葉載樓大防、魏華父諸公記，亦後人續入也。宋時華亭縣，兼有今松江全郡之地，此志體例亦繁簡得中，而近代藏書家，罕有著録者，予始從王鶴谿借鈔得之，并寫一本以遺王蘭泉云。"

又有案注云："《清一統志》華亭故城引《吳地記》云，地名雲間，水名谷水。《一統志》又云，宋時華廷縣兼有今松江全郡地，則此志實同府志。又案：華亭縣宋屬嘉興府，元置華亭府，又改松江府，明清因之。"

此書之傳本：張國淦《中國古方志考》著録清華亭沈氏古倪園刊本。《愛日精廬藏書志》卷十六、《蕘圃藏書題識》卷三、《思適齋集》卷十四，並著録舊鈔本。今臺北"故宮博物院"有鈔本一部。收入叢書者有《宛委别藏》本、《觀自得齋叢書》本。

高郵續志一〇卷　宋汪綱撰　佚

綱，字仲舉，號恕齋，黟縣人，義和子，簽書樞密院勃之曾孫也。以祖任入官，淳熙十四年(1187)中銓試，尋除直龍圖閣。理宗立，授右文殿修撰，加寶謨閣待制。紹定初，權户部侍郎，越數月，上章致仕，特畀二秩，守户部侍郎，仍賜金帶，卒。綱學有本原，多聞博記，爲文尤長於論事，援據古今，辨博雄勁。著有《恕齋集》《左帑志》《漫存録》等。事迹具《宋史》卷四〇八、《宋史新編》卷一五五、《史質》卷四十五、《南宋書》卷四七、《南宋名臣言行録》卷九等書。

此書《宋史·藝文志》不著録，見《直齋書録解題》卷八地理類。

《直齋書録解題》卷八地理類著録《高郵志》三卷《續修》十卷，陳氏曰："興化縣主簿孫祖義撰，郡守趙不悳刻之，淳熙四、五年間也。其書在圖志中最爲疏略。嘉定中汪綱再修，稍詳定矣。"

續建康志一〇卷　宋吴琚撰　佚

琚，字居父，號雲壑，開封人，益子。陳傅良在太學時，琚執弟子禮，惜名畏義，不以戚畹自驕。尤工翰墨，孝宗常召之論詩作字。與趙汝愚定策立寧宗。黨爭既起，多所保全，爲韓侂胄所忌。歷守荆、襄、鄂三州，終鎮安軍節度使，判建康府。嘉泰二年(1202)遷少保，卒謚忠惠。嘗使金，金人嘉其信義，琚死後，宋遣使至金議和，屢不合，金人言南使中惟吴琚言爲可信。著有《雲壑集》。事迹具《宋史》卷四六五、《宋史新編》

卷一八三、《南宋書》卷六七、《宋史翼》卷十五等書。

此書《宋史·藝文志》不著録，見《直齋書録解題》卷八。

陳氏曰："府帥吳琚（居父）以郡人朱舜庸所編詮次，與前志並行，時慶元六年（1200）。"

按：朱舜庸，建康人。好古博雅，嘗編金陵遺事，積二十年，自里巷口傳仙佛之書，無不研綜。慶元中，留守吳琚爲之詮次，目曰《續建康志》。事迹具景定《建康志》卷四九、至正《金陵新志》卷十三下。

張國淦《中國古方志考》著録此書，云："《輿地紀勝》十七：建康府，府沿革，偽吳楊氏竊有其地。景物下，賞心亭、銀淋堰、丹砂泓。引《續志》四條。又監司軍帥沿革，侍御馬軍行司。景物下，桃花塢。引《建康續志》二條。又景物下，悟真院。引《建康續志》一條。景定《建康志》四：留都録，御製御書，高宗皇帝御製御書。引《慶元舊志》一條。又五：建康圖辨，辨馬鞍山。引《慶元續志》一條。又十六：疆域志，堰埭，浮山堰。三十三：文籍志，圖志之目，書版，引慶元《建康志》三條。又二十二：城闕志，亭軒，賞心亭、東野亭、翠微亭。引《續志》三條。《至正金陵新志》一：地理圖，冶城圖，圖考。蔣山圖，圖考。四：疆域志，歷代廢縣名，丹陽縣。鎮市，侍其巷、刁家巷、五坊六坊巷。坊里，金華坊、康樂坊、小野里。橋梁，走馬橋。五：山川志，山阜，祇闍山、雊寧山、石山花洞、銅山。堰埭，浮山堰。溪澗，落馬澗。池塘，方池。七：田賦志，物產，雨花臺石。十兵防志，營寨教場，禁軍。十一：祠祀志，寺院，衡陽寺、崇國寺、法雲寺、興化寺、勝因寺、湘宮寺、法性尼寺、明慶寺、清真寺、壽寧寺、清涼廣惠禪寺、戍山尼寺、宋興寺、普濟寺、延祥院、杜桂院、崇勝戒壇院、淨土禪院。祠廟，武烈帝廟、清溪姑廟、盧大王廟、白馬廟。宮觀，元真觀。十二：古迹志，第宅，江總宅、唐顧況宅、烏榜村、古宣武場、謝公墅。碑碣，白水橋碑、荊公書陶隱居墓誌。吳宮石、玉麟堂石刻、吳後主紀功三段石碑、玉清觀四等碑、到公石。十三：人物志，仙釋，酒禿。引《慶元志》五十條。案：景定《建康耆舊傳》，朱舜庸編金陵事，積二十年，自里巷所傳仙佛之書，無不研綜，春容大帙，餘書萬言。慶元中，節度使吳公琚來任留守，得其編而契於心，乃爲之訂正銓次，刻梓以傳，目曰《續建康志》。是舜庸書經吳琚訂證銓次，始曰《續建康志》也。"

鎮江志三〇卷　宋盧憲撰　殘

憲，字子章，天台人，嘉定中任鎮江教授。

此書《宋史・藝文志》不著録，見《直齋書録解題》卷八地理類。

陳氏曰："教授天台盧憲(子章)撰。"

清阮元《擘經室外集》卷一著録嘉定《鎮江志》二十二卷，《提要》云："宋盧憲撰。《宋史・藝文志》有熊克《鎮江志》十卷，而無憲此書。《書録解題》云：'《鎮江志》三十卷，教授天台盧憲(子章)撰。'《文獻通考》亦著録之。此書中稱憲者四條，稱盧憲者一條，故知是憲之書。中所載事迹，惟史彌堅最詳，趙善湘次之。考彌堅以嘉定六年九月守鎮江，八年九月請祠；善湘以嘉定十四年十二月守鎮江，十七年召還，寶慶二年再任。案元至順《鎮江志》學校門，載教官盧憲嘉定癸酉謁廟事，癸酉爲嘉定六年，正彌堅守郡之日，書當成於此時也。此書不見於近代藏書家著録，所存卷數，與《書録解題》不同，中間脱文錯簡，往往而是。案其目録，似於體例，間有未協，蓋由原本已多訛脱，經後人重爲編次，小有牴牾，固所不免。然宋人地志之存於今者，十不得一，而鎮江自六朝以後，遞爲重地，南渡以前之遺文墜典，如唐孫處元《圖經》《祥符圖經》《潤州集類》《京口集》之類，世無傳本，籍此以存厓略，零圭碎璧，尤可寶惜，今從舊鈔本校正繕寫之。"

清周中孚《鄭堂讀書記補逸》卷十二載此書《跋》云："嘉定《鎮江志》二十二卷，不著撰人名氏，按《宋史》載熊克《鎮江志》十卷,克乾道中鎮江教授也。《書録解題》載《鎮江志》三十卷,云教授天台盧憲(子章)撰,《文獻通考》同,是志中稱憲謹釋者二條,稱盧憲論曰者一條,當即子章之志,其卷數不合,則或多所闕失,後人改目録以就之,非其舊矣。又按志中多有注續補增添字者,考至順《鎮江志》書籍類,分注舊志續志重修志三書,其引續補諸條,皆稱嘉定《續志》,所謂舊志,即熊氏之乾道《志》也,此本前有近人一序,不著名氏,稱志中所載事迹,史彌堅最詳,趙善湘次之,考彌堅以嘉定六年九月守鎮江,八年九月請祠,善湘以嘉定十四年十二月守鎮江,十七年召還,寶慶二年再任。至順《志》學校門,載教官盧憲嘉定癸酉謁廟事,癸酉爲嘉定六年,正彌堅守郡之日,憲志當成於是時,而善湘續之,其增添各條,記及德祐中《謝太后守詔》,且核與至順《志》所引咸淳《志》體例不同,則多爲元人所補矣,其考甚詳。然是志歷時既久,殘佚過多,後人補綴成編,故不特元人有所增補,且多與至順《志》相混淆,近人詳加校勘,頗得條理,卷首郡縣表,卷一以下自叙郡以迄拾遺,凡七十四類,大抵旁稽典籍,務核異同,且鎮江在宋爲邊防之地,故是志於攻守形勢極爲致詳,其取材既富,可資考證者多,固當與宋人建康、新安諸志並稱也。”

清劉文淇嘉定《鎮江志校勘記》云:“案《直齋書録解題》云,《鎮江志》,天台盧憲(子章)撰。此志卷十六,教授盧憲,注云嘉定六年三月至,元《志》卷十七,教授徐侔德,注云嘉定九年七月至,是憲爲鎮江教授凡三年有餘,其後更爲何官,則别無可考。方逢辰《咸淳志》序云,嘉定七年,史貳卿畀校官重修,貳卿謂史彌堅校官即盧憲也,《揅經室外集》嘉定《鎮江志》提要云,此書中稱憲者四條,故知是憲之書。書中所載事迹,惟史彌堅最詳,張氏鑑云,人物内《史正志傳》獨詳,疑書成於史

彌堅時。卷五,土貢門,憲謹釋云云,即作志人名也。今考卷
十五,宋太守《史彌堅傳》云,嘉定六年九月二十八日到,八年
九月五日除寶謨閣直學士,依所乞宮觀,是彌堅守郡,與憲爲
教授,正在一時。卷二,城池門,載彌堅《修城記》;卷六,山水
門,載彌堅開丹徒《漕河水記》,及《濬歸水澳記》;卷七,祠廟
門,載彌堅《修泰江王廟記》;卷十,兵防門,載彌堅《修止戈亭
記》;卷十二,載彌堅《修都倉記》,皆累牘聯篇,首尾悉備。其
餘述彌堅之政績,如卷二橋梁門,載修千秋橋事;卷五均役
門,載定差役事,尤不勝枚舉,然則纂修者爲憲,而監修者爲
彌堅,固顯然可見矣。又案《直齋書録解題》載嘉定《鎮江志》
作三十卷,而鈔本止二十二卷,蓋原書久亡,後人由《永樂大
典》録出,故卷數既有缺佚,而每書之總目子目,亦非其舊。
今於顯然知其脫誤者,逐條改定,若無明文可證者,則但註明
其缺,仍各附案語於後,而目録亦一律更正,使其前後相應,
若夫總目之缺,當補而難定其次第;子目之缺,當補而難于分
析者,今皆仍存其舊。至於卷數之先後,必須移易者,既列案
語於各卷,記改次第於目録,雖未得確據者,及無關大義者,
今亦仍存其舊,以免紛更。”

重刊本載陳慶年嘉定《鎮江志》重刊本跋,云:“《直齋書録解
題》載《鎮江志》三十卷,教授天台盧憲(子章)撰。原書久亡,
後人由《永樂大典》録出者止二十二卷,嘉定間阮文達以所得
鈔本送存焦山書藏,至道光辛丑,吾邑包景維(良丞),請於文
達爲之刊行,然傳布無多,經咸豐之後,墨印益稀,板片蓋久
失矣。光緒丙午,編書焦山松寥閣,觀書藏鈔本,欲爲雕播,
適吾邑賈人朱小樓(魁光)住水晶庵,願任剞劂,其後榮公莊
恆,劉襄蓀(燕翼)兩觀察,及吾郡金壇馮夢華(煦)中丞,皆有
所助,遂依包本開雕於金陵,至宣統庚戌而畢功。顧包氏刻

此志時，阮文達令劉孟瞻（文淇），暨其子伯山毓崧爲作《校勘記》，頗有宋《志》鈔本所無，從元《志》移入之處，今加以覆審，多未精碻，余既并劉校鋟於木，久之始取焦山鈔本反復讐勘，稽譔其異同，丙辰夏間卒業於西津江樓，居憂以來，復爲理董，成《嘉定志校勘記》一卷，知包氏刻本未云盡善，意欲審正舊鈔，別寫定本，更付剞劂，以無從容考訂之暇，有志未逮，姑發其大凡於此云。”

張國淦《中國古方志考》著錄其所輯《永樂大典》輯本，云：“據《大典》至順《鎮江志》輯本二，地理門，漕渠類，上闕。三，風俗門，歲時類入學會釋。戶口門，理宗時，四，土產門，飲食類，酒。六，賦稅門，常賦類，夏稅、秋租。土貢類，商課、酒醋課。造作類，綾羅、軍器。七，山水門，靈洞、紫金泉。十一，兵防門，廣固營。十三，廩祿門，叙注，引《嘉定志》十四條。此至順《志》引不見嘉定盧《志》輯本內，盧《志》輯本非完書，當是盧《志》佚文，此輯本引並見至順輯本附錄嘉定《鎮江志》。”

又云：“案：《輿地紀勝》七，官吏下，吳顧雍。引《鎮江甲志》，亦見嘉定《盧志》卷內。曰甲志者，當如《直齋書錄解題》岳陽甲集乙集之類，《嘉定志》曰甲志，其乙志或即《續志》也。”

此書傳本：《皕宋樓藏書志》卷三十、《愛日精廬藏書志》卷十六、《抱經樓藏書志》卷二十五、《鐵琴銅劍樓藏書目錄》卷十一，並著錄鈔本，二十二卷。《善本書室藏書志》卷十一著錄影抄本，二十三卷。清道光二十二年（1842）丹徒包氏校刊本，二十二卷，卷首一卷。清宣統二年（1910）金陵重刊本，二十二卷，卷首一卷，附錄一卷，校勘記二卷，校勘記爲清劉文淇撰。臺北“故宮博物院”有清朱絲闌鈔本。

玉峰志三卷玉峰續志一卷　宋凌萬頃、邊實撰　存

萬頃，字叔度，號松矓，崑山人，景定三年（1262）進士。事迹具《宋詩紀事》卷六十八。

實,陳留人,雲過弟,事迹具正德《姑蘇志》卷五〇。

此書《宋史・藝文志》不著録,見阮元《揅經室外集》(《四庫未收書提要》)卷五。

邊實《序》云:"石湖先生志吴郡,嘗與龔、滕、周三君子相銓次,有某人持某事求入志不得,遂譁曰,志非石湖筆也,石湖笑不辨。《崑志》之作,向出於二人之手,事詞或未一,今夏不揆續修,將以釐前誤而紀新聞,或有議其擅者,其與議《吴志》者若相反焉,於此可以知後進之視先達,天地之相遼絶也,於其鋟梓之畢,書以自訟此意。邊實敬書。"

謝公應《跋》云:"玉峰有志尚矣,淳祐壬子邊類於邊君宜學之筆,刊鏤傳信,距今踰二十稔。咸淳壬申,余捧檄代庖斯邑,繙閱是書,頗有遺佚,若派買之公田撥隸,若學校之創主學建直舍,或述前輩之詩,而曰載諸雜詠者,爲不見全璧之歎,或題侖魁之名,而不編入人物者,有斡棄周鼎之疑,是皆累于時之所不及,失於見聞之所不逮爾。余因以續志屬之邊君,邊君曰,某有志於此久矣,敢不自力。乃會粹古書,披搜今籍,三閱月而書成,增入者三十餘條,改定者二十餘條,混混乎風土之宜,總總乎事物之備,理該文核,綱舉目張,其長公訓導銓擇雜詠,亦一新之。余重鄉拜觀,不忍釋手,謹命工繡梓,以壽其傳,後之覽者,與我同志嗣而續之,庶知文之不泯也。是歲中秋日合沙玉淵謝公應謹跋。"

阮元《揅經室外集》卷五著録此書,《提要》云:"宋凌萬頃、邊實同撰。萬頃字叔度,景定三年(1262)進士,本陽羡人,因其父壻於崑山顔氏,因家焉。邊實,陳留人,其高祖始遷崑山,詳前志《邊惇德傳》,而《續志》又復爲《自序》一篇,誇其家世。玉峰本崑山地,宋南渡時始析爲縣,即今之嘉定是也。志中所載沿革、風俗，以及人物、古迹甚悉。宋、元時崑山志乘，世不多得，是册足備一方之文獻也。"

清錢大昕《潛研堂文集》卷二九載此書《跋》，云："予先世自常熟雙鳳里徙家嘉定西鄉，逮予八傳矣，嘉定本崑山地，宋南渡始析爲縣，徵吾鄉故實者，泝而上之，當求諸崑山，而宋元志乘，訪尋終不可得，意常恨之。今春聞袁又愷購得凌萬頃、邊實《玉峰志》及實《續志》，亟假歸讀之。《志》成于淳祐壬子，《續志》成于咸淳壬申，皆在析縣以後，不叙嘉定事，然徧覽近代藏書家目録，均未之及，乃知天壤間奇秘之物，固自不乏，特未遇波析，不免埋没于瓦礫耳。宋世士大夫宦成之後，往往不歸故鄉，而舉子亦多就寄居……《王葆傳》稱崑山自孫載登第甲子一周，而葆繼登第，邑人美之，今檢進士題名，則孫後王前，尚有龔程、龔況、唐輝、黄偉、衛關、張德本六人，殆皆由寄居登第，而不由本縣申送者乎。凌萬頃，字叔度，景定三年進士，本陽羨人，其父爲顔氏婿，因家焉。邊實，本開封人，樞密直學士、肅七世孫，自高祖以下始居於此，《志》既爲其曾祖惇德立傳，而《續志》復爲《自序》一篇，追本得姓之始，遥遥華胄，敷衍千言，難免汰哉叔氏之譏矣。"

清周中孚《鄭堂讀書記補逸》卷十二載此書《跋》，云："《玉峰志》三卷，《續志》一卷，寫本，宋凌萬頃、邊實同撰，《續志》邊實撰，《宋史》及倪氏《宋志補》均不載。其書流傳亦極尠。今昭文張月霄（金吾）得其同里吳氏鈔本，闕文頗多，後從陳子準藏舊鈔本訂誤補闕，始稱完善，其所著《愛日精廬藏書志》載之，此本又從張本鈔出也。崑山縣因山得名，古云玉出崑岡，蓋此志比機、雲兄弟，非其有玉出於其間，然玉峰之名，亦以是來也。縣在古爲婁縣，秦漢隸會稽郡，後漢、吳、晋、宋、齊屬吳郡，梁天監中分婁縣置信義縣，屬信義郡，大同初郡廢,後分信義置崑山,隋平陳,縣省,開皇十八年后置,唐、五代及宋皆因之。舊闕記載,淳祐壬子,邑令嘉項公澤始屬叔度等搜訪掇拾,以成是志。其目録中載卷首爲縣境圖,縣郭圖,馬鞍山圖,而圖今無之,殆傳鈔者所脱佚歟。爲目凡二十有七,附有子目三。越二十一載,爲咸淳壬申,合沙謝公應爲令,以其志頗有遺佚,因屬實搜覽古今,後成《續志》,增入者三十餘條,改定者二十餘條,爲目凡十有七。二書皆理該文核,綱舉目張,叙次得宜,不失古法云。前志有項、凌二《序》,及《凡例》,末有纂修名氏,並題七言律詩一章,《續志》有謝、邊二《序》。此本末録嘉慶丁巳錢竹汀一《跋》,蓋竹汀嘗假得吳門袁又愷本,故作是《跋》,此本殆從《潛研堂文集》二十九所載録繫也。"

此書傳本有《宛委別藏》本、《彙刻太倉舊志五種》本。後者有繆朝荃撰《校勘記》。

(重修)毗陵志三〇卷　宋史能之撰　存

能之,字子善,四明人,進士,朝奉大夫太府寺丞,咸淳間任毗陵郡守。《後村大全集》卷六五載《真州分權倍增轉朝奉郎制》。

此書《宋史·藝文志》未著録,見《宋史藝文志補》地理類。

史能之《序》云:"毗陵有志舊矣,歲淳祐辛丑(元年,1241),余尉武進時。宋公慈爲守,相與言病其略也,俾鄉之大夫士增益之,計書成且有日,越三十年,余承朝命長此州,取而閲之,則猶故也。嘻豈職守之遵紬不常,而郡事之繆輵靡暇,是以久而莫之續耶。毗陵自晋改邑爲郡,至唐易郡爲州,代更五季,民竄於兵,宋奠九壈,江南既平,郡始入職方氏,一馬渡江之後,錢唐爲天子行在所,繇是與蘇湖秀均號右扶,《寰宇記》所謂人性古直,黎庶淳遜,其所從來古矣。今山川暎發,民物

殷蕃，謹固封圻，爲國之屏壤，地非小弱也。而郡志弗續，非
闕歟，乃命同僚之材識，與郡士之博習者，網羅見聞，收拾放
失，又取宋公未竟之書於常簿季公之家，訛者正，略者備，缺
者補，蓋閲旬月而後成。雖然，余豈掠美者哉，事患不爲，爲
而無不成，余之續之，所以成前人之志，而廣異日之傳云爾。
後之覽者，亦將有感於斯。咸淳四禩月正元日，四明史能
之序。”

清周中孚《鄭堂讀書記補逸》卷十二載此書《跋》，云：“《（重
修）毗陵志》二十九卷，亦有生齋趙氏刊本，宋史能之撰。能
之字子善，四明人，官知常州府事，《宋志》失載，倪氏《宋史
補》作三十卷，此蓋闕其一卷也。按毗陵爲漢會稽屬縣，晉升
爲郡，隋改郡名曰常州，至今仍之。宋州學教授鄒補之始創
爲《毗陵志》十二卷，載於《宋史》及《書錄解題》。至咸淳初子
善守郡，乃重修爲是志，起《地理》迄《紀遺》，凡分十九門，義
例整飭，考證賅洽，而議論亦深醇，蓋范石湖《吳郡志》、施武
子《會稽志》之亞，其不曰常州而曰毗陵者，蓋自《鄒志》已蒙
古稱矣。”

清嘉慶二十五年（1820）重刊本載趙懷玉《序》，云：“毗陵宋志
惟教授三山鄒補之所撰十二卷，見《宋藝文志》及陳氏《書錄
解題》，今不傳。此本咸淳四年戊辰郡守史能之修，元延祐四
年丁巳重刻，在鄒志之後，而藏書家無著於錄者。近時查氏
夏重補注《蘇詩》，厲氏太鴻纂《宋詩紀事》，始采用之，起地
理，迄紀遺，凡十九門，計三十卷，體例賅備，可稱良志。明洪
武中謝應芳增修，成化中孫偉德重修，雖未見其書，類皆原本
於此，惟卷首列圖有七，而中有東至蘇州府西至應天府云云，
則已非《史志》之舊，必史圖已佚，後人傳鈔者，据謝、孫兩志
之圖以補之耳。世之藏書家間有是書，殘缺殆半，癸卯冬，少

權贈予原闕十一卷至二十卷,丙午夏,少權聞長洲吳君翌鳳藏本,與此本互有缺失,復爲余轉借補鈔,竟得九卷,厪闕十一卷第一頁及二十卷詞翰,餘則居然完好,可喜也。吾郡郡志,自康熙間陳舍人玉璂修後,迄今百餘年,未有踵其事者,顧舍人之書,間有訛謬,頗爲鄉人所訾,每以唐少卿鶴徵志爲可寶,古書甚難,良志尤尠,矧事關桑梓,又權輿之所託乎,爰亟裝治,並識其略,乾隆己酉冬,與居居士趙懷玉書於亦有生齋。”

此書傳本:“中央研究院”歷史語言研究所有清嘉慶二十五年(1820)重刊本一部,有《圖》一卷,並李兆洛等人手校。

(景定)建康志五〇卷　宋周應合撰　存

應合(1231—1280),字淳叟,一字彌厚,號洪厓,又號溪園,江州武寧人。淳祐十年(1250)進士,官至實錄院修撰,以劾賈似道謫饒州通判。至元十七年(1280)卒,年六十八。著有《洪厓集》《溪園集》。事迹具《宋元學案補遺》卷十二、《宋詩紀事補遺》卷七〇,《清容居士集》卷二十七有《周瑞州神道碑銘》。

此書《宋史·藝文志》不著錄,見《宋史藝文志補》地理類。

《宋史藝文志補》著錄此書,注云:“武寧人,翰林修撰,疏斥賈似道,謫外。”

卷前有宋馬光祖《進建康志表》,云:“臣光祖言,鍾阜帝王之宅,忝備居留,職方土地之圖,輒成紀載,敬哀竹簡,冒徹楓宸,臣光祖惶懼頓首頓首。竊以紫蓋東南,勢雄建鄴,青山表裡,景似洛陽,吳、晉以來,皆號京畿;秦、楚之間,已占王氣。洗前日六朝之陋,肇吾宋萬世之基,爰重昇洲,遂開節鎮,嘉祐之進大國,龍飛猶軫於初潛,紹興之創新宮,馬渡喜逢於再造,發天作地藏之勝,著祖功宗德之隆,建邦設都,非列城之

能儗，詔今傳後，豈鉅典之可虚。臣叨佩玉麟，密瞻銅鳳，職
在承流而宣化，法當章往而考來，閲治八年而重臨，曷報恩徽
之厚，圖經三歲則一上，敢違令甲之嚴。乃選幕僚，恪修郡
乘，揭埌根而首録，昭弁冕之常尊，諸地諸邑諸城，繼加銓次，
十表十志十傳，序列編摩，四八萬言，皆聚此書，千七百禩，如
指諸掌，辨山林川澤之名物，粹衣冠禮樂之風流，善有勸而惡
有懲，往者過而來者續。兹蓋伏遇皇帝陛下性明日月，道整
乾坤，運藝祖仁皇高宗之心，兼創業中興太平之事，既徹疆於
江表，行復境於關中。臣未能刊浯溪之碑，且此效雍州之録，
漢光投戈講藝，願益恢興地之披，周宣備器修車，何但美東都
之會。所有新修景定《建康志》五十卷，計四十六册，謹隨表
上進以聞，臣無任瞻天望聖激切屏營之至。臣光祖惶懼惶懼
頓首頓首謹言。景定二年八月日，觀文殿學士、光禄大夫、沿
江制置大使、知建康軍府事、兼管内勸農營田使、江南東路安
撫使、馬步軍都總管、行宫留守、節制和州無爲軍安慶府三郡
屯田使、暫兼淮西總領、金華郡開國公、食邑三千户、食寔封
六百户，臣馬光祖上表。”
又載馬光祖《序》，云：“郡有志，即成周職方氏之所掌，豈徒辨
其山林川澤都鄙之名物而已。天時驗於歲月災祥之書，地利
明於形勢險要之設，人文著於衣冠禮樂風俗之臧否。忠孝節
義，表人材也；版藉登耗，考民力也；甲兵堅瑕，討軍實也；政
教修廢，察吏治也；古今是非得失之迹，垂勸鑑也；夫如是然
後有補於世，郡皆然，況陪都乎。昔忠定李公嘗言天下形勝，
關中爲上，建康次之。自楚秦以來，皆言王氣所在，勾踐城
之，六朝都之，隋唐而後，爲州、爲府、爲節鎮、爲行臺，五季僭
僞睍消，實開吾宋混一之基，南渡中興，此爲根本。章往考
來，圖志宜詳於它郡，而乾道有舊志，慶元有《續志》，皆略而

未備，觀者病之。慶元迄今逾六十年，未有續此筆者。寶祐丁巳，光祖蒙恩來司留鑰，因閱前志，編摩在念，一年而勤民，二年而整軍，三年而易閫荆州，未暇也。己未重來，汲汲守禦，補尺籍，治戰艦，備器械，固城池，日不暇給，未幾，鼓枻驚濤，風餐露馳於舒蘄江黄之間，往復無慮數四，元勳振旅，長江蕭清，光祖始得少休於郡。興滯補弊之餘，爰及斯文，有幕客周君應合，博物洽聞，學力充贍，舊嘗爲《江陵志》，紀載有法，乃以是屬之。開書局于郡圃之鍾山閣下，相與研古訂今，定凡例而哀篇帙。先爲《留都録》四卷，隆炎創興之盛，宮城建置之詳，與夫雲漢昭回之章，皆備録焉。揭爲一書之冠冕。其次爲地理圖，爲侯牧表，爲志爲傳，合爲五十卷。表起周元王四年越城長干之時，以至于今千七百載，年經類緯，曰時曰地曰人曰事，類之所由分也。志凡十，一曰疆域，二曰山川，三曰城闕，四曰官守，五曰儒學，六曰文籍，七曰武衞，八曰田賦，九曰風土，十曰祠祀。傳凡十，一曰正學，二曰孝悌，三曰節義，四曰忠勳，五曰直臣，六曰治行，七曰耆舊，八曰隱德，九曰儒雅，十曰貞女，大略備矣。始於三月甲子，成於七月甲子，獻之天子，玉音嘉焉。用不敢閟，傳之無窮，補其闕遺，續其方來，則有望於後之君子。景定辛酉歲良月初吉，馬光祖書。”

周應合《景定修志本末》云：“開慶己未春三月，裕齋先生金華郡公，以大制帥再尹留都，請於朝，以京湖舊幕客周應合充江東安撫使司幹辦公事，兼明道書院山長，編程子書畢，明年六月，命餉師於池陽，又明年二月，趣還建康。甲寅，應合至自池陽，拜公玉麟堂，公命之曰，建康大都會也，自慶元而後，圖志未續，實大闕典，而慶元以前之書，紀載甚略，不無舛訛。圖志三歲一上，法也，吾再至此，又及三年，將成此書而丐歸焉,屬筆于子母遜。應合避席曰,留都鉅典,當屬之大手筆,應合淺學謏聞,不足以辱隆委,敢頓首固辭。公曰,子嘗修《江陵志》矣,圖辨表志,粲然有倫,輕車熟路,子何辭焉。褉節適逢甲子,宜以是日開書局于鍾山閣下,即葉石林紬書之舊所也,速爲之,及吾未去以前成書可也。應合稟命而退。時有疾未愈,欲少俟調理,徐受條教,而劄命沓至矣。入局修纂。謹如甲子之期,則請於公曰,舊志二百八十板,所記止於乾道,續志二百二十板,所記止於慶元,慶元至今所當續者,六十餘年之事,不敢略,亦不敢廢前志也。公曰,乾道、慶元二《志》互有詳略,而六朝事迹,建康實録,參之二志,又多不合,今當會而一之,前志之闕者補之,舛者正之,慶元以後未書者續之,方爲全書。況前志散漫而無統,無地圖以考疆域,無年表以考時世,古今人物不可泯者,行事之可爲勸戒者,詩文之可以發揚者,求之皆闕如也,子其用《江陵志》之凡例,彙而輯之,備前志之所未備,此吾所望也。應合又請於公曰,謹奉教矣,而未可以速成也。《慶元續志》之作,實因朱舜庸《金陵事類》之編,舜庸郡人也,其編猶積二十稔而後成,況非郡人者乎,況欲合前後而修爲全書乎,願寬以歲月,廣招局官與郡之士友而共成之,公不許。應合乃條上四事,一曰定凡例,應合昨修《江陵志》,爲圖二十,附之以辨,其次爲表、爲志、爲傳、爲拾遺,所載猶不能備。建康又非江陵比也,自吳以來,國都於此,其事固多於江陵,若我朝建隆、開寶之平江南,天禧之爲潛邸,建炎、紹興之建行宮,顯謨承烈,著在留都,鳳闕龍章,固宜備録,然混於六朝之編,列於庶事之目,宮府雜載,君臣並紀,殊未安也,今欲先修《留都宮城録》,冠于書首,而建康地圖年表次之。十志又次之,一曰疆域,二曰山川,三曰城闕,四曰官守,五曰儒學,六曰文籍,七曰武衛,八曰田賦,九曰風土,十曰祠祀。十傳又次之,一曰正學,二曰孝悌,三曰節義,四曰忠勳,五曰直臣,六曰治行,七曰耆舊,八曰隱德,九曰儒雅,十曰貞女。傳之後爲拾遺,圖之後爲地名辨。表之緯爲四:曰時,年世甲子;曰地,疆土分合,都邑改更;曰人,牧守更代,官制因革;曰事,著成敗得失之迹,以寓勸戒。志之中各著事迹,各爲考證,而古今記詠,各附于所爲作之下。凡圖表志傳卷首,各爲一序,而《留都録》之序,則請公命筆,公皆可之。二曰分事任,《乾道舊志》《慶元續志》,各有規模,今用前凡例會而爲之,慶元以前之未備者,慶元以後之未書者,皆欲增修無闕,豈一手兩耳目所能周遍。誤承隆委,辭不獲命,何敢自有其事。竊惟幕府環列,儒宗林立,所當博師三長,共成一書。金陵故家,文獻所聚,耆舊英俊,尤宜周詢,庶幾憑藉衆力,早有成書之期,欲乞請官十員,招士友數人入局,同共商榷,分項修纂,公不許。三曰廣搜訪,纂修既欲其備,搜訪不厭其詳,自幕府以至縣鎮等官,自寓公以至諸鄉士友,自戎帥以至將校,欲從閫府轉牒取會。凡自古及今,有一事一物,一詩一文,得於記聞,當入圖經者,不以早晚,不以多寡,各隨所得,批報本局,以憑類聚考訂增修。其有遠近博物洽聞之士,能記古今事迹,有他人所不知者,並請具述,從學校及諸縣檄中。其閥閱子孫,能收上世家傳行狀、墓誌、神道碑及所著書文,與先世所得御札、敕書、名賢往来書牘,並請録副申繳。其山巓水涯,古今高人逸士,有卓行而不求聞達者,亦請冥搜詳述,以報本局。其有聞見最博,考證最精者,當議優崇。諸吏民父老中,有能記憶舊聞,關於圖志者,並許具述實封投櫃,櫃置府門,三日一開類呈,其條具最多而事迹皆實者,當行犒賞,公皆從之,行牒及榜。四曰詳參訂,竊惟諸司幕府。參佐賓僚,學富才宏,皆應合所願求教,然望尊職重，有非書局所敢一一屈致者。容應合每卷修成初稿，各以紫袋封傳諸幕，悉求是正，其未當者與未盡者，各請批注行間，以憑刪修次稿，再以紫袋傳呈如初。俟定本納呈鈞覽，仰求筆削，然後付之鋟梓。仍乞選差局吏兩名，分管書局事務，書吏十名，謄類草稿，書寫板樣，客司虞候四名，以備闕借文籍傳呈書稿等用，公皆從之。越一月，應合又請於公曰，成書之期，既不可緩，修書之事，浩若望洋，應合自入局以來，主一無適，夜以繼日，疲精書傳，極力丹鉛，修書之稿未半，刻梓之匠已集，既同官之難屈，非隻手之可辦，有長子天驥，見爲淮西總所催運官，欲乞移文總所給假數月，專在書局爲檢閱校讎之助，有壻吳疇，見爲安豐六安縣主簿，亦留總幕，乞令往來爲助，公從之。凡纂一事，必稟命於公，每成一稿，必取正於公，夜考古書，朝訂今事，右分編稿，左付刻梓，自襖節以來周兩甲子，而大略粗備。若《留都録》四卷，《地里圖》及《地名辨》一卷，《年表》十卷，《官守志》四卷，《儒學志》五卷，《文籍志》五卷，《武衛志》二卷，《田賦志》二卷，《古今人表傳》三卷，《拾遺》一卷，此皆乾道、慶元兩《志》之所無而創爲之也。若《疆域志》三卷，《山川志》三卷，《城闕志》三卷，《祠祀志》三卷，因前志之所有者十之四，增其所無者十之六。合爲五十卷，凡一千六百餘版，印標爲二十四冊，外《目録》一冊，上之闔府，其書板首尾九百九十四片，爲厨架五所，鑰而藏之，紬書堂中，選書吏以掌其啓閉，每卷每類之末，各虛梓以俟續添，固未敢以爲成書也。嘗聞南軒先生因修郡志，而示訓曰：削去怪妄，訂正事實，崇厚風俗，表章人才，是編也，於前之八字，無能爲役，於後之八字，或庶幾焉。雖然，金陵自有城邑以至于今千七百年，王伯廢興之故，山川風景之殊，國都城市之變遷，田里民物之登耗，忠臣義士之遺烈，洪儒騷客之流

風,衣冠禮樂之隆污,典章文物之因革,所以興感慨而寓勸戒
者,豈五十卷之圖書所能盡其紀載,而兩甲子之日力所能畢
其編摩也哉,姑以奉公之命,而不敢怠於其職耳。昔司馬文
正公之修《治鑑》也,萃千三百六十二年之事,爲三百五十四
卷之書,聚諸賢之助,閱十有九年而後成,猶曰歲月迫趣,缺
謬不能自保。今之所修郡志耳,既無司馬公之學力,又無書
局官之衆力,且未有十九年之日力,而欲記千七百年之成敗
得失於五十卷書之間,其缺謬何可勝言,刊而正之,姑有望於
後之君子。景定辛酉歲七月甲子豫章周應合謹書。”
按:周應合(1213—1280),字淳叟,一字彌厚,號洪厓,又號
溪園,江州武寧人。淳祐十年(1250)進士,官至實録院修
撰,至元十七年(1280)卒,年六十八,著有《洪厓集》《溪園
集》。事迹具《宋元學案補遺》卷十二、《宋詩紀事補遺》卷
七〇。
《四庫全書總目》卷六十八史部地理類一著録此書,《提要》
云:“宋周應合撰。應合,武寧人,自號溪園先生。淳祐間舉
進士,官至實録院修撰。以疏劾賈似道,謫饒州通判。是書
乃其以承直郎差充江南東路安撫司幹辦公事時所作也。初,
建炎二年(1128)建行宫於金陵,改爲建康府,設江南東路安
撫司以治之,爲沿江重鎮。乾道、慶元間,屢輯地志,而記載
尚多闕略,景定中,寶章閣學士江東安撫使知建康府馬光祖
始屬應合取乾道、慶元二《志》,合而爲一,增入慶元以後之
事,正訛補闕,別編成書。首爲《留都》四卷,次爲圖表誌傳四
十五卷,末爲拾遺一卷.援據該洽,條理詳明,凡所考辨,俱見
典覈,如論丹陽之名,本出建業,論六朝揚州嘗治建業,後始
爲廣陵一郡之名,皆極精核。光祖《序》稱其博物洽聞,學力
充贍,不誣也。明嘉靖、萬歷間,是書尚有刊本,在南京國子

監,見黃佐《南廱志》中,然所存版止七百五十九面,則亦已闕佚不全,其後流傳幾絕。朱彝尊《曝書亭集》有是書《跋》,稱周在浚嘗語以曾覩是書闕本,訪之三十年未得,後從曹寅處借歸錄之,始復傳於世云。"

此書之傳本:《四庫簡明目錄標註》云:"嘉慶六年孫淵如翻宋本。振綺堂有影宋鈔本。"邵章《續錄》云:"明嘉靖刊本。萬曆刊本。黃丕烈有舊鈔本。張有鈔本,缺十二卷。""中央研究院"歷史語言研究所有清錢大昕藏鈔宋本一部。"國防研究院"有清嘉慶六年陽湖孫氏岱南閣金陵校刊本一部。臺北"故宮博物院"有清文淵閣《四庫全書》本。

新安志一〇卷　宋羅願撰　存

願(1136—1184),字端良,號存齋,歙縣人,汝楫子。乾道二年(1166)進士。博學好古,法秦漢,爲詞章,高雅精練,朱熹特稱重之。知鄂州,有治績。淳熙十一年(1184)七月卒,年四十九。著有《爾雅翼》二〇卷、《鄂州小集》七卷等、事迹具《宋史》卷三八〇、《宋史新編》卷一三六、《史質》卷八〇、《南宋書》卷三十一、《南宋文范作者考》卷下、《宋詩紀事》卷五十三等書。《鄂州集》卷五載《鄂州太守存齋羅公傳》。

此書《宋史·藝文志》地理類著錄。

《直齋書錄解題》卷八地理類著錄此書,陳氏曰:"通判贛州郡人羅願撰,時淳熙二年(1175),太守則趙不悔也。"

按:趙不悔,字敦夫,太宗六世孫,士薆子。年二十六中紹興十八年(1148)四甲地第九十六名進士,乾道九年(1173)知徽州。事迹具《紹興十八年同年小錄》《新安志》卷九、《弘治徽州府志》卷四等書。

趙不悔《序》云:"徽爲郡自漢始,至于今久矣。圖經紀述其事宜詳也,試考之則遺闕而不備,讀者恨焉,此《新安志》所以作也。不悔昔將承乏此州,而吏以圖經先至,見其疏略。即有意於補缺。一日對衆客語之,客言新章貢倅羅君,蓋志存於此者,訪拾編摩,蒐取附益,用心勤且舊矣。僕爲驚喜,因請之卒業,成一家書,以表見於時,於是《新安志》出焉。上下千載間,博采詳摭,論正得失,皆有據依,釐爲十卷。凡山川道里之險易,丁口頃畝之息耗,賦貢物產之闊狹,以至州土吏治風俗人材,皆條理錯綜,聚見此書,曾無遺者,嗚呼,可謂盛矣。羅君以儒學夙馳雋聲,惟其博物洽聞,故論載甚廣,而其叙事又自得立言之法,讀者必能辨之。"

羅願《序》云:"新安在秦漢爲黟歙二縣,漢末別於丹陽,以自爲郡。其山川風土,則已見於中古矣,漸江之水,出於鄣山,則章亥之所步,禹之所録也。桐汭之地爲黟故境,則楚子西子期之所爭,邱明之所記也,至於漢氏兩以疏封骨肉爲諸侯王國,又丹陽都尉之所理,會稽太守之所通,皆斑斑著見。至梁蕭幾爲新安太守,愛其山水,始爲之記,又有王篤《新安記》,唐有《歙州圖經》,國朝太平興國中詔編《廣記》,往往摭取之。至大中祥符中頒李宗諤所修新圖經於天下,則由前諸書廢不顯,後又失祥符所頒,特抄取計簿益之,以里魁亭父之所隱實者編以爲册,餘五六十年矣,私竊悼之。間因閱前史及國典,並雜家稗説,有及此者,稍稍附著,後得《祥符圖經》於民間,則綱目粗設,益訪故老,求遺事,思輯爲一書,然未果就。會邦君趙侯聞之,勉使卒業,約敕諸曹,遇咨輒報,且諭屬縣,網羅金石之文,使得輔成其説,而書出矣。……凡十卷,名曰《新安志》。侯帝室之胄,父子昆弟,皆以文學取第,其爲政廉清不擾,人亦相與安之,且去猶惓惓於吾土,思欲表章之,蓋有不可忘者矣。淳熙二年三月癸未,郡人羅願序。"

《四庫全書總目》卷六十八史部地理類一著録此書,《提要》

云："宋羅願撰。願有《爾雅翼》已著録。初，梁蕭幾作《新安山水記》，王篤又作《新安記》，唐亦有《歙州圖經》，及宋大中祥符中李宗諤撰次州郡圖經，頒之天下，於是舊志皆佚。洎經方臘之變，新圖經亦隨散失，願嘗雜采諸書，創爲稿本而未就。淳熙二年（1175），趙不悔爲州守，乃俾願續成之。其書第一卷爲州郡，第二卷爲物産貢賦，第三卷至五卷爲所屬之歙、休寧、祁門、婺源、績溪、黟六縣，第六卷七卷爲先達，第八卷爲進士題名，凡賢良、明經、賜策、獻策、特奏名、武舉皆附之，義民、仙釋亦併在是卷。第九卷爲牧守，十卷爲雜録。叙述簡括，引據亦極典核，於先達皆書其官，別於史傳，較爲有體。其物産一門，乃願專門之學，徵引尤爲該備，其所誌貢物，如乾薧、藥臘、芽茶、細布之類，皆史志所未載，所列先達小傳，具有始末，如汪藻曾爲符寶郎之類，亦多史傳所遺。趙不悔《序》稱其博物洽聞，故論載甚廣，而其序事簡括不繁，又自得立言之法，願《自序》亦自以爲儒者之書，具有微旨，不同鈔取記簿，皆不愧也。程敏政《新安文獻志》，記願所作胡舜陟墓誌後曰，鄂州《新安志》，於王黼之害王俞，秦檜之殺舜陟，皆略而不書，非杏庭、虚谷一白之，則其迹泯矣。然則是書精博，雖未易及，至其義類取舍之間，疑有大可議者，姑記二事以驗觀者云云。案劉克莊《後村詩話》，謂舜陟欲爲秦檜父建祠，高登不可，因劾登以媚檜，會舜陟別以他事忤檜，下獄死，登乃得免。則舜陟之死，乃欲附於檜而反見擠耳，願之不書，殆非無意，未可遽以爲曲筆也。"

清朱彝尊《曝書亭集》卷八載此書《書後》，云："古文至南宋日趨於冗長，獨《羅鄂州小集》所存無多，極其醇雅，所撰《新安志》，簡而有要，篁墩程氏取其材作《文獻志》，此地志之最善者。予年八十，始抄得是書。每勸新安富家開雕，終鮮應者，甚矣今人之不好古也。"

清錢大昕《潛研堂文集》卷二十九載此書《跋》云："汪廷俊世所指爲奸人也,羅端良入之先達傳,初無微詞,後儒亦不以病羅氏,蓋郡縣之志,與國史不同,國史美惡兼書,志則有褒無貶,所以存忠厚也,公論所在,固不可變白爲黑,而桑梓之敬,自不能已,袁伯長《四明志》,於史同叔但叙其歷官,而云事具國史,與此同意,汪尚有善可稱,史則其惡益著,故文稍異爾。志成於淳熙二年,朱晦翁名位未顯,且見存,不在立傳之例,而於《韋齋傳》末,稱其讀書求志,有四方學者推尊之語,亦見其傾倒於朱也,今本進士題名篇,于朱名下注'太師徽國文公'六字,則後人所加。"

此書傳本:《四庫簡明目録標註》云:"明翻宋本。康熙戊子歙黃氏刊本。"《附録》云:"嘉慶中刊。"邵章《續録》云:"清初刊本,有《附録》一卷。李燆得刊本。張有鈔本。光緒十四年重刊本。"今國內所藏:臺北"國家圖書館"有清嘉慶間歸安丁杰等刊本,有《附録》一卷,清鄭德修手校並跋。臺北"故宮博物院"亦有嘉慶刊本一部,係前國立北平圖書館舊藏;又有清文淵閣《四庫全書》本。

新安續志不著卷數　宋劉炳撰　佚

炳,字彥昺,又字叔文,四明人,紹定六年(1233)四月以寺丞知徽州,政績頗多,徽人愛之,立生祠以祀。遷中奉大夫,爵象山縣開國男,食邑三百户。著有《劉彥昺集》九卷。事迹具弘治《徽州府志》卷四、嘉慶《歙縣志・金石志》卷二。

此書《宋史・藝文志》不著録,見程珌《洺水集》卷八。

程珌《洺水集》(卷八)《新安續志序》云:"方有志,古也,志而不續,則中曠矣。城築之修徙,户口之登耗,租賦之增損,人物之盛衰,吏治之得失,世變亡窮,則方志亦當與之爲亡窮也。今新安之不續，周一甲子矣，不識六十年之間，凡所當紀載者，將安所托乎？後來者抑將安所考乎？吏治以爲不急，儒者以爲當務，蓋吏治苟目前，儒者之慮常遠也。今史君四明劉公炳，行當代去，郡綱畢舉，而尤於是卷卷焉，乃得郡博士李君、理掾莊君，與鄉之秀士，考訂而論譔之，於是郡無餘事矣。昔之仕外而入觀者，山川户口，條奏靡遺，古諸侯述職之意也，然則公之進對華林也，近在朝夕，其於是書必將有取焉。”

按：泌，字懷古，休寧人，以先世居洛水，因自號洛水遺民。紹熙四年（1193）進士，歷直學士院，累官禮部尚書，端明殿學士，進封新安郡侯。淳祐二年（1242）卒，年七十九。著有《洛水集》《内制類稿》《外制類稿》等。事迹具《宋史》卷四二二、《宋史新編》卷一五八、《南宋書》卷四九等書。

明弘治《徽州府志》卷十一載李以申此書《序》，云：“新安據浙江上游，山水奇秀，稱於天下，唐人號爲水雲深處，前代以去京邑差遠，地狹瘠而俗質素，語地望者不以爲優，然物産之夥，流布四方，或曰富州，韓吏部送陸歙州文曰，歙大州也，自建炎南渡，駐蹕吳京，視三百里諸侯之邦，被聲名文物之盛，遂推三輔重地，初，晉太康元年改新都曰新安郡，隋開皇元年州始以歙爲名，至宋宣和三年，改歙爲徽州，蓋郡境有徽嶺、徽溪、揚之水出焉，説者以爲取諸此，此見之前志者也。前志成於淳熙乙未之春，迨今閲一甲子，四明劉侯炳治郡二年，約已裕民，百廢具興，獨念是邦，比歲以來，生聚日蕃，事物日新，人傑地靈，相望輩出，照映當世，至若朝廷蠲減之特恩，郡邑惠養之善政，所以培邦本而寬民力，前言往行，明謨鉅業，所以範鄉閭而光竹帛者，不相繼而書之，誠爲闕典，兹《續志》之所由作也，殆若有數存焉。今綱目大體，多循其舊，凡無所增損廢置者,前志既已備矣,今皆不書,謹序。李以申。"

按:李以申,字景厚,奉化人,俌曾孫。事後母以孝聞。登嘉定十六年(1223)進士,歷文林郎、徽州州學教授。轉成議郎知溧水,以朝奉郎卒於官。事迹具《宋元學案補遺》卷七十六。

張國淦《中國古方志考》著録此書,云:"《大典》輯本:據《大典》三千五百七十九:九真(陶村),七千五百十六:十八陽(蔡留倉),引《新安續志》二條。"

瑞陽志二十一卷　宋不著撰人　佚

此書《宋史•藝文志》不著録,見《宋史藝文志補》地理類。

濠梁志三卷　宋張季楙撰　佚

季楙,字延卿,永嘉人,嘉泰初知濠州。

此書《宋史•藝文志》不著録,見《直齋書録解題》卷八地里類。

陳氏曰:"永嘉張季楙撰,時嘉泰初元(1201)。"

清孫詒讓《温州經籍志》卷十地理類著録此書,云:"案:張州守季楙,忠簡公闡子,雍正《浙江通志》、乾隆《温州府志》、乾隆《永嘉縣志•循吏傳》並有傳。《方輿勝覽》(四十八)淮西路濠州,郡名曰濠梁。凡祝書所謂郡名,大都當時雅俗相沿之稱,或襲郡縣舊名,或舉山川勝蹟,故有一地而郡名三四者,並以備詩文牋牘之用,非宋時寔嘗置此郡也。下浮光、江陽、盱江並放此。張延卿自知光州,與商廷昌易濠州,後改知和州,開禧兵釁起,罷歸。事詳《水心集》二十六《故中散大夫提舉武夷山沖佑觀張公行狀》。此志即其在濠時所撰也。"

張國淦《中國古方志考》著録此書,云:"《方輿勝覽》四十八:淮西路、濠州,郡名曰濠梁。張延卿自知光州,與商廷昌易濠州,後改知和州,開禧兵釁起,罷歸,此志即其在濠時所撰也。《輿地紀勝》五十:濠州,縣沿革,鐘離縣。引《濠梁志》一條。案:濠州東臨濠水,中有石絕,故曰濠梁。"

秋浦新志十六卷　宋王伯大撰　佚

伯大，字幼學，號留耕。福州長溪人。嘉定七年(1214)進士，歷官主管户部架閣，遷國子正。淳祐中爲刑部尚書，參知政事。立朝直諒，終資政殿學士，知建寧府。寶祐元年(1253)卒。事迹具《宋史》卷四二〇、《宋史新編》卷一五三、《史質》卷二八、《南宋書》卷五八、《宋詩紀事》卷六一等書。

此書《宋史·藝文志》不著録，見《直齋書録解題》卷八地理類。

陳氏曰：“三山王伯大(幼學)，以前志缺陋重修，時以庚節攝郡事，端午丙申(三年，1236)也。”

《郡齋讀書志·附志》地理類著録此書，趙希弁曰：“右端平丙申(三年，1236)，江東倉使兼知池州王伯大修，自爲《序》。”

張國淦《中國古方志考》著録此書，云：“《大典》輯本：據《大典》二千五百三十五：七皆(平齋)，二千七百五十四：八灰(雜陂名)，三千五百八十七：九真(黄屯)，七千五百十六：十八陽(有倉)，一萬五千一百四十：八隊(押隊)，引《秋浦新志》五條。又九千七百六十六：二十二覃(西巖)，引《秋浦新志》一條。宋有乾道胡兆《秋浦志》，故此曰《新志》。”

合肥志四卷　宋唐錡撰　佚

錡，合肥主簿。

此書《宋史·藝文志》不著録，見《直齋書録解題》卷八地理類。

陳氏曰：“合肥主簿唐錡撰，郡守鄭興裔也，時淳熙十五年(1188)。”

宋鄭興裔《鄭忠肅奏議遺集》卷下載《合肥志序》，云：“盧郡故《禹貢》揚州之域，天文斗分野，古爲盧子國，春秋舒國之地。昔成湯放桀，周芮伯命巢，《左傳》曰，自盧以往，又曰，徐人取舒,皆此地也。戰國時屬楚,秦屬九江郡,漢分淮南置廬江郡,東漢改曰合肥郡,以南臨江湖,北達維揚,淮水湯湯,流興肥合,故名。魏、晉之時,設重兵鎮守於此,爲必爭之地,梁曰南豫州,亦曰合州,至隋始改曰廬州,龍眠蟠其前,紫荊跨其北,腹巢湖而控渦潁,枕潛皖而脣濡須,固淮右襟喉,江北脣齒也。我朝受命以來,重熙累洽,涵煦生息,亦云久矣,而誌載闕如,奚以昭傳言示來兹乎?余承乏守郡,郡之中所爲山川之廣袤,守得而考之,户口之登耗,守得而詢之,田疇之蕪治,守得而省之,財賦之赢縮,守得而覈之,吏治之臧否,守得而察之,風氣之貞淫,守得而辨之,守之奉命而来此也,所以上報天子,下順民情者綦重矣,夫事不師古宜今。而欲有爲,譬之閉門造車,未見其合,誌曷可廢乎?於是檄唐簿錡領其事,廣蒐博採,彙爲四卷,就正於余。余惟誌之作,非徒以侈紀載也,蓋有激勸之意焉。子興氏曰,奮乎百世之上,百世之下,聞者莫不興起,今試爲之。披其輿圖,考其軼事,西瞻金斗,東顧浮槎,當年梅尉高隱之風,梁女修道之蹟,父老猶能道之否?望明遠之臺,與波上下,如隱隱聞讀書聲也。若夫移檄歛黄巢之兵,謝郡留貯庫之錢,使君流風,於今如昨(史稱鄭相國紫嘗知廬州,黄巢作亂,鄭移檄誡無犯郡境,巢爲歛兵。謝郡歸,赢錢千緡,貯庫不取,後郡數被寇,終不敢犯鄭使君寄庫錢。)國朝吕文靖、陳文惠之遺愛,嘖嘖在人耳目,其政事可得而稽,勳名可得而師乎。生平思包孝肅之爲人所稱,烈如夏日,而凛若秋霜者,過雙闕則又未嘗不心儀焉。彼其高風勁節,婦人女子皆化之如崔氏者,非閨中之錚錚乎。至於肥水奏東山之捷,飛騎走張遼之襲,乘之誌乘,皆足以增輝於史册,留慕於後人,可以風一國,可以型四海,賢者深其效法之心,不肖者生其愧悔之念,皆是道也,寧得以爲誌乘之空言而忽之乎?"

旌川志八卷　宋李瞻撰　佚

瞻,字伯山,歷陽人,紹熙元年(1190)知旌德縣。

此書《宋史·藝文志》不著録,見《直齋書録解題》卷八地
理類。

陳氏曰:知旌德縣歷陽李瞻(伯山)撰,紹興三年謝昌國爲
《序》。

張國淦《中國古方志考》著録此書,云:《大典》輯本:據《大
典》二千七百五十四:八灰(雜陂名),引《旌川志》一條。案:
《旌德縣志》陳柄德《序》,旌之有志,自宋紹熙李伯山始,其時
寧郡六邑,豈無成書,獨是志八卷,與王叔允《涇川志》,見收
于馬氏《通考》。

都梁志八卷續一卷　宋霍篪、周之瑞撰　佚

篪,字和卿,丹徒人。隆興元年(1163)進士,授揚州泰興簿,
擢知嘉興縣,進備邊十五策,遷軍器監丞,出知盱眙軍,調利
州路提刑,移成都府轉運判官。著有詩集。事迹具《宋史翼》
卷十二、《京口耆舊傳》卷二、《宋詩紀事補遺》卷五十一等書。
之瑞,上虞人,淳熙十四年(1187)王容榜進士,爲荊門教授,
嘉定間爲建寧府通判。事迹具嘉靖《建寧府志》卷五、雍正
《浙江通志》卷一二六、道光《福建通志》卷九二等書。

此書《宋史·藝文志》不著録,見《直齋書録解題》卷八地
理類。

陳氏曰:"郡守霍篪、教授周之瑞修,紹熙元年(1190)也。《續
志》嘉泰壬戌(二年,1202)郡守耿與義《序》。"

都梁志六卷　宋何季羽撰　佚

季羽,郡守。

此書《宋史·藝文志》不著録,見《郡齋讀書志·附志》卷下。

趙希弁云："右郡守何季羽所修也,詩文附焉。"

都梁續志一卷　宋耿與義撰　佚

與義,郡守。

此書《宋史·藝文志》不著録,見《直齋書録解題》卷八地理類。

陳氏曰:嘉泰壬戌(二年,1202),郡守耿與義《序》。

涇川志十三卷　宋王林撰　佚

林,字叔永,號求智老叟,濡須人。嘉定三年(1210)以宣教郎知涇縣。著《宋朝燕翼詒謀録》五卷。

此書《宋史·藝文志》不著録,見《直齋書録解題》(卷八)地理類。

陳氏曰:"知涇縣濡須王林(叔永)撰,嘉定癸酉(六年,1213)趙南塘序之。初,縣歲有水患,庚午(嘉定三年,1210)冬,叔永改卜於舊治之東二里,曰留村。"

張國淦《中國古方志考》著録此書《大典》輯本,云:"據《大典》二千六百零三:七皆(仙人臺),二千七百五十四:八灰(雜陂名),二千八百零八:八灰(古梅),一萬四千三百八十:四霽,寄(詩十三),一萬八千二百二十四:十八漾(三清像),引《涇川志》五條。"

又云:"案:是志見嘉靖《涇縣志》蘭濂《序》,又嘉慶《涇縣志》洪亮吉《序》,涇縣在宋嘉定中,有本縣令濡須王林所撰《志》十三卷,今雖不傳,而明宣德、成化、嘉靖三志間引之,亦尚十得二三,其條之詳,搜采之允,迥非後來者所能及。又案:涇縣南有涇水,故名涇川。"

桐汭新志二〇卷　宋趙子直撰　佚

子直,字履道,臨安人。登嘉定十六年(1223)進士,嘉熙三年(1239)以大理正除秘書丞,兼權兵部郎官,改爲著作郎。事迹具《南宋館閣續録》卷七、卷八。

此書《宋史·藝文志》不著録,見《直齋書録解題》卷八地理類。

陳氏曰:"教授錢塘趙子直撰,紹定五年(1232)也。太守林棐序。"

張國淦《中國古方志考》著録此書,云:"《大典》輯本:據《大典》二千八百八:八灰(古梅),二千八百一十:八灰(重葉梅),二千五百二十五:九真(譙門),七千五百十六:十八陽(軍倉),一萬四百二十一:四濟(李彭年),一萬九千七百八十一:一屋(嬰兒局),引《桐汭志》六條。又二千三百五十六:六模(提壺),八千五百二十六:十九庚(黄精),《九江志》引《桐汭新志》二條。"

又云:"案:光緒縣志,舊志緣起,《桐汭新志》二十卷,周秉秀於嘉熙己亥纂,《祠山事要指掌集》引之,亦作《桐川新志》。此與《桐汭志》雖俱逸,而名不可没,寧瑞鯉《序》李得中《志》,直云廣德故無志,非也。"

(祥符)黄巖志不著卷數　宋不著撰人　佚

此書《宋史·藝文志》不著録,見《台州經籍志》卷十三地理類。

《台州經籍志》卷十三地理類著録此書,云:"祥符《黄巖志》,《黄岩縣志》著録,不著撰人名氏,嘉定《赤城志》多引據焉,今佚。"

張國淦《中國古方志考》著録《黄巖舊志》,佚,云:"嘉定《赤城志》八:"職官門,歷代郡守:'唐龍朔二年李元。'"引臨海、黄巖二《舊志》一條。又三十九:"紀遺門,遺蹟:'漢城。'"引《縣志》一條。案:此引在嘉定十六年《赤城志》以前,知非蔡範《志》。"

（祥符）天台志不著卷數　　宋不著撰人　　佚

此書《宋史·藝文志》不著録,見《台州經籍志》卷十三地理類。

《台州經籍志》卷十三地理類著録此書,云:"祥符《天台志》,《天台縣志》著録,不知撰人名氏,今佚。"

張國淦《中國古方志考》著録此書,云:"嘉定《赤城志》四十:辨誤門,蓋竹山,引《天台志》一條。"

台州風俗記一卷　　宋陳公輔撰　　佚

公輔(1077—1142),字國佐,台州臨海人。政和三年(1113)上舍及第,調平江府教授。朱勔方擅倖,當官者奴事之,公輔絶不與交。徽宗渡江,未还,公輔力陳父子之義,宜遣大臣迎奉,欽宗嘉之,擢爲右司諫。高宗朝歷禮部侍郎,以徽猷閣待制提舉太平觀,紹興十二年(1142)卒,年六十六。公輔論事剴切,疾惡如讎,惟不右程頤之學,士論惜之。晚居田里,著書自樂。著有文集二十卷、奏議十二卷。事迹具《宋史》卷三七九、《宋史新編》卷一三八、《史質》卷三四、《南宋書》卷二一、《宋元學案》卷九十六、《宋詩紀事》卷三十八等書。

此書《宋史·藝文志》不著録,見《台州經籍志》卷十五地理類。

《台州經籍志》卷十五地理類云:"《台州風俗記》一卷,《臨海縣志》著録,宋臨海陳公輔撰,今存。"

按:今未見傳本。

義烏咸淳續志不著卷數　　宋黃應龢撰　　佚

應龢,義烏人,號鐵崖,漕貢進士。

此書《宋史·藝文志》不著録,見《金華經籍志》地理類。

近人胡宗楙《金華經籍志》地理類著録《義烏咸淳續志》,不著卷數,云:"宋義烏黃應龢(鐵崖)修,漕貢進士。見《金華黃先生文集·義烏志序》。佚。宗楙按：鐵崖爲文獻公族曾祖，《序》稱手稿具在，而別本互有異同，蓋方纂輯而未經裁定，亦非成書。”

張國淦《中國古方志考》著錄此書，云：“是志見至正《義烏縣志》黃溍《序》。”

咸淳東陽志不著卷數　宋朱子槐撰　佚

子槐有《浦陽縣經》二卷已著錄。

此書《宋史·藝文志》不著錄，見《（光緒）蒲江縣志稿》卷十四。

清黃志瑯等纂修光緒《浦江縣志》卷十四：“咸淳《東陽志》，見方樗《朱子槐傳》。朱氏右仿鄱陽洪氏《志》，編考一郡人物，撰咸淳《東陽志》。”

《蒲陽藝文考》：“咸淳《東陽志》若干卷，宋朱子槐撰。是志邑志（據方鳳《朱子槐傳》）著錄，無卷數。《遂初堂書目》著錄《東陽志》一種，當即是書。邑志本傳云：‘又仿鄱陽洪氏《志》’遍考一郡人物，撰成咸淳《東陽志》。雖其書湮沒不傳，而學博識精，即於斯可想見矣。《三國志·吳書》：‘寶鼎元年有分會稽爲東陽郡，隋以東陽郡地當天文婺女之星，改成婺州。’《唐書·地理志》：‘天寶元年改婺州爲東陽郡，乾元元年，又改東陽郡爲婺州。’《十國春秋》：‘婺州領縣七：金華、東陽、義烏、蘭溪、永康、武義，浦江。宋元均稱婺州。至明太祖庚子，始改稱金華府，領縣八。’是朱氏《東陽志》，實即《金華府志》之濫觴。”又云：“現存篇目有《築月泉亭記》一篇，度宗咸淳元年，見邑《志》卷四。”

張國淦《中國古方志考》著錄此書，云：“案：光緒《浦江縣志稿》十四：咸淳《東陽志》，見方樗《朱子槐傳》，朱氏又仿鄱陽洪氏《志》，編考一郡人物，撰咸淳《東陽志》。”

鄞川志五卷　宋朱翌撰　佚

翌(1097—1167),字新仲,自號潛山居士、省事老人。龍舒人,一云桐鄉人,或云鄞縣人。政和八年(1118)進士,邵興中爲中書舍人,秦檜惡其不附己,謫居韶州。名山勝景,游覽殆遍。孝宗初,官至敷文閣待制左朝議大夫。乾道三年(1167)卒,年七十一。著有《猗覺寮雜記》二卷、《潛山文集》四十卷等。事迹具《宋史翼》卷二十七、《南宋文範作者考》卷上、《宋詩紀事》卷三十九、《宋元學案補遺》卷二十二等書。

此書《宋史·藝文志》不著錄,見《直齋書錄解題》卷十一小説家類。

陳氏曰:“中書舍人龍舒朱翌(新仲)撰,寓居四明,故曰鄞川。”

括蒼志補遺四卷　宋樓璩撰　佚

璩(?—1182),鄞縣人,异子。以軍器監丞攝工部郎官,以忠厚廉平著稱於朝。出知處州,通判明州,爲沿海制置司參議,終朝議大夫,淳熙九年(1182)卒。《止齋文集》卷十六《加贈正議大夫制》、《攻媿集》卷七十五《跋先太師與張檢詳貼》、卷五十八《沿海制置司參議廳壁》、卷八十二《先君工部説文五首》等篇,可資稽考其事迹。

此書《宋史·藝文志》不著錄,見《千頃堂書目》卷七史部地理類中。

臨安志十五卷　宋周淙撰　殘

淙,字彦廣,湖州長興人。父需,以進士起家,官至左忠奉大夫。淙幼警敏力學,宣和間,以父任爲郎,歷官至通判建康府。紹興三十年(1160),金渝盟,邊事方興,淙守濠梁,立約束,結保伍,金主量傾國犯邊,民賴以全活者不可勝計,孝宗時張浚視師,駐都梁,見淙謀,輒稱歎。後從錢端禮宣渝淮東,淙極力招撫,按堵如故,勸民植桑柘,開屯田,累官右文殿修撰,知臨安府,致仕,卒年六十,封長興縣男,事迹具《宋史》卷三九〇、《宋史新編》卷一四四、《史質》卷四十七、《南宋書》卷三十三、乾道《臨安志》卷三等書。

此書《宋史·藝文志》地理類著錄。

《直齋書錄解題》著錄此書十五卷,陳氏曰:"府帥吳興周淙(彥廣)撰。首卷爲行在所,於宮闕殿閣全不記載,藉曰禁省嚴秘,不敢明著。其視宋次道《東京記》,何其大不侔。其他沿革,亦多疏略。然淙有才具,其尹京開湖濬河,皆有成績。今城中河道通利,民户爲脚船以濟行旅者,蓋自此始。"

《四庫全書總目》卷六十八史部地理類一著錄乾道《臨安志》三卷,《提要》云:宋周淙撰,淙字彥廣,湖州長興人,乾道五年(1169)以右文殿修撰知臨安府,創爲此志。原本凡十五卷,見《宋史·藝文志》,其後淳祐間施鍔、咸淳間潛説友,歷事編纂,皆有成書,今惟潛志尚存鈔帙,周、施二志,世已無傳。此本爲杭州孫仰曾家所藏宋槧本,卷首但題作《臨安志》,而中間稱高宗爲光堯太上皇帝,稱孝宗爲今上,紀牧守至淙而止,其爲乾道《志》無疑,惟自第四卷以下俱已闕佚,所存者僅什之一二,爲可惜耳。第一卷紀宮闕官署,題曰行在所,以別於郡志,體例最善,後潛志實遵用之。二卷分沿革、星野、風俗、州境、城社、户口、廨舍、學校、科舉、軍營、坊市、界分、橋梁、物産、土貢、税賦、倉場、館驛等諸子目,而以亭、臺、樓、觀、閣、軒附其後,叙錄簡括,深有體要。三卷紀自吳至宋乾道中諸牧守,詳略皆極得宜。淙尹京時,撩湖浚渠,頗留心於地利,故所著述,亦具有條理,今其書雖殘闕不完,而於南宋地志中爲最古之本,考武林掌故者,要必以是書稱首焉。

清杭世駿《道古堂文集》卷二十七載此書《跋》,云:"長興周淙

(彥廣)撰《臨安志》十五卷,《直齋書録》譏其首卷爲行在所,
於宮闕殿閣全不記載,其他沿革亦多疏略。此書世所罕傳,
萬曆中吾郡陳布政(善)修府志時已不得見,孫君晴厓得宋槧
本於京師故家,衹一卷至三卷,所在園亭坊巷及職官姓氏,爲
潛君高《咸淳志》藍本,其他惜無從更覓,然斷珪殘璧,爲此邦
文獻計,已不啻寶如圖球。《志》稱乾道三年五月二十六日以
右朝請大夫直龍圖閣兩浙轉運副使知臨安府,先世紹興五年
嘗通判府事,《宋史》本傳但言宣和間以父任爲郎,歷官至通
判建康府,《志》稱乾道四年十月十四日磨勘轉右朝議大夫,
五年七月初四日除右文殿修撰再任,本傳但言進右文殿修撰
提舉江州太平興國宮以歸,無再任臨安事,此可以補史之闕。
咸淳《志》載淙濬湖撩草諸善政,孝宗手敕獎諭,本傳但言期
開河一事,亦似過略。"

清周中孚《鄭堂讀書記補逸》卷十二載此書《跋》,云:"《臨安
志》三卷,傳抄宋本,宋周淙撰。其書乃彥廣於乾道五年知臨
安府時所作,陳直齋頗不滿之,謂首卷爲行在所,於宮闕殿閣
全不記載,藉曰禁省嚴秘,不敢明著,其視宋次道《東京記》,
何其大不侔也。其沿革亦多疏略云云。今按首卷中,當時宮
闕官署之類,略已備具,不知直齋何以云爾。至第二卷則爲
沿革、星野、風俗、館驛等諸子目,而以亭堂樓觀閣軒附之,第
三卷牧守一門,又各自詳其始末,直至己名而止,可謂備録無
疑,然則所亡之十二卷,雖不可考,意者其人物、藝文之
類歟。"

張國淦《中國古方志考》著録《大典輯本》,云:"據《大典》淳祐
《臨安志輯逸本》一:祠廟(石姥祠、忠勇廟、城隍廟、臨安縣許
遠廟),二:寺(大中祥符寺、七寶寺、安國羅漢寺、御前明慶
寺、能仁寺、千佛寺、景德靈隱禪寺、靈芝崇福律寺),三:寺

（慈恩開化寺、大昭慶律寺、菩提律寺、興教寺、廣果寺、法空寺、無相寺），五：院（妙慧院、壽寧院、妙果尼院、定業院、顯嚴院、龍華寶乘院、寶慧院、法華普濟院、慶善禪院、慈嚴院），六：院（廣福院、長明院、龍居上乘院、報先明覺院），八：宮觀（天慶觀、水府淨鑑院、中興觀），引《舊志》三十七條。又《大典》淳祐《臨安志輯逸本》一：祠廟（防風氏廟），引《郡志》一條。今存本乾道《臨安志》一：宮觀廟宇並在行在所，《淳祐志輯本》，祠廟寺院宮觀，係以各縣爲次，足補乾道《志》存本之闕。此舊志爲淳祐《志》引，知是乾道《志》，咸淳《志》引舊志是淳祐《志》。"

此書今存者，並係殘本。《四庫簡明目錄標註》云："路有鈔本。振綺堂、陔華堂均有鈔本。《四庫》箸錄係孫仰曾家宋刊殘本。袁漱六有鈔本。"今國內所藏，多係鈔本：臺北"國家圖書館"有四部：清吳翌鳳手鈔本，存卷一至卷三，載吳氏手跋；舊鈔本，存卷一至卷三，清錢泰吉手校並跋，並載鄧邦述手書題記；舊鈔本，存卷一至卷三，過錄清厲鶚跋；舊鈔本，存卷一至卷三。"中央研究院"歷史語言研究所有清書帶堂烏絲闌鈔本一部，存三卷，經清吳騫朱筆手校。臺北"故宮博物院"有清文淵閣《四庫全書》本。收入叢刻者有《粵雅堂叢書》本、《武林掌故叢編》本、《式訓堂叢書》本、《校經山房叢書》本、《清芳堂叢書》本、《叢書集成初編》本。

（嘉泰）天台圖經五卷　宋宋之瑞撰　佚

之瑞，字伯嘉，號樵隱，天台人。龍興元年（1163）進士，除秘書少監，改中樞舍人，累官萃文徽猷閣待制知江陵府，仕終光禄大夫致仕。事迹具《宋詩紀事補遺》卷五十、嘉定《赤城志》卷三十三、嘉靖《江陰縣志》卷十二、道光《福建通志》卷一二二等書。

此書《宋史·藝文志》不著録,見《台州經籍志》卷十三地理類。
《台州經籍志》卷十三地理類著録此書,云:"宋天台宋之瑞
撰,有《自序》及邑令丁大榮《序》,今佚。"
又載宋之瑞《自序》云:"天台僻居海嶠,以古不名佳郡,往往
爲逐臣禦魑魅之地,暨皇朝聲教遠被,乃稍列於中州。翠華
南渡,密邇行都,始爲輔郡,然而氣鐘神秀,仙佛所宅,洞天福
地,殆與蓬萊方丈相埒,其著稱自昔,又不可掩者。之瑞弱冠
游太學,先是未嘗一登勝迹,或有問者,輒口呿不能對。私竊
歎曰:司馬遷徧游天下名山大川,而吾居是邦,足不能出户
庭,少迂杖履,是可嗤矣。曩歲居憂多暇,與一二釋子,窮探
極詣,不憚繭足,凡高僧逸士之所棲隱,騷人墨客之所賦詠,
斷碑殘刻,靈縱異狀,隨筆之紙,歸而參以《祥符圖經》,所載
殊略,蓋是時委官會粹,急於趣就,刓距今垂二百祀,其户口
之繁庶,賦入之增益,與夫人材輩出,區宇創建,自應月異而
歲不同矣,於是門分彙次,粗成一編,惟荒誕不經者,削去弗
録,故以便覽觀而資問答,藏之巾笥有年矣。邑宰毗陵丁公
大榮,博雅好事,一日訪予,深以圖經未備爲闕典,因出是編
示之,欣然抵掌,即薦續近事,尋命鋟梓。昔與公蓋嘗賦天台
矣,第不過馳神想像,故辭雖富而事不該,今具得於耳目覩
記,詳而非虚,意者庸可以傳信乎。庶俾青霞之致者,聞其名
而不及見,一開卷而盡得之,乃若蒐補遺放,則猶有望之後
人。嘉泰二年(1202)八月望日。"
又載丁大榮《後序》,云:"國志之作,民風地域固皆可考而知,
其百里利害之所關,群情休戚之所繫,難以悉載,因並及之。
大槩兹邑民瘼有四:一曰鄉夫困於差役,二曰居民艱於斗糶,
三曰榷酤之額重於他邑,四曰糴本之費,抑於郡胥。夫差役
之困,斗糶之艱,某幸於殫勉興除,其利病之源,詳見於前之

二記矣，其或增益所未至者，猶有待於後之人。榷酤之重額，糴本之抑納，其人微力綿，無因以達于當路者，日夜念此未能革也，蓋以榷酤之額，重於曩昔者，赤巖之有銀塲也，商旅輻輳，市井雜襲，飲者多而額亦隨增，官欲便民，乃弛榷禁，而爲萬户聞亦易爲辦集，其後銀塲浸廢，民旅聚散，事非昔比，而酒額自若，今以五邑較之。而黄巖爲最大，歲額不過五十餘緡，天台户口不及其半，而數倍之，當是時也，居官憚於薄費，失于申減，貽害及今，每歲一排額，則紛集而哀訴，實字民者之所動心也，糴本之抑，則以吏胥月輸官，多者五千，少者亦半之，且吏之乞取於民，法禁至嚴，今之所輸，豈其家貲，非藉民財而何取，是既不載其奸，又從而縱之，尤當官者之所不忍也，後之君子，職在撫字，有以才望爲當路所知者，儻爲達之於上，革去其弊，遺利無窮，實邑民之幸，亦某之所望焉。嘉泰二年(1202)十一月日。"

四明圖經十二卷　宋張津撰　存

津，字子問，龍泉人。乾道特奏名第四，廷對擢首選。累官權吏部右侍郎。淳熙四年(1177)以敷文閣待制知紹興府。事迹具乾道《四明志》卷一、嘉泰《會稽志》卷二等書。

此書《宋史·藝文志》地理類著録。

此書卷首載宋乾道五年(1169)黄鼎《序》，云："爰自大觀元年，朝廷創置九域圖志局，命所在州郡，編纂圖經，於是明委郡從事李茂誠等撰述，故地理之遠近，户口之主客，與夫物産之異宜，貢賦之所出，上而至於人物古迹釋氏道流，下而至於山林江湖橋梁坊陌，微而至於羽毛鱗介花木果蓏藥茗器用之類，靡不畢備，書成未幾，而不幸厄於兵火，遂致存者亡，全者毀，前日之所成者，泯然而不見。制置直閣張公治明之二年，政成民和，郡以無事，乃登黄堂而歎曰，明之爲郡亦久矣，在

古爲餘姚之墟，在漢爲會稽之境，逮唐武德中而即鄮置縣，開
元中而即縣爲州，山有四明，洞有梨洲，有孫興公見之於賦，
有梅仙虞喜之所廬，有任奕、董黯之人物，有王密、房琯之德
政，有建隆郡守康憲錢公億之墓，有熙寧宰相荆國王文公之
祠，其他山川勝概，章章在人耳目者，未易以縷舉，而圖經則
闕焉，詎可不搜訪遺亡，以補四明之故事也哉。公乃分委僚
屬，因得舊錄，更加採摭，纂爲七卷，又以篇什碑記等爲五卷，
附於其末。噫！年歷四十餘，守更數十政，其間非無鋭意立
事，欲作爲一書，垂之永遠者，或因循未暇，今公啓是念於黃
堂之上，財六旬而篇帙粲然大備，鳩工刊木，昭示將來，信乎
天下事非立志堅而用意到，疇能有成哉。乾道五年四月初一
日，右修職郎新處州縉雲縣主簿主管學事，三山黃鼎序。"
按：黃鼎，祁門人，爲紹熙元年（1190）余復榜特奏名進士。事
迹具明弘治《徽州府志》卷六。
清全望祖《鮚埼亭集外編》卷三十五載此書《跋》，云："四明志
乘，以吾家爲最備，自胡尚書寶慶《志》，吳丞相開慶《志》，袁
學士延佑《志》，王總管至正《志》，季孝廉永樂《志》，楊教授成
化《志》，張尚書嘉靖《志》，無一佚失，足以豪矣。張制使乾道
《志》，則最初之作也，購之不可得，乃過天一閣范氏，見《四明
文獻錄》全引其書，爲之狂喜，乃別爲鈔而出之，於是揚之小
玲瓏山館馬氏，杭之小山堂趙氏，皆來借鈔。顧予猶疑非足
本，嘗見成化《志》中於遏追山二廟下，紀劉毅胡穎諫吳越無
納土事，以爲出自乾道《志》，今竟無之，則脱簡殆多，然要屬
難得之書，可寶愛也。"
清朱緒曾《開有益齋讀書志》卷三載此書《跋》，云："乾道《四
明圖經》十二卷，宋乾道五年，直祕閣知明州張津撰。首有縉
雲縣主簿三山黃鼎《序》云，得舊錄更加採摭，著爲七卷，又以

篇什碑記等爲五卷附於末。原書無專刻，明鄭真編入《四明文獻集》，後人采而出之，始有鈔本。其叙人物鄭雲以劉偁事獄死旌表門閭，盧叙鄮處士弟犯公憲自殺乞代，可考見《會稽典録》之佚文，徐浩乾元二年進《廣孝經》十卷授校書郎，特辨云非徐季海也，最爲明晰，其詩篇碑記尤多寶慶諸《志》之所遺，《衆樂亭詩》今賀監祠中其碑雖存，剝蝕過半，獨此書所載《邵必記》及各詩爲全。"

清李慈銘《越縵堂讀書記》著録乾道《四明圖經》，宋張津等撰，李氏曰："夜臥閲乾道《四明圖經》，乾道五年直祕閣知明州張津等撰，咸豐四年鄞徐同叔（時棟）所校刻，近年新印行者。此書《四庫》未收，據徐氏《校勘記》言，卷八至卷十二爲篇什，碑記，完好無恙；卷七以前皆叢殘之書，並目亦亡。然今刻首列縉雲縣主簿三山黄鼎《序》，次列十二卷目録，不知何本？據《校勘記》所言，似本於李處士（孝謙）《四明文獻録》。徐氏既無序跋，不可得而詳也。宋世圖經僅有存者，固爲可貴，然觀其《總叙》一篇，其中舛誤已多。如云：漢興，封劉賈爲荆王，又嘗封閩越王之子爲東甌王，元鼎五年，東甌國除，不知東甌地於明州無涉也。又云：唐肅宗乾元元年，復爲明州，仍兼浙東觀察使。不知唐代明州刺史未嘗兼浙東觀察使也。又云：錢元瓘自號爲吳越王，據有兩浙十三州之地。不知吳越王之封，武肅受之朱温，非由文穆自號也。光緒丙戌（1886）三月廿四日。"

此書之傳本：前國立北平圖書館有舊鈔本一部，二册，今藏臺北"故宫博物院"。收入叢刻者有《宋元四明六卷》本。

會稽志二〇卷續志八卷　宋沈作賓、趙不迹、施宿、袁説友等撰　續志張淏撰　存

作賓，字賓王，吳興歸安人。以夫任入仕，監饒州永平監，冶

鑄堅緻,又承詔造鴈翎刀,稱上意,連進兩資,中刑法科,歷江西提刑司檢法官,入爲大理評事,改秩通判紹興府,慶元初,歷官至淮南轉運判官,以治辦聞。慶元中知平江府,招降盜黨,海道無警。召爲户部侍郎,時軍興力耗,見存金穀僅支旬日,作賓考通負,枳吏奸,閲三月即有半年之儲。歷江西安撫,兼知隆興府。在郡摶錢二十餘萬緡,僚屬請獻諸朝,作賓謂平生未嘗獻羨,以半歸帥司犒師,半隸本府。以顯謨閣學士致仕卒。事迹具《宋史》卷三九○、《宋史新編》卷一四九、《史質》卷四十七、《南宋書》卷四十七等書。

不迹,太宗六世孫。紹熙五年(1194)代錢之望知揚州。慶元六年(1200)以直寶文閣知紹興府,移潭州。事迹具《南宋制撫年表》、嘉泰《會稽志》卷二等書。

宿,有《東坡先生年譜》(不著卷數)已著録。

説友(1140—1204),字起巖,號東塘居士,建安人,流寓湖州。龍興元年(1163)進士,嘉泰三年(1203)官同知樞密院,進參知政事。罷,以資政殿學士知鎮江府,奉祠致仕,嘉泰四年(1204)卒,年六十五。説友學問淵博,官四川安撫使時,嘗命屬官輯蜀中詩文爲《成都文類》,著有《擇善易解》《東塘集》等。事迹具《宋史翼》卷十四、《南宋文范作者考》卷下、《宋元學案補遺》卷三十五、《宋詩紀事》卷五十二等書。

淏,字清源,號雲谷,武義人。慶元二年(1196)預鄉試選,尋用蔭補官。累官主管吏部架閣文字,積階奉議郎,守太社令致仕。著有《艮嶽記》《雲谷雜記》等。事迹具《金華賢達傳》卷六。

《會稽志》二○卷,《宋史·藝文志》地理類兩見,一題陸游撰,一題沈作賓、趙不迹撰。題陸游者,誤以作《序》者爲撰人也。今據陸游《序》,作者爲沈作賓、趙不迹、施宿、袁説友等人。

《會稽續志》八卷，《宋史·藝文志》不著錄，《宋史藝文志補》地理類著錄。

《會稽志》卷前有陸游《序》，云："昔在夏禹，會諸侯於會稽，歷三千歲，而我高宗皇帝，御龍舟橫濤江，以應天順動，復禹之迹，駐蹕彌年，定中興之業，強虜退遁，於是用唐幸梁州故事，升州爲府，冠以紀元。大駕既西幸，而府遂爲股肱近藩，稱東諸侯之首，地望蓋視長安之陝洛，汴都之陳許，所命牧守，皆領浙東安撫使，其自丞相執政來與去而拜丞相執政者，不可遽數，而又昭慈聖烈皇后及永祐以來，四陵欑殿，相望於鬱葱佳氣中，朝謁之使，艫銜轂擊，中原未清，今天下鉅鎮，惟金陵與會稽耳。荆、揚、梁、益、潭、廣，皆莫敢望也。則山川圖牒，宜其廣載備書，顧未暇及者，縣數十年，直龍圖閣沈公作賓來爲守，慨然以爲己任，而通判府事施君宿發其端，安撫司幹辦公事李君兼、韓君茂卿爲之助，郡士馮景中、陸子虡、王度、朱鼐、永嘉邵持正等，相與上參《禹貢》，下考太史公及歷代史，金匱石室之藏，旁及《爾雅》《本草》、道釋之書，稗官野史所傳，神林鬼區，幽怪慌惚之説，秦、漢、晉、唐以降金石刻，歌詩賦詠，殘章斷簡，靡有遺者，若父老以口相傳，不見於文字者，亦間見層出，積勞累月乃成，沈公去爲轉運副使，猶經營此書不已，華文閣待制趙公不迹，寶文閣學士袁公説友繼爲守，亦力成之，而始終其事者施君也。書雖本之圖經，圖經出於先朝，非藩郡所可附益，乃用長安、河南、成都、相臺之比，名《會稽志》。會稽爲郡，雖遷徙靡常，而郡本以山得名，又禹所巡也，故卒以名之，既成，屬游參訂其概，且爲之序。嘉泰元年十二月乙酉，中大夫直華文閣致仕賜紫金魚袋陸游書。"

寶慶《會稽續志》八卷前有張淏《序》，云："《會稽志》作於嘉泰辛酉，距今二十有五年，夫物有變遷，事有沿革，今昔不可同日語也。況城府內外,斬然一新,則越又非曩之越矣。苟不隨時紀録,後將何所考。昔虞翻、朱育答郡太守問會稽古今事,應對如流,纖悉弗遺,當時但嘆其彌洽,殊不知二公皆望人也,其習熟有非一日。淏雖世本中原,僑寓是邦,蓋有年矣。山川風土之詳,人才物産之富,與夫事物之沿革變遷,囊嘗訪聞,茲又目擊,於越事亦粗稔。懼其久而遺忘,輒裒輯而彙次之,總爲一編,曰《會稽續志》。所書故辛酉以後事,而前志一時偶有遺逸者,因追補之,疏略者因增廣之,訛誤者因是正之,異時有問我以越事,敢執此以謝。寶慶元年三月旦日,梁國張淏序。"

《直齋書録解題》卷八地理類著録《會稽志》三十卷,陳氏曰:"通判吳興施宿(武子)、郡人馮景中、陸子虛、朱硎、王度等撰。陸放翁爲之序。首稱禹會諸侯,而以思陵巡狩,升府配之,氣壯文雅,蓋奇作也。嘉泰辛酉(元年,1201),陸年已七十七矣。未幾,始落致仕爲史官,至八十五歲乃終,其筆力老而不衰,於此《序》見之。"

陳録又著録《會稽續志》八卷,陳氏云:"梁國張淏撰。續記辛酉後事,而亦補前《志》之遺。前《志》無進士題名,此其尤不可遺者也。"

《四庫全書總目》卷六十八史部地理類一著録嘉泰《會稽志》二十卷寶慶《續志》八卷,《提要》云:"《會稽志》二十卷,宋施宿等撰,《續志》八卷,宋張淏撰。宿字武子,湖州人,司諫元之子,嘗知餘姚縣,遷紹興府通判。淏字清源,本開封人,僑居婺州,官至奉議郎,其履貫略見《金華志》,而所作《續志》《序》,乃自稱僑寓是邦,則又常卜居會稽矣。宋自南渡以後,升越州爲紹興府,其牧守每以宰執重臣領之,稱爲大藩,而圖志未備,直龍圖閣沈作賓爲守,始謀纂輯,華文閣待制趙不迹、實文閣學士袁説友等，相繼編訂，而宿一人實始終其事，書成於嘉泰元年（1201），陸游爲之《序》，其不稱《紹興府志》，而稱《會稽志》者，用長安、河南、成都、相臺諸志例也。其後二十五年，淏以事物沿革，今昔不同，因彙次嘉泰辛酉（元年，1201）後事，作爲續編，復於前志内補其遺逸，廣其疏略，正其訛誤，釐爲八卷，書成於寶慶元年（1195），淏自爲之《序》。所分門類，不用以綱統目之例，但各以細目標題，前志爲目一百十七，續志爲目五十，不漏不支，叙次有法，如姓氏、送迎、古第宅、古器物、求遺書、藏書諸條，皆他志所弗詳，宿獨能蒐採輯比，使條理秩然，淏所續亦簡核不苟，皆地志中之有體要者。其刊版歲久不傳，明正德庚午（五年，1510），郡人王綖復訪求舊本校刻，今又散佚，故藏書之家，罕見著録，蓋亦僅存之本矣。”

清錢大昕《潛研堂文集》卷二十九載《會稽志跋》，云：“《會稽志》者，宋慶元間，直龍圖閣沈作賓守郡，因通判施宿之請，延郡士馮景中、陸子虡等編次，及萃文閣待制趙不迹、寶文閣學士袁説友相繼爲守，始克成書，而放翁先生爲之序，子虡即放翁之長子，書成之歲，則嘉泰元年也。《宋史·藝文志》有沈作賓、趙不迹《會稽志》二十卷，又有陸游《會稽志》二十卷，前後重見，實即一書，考放翁《序》，但云參訂其槧，遽以爲陸所撰，未免失其實矣。陸氏家世貴顯，放翁父子預修此《志》，而傳人物衹及左丞佃一人，古人志乘皆寓史法，不私其親如此。近代士大夫一入志局，必欲使其祖父祖黨，一一厠名卷中，於是儒林文苑，車載斗量，徒爲後人覆瓿之用矣。”

清周中孚《鄭堂讀書記補逸》卷十二載《會稽志》二十卷《續志》八卷《跋》，云：“《會稽志》二十卷，《續志》八卷。其書凡分細目一百十七，詳略得中，紀叙典核，而鑑裁精當，亦地志中之極有體要者。又武子知餘姚時,嘗修捍海隄,此亦可叙入其事,俾後來繼之者可考,非本自功者之比,乃武子引嫌不載,則其私意全泯,爲何如也。此本爲明正德庚午,其郡人王綖仿宋本重刊,故卷末有一頁,載宋時裝訂紙數者,亦具列焉。《續志》,《書録解題》《文獻通考》亦俱載之,《宋志》失載,倪氏《宋志補》始補之。其書成於寶慶元年,距武子時已二十五年,乃以嘉泰辛酉以後之事,續爲之記,並爲前志訂誤補闕,如前志無進士題名,而續志第六卷所載,自淳化以至嘉定,極爲詳備,故陳直齋稱之,然今本末載寶慶二年,以至景定三年,則後人又有所增入矣。前七卷凡分五十細目,而末卷則爲《越問》,題越民孫因撰,凡序一篇,賦十五篇,皆論會稽事,蓋清源取附於是志後者,至其叙述有法,條理縝密,固當與前志並驂,不容軒輊者也。"

按:此編之傳本,《四庫簡明目録標註》云:"明正德刊本。許氏有原刻本。近年山陰杜氏刊本。"邵章《續録》云:"明刊正續志本。清鈔本。"前國立北平圖書館有明正德五年(1510)刊本《會稽志》二十卷,其中卷一至卷四、卷七、卷十一、卷十三、卷十四等八卷鈔配,此本今藏臺北"故宫博物院"。臺北"故宫博物院"又有清文淵閣《四庫全書》本《嘉泰會稽志》二十卷寶慶《續志》八卷一部。臺灣師範大學有鈔本《會稽志》二十卷《續志》八卷一部。

(寶慶)四明志二十一卷開慶續志十二卷　宋羅濬撰　續志梅應發、劉錫撰　存

濬,吉安廬陵人,嘉定中爲從政郎。贛州録事參軍。事迹具嘉靖《贛州府志》卷七。

梅應發(1224—1310),字定夫,號艮翁,江南廣德人。寶祐元年(1253)進士,以廸功郎爲慶元府學教授,官至太府卿、中奉大夫直寶章閣，宋亡不仕，大德五年（1301）卒，年七十八。有遺稿三十二卷。事迹具《宋詩紀事補遺》卷七十一、《宋元四明六志校勘記》卷八等書。

錫，字自昭，永嘉人。寶祐間以奉議郎辟充沿海制置大使主管事寫機宜文字。開慶初，新添差通判鎮江府。事迹具《宋元四明六志校勘記》卷八。

右二編《宋史·藝文志》不著録，寶慶《四明志》二十一卷見《直齋書録解題》卷八地理類。開慶《續志》十二卷見《四庫全書總目》地理類。

羅濬《序》云："四明舊有圖經，成於乾道五年，蓋直秘閣張公津守郡之三祀也。先是大觀初，朝廷置九域圖志局，令州郡各編纂以進，明已成書，而厄於兵火，遂逸其傳，三山黃君鼎，得所藏以獻張公，乃俾僚屬參稽，釐爲七卷，而鋟諸梓。然自明置州，至是四百三十二年，而城治之遷徙，縣邑之沿革，人未有知其的者，唐刺史韓察，實移州城，石刻尚存，於時且未之見，他豈暇詳，甚哉作者之難，固有俟乎述於後者也。尚書廬陵胡公，以寶慶二年被命作牧，上距鋟梓之歲，甲子欲周，而竟未有述之者，越明年，政修人和，百廢具興，爰命校官方君萬里，取《舊圖經》，與在泮之士重訂之，未幾方君造朝，事遂輟。又明年，濬調官遲次來謁鈐齋尚書，俾專任斯責，因得與士友胥講論，胥校讎，且朝夕質諸尚書，由孟夏迄仲秋，成二十一卷，圖少而志繁，故獨揭志名，而以圖冠其首，考據之未精，搜訪之未博，淺學其敢辭誚，而百五十日之間，用力亦勞矣。"

梅應發、劉錫《序》云："《四明志》作於乾道，述於寶慶詳矣，然則何續乎，所以志大使丞相履齋先生吳公三年治鄞，民政兵防、士習軍食、興革補廢、大綱小紀也，其已作而述者不復志。

昔人謂舊相出鎮者,多不以民事爲意,惟向文簡大耐官職,勤
於政事,所至著稱,公不均其逸而先其難,過於文簡數等矣,
又謂寇萊公所至多游宴,張文定倘蕩任情,獲盜縱遣,公慨念
海道東達青齊,禦侮弭盜之方,周防曲至,世人未必盡知也。
若夫切切畎畝,盼盼雨晴,一游一詠,可以觀焉,故併載之於
後,以詔來者。開慶元年中秋日,門生迪功郎,慶元府府學教
授梅應發,奉議郎添差沿海制置大使司主管機宜文字新添差
通判鎮江府劉錫百拜謹書。"

《直齋書錄解題》卷八地理類著錄《四明志》二十一卷,陳氏
曰:"贛州錄事參軍廬陵羅濬修,時胡榘(仲方)尚書爲守,濬,
其鄉人也。"

《四庫全書總目》卷六十八史部地理類一著錄寶慶《四明志》
二十一卷、開慶《續志》十二卷,《提要》云:"宋羅濬撰。濬,廬
陵人,官贛州錄事參軍,《文獻通考》作羅璿,蓋傳寫誤也。先
是乾道中,知明州張津始纂輯《四明圖經》,而搜採未備。寶
慶三年,煥章閣學士通議大夫知慶元府兼沿海制置使廬陵胡
榘,復命校官方萬里,因圖經舊本,重加增訂,如唐刺史韓察
之移州城,唐及五代郡守姓名,多據碑刻史傳補入,其事未
竟,會萬里赴調中輟,濬與榘同里,適游四明,遂屬之編定,凡
一百五十日而成書。前十一卷爲郡志,分《叙郡》《叙山》《叙
水》《叙產》《叙賦》《叙兵》《叙人》《叙祠》《叙遺》九門,各門又
分立四十六子目;第十二卷以下,則爲鄞、奉化、慈谿、定海、
昌國、象山各縣志,每縣俱自爲門目,不與郡志相混,蓋當時
明州雖建府號,而不置倚郭之縣,州故與縣各領疆土,如今直
隸州之體,特與他郡不同也。《宋史·藝文志》僅有張津《圖
經》十二卷及《四明風俗賦》一卷,不載是書,惟陳振孫《書錄
解題》載之,其卷數與此本相合,蓋猶從宋槧鈔存者。志中所

列職官科第名姓及他事迹，或下及咸淳，距寶慶三四十年，蓋後人已有所增益，非盡羅濬之舊，然但逐條綴附，而體例未更，故叙述謹嚴，不失古法。元袁桷延祐《四明志》亦據爲藍本，多採用焉。《續志》十二卷，則開慶元年，慶元府學教授梅應發、添差通判鎮江府劉錫所撰，共分子目三十有七，其《自序》稱《續志》之作，所以志大使丞相履齋先生吳公三年治鄞之政績，其已作而述者不復志，故所述多吳潛在官事實，而山川疆域，已詳於舊志者，則槩未之及，是因一人而別修一郡之志，名爲輿圖，實則家傳，於著作之體殊乖，然案《宋史·吳潛傳》載潛以右丞相罷爲觀文殿大學士，尋授沿海制置大使，判慶元府，至官條具軍民久遠之計，告於政府，奏皆行之。又積錢百十七萬三千八百有奇，代民輸帛前後所蠲五百四十九萬一千七百有奇，是潛涖鄞以後，宦績頗有可觀，二人所述，尚不盡出於諛頌。至潛所著文集，世久無傳，後人掇拾叢殘，編爲遺槀，亦殊傷闕略，此志載潛《吟槀》二卷，共古今體詩二百九首，《詩餘》二卷，共詞一百三十首，皆世所未覯，雖其詞不必盡工，而名臣著作，藉以獲存，固亦足資援據，故今仍與羅濬書並録存焉。”

清全望祖《鮚埼亭集外編》載《四明寶慶開慶二志跋》，云：“吳丞相開慶《志》，皆記其涖明善政，其自九卷而下，則其吟稿也，吾友杭君菫浦頗疑其非志體，予謂丞相涖吾鄉最有惠政，即此志可備見其實心實政之及民者，而以其餘間，春容詩酒，又想見當日刑清政簡之風，原不必以志乘之體例求之也，況丞相遺集不傳，則是志之存，可不謂有功歟。獨寶慶《志》則多訛謬，如元豐之舒亶，中興之王次翁，皆爲作皇皇大傳，而《高憲敏傳》不載其受楊文靖之學，又不載其拒秦檜請婚之事，何歟？《史忠定傳》謂其仲父簽樞罷官在秦檜死後，則并國史宰執年表未之考也。袁正獻公附入遠祖轂傳，後亦寥寥，羅濬謂是書成於一百五日，固宜其有所舛戾也夫。"

又有一《跋》，云："寶慶《志》中有載及胡尚書以後事者，予初甚疑之，既而知是書嘗爲劉制使黻所增加也，第一卷牧守，自尚書以後凡二十人，而至吳丞相又十人，而至制使皆附列之，則爲制使所增加可知矣。及讀第二卷經籍志，有《四明續志》三百三十幅，大使吳丞相置，四十五幅制使劉公置，吾鄉志乘，自吳丞相而後，直至延祐方有續本，未聞有《劉志》，乃知四十五幅，即散入《寶慶志》中所增加者，然劉制使之蒞吾鄉在咸淳，四先生而後，吾鄉人物之當表章者，不可勝舉，制使一無所增，而增其事之小者，抑末矣。"

清李慈銘《越縵堂讀書記》著錄此書，云："閱羅濬寶慶《四明志》。此書體例簡括，叙次亦雅。其卷第十叙宋進士自端拱二年陳堯叟榜至治平二年彭汝礪榜下，皆注賦詩論題，足備科名掌故，爲它志所未有。熙寧三年葉祖洽牓下注云，是年始有御試策，以時荆公當國，更科舉法，奏罷詩賦也。其沿襲舊說，亦時有訛誤，如卷十三《鄞縣志》云：崔亭，齊僕射張稷曾生子於此，乃名崔。此本《太平寰宇記》。案《南史·張稷傳》，稷初爲剡令，至崕亭生子，因名崕，字四山。是崔爲崕之誤。稷爲剡令，亦於鄞無涉。崕爲梁忠臣，《梁書》《南史》皆有傳，其名不應有誤。又云陳國冢，一名雁棲墓，國爲日南太守，死，有雙雁隨柩而歸，棲墓上三年，然後去。亦本《寰宇記》。案嘉泰《會稽志》作虞國冢，引孔曄記，虞國爲日南太守雙雁隨車事。孔曄蓋即孔靈符，宋文帝元嘉時人，《宋書》《南史》皆有傳，嘗著《會稽記》，《後漢書·鄭宏傳》注及《文選》注、《藝文類聚》《太平御覽》諸書皆引之，是陳乃虞之誤也。卷十六《慈溪縣志》雲驃騎山，《會稽典錄》云：漢世祖時張意爲驃騎將軍，其子齊芳曆中書郎，嘗隱於此。案中書郎魏、吳始有之，東漢止有尚書郎，無中書郎，且東漢人少二名，齊芳之名不似當時人也。又云城門山，宋城門校尉會稽從事陳詠葬此。案城門校尉惟東安有之，魏、晋以後不置此官，汉及六朝州有从事，会稽是郡，郡無從事，且列校領兵爲雄重之職，從事不過椽史之屬，兩官亦尊卑不侔。此等率沿舊誤，不能考正，自來地志圖經，往往如是。光緒丁亥（1887）五月十六日。”

此二編志傳本：《四庫簡明目録標註》云：“有刊本。”《附録》云：“咸豐甲寅鄞徐時棟校刻《宋元四明志》本，附《校勘記》九卷，光緒戊寅其子隆壽印行。（某氏）”邵章《續録》云：“宋刊本。《四明五志》本。張有鈔本。抱經樓有宋本開慶《續志》，大字精印，後歸袁寒雲。”今國內所藏善本：臺北“國家圖書館”有傳鈔宋寶慶間修本《四明志》一部，二十一卷，十二冊。臺北“故宮博物院”有清文淵閣《四庫全書》本。收入叢刻者有《宋元四明志》本。

鹽官縣圖經不著卷數　宋潘景夔撰　佚

景夔，松陽人，好謙子。越數百里從呂祖謙游。開禧二年（1206）知鹽官縣。事迹具《宋元學案》卷七十三、《宋詩紀事補遺》卷六十二等書。

此書《宋史·藝文志》不著録，見《宋史藝文志補》地理類。

吳興志二〇卷　宋談鑰撰　存

鑰有《談氏家傳》一卷已著録。

此書《宋史·藝文志》不著録，見《直齋書録解題》卷八地理類。

陳氏曰：“樞密院編修郡人談鑰（元時）撰，嘉泰元年（1201）也。其爲書草率，未得爲盡善。”

此書卷前載宋傅兆敬《序》，云："吳興，東南最盛處，於今爲股肱郡，山水清遠，人物賢貴，宜有大手筆以志其實，左文質《統記》，或謂失之猥并，李宗諤所上《圖經》，盼於此者，又未免簡脱之病。顧方欲請於郡，一日，太守李公郎中偶自言及是，且謂郡有博物君子談君監簿，慨然以此自任，今書成，以鋟木之資屬歸安周令，未幾李公詔還，富公寺正來繼，又捐金以竟之，甚盛事也。兆於談君乃同年進士，喜是編出其手，因從周令假觀，始知郎中除日，已屬意乎此，大概本舊志，參正史，補遺糾誤，無一不滿人意，列二十卷，卷各有目，數千百年間事，了然不疑，《三輔黃圖》，殆不是過。紹興以來，亦有好事者，續圖經，續編志，非不盡力。如震州荻塘之辨，卒亦聽訛而止，吁！談君誠良史才，奚可多得。於以見是編更數君子而後定，歷二賢守而後傳，是豈無待而然哉。嘉泰改元臘月，郡丞廣信傅兆敬序。"

此書《吳興叢書》本，載劉承幹《跋》，云："嘉泰《吳興志》二十卷，宋談鑰（元時）撰。明嘉靖時，徐長谷撰《吳興掌故集》，猶及見之，後不傳。開四庫館時，館臣從《大典》輯出，未及編纂進呈，外間傳鈔，有分二十卷者，有分十五卷者，亦有不分卷者，今所存原目，仍分爲二十卷。嘉定、至順兩《鎮江志》，亦出自《大典》，雖非完書，猶勝遺佚，而井至塘四卷，應移河瀆之下，風俗直接食用故事，則尤善矣。"

此書之傳本："中央研究院"歷史語言研究所有荻溪章氏讀騷如齋烏絲闌鈔本一部，不分卷，五册。收入叢刻者有《吳興叢書》本。

台州三縣志不著卷數　宋不著撰人　佚

此書《宋史・藝文志》不著錄，見《台州經籍志》卷十三地理類。

《台州經籍志》卷十三地理類著録此書,云:"《台州三縣志》,不知撰人名氏,今佚。"

剡録一○卷　宋高似孫撰　存

似孫有《漢書司馬相如傳注》(不著卷數)已著録。

此書《宋史·藝文志》不著録,見《四庫全書總目》地理類。

高似孫《序》云:"山陰蘭亭,禊剡雪舟,一時清風,萬古冰雪,王謝抱經濟具,二戴深經學,奈何純曰高逸也。嗚呼,山川顯晦人也,人顯隱天也,天下多奇山川,而一禊一雪,致有爽氣,可謂人矣,江左人物如此,然二戴剡,王謝亦剡,孫阮輩又剡,非天乎。漢迨晋永和六百餘年,右軍諸人,乃識剡,永和至皇宋嘉定幾千年,史君尹剡,訪似孫録剡事,剡始有史,桑欽《水經》,酈道元注,道元魏人,先儒辨其北事詳,南事略,似孫鄮人也,如其精覈,俟剡人。宋嘉定甲戌高似孫序。"

史安之《序》云:"剡在漢爲縣,在唐爲嵊州,未幾復爲縣,本朝宣和間,以剡爲兩火一刀,不利於邑,故更今名。邑舊有鄉四十,後分十有三,別爲新昌縣,今所存纔二十七鄉耳。夫州縣之名,雖數變更,然山川之靈,蓋自若也,使剡古而有志,則歷代因革廢興之典,百世可知也。予懼夫後之視今,亦猶今之視昔,故爲《剡録》十卷,録皆高氏所作,凡山川城池、版圖官治、人傑地靈、佛廬仙館、詩經畫史、草木禽魚,無所不載,度此版可支百年,後之人毋以印刊而輒廢斯書也。宋嘉定八年歲次乙亥,縣令鄞人史安之序。"

按:史安之,字子田,鄞人,浩孫。往依沈焕師席,浩送之詩云:"吾孫年甫冠,抗志在青冥,重趼輕千里,求師爲一經。功名適來去,器識是丁寧,既得賢模範,歸與喜過庭。"事迹具《宋詩紀事》卷六十二、《宋元學案補遺》卷七十六。

《四庫全書總目》卷六十八史部地理類一著録此書,《提要》

云:"宋高似孫撰。似孫字續古,號疏寮,餘姚人,淳熙十一年
進士,歷官校書郎,出倅徽州,遷守處州。陳振孫《書録解題》
稱似孫爲館職時,上韓侂胄生日詩九首,每首皆暗用錫字,寓
九錫之意,爲清議所不齒,知處州尤貪酷。其讀書以奧僻爲
博,以怪澀爲奇,至有甚可笑者,就中詩猶可觀。周密《癸辛
雜識》亦記其守處州日,私挾官妓事,其人品蓋無足道。其詩
有《疏寮小集》尚傳於世,而文則不少槩見,此書乃其所作嵊
縣志也。嵊爲漢剡縣地,故名曰《剡録》。前有嘉定甲戌似孫
《自序》及嘉定乙亥嵊縣令史之安《序》,蓋成於甲戌,而刊於
乙亥,故所題前後差一年。其書首爲縣紀年,次爲城境圖,次
爲官治志,附以令丞簿尉題名,次爲社志学志,附以進士題
名,次爲寮驛、樓亭、放生池、版圖、兵籍,次爲山水志,次爲先
賢傳,次爲古奇迹、古阡,次爲書,次爲文,次爲詩,次爲畫,次
爲紙,次爲古物,次爲物外記,次爲草木禽魚,徵引極爲該洽,
唐以前佚事遺文,頗賴以存。其先賢傳,每事必注其所據之
書,可爲地志紀人物之法。其山水記仿酈道元《水經注》例,
脈絡井然,而風景如覿,亦可为地志纪山水之法。统核全書,
皆序述有法,簡潔古稚,迥在後來武功諸志之上,殊不見怪澀
可笑,陳振孫云云,殆不可解,豈其他文奇僻,又異於此
書歟。"
清錢大昕《潛研堂集》卷二十九載此書《跋》,錢氏曰:"録先賢
傳而不及宋代人物,其所録王、謝諸公游迹,雖嘗至剡,亦非
剡産,金庭丹水間人物,可傳者,蓋寥寥矣。疏寮未通前代官
制,援引史傳,偶有刊落,便成疵疠,如謝幼度初爲征西將軍
桓豁司馬,以叔父安舉徵還拜建武將軍,兗州刺史,領廣陵
相,監江北諸軍事,此《晋書》所載也。幼度本爲征西府司馬,
其時任征西將軍書者爲桓豁,幼度特豁之幕僚爾。今删去

‘桓谿司馬’四字，則似幼度先已爲征西將軍矣，豈非大誤乎？幼度以太傅特薦，始得專閫，所加建武軍號，班次尚在征西之下，豈容初年便承重任，此事之顯然者。若依史家省文，但可云征西司馬而已。書中屢稱先公翰林，蓋似孫爲文虎之子，其稱袁虎爲袁彪，亦是避其家諱也。”

清道光八年重刊本載知縣李式圃《跋》云：“宋高似孫，字續古，鄞人，父文虎，慶元中官翰林學士，淹貫多聞，嘗修宋朝四史，研覈詳審，爲世所推。似孫禀承家學，以賅洽見稱，所著有《子略》《硯箋》《蟹略》《緯略》《騷略》《疏寮小集》諸書。《剡錄》成於嘉定時，爲邑令史安之作，自唐鄭言平《剡錄》，宋俞瑞《剡東錄》，湮佚失傳，而嵊之有志，自《剡錄》始。內有縣治、官師、山川、人物，以及草木蟲魚，釐爲十卷，凡唐以前遺文軼事，多所考證，其叙先賢，則注所據之書，叙山水，則仿《水經》之例，實爲後來康對山《武功志》、韓五泉《朝邑志》藍本。國朝采入《四庫》，民間並無鋟版，即四明范氏天一閣蒐羅最博，亦無其書，今所存惟山陰杜氏鈔本，傳寫既多魚豕之訛，藏棄又有蠹蟫之患，余既纂輯縣志，恐此書歲久失傳，因於簿書之暇，釐其卷帙，校其訛舛，捐俸付梓。”

此書之傳本：《四庫簡明目録標注》云：“道光八年嵊令李式圃刊本。”邵章《續録》云：“宋嘉定乙亥刊本。汪氏有影宋本。”今國内所藏善本：臺北“國家圖書館”有鈔本一部，十二卷四册。臺北“故宮博物院”有清文淵閣《四庫全書》本。收入叢刻者有清光緒所刊《邵武徐氏叢書》本。

信安志十六卷　宋衛玠撰　佚

玠，事迹待考。

此書《宋史·藝文志》不著録，見《直齋書録解題》卷八地理類。

陈氏曰:"教授衛玠撰,太守四明劉垕也,實嘉定己卯。"

按:劉垕,字伯醇,一作伯諄,號靜齋,建陽人,爚子。知江寧縣辟制置司幕官,以收李全功,歷知常州、衢州。移南劍州,以疾不赴,與門徒熊竹谷輩講道終其身。著有《毛詩解》《家禮集注》《心經集説》等。事迹具《閩中理學淵源考》卷三十三、《宋元學案》卷七十、《宋元學案補遺》卷七十等書。

張國淦《中國古方志考》著録此書,云:"《輿地紀勝》一百二十二:宣州,官吏,趙忭。引《衢州信安志》一條。咸淳《毗陵志》三十:紀遺,方允武。引《信安志》一條。《大明一統志》四十三:衢州府,風俗,民淳事簡。引《信安志》一條。《大典輯本》:據《大典》一萬九千七百八十一,一屋(雜造局),引《信安志》一條。案,直齋:《信安志》十六卷,教授衛玠撰,實嘉定己卯云云。毛憲淳熙二年進士,距嘉定十二年,實四十五年,其卷數相同,未知是一書否。"

信安續志二卷　宋葉汝明撰　佚

汝明,教授。嘉定間以廸功郎爲彬州幕職。事迹具萬曆《彬州志》卷二。

此書《宋史·藝文志》不著録,見《直齋書録解題》卷八地理類。

陈氏曰:"教授葉汝明撰,太守四明袁甫(廣微),紹定初也。"

袁甫,字廣微,號蒙齋,鄞縣人,燮次子。少承家學,又從學於楊簡,舉嘉定七年(1214)進士第一,累官國子祭酒、權兵部尚書,所至興利除害,在朝劘切權貴,抗論不阿,卒謐正齋。著有《孝經説》《孟子解》《蒙齋中庸講義》《江東荒政録》《蒙齋集》等。事迹具《宋史》卷四〇五、《宋史新編》卷一三四、《史質》卷四十二、《南宋書》卷五十八、《宋元學案》卷七十五、《宋元學案補遺》卷七十五、《宋詩紀事》卷六十一等書。

赤城志四○卷　宋陳耆卿撰　存

耆卿（1180—1236），字壽老，號筼窗，臨海人。嘉定七年
（1214）進士，官至國子監司業，端平三年（1236）卒，年五十
七。著有《論孟紀蒙》《筼窗集》等。事迹具《南宋文範作者
考》卷下、《宋史翼》卷二十九、《宋元學案》卷五十五、《宋元學
案補遺》卷五十五、《宋詩紀事》卷六十一等書。

此書《宋史‧藝文志》著録。

陳耆卿自序云："圖牒之傳尚矣，今地隃萬里，縣不登萬户，亦
必有成書焉，矧以台爲名邦，且稱輔郡，綿涉千歲，迭更數百
守，而闕亡以詔難之歟？抑因陋襲簡，不暇問歟？蓋昔有守
四人，嘗厪其力於斯矣，如尤公袤、唐公仲友、李公兼，類鞅掌
不克就，最後黃公𤩴辱以命余，偕陳維等纂輯焉，會黃去，匆
匆僅就，未備也，束其稿十年矣，更久則非惟不備，而併與僅
就者失之，今青社齊公碩始至，欲迄就未暇，逾年報政，遂復
以命余。於是郡博士姜君容總榷之，邑大夫蔡君範以下分訂
之，又再矚陳維及林表民等採益之。既具，余爲諗沿革，詰異
同，劑巨纖，權雅俗。凡意所未解者恃故老，故老所不能言者
恃碑刻，碑刻所不能判者恃載籍，載籍之内有漫漶不白者，則
斷之以理而折之於人情，事立之凡，卷授之引，微以存教化，
識典章，非直爲紀事設也，如是者半載而書成。嗟夫，同是州
也，非可成於今，不可成於昔也，或曰有時爾。昔歐陽公論
學，慨述吏道以爲有司簿書之所不責者，謂之不急。夫豈惟
學哉？語以圖牒，非不急之尤者耶？然而莫奥於圖牒，莫渫
於簿書，有司之所不急，固君子之所急，今公之爲政也，剖叢
滌煩，燭幽洞隱，於有司所急者誠井井矣，而於君子所急者，
尤卷卷焉。用能以半載之間，紉千歲之闕，增十年之未備，洗
數百守之因襲，成四人之厪，嗟夫，此豈以其時哉！書成者時

也,所以成者,公之志也。其志立則時赴之矣,無其志而曰需其時者,吾未之聞也。豈惟一圖牒爲然,天下事皆然。嘉定癸未(十六年,1223)十一月既望。郡人陳耆卿序。"

《直齋書録解題》(卷八)地理類著録《赤城志》四十卷,陳氏曰:"國子司業郡人陳耆卿(壽老)撰。其前爲圖十有三。"

《四庫全書總目》卷六十八史部地理類一著録嘉定《赤城志》四十卷,《提要》云:"宋陳耆卿撰。耆卿,字壽老,號篔窗,台州臨海人,登嘉定七年(1214)進士,官至國子司業,其事迹不見《宋史》,惟謝鐸《赤城新志》稍著其仕履,而亦不詳。今以所著《篔窗集》考之,則嘉定十一年(1218)嘗爲青田縣主簿,嘉定十三年(1220)爲慶元府府學教授。又趙希弁《讀書附志》稱《耆卿集》中沂邸箋表爲多。案《宋史》孝宗孫吳興郡王柄,追封沂王,其嗣子希瞿,寧宗嘗立爲皇子,即濟王竑。耆卿必嘗爲其府記室,而希弁略其文也。此爲所撰《台州總志》,以所屬臨海、黃巖、天臺、仙居、寧海五縣,條分件繫,分十五門。其曰赤城者,《文選》孫綽《天台山賦》,稱赤城霞起以建標,李善注引支遁《天台山銘序》曰,往天台嘗由赤城山爲道徑,又引孔靈符《會稽記》曰,赤城山名,色皆赤,狀似雲霞,又引《天台山圖》曰,赤城山,天台之南門也,梁始置赤城郡,蓋因山爲名,耆卿此志,即用梁郡名耳。耆卿受學於葉適,文章法度,具有師承,故叙述咸中體裁。明謝鐸嘗續其書,去之遠甚,舊與卿書合編,今析出別存其目。陳振孫《書録解題》載此志之前有圖十三,此本乃無一圖,殆傳寫者艱於繪畫,久而佚之矣。"

此書傳本,《四庫簡明目録標注》云:"明弘治刊本。明萬曆中興謝鐸《赤城新志》二十三卷同刊。"邵章《續録》云:"宋刊黑口大字本,半葉十一行,行二十字。清嘉慶二十三年刊本。"

今國內所藏善本：臺北"國家圖書館"有明弘治丁巳（十年，1497）太平謝鐸重刊本，存卷一至卷十四，四冊。臺北"故宮博物院"有明弘治丁巳（十年，1497）謝鐸重刊萬曆天啓遞修補本，附圖，係前國立北平圖書館舊藏。又有清文淵閣《四庫全書》本。收入叢刻者有《台州叢書》本。

赤城續志八卷　宋吳子良撰　佚

子良（1197—?）字明輔，號荊溪，臨海人。寶慶二年（1226）進士，官至湖南運使，太傅少卿。寶祐四年（1256）忤史嵩之罷職，尋卒。子良幼從陳耆卿學，亦曾登葉適之門，耆卿之統，傳於子良。著有《荊溪集》《荊溪林下偶談》等書。事迹具《宋史翼》卷二十九、《南宋文範作者考》卷下、《宋元學案》卷五十五、《宋元學案補遺》卷五十五、《宋詩紀事》卷六十四等書。

此書《宋史·藝文志》不著錄，見《直齋書錄解題》卷八地理類。

陳氏曰："郡人吳子良拾其所遺續載之。"

《台州經籍志》卷十三地理類著錄此書，云："宋臨海林表民撰，吳子良參訂，有序。邑志謂明弘治時有抄本，今佚。"

並引吳子良序云："台爲郡逾千年，《赤城志》猶未就，卒就於前太守齊公碩，其未就者何？見聞狹而亡以證，事迹散而難于聚也。其卒就者何？采訪於士友，屬筆于簀窗，有以證易於聚矣。今其書凡例以義起，去取以法定，著善別流品，因事列篇什，按是非于故實，感得失於世變，寓勸戒於微辭，實關教化，何止證之聚之也哉，雖然，證之聚之，愈詳無害也，而一時采訪，未免毫髮之遺，宜續書志，以綱系目，廢牒隨翰無所系，難悉錄，雖不錄，又不欲棄，宜續書。今太守王公梴，賡齊公之政，百緒屬翼。若浚河復經界以便民，修學闢貢圍以便士，最要者也。前者幸有繼，後者期有考，宜續書。於是，教

授姜君容,條畫以屬東魯林表民(逢吉),總書之爲八卷,俾
子良參訂焉。門類率與本志協,所證所聚愈詳矣。而書豈
徒取其詳而已乎?使讀《赤城志》者,詮評流品,而思勵其
行,細咀篇什,而思暢其才,睹是非而開漫漶,念得失而重沿
革,悟勸戒而審趨舍,詎小補哉。夫然後取是編而續之,見
其步驟前作,殫志苦心,謂皆無補不可也,書豈徒取其詳而
已乎?

按,林表民,字逢吉,號玉溪,台州臨海人。博物洽聞,著有
《赤城集》《玉溪吟草》等。事迹具《宋元學案補遺》卷五十五、
《宋詩紀事補遺》卷七十一等書。

赤城三志四卷　宋林表民撰　佚

表民有《赤城續志》八卷已著録。

此書《宋史·藝文志》不著録,見《直齋書録解題》卷八地
理類。

陳氏曰:"郡人林表民(逢吉)撰。紹定己丑水壞城,修治興築
本末詳焉。"

《台州經籍志》卷十三"地理"著録此書,載王象祖序曰:"《赤
城志》作於太史陳公耆卿,凡例嚴辨,去取精確,諸小序凜凜
乎焉。班《書志》之遺筆,莫可尚矣。其友林君表民與修焉,
而林君又爲《續志》。紹定己丑,郡陷於水,倉使寶謨仙游葉
公,再造有邦,復俾爲《三志》,博雅考訂,有源有委,非斯人不
可也。君謂予曰,志數百年不克就,今就未十載,而《續志》
《三志》繼作,不贅乎?古事備矣,今所書止城築建立,不略
乎?予謂作當問可否,非贅非略之嫌也。今郡之圖牒,古諸
侯之國史也,《春秋》非魯之史歟?大水以災書城,邢滅楚邱
以存亡書,新作南門雉門以修舊書,後世圖牒之所有者多經
之所無,則經之所有圖牒固不可遺也。三之何害?又問人物

有志，今天下之母育於吾邦之相門，書乎否乎？予謂紀季姜歸于京師，過我猶書，況所自出哉？三志於是論定。嗟夫！水之方作，咸謂郡無前聞爾，有父老指暗壁浸字示子孫曰：慶曆五年有此矣，已而儒生考載記，搜碑刻，惟蘇君夢齡《新城記》，得於倅聽壁之刓碑，書城築頗詳，而城築之外無見也，故字畫有考，則老父之暗壁猶信，紀述不備，雖堅珉深刻可憾焉。傳《春秋》者謂其不詳也，使後之指今，遠而猶可考，不在兹志乎？蘇記謂慶曆必復之責，屬之外臺，當時未有倉臺也，漕憲畢至，而元公綍又爲之守，今一人任三人之責，而功又倍之，兹而不志，則後之恨今，必甚於今之恨昔也。林君又立《災異》《紀功》二門，有得於《春秋》之遺意，皆郡國圖牒所無者，繼或有因必自《赤城三志》始矣。”

（淳祐）臨安志六卷　宋施諤撰　殘

諤，事迹待考。

此書《宋史·藝文志》不著録，見《四庫未收書目提要》(《揅經室外集》)卷四。

清阮元《揅經室外集》(《四庫未收書目提要》)卷四著録此書，《提要》云：“宋施諤撰。按兩浙古志，北宋圖經久已無考，至南宋建爲行都，其志乘傳於今者，則有周淙乾道《志》、潛説友咸淳《志》二種，已經《四庫全書》採録。此志從宋刻殘本影寫，僅存五卷至十卷，無序目可稽，觀書中叙録，皆至淳祐間府尹趙與𥲅而止，其爲施諤所撰淳祐《志》無疑。所存惟《城府》《山川》二門，前有《總論》一篇，異於他志。其叙城府一：首城社，次官宇，次舊治古迹，次今治續建，爲第五卷。城府二：首學校，次樓觀，次園館，次廨隅，次軍營，爲第六卷。城府三：首坊巷，次界分，次橋，次倉場、庫務，次館驛，爲第七卷。叙山川一：首城内諸山，次城南諸山，次城西諸山，次亭館,次古迹,爲第八卷。山川二:首城東諸山,次城内外諸嶺,次諸洞,次諸石,次諸塢,次峪衕關,爲第九卷。山川三:首江,次湖,次河渠,次水閘,爲第十卷。諸門皆爲咸淳《志》所本,而各條下引載前賢題咏詩文,則互有詳略。此與乾道、咸淳二志,備載南宋數朝掌故,藉補史傳之遺,皆未可以殘缺廢也。”

《宛委別藏本》所收淳祐《臨安志》(殘存六卷)末有清陳鱣《跋》云:“吾杭在南宋建都爲臨安府,其志凡三修,一爲乾道時周淙撰,一爲淳祐時施諤撰(《四庫書目提要》作施鍔,杭董浦、厲樊榭咸淳《志》跋作施愕,今黄蕘圃與余定爲施諤),一爲咸淳時潛説友撰,乾道《志》十五卷久佚。同郡孫晴厓從都下得宋槧本止三卷,余曾録副本。咸淳《志》百卷,秀水朱竹垞從海鹽胡氏、常熟毛氏先後購得宋刻八十卷,又借鈔十三卷,尚缺七卷,後歸吾鄉馬氏道古樓收藏,錢塘吴繡谷購抄其半,繼而竹垞之孫稼翁,又以宋槧十七册,售於同郡趙氏小山堂,趙氏復從吴本補録其餘,未及裝整,即歸王氏寶日軒,又轉歸於吴氏存雅堂。乾隆三十八年,歙鮑淥飲從平湖高氏得宋槧本二十二册,中間節次缺失,而盡於八十一卷,每册有季滄葦圖記,據淥飲跋云,内弟四卷至九卷,實季氏補鈔,中稱理宗爲今上,應是施諤淳祐《志》羼入,餘二十册,紙墨精好,較勝趙氏本,而六十五六兩卷,又竹垞所未見也,因撤去季氏補鈔施《志》六卷,就趙本補録,通得九十五卷,未幾歸於吾鄉吴氏拜經樓,餘姚盧氏抱經堂嘗從吴氏借録,今爲余所得者也。近客吴中,有持書目來者,云平湖韓氏出售,中有《臨安志》四册,因與黄君蕘圃亟取觀之,書凡六卷,所列山川、城府二門,雖編爲卷一至六,然前尚有缺卷,其紀載至淳祐十一二年止,避諱亦僅及理宗,爲淳祐《志》無疑,殆即從季氏本轉録者,乃以厚價購之。考《直齋書録》《文獻通考》及《宋史·藝文志》皆不著録,而施之字里出處,亦未詳明,其時知臨安府事者爲趙與𥔲,志中備載其建置倉敖設育嬰堂,濬四湖開運河諸善政,按《宋史》云與𥔲所至急於財利,幾於聚斂之臣,而盧熊《蘇州府志》,稱其知平江,適郡中饑,分場設粥,全活數萬人,再守郡行鄉飲射禮於學宮,復修飾殿堂齋廬,廣弦誦以嚴教養,弟子爲立生祠,熊之言當有所受,則志亦未必虛譽,兼可以證史傳異文,書雖不全,良足寶貴,遂與乾道、咸淳二《志》共藏,目爲宋臨安三志,并賦詩紀事。嘉慶十有四年冬十有二月,海寧陳鱣書。”

清朱緒曾《開有益齋讀書志》卷三載《淳祐臨安志跋》,云:“余借鈔勞季言所藏胡書農學士藏本淳祐《志》四册,不分卷數,標題封域、建置、沿革、疆界、城郭、山川、池塘、堰塍、埂、橋梁、風俗、形勝、户口、税糧、商税、課鈔、土産一册,寺一册,院觀二册,每門以各縣爲次,與吳氏及《挈經室外集》所云山川、城府二門有異。明慶寺云,今上皇帝嘉熙四年七月旱,躬致款接謁,回鑾撤蓋,甘雨隨沛,咸淳《志》云,理宗皇帝回鑾撤蓋,咸淳《志》作於度宗時,故稱理宗也。寶嚴寺院今上皇帝淳祐三年,賜僧智光御書晦庵字也。淳祐《志》今存者惟寺院最詳,非特多吳之鯨等撰《武林梵刹志》所未引,亦多咸淳《志》所未及,昭覬廟載宋張夏治海塘事極備。”

《武林掌故叢編》所收清胡敬輯淳祐《臨安志輯逸》八卷末載清丁丙《後跋》,云:“施諤淳祐《臨安志》,見於阮文達《四庫未收書目提要》者僅六卷,惟存城府、山川二門,餘已刻入《掌故叢編》矣。幼時聞胡書農學士從《永樂大典》中摘録十六卷,分爲四巨帙,亦未見有傳本。此册余劫後購於市上冷攤,存祠廟及寺二門,後訪得朱氏結一廬藏有舊鈔,遠道借録,較餘

藏本增多院及宫觀二門,因亟爲補鈔,然葉數無多,似僅存學
士所輯之半。聞江陰繆小山編修藏本亦始祠廟迄宮觀,次序
悉與此同,蓋流傳僅此數門矣。兹因分爲八卷,付之剞劂,用
廣流傳。原本由《大典》輯録,每條或不具首尾,且轉輾傳鈔,
不無訛脱。今悉依原鈔付梓,不敢以咸淳《志》竄入,用存其
真。所載金石文字及宋人詩文,多咸淳《志》所未收,獨賴此
志以傳。亦足征施君之博綜好古,異乎俗吏之空疏荒率者
矣。光緒戊戌陽月,錢塘丁丙。"

清繆荃孫《藝風藏書記》卷三著録淳祐《臨安志》六卷,云:"宋
施諤撰。鮑淥飲得山川、城府二門鈔本,錢塘丁氏刻之。此
舊鈔本寺觀、祠廟二門,亦六卷。按胡書農學士《年譜》云,自
《大典》鈔出施志,編爲十六卷,或從胡本傳鈔者,第止六卷,
尚不及其半,豈胡譜衍‘十’字歟?"

此書之傳本:臺北"國家圖書館"有鈔本一部,不分卷,存三
册,書中有朱墨批校。臺北"國立故宫博物院"有影宋鈔本一
部,存六卷四册。收入叢書者有:《宛委別藏》本、《武林掌故
叢編(第四集)》本,並存卷五至卷十,六卷。《武林掌故叢編
(第二十四集)》所收則係清胡敬所輯《淳祐臨安志輯逸》
八卷。

(咸淳)臨安志一〇〇卷　宋潛説友撰　殘

説友,字君高,處州人。淳祐四年(1244)進士,咸淳六年
(1270)以中奉大夫權户部尚書知臨安府。時賈似道勢方熾,
説友曲意附和,故得越次進位。後知平江,元兵至,棄城走。
宋亡,在福州降元,爲宣撫使,後被李雄所殺。事迹具《南宋
館閣續録》卷七、咸淳《臨安志》卷四十九等書。

此書《宋史‧藝文志》不著録,見《宋史藝文志補》地理類。

潛説友《序》云:"恭惟聖宋受命,奄甸萬方,大明中天,爛熳自

息，乃太平興國三年，吳越以其地歸我職方氏，是歲杭始置守丞，建炎升府，遂爲行在所。按古志杭舊屬會稽，禹於此舍航而陸，故名，恭聞光堯大駕初臨，登郡治中和，嘗作爲歌詩，慨懷夏后氏之烈，聖心曠數千百載而神交，固有幾乎。禹迹之外，其亦見夫流風遺俗，得遇化之所存而有感焉耳。嘗試觀之，有車船橇樏之迹，故其人至於今忠以勤，有苗山封爵功德之會，故其人至於今勸於爲善，有織貝橘柚之貢，故其人至於今知尊君而愛親，錢氏生長其間，性習自然，國三世四王，而終不失其臣節，迨宋之興也，深察夫人心，歸德之天，如川斯赴，莫之能止，則一旦決然舍去，其固有之業，以委命于朝。自時厥後，我國家視之，如在甸服，率選公卿大臣寵綏之，豈徒以地大故，要必有所甚重者，湛恩濃化，涵浸滋久，益固結而不可解。南渡艱難之際，旄倪提攜，左簞右壺，牛酒相屬於道，頓首六蚘之下，如見父母，誓有殞無貳。開慶群小，誤國召戎，一時謀臣，或倡異議，幾搖根本，賴先皇帝蔽自上志，獨倚今太傅辯章國公，外頓八紘，內維九鼎，宗廟社稷之靈，待以妥寧，卒之披攘蒙霜，再奠宇宙。肆皇上克篤前烈，宅中圖大，不以愚臣爲不肖，命殿是邦，幸遇朝廷治平，年穀婁登，浩穰之府，化爲簡静，因得以蓋其疵粃，暇日視故府，閱郡乘，或病其漏且舛，乃葺而正之，增而益之，凡爲圖爲表爲志總百卷，而冠以行在所錄，尊王室也，既成上之天府，以備考數之萬一焉。中奉大夫、權戶部尚書、兼詳定敕令官、兼知臨安軍府事、兼管內勸農使、兩浙西路安撫使、馬步軍都總管、兼點檢行在贍軍激賞酒庫所、縉雲縣開國男、食邑三百户、潛說友謹序”

《四庫全書總目》卷六十八史部地理類一著錄此書九十三卷，《提要》云：“元潛說友撰。說友，字君高，處州人，宋淳祐甲辰

(四年,1244)進士,咸淳庚午(六年,1270)以中奉大夫權戶部尚書,知臨安軍府事,封縉雲縣開國男,時賈似道勢力熾,說友曲意附和,故得進。越四年,以誤捕似道私秫罷,明年起守平江,元兵至,棄城先遁,及宋亡,在福州降元,受其宣撫使之命,後以官軍支米不得,王積翁以言激眾,遂爲李雄剖腹死。其人殊不足道,而其書則頗有條理。前十五卷爲行在所錄,記宮禁曹司之事,自十六卷以下乃爲府志,區畫明晰,體例井然,可爲都城紀載之法,其宋代詔令編於前代之後,則用徐陵《玉臺新咏》置梁武於第七卷例也。他所叙錄,亦縷析條分,可資考據,故明人作《西湖志》諸書,多採用之。朱彝尊謂宋人地志幸存者,若宋次道之志長安,梁叔子之志三山,范致能之志吳郡,施武子之志會稽,羅端良之志新安,陳壽老之志赤城,每患其太簡,惟潛氏此志獨詳。然其書流傳既久,往往闕佚不全,舊無完帙,彝尊從海鹽胡氏、常熟毛氏先後得宋槧本八十卷,又借鈔一十三卷,而其碑刻七卷,終闕無可考補,今亦姑仍其舊焉。”

清周中孚《鄭堂讀書記補逸》卷十二載此書《跋》云:“咸淳《臨安志》九十五卷,舊鈔本,元潛説友撰。《四庫全書》著錄作九十三卷,《宋志》未載,倪氏《宋志補》始載,作《臨安志》一百卷,注云今闕七卷,蓋俱係曝書亭朱氏藏本也。此本闕五卷,考盧氏文弨《抱經堂文集》有是書跋,稱‘鮑以文氏以不全宋刊本借余,向所闕六十五、六十六兩卷獨完然具備,余得據以鈔入,雖尚闕第六十四、第九十,及最末三卷,然視曝書亭所鈔,則已較勝矣。’據此則此本所有六十五、六兩卷,當即從盧氏本鈔補。是書乃説友於宋咸淳中所撰進,凡行在所錄十五卷,疆域六卷,山川十八卷,詔令二卷,御製文一卷,秩官九卷,官寺四卷,文事武備風土貢賦各一卷,人物十一卷,中闕一卷,祠祀四卷,園亭古迹一卷,塚墓一卷,恤民祥異一卷,紀遺十二卷,中闕四卷,總二十門,每門又各有子目,有序有圖有表有考有傳。其首例行在所録,以尊王室,至十六卷以後,乃爲府志,蓋體例本之周彦廣乾道《志》,而紀載多至數倍,殊有資於考證也。又按《宋志》載都會郡邑諸志,皆無年號,其有之者,惟辛怡顯《至道雲南録》一書而已,此本有咸淳二字,當屬後人所加,别其時代,故倪氏所記無此二字也。前有説友自序,後附録朱竹垞跋。"

此書今所傳各本,均爲殘本。《四庫簡明目録標注》云:"道光十年杭州汪氏刊本,九十五卷,補闕一卷,札記三卷。原本百卷,抱經從知不足齋殘宋本補得六十五、六兩卷,尚缺六十四、九十、九十八、九十九、一百,凡五卷。宋板十行,行大小二十字。"邵章《續録》云:"宋刊配鈔本。绣谷亭鈔本。清徐瓚、張雲瞻鈔本。一百卷,吴翌鳳據宋本校,在李木齋處。張有舊鈔本,缺五卷。盧抱經校鈔本,徐梧生所藏,今在史吉甫家,海源閣藏宋本,鈔補一半,近幾散出,傅沅叔收得廿二卷,宋本存者,爲廿、廿一、卅四、卅五、六、七、八、二十九、七十五、七十八各卷,有'珊瑚閣''季滄葦'各印。"今國内所藏善本:臺北"國家圖書館"有舊鈔本一部,存九十七卷,三十二册;又有清乾隆間曲阜孔氏青櫺書屋鈔本一部,存卷一至卷九十三。"中央研究院"歷史語言研究所有清嘉慶七年至二十四年敦宿好齋烏絲欄鈔本一部,原缺卷六十四、九十、一〇〇,存九十七卷。臺北"故宫博物院"有清文淵閣《四庫全書》本一部,存九十三卷。又有舊鈔本一部,存九十五卷,書中過録清朱彝尊跋;又有清星溪書屋烏絲闌鈔本一部,存九十六卷,書中有朱校及清乾隆五十二年錢東壁手跋,此二部並前國立北平圖書館舊藏。

黃巖志十六卷　宋蔡範撰　佚

範有《宋通志》五〇〇卷已著録。

此書《宋史·藝文志》不著録,見《直齋書録解題》卷八地理類。

陳氏曰:"知縣永嘉蔡範(遵甫)撰,嘉定甲申(十七年,1224)。"

清孫怡讓《温州經籍志》卷十地理類著録此書,云:"蔡遵甫以嘉定十五年(1222)知黃巖縣(見陳耆卿《嘉定赤城志十一》),陳《録》謂《黃巖志》成於嘉定甲申(十七年,1224),則十七年猶在黃巖也。"

浦陽縣經二卷　宋朱子槐撰　佚

子槐,字可大,西隅人。寶祐時舉進士,咸淳中爲浦陽學正,後轉睦州學正。月泉書室新建,邑候王霖龍聘主講席,本白鹿洞規條,以爲程範,一時人文翕然振起,鳳子樗曾爲作詩。著有咸淳《東陽志》。事迹具《浦陽藝文考》。

此書《宋史·藝文志》不著録,見《浦陽藝文考》。

《浦陽藝文考》云:"《浦陽縣經》,《續文獻通考》及邑志藝文志均著録。鄭濤《浦陽人物記後序》云:'宋朱子槐《縣經》,搜輯先哲遺事,析爲遺愛、節孝、名德、高僧四門,上下二卷。'本傳云:'時浦邑建縣已久,未有志乘,乃搜輯先者遺事,析爲四門,撰《浦江縣經》一卷。'據鄭濤《序》,遺愛門録會計李知退,節孝門録太謁、千齡、錢通、梅執禮,名德門録蔣邵、張敦、傅柔、楊扶、吳傳、王萬,高僧門録寶掌、祖登、元朗、靈默等共十五人。宋濂批評:'不宜以會計之人參與浦陽,善附之臣入於名節,龐辭幻學志流儕于士類。'(亦見鄭濤《序》。)此集在宋濂時尚存,此後未見著録,不知佚於何時,但此編實爲浦江邑志之權輿,亦宋濂《人物記》之肇始也。《遂初堂書目》曾著録

《浦陽志》,無卷數,當即是書。"

（景定）嚴州續志一○卷　宋鄭瑤、方仁榮撰　存

瑤,字君玉,台州寧海縣人。善治賦,年四十登寶祐四年
(1256)三甲第二十四名進士。事迹具《寶祐四年登科録》。
仁榮,浙漕進士。

此書《宋史·藝文志》不著録,見《四庫全書總目》地理類。

宋方逢辰《蛟峰文集》卷四載《嚴州新定續志序》云:"郡之有
誌,所以記山川、人物、户口、田賦、凡土地之所宜也。嚴於浙
右爲望郡,而界於萬山之窟,厥土堅而隔,上不受潤,下不升
鹵,雨則潦,霽則槁,厥田則土淺而源枯,介乎兩山,節節級
級,如横梯狀。其民苦而耐,其俗嗇而野,其户富者畝不滿
百,其賦則土不産米,民僅以山蠶而而入帛,官兵月廩,率取
米於鄰郡以給,而百姓日糴,則取給於衢、婺、蘇、秀之客舟,
較之浙右諸郡,其等爲最下,而嚴之所以爲望郡而得名者,不
以田,不以賦,不以户口,而獨以雲山蒼蒼、江水泱泱,有子陵
之风在也。郡誌自淳熙後缺而不修者,距今七十餘年矣。吴
越錢君可則,以太府丞來守嚴,政事之暇,爲之訪蒐,以補其
缺,編削訖事,走書屬予爲序。予謂嚴爲我太宗皇帝、高宗皇
帝建旆之地,今皇儲賜履之封,則一郡之山川、人物、風俗、户
口、田賦、職方氏皆欲究知之,矧惟天子聖明,勤恤民隱,凡州
牧之出辭入覲,必詳訪焉。是編之作,非惟可以備顧問,亦可
以少助宵旰民瘼之萬一也。"

《四庫全書總目》卷六十八史部地理類一著録此書,《提要》
云:"宋鄭瑤、方仁榮同撰。瑤時官嚴州教授,仁榮時官嚴州
學録,其始末則均未詳也。所紀始於淳熙,訖於咸淳,標題惟
曰《新定續志》,不著地名,蓋刊附紹興舊志之後,而舊志今佚
也。嚴州於宋爲遂安軍,度宗嘗領節度使,即位之後,升爲建

德府,故卷首載立太子詔及升府省劄,體裁視他志稍殊,惟物產之外,別增'瑞產'一門,但紀景定麥秀四岐一條;鄉飲之外別增'鄉會'一門,但紀楊王主會一條,則皆乖義例耳。然叙述簡潔,猶輿記中之有古法者。其'戶口'門中,載寧宗楊皇后爲嚴人,而'鄉會'門中,亦載主會者爲新安郡王、永寧郡王,新安者楊谷,永寧者楊石,皆后兄楊次山之子也,而《宋史》乃云后會稽人,當必有誤,此可訂史傳之訛矣。"

此書之傳本:《四庫簡明目録標注》云:"路有鈔本。振綺堂有鈔本。黃丕烈有宋刊本,八行十八字,前志僅存首三卷,名《嚴州圖經》,《養新録》有跋語。姚若有影鈔本。《附録》云:'宋本現歸吳平齋太守(星詒)。'"邵章《續録》云:"漸西村舍本。刻鵠齋本。"今國内所藏善本:臺北"國家圖書館"有宋景定閣刊本一部,題《新定續志》,十卷四册,書中有清錢大昕、黃丕烈、顧廣圻、沈秉成等各手書題記。又有傳鈔《四庫全書》本一部,十卷四册,書中有朱校。臺北"故宮博物院"有清文淵閣《四庫全書》本一部。收入叢刻者有《漸西村舍彙刊》本、《叢書集成初編》本。

東陽私志不著卷數　宋錢奎撰　佚

奎,字公器,金華人,事迹待考。

此書《宋史·藝文志》不著録,見《千頃堂書目》卷七史部地理類。

《千頃堂書目》卷七地理類中著録錢奎《東陽私志》,云:"金華人,趙寬爲《序》。"

樂清志一〇卷　宋袁采撰　佚

采,字君載,信安人。進士,初爲縣令,以廉明剛直稱,官至監登聞鼓院。所著《袁氏世範》,後人推爲《顔氏家訓》之亞。事迹具《宋元學案補遺》(卷四十四)、嘉靖《建寧府志》卷五及卷

六、永樂《樂清縣志》卷二、卷四及卷七、弘治《徽州府志》卷四及卷七十、道光《福建通志》卷一二四等書。

此書《宋史·藝文志》不著録，見《直齋書録解題》卷八地理類。

陳氏曰："縣令信安袁采（君載）撰。"

漵水志八卷　宋常棠撰　存

棠，字召仲，臨卭人，居海鹽，同曾孫。值宋季，閉門不求聞達，博學善屬文。繞庭植竹數十竿以屬操，自號竹窗。事迹具《宋史翼》卷三十六。

此書《宋史·藝文志》不著録，見《四庫全書總目》地理類。

常棠《序》云："紹定三年，鎮尹羅儀甫屬余撰《漵水志》，雖一時編集大略，而儀甫滿去，竟勿暇問。逾七八政，粤歲既久，訂正尤詳，因日邊孫君來此，聽訟優長，遇事練熟，雖鎮場廢壞，非疇曩比，然能謹廉敏，趨辦自足，爰割己俸，售募鋟行。水軍袁統制聞而喟然曰，是書不刊於鎮税全盛之前，乃刊於鎮税凋弊之後，甚可嘉矣，鋭捐梓料，蕭贊其成。噫！《元和郡縣志》，丞相李吉甫所制也，後三百餘年，待制張公始刻於襄陽。今余所編《漵水志》，後二十七襈，權鎮孫君即鏤於時阜，則是書之遇知音，又不大可慶耶。竹窗常棠書。"

又載羅叔韶《序》云："漵水斗大一隅，厥土斥鹵，凡邱源之疏峙，賦税之重輕，道塗之迢邐，聚廬之衆寡，與夫選舉名數，先賢遺迹，素乏圖經，茫無可考。叔韶效官於兹，甫及半襈，正欲搜訪興理爲紀載，吏事鞅掌未暇也。竹窗常棠，字召仲，寓居是鎮，一日告余曰，郡有《嘉禾志》，邑有《武源志》，其載漵水之事，則甚略焉，使不討論聞見，綴緝成編，則何以示一鎮之指掌，於是正訂稽考，集作一經，名曰《漵水志》。漵水者，蓋《水經》所載谷水流出爲漵浦者是也，召仲其容辭。紹定三年重陽前一日,修職郎監嘉興府海鹽縣澉浦鎮稅兼烟火公事,羅叔韶序。"

《四庫全書總目》卷六十八史部地理類一著録此書,《提要》云:"宋常棠撰。棠字召仲,號竹窗,海鹽人,仕履未詳。澉水在海鹽縣東三十六里,《水經》所謂谷水流出爲澉浦者是也。唐開元五年(717)張廷珪奏置鎮,宋紹定三年(1230)監澉浦鎮稅修職郎羅叔韶使棠爲誌,凡分十五門:曰地理,曰山,曰水,曰廨舍,曰坊巷,曰坊場,曰軍寨,曰亭堂,曰橋梁,曰學校,曰寺廟,曰古迹,曰物産,曰碑記,曰詩咏,而冠以興圖。前有叔韶及棠二《序》,叙述簡核,綱目該備,而八卷之書,爲頁止四十有四,明韓邦靖撰《朝邑縣志》,言約事盡,世以爲絶特之作。今觀是編,乃知其源出於此,可謂體例精嚴,藻不妄抒者矣。(謹案:澉水雖見《水經注》,然是書乃志地,非志水,不可入之山水中,以鎮亦郡縣之分區,故附綴於都會郡縣類焉。)"

清周中孚《鄭堂讀書記補逸》卷十二載此書《跋》云:"《澉水志》八卷,寫本,宋常棠撰。棠字召仲,號竹窗,海鹽人。《四庫全書》著録,《宋志》及倪氏《宋志補》均失載。其書凡分十五門,冠以鎮境總圖,叙述賅括,體例謹嚴,而文尤雅潔,蓋爲一鎮作志,自不能多所搜採,故以精簡出之,至作郡邑著志,即詳徵博引,猶恐挂漏,若强效是書,則轉失之矣。《提要》稱凡四十四頁,而此本并前序,凡十七頁,蓋行字有疏密,則頁數亦隨之而多寡也。《鹽邑志林》中所收者,併作二卷,又删去卷首興圖,明人刊書,其謬如此。"

此書之傳本:《四庫簡明目録標注》云:"有刊本,附明董穀《續志》九卷。"《附録》云:"鈔本,有《自序》及羅叔韶《序》(星詒)。"邵章《續録》云:"宋孫氏刊本,二卷。張有鈔本。明刊本，八卷。清傳鈔《鹽邑志林》本。"今國内所藏善本：臺北"國家圖書館"有明嘉靖三十六年徐蘭等刊本一部，八卷一册；又有清乾隆間傳鈔重編本一部，二卷一册。臺北"故宫博物院"有清文淵閣《四庫全書》本。收入叢刻者有：《鹽邑志林》本、《叢書集成初編》本、《景印元明善本叢書》本，並爲二卷本。又有《澂水志彙編》本，則是八卷本。

臨海圖經不著卷數　宋不著撰人　佚

此書《宋史·藝文志》不著録，見《台州經籍志》卷十三地理類。

《台州經籍志》卷十三地理類著録此書云："《臨海圖經》，不知撰人名氏，今佚。《浙江通志》：不知作者，《赤城志》引之。"

張國淦《中國古方志考》著録此書，云："乾隆《浙江通志》二百五十三：《臨海圖經》，不知作者，《赤城志》引之。《輿地紀勝》十二：台州，風俗形勝，川澤沃衍。景物下，天姥峰，景星巖、三門山、大固山。仙釋，周王子晉。引《圖經》六條。嘉定《赤城志》三十五：人物門，道，前漢第盈。引《臨海圖經》一條。"

沙陽志不著卷數　宋黎靖德撰　佚

靖德，永嘉人，嘉佑間爲沙縣主簿，攝縣事，清謹善理繁劇，博學能文詞。事迹具《萬姓統譜》卷十四、嘉靖《延平府志》卷七及卷十、道光《福建通志》卷九十三等書。

此書《宋史·藝文志》不著録，見《温州經籍志》卷十地理類。

張國淦《中國古方志考》著録此書，云："案：沙縣南有沙溪，故曰沙陽。"

延平志一〇卷　宋胡舜舉撰　佚

舜舉，字汝士，績溪人，舜陟弟。建炎二年(1128)進士，紹興中知建昌軍，寬以恤民。著有《盱江志》《劍津集》等。事迹具《宋詩紀事補遺》卷四〇、弘治《徽州府志》卷六及卷七、正德

《建昌府志》卷十二及卷十三等書。

此書《宋史·藝文志》不著録,見《直齋書録解題》卷八地理類。

陳氏曰:"郡守新安胡舜舉(汝士)與郡人廖拱、廖挺衰集,時紹興庚辰(三十年,1160)也。《序》言與《盱江志》並行,蓋其爲建昌守,亦嘗修圖志。"

張國淦《中國古方志考》著録此書,云:"《輿地紀勝》一百三十三:南劍州,碑記,《延平志》,廖挺編,胡舜舉序。《輿地紀勝》一百二十九:建寧府,官吏,晉張華。一百三十三:南劍州,州沿革,晉武平吳,代王審知,審知子延翰,又改爲龍津縣,南唐分延平、將樂縣。風俗形勝,南劍負山阻水,五步一塾,七閩之襟喉。景物上,仙州、龍峽、鳳山。景物下,垂虹閣、飛蓋閣、藏劍峽、丁字水。古迹,資壽院、大昇院、順昌范承信愍節廟。仙釋,衍客。引《延平志》二十一條。《大明一統志》七十七:延平府,風俗,民儉嗇質直,五步一塾,諸儒講明道義。山川,耕欄山。引《延平志》三條。"

(淳熙)三山志四十二卷　宋梁克家撰　存

克家,字叔子,晉江人,紹興中進士第一,遷給事中。乾道中累遷右丞相,卒諡文靖,監修《中興會要》。事迹具《宋史》卷三八四、《宋史新編》卷一四一、《南宋書》卷三二、《宋大臣年表》《宋中興學士院題名録》及《南宋館閣録》等書。

此書《宋史·藝文志》地理類著録,題《長樂志》四〇卷。

《直齋書録解題》卷八地理類著録《長樂志》四十卷,陳氏曰:"府帥清源梁克家(叔子)撰。淳熙九年(1182)序,時永嘉陳傅良(君舉)通判州事,大略皆出其手。"

《四庫全書總目》卷六十八史部地理類一著録淳熙《三山志》四十二卷,《提要》云:"宋梁克家撰。克家字叔子,泉州晉江人,紹興三十年廷試第一,授平江簽判,召爲秘書省正字,乾道中累官右丞相，封儀國公，卒謐文靖，事迹具《宋史》本傳。
史稱其爲文深厚明白，自成一家，今所作已罕流傳，惟此書尚
有寫本。凡分九門：一曰地理，二曰公解，三曰版籍，四曰財
賦，五曰兵防，六曰秩官，七曰人物，八曰寺觀，九曰土俗。朱
彝尊《曝書亭集》有是書《跋》，議其附山川於寺觀，未免失倫。
今觀其人物，惟收科第，土俗時出謠讖，亦皆於義未安，然其
志主於紀錄掌故，而不在誇耀鄉賢，侈陳名勝，固亦核實之
道，自成志乘之一體，未可以常例繩也。其所紀十國之事，多
有史籍所遺者，亦足資考證，視後來何喬遠《閩書》之類，門目
猥雜，徒涴耳目者，其相去遠矣。"

清錢大昕《潛研堂文集》卷二十九有此書《跋》，錢氏云："梁克
家《三山志》四十卷，《宋史·藝文志》謂之《長樂志》，其實一
書也。今本作四十二卷，其第三十一、第三十二兩卷進士題
名，乃淳佑中福州教授朱貔孫續入，考目錄本附於第三十之
後，但云第三十中第三十下，未嘗輒更舊志卷第，後人析爲四
十二卷，又非貔孫之舊矣。志成於淳熙九年五月，而知府題
名，增至嘉定十五年，他卷間有闌入淳佑中事者，皆後人隨時
儳入也。《宋史》本傳，於乾道罷相，以觀文殿大學士知建康
府之後，即云淳熙八年起知福州，據志，克家於淳熙六年三月
以資政殿大學士宣奉大夫知福州，則傳稱八年者誤。志又書
八年五月復觀文殿大學士，此即史所載趙雄奏欲令再任降旨
仍知福州事，是時克家蒞任已滿二年，故有再任之旨，因復其
職名，史誤以再任之年爲初任之年，則甫經到任，不當云再任
矣。且克家于罷相時，已除觀文殿大學士，越數年起知福州，
止帶資政殿大學士，又二年始復觀文殿學士，仍無大字，則知
建康以後，必有落職奉祠之事，而傳皆闕之，世人讀《宋史》者
多病其繁蕪，予獨病其缺略，缺略之患，甚于繁蕪，即有范蔚

宗、歐陽永叔其人,繁者可省,缺者不能補也。因讀此志,爲
之喟然。"

此書之傳本:《四庫簡明目録標注》著録明萬曆癸丑刊本及鈔
本。《紅雨樓題跋》卷一著録明刊本。《浙江採集遺書總録》
著録刊本一部。《䣉宋樓藏書志》卷二十九、《愛日精廬藏書
志》卷十六、《拜經樓藏書題跋記》卷三、《抱經樓藏書志》卷二
十五、《善本書室藏書志》卷十一、《鐵琴銅劍樓藏書目録》卷
十一,並著録舊鈔本。《藝風藏書記》卷三著録傳鈔本。今國
內所藏善本:臺北"故宫博物院"有清文淵閣《四庫全書》本一
部。"中央研究院"歷史語言研究所有舊鈔宋淳熙九年修本
一部。臺北"國家圖書館"有明晉安謝氏小草齋鈔本一部,明
徐[火勃]手校,清楊用霖手跋,傳録錢大昕跋,又有明崇禎十一年
得山林弘衍重刊本一部。

連川志一○卷　宋陶武撰　佚

武,字克之,豫章人,嘉定六年(1213)知連江縣。

此書《宋史・藝文志》不著録,見《直齋書録解題》卷八地
理類。

陳氏曰:"知連江縣豫章陶武(克之)撰,嘉定乙亥(十一年,
1215)。"

義揚志八卷　宋關良臣撰　佚

良臣,河南人,紹熙間爲義陽郡守。

此書《宋史・藝文志》不著録,見《直齋書録解題》卷八地
理類。

陳氏曰:"郡守河南關良臣撰,紹熙二年(1191)也。信陽軍唐
申州,所謂申光蔡,吴元濟所據,竭天下之力以取之者。"

張國淦《中國古方志考》著録此書,云:"《輿地紀勝》八十:信
陽軍,軍沿革,尋廢,又自石城徙居仁順。景物上,方城、曹城。人物,蜀

魏延。引《圖經》五條。萬曆《湖廣總志》九十七：雜記,石城。引
《信陽軍圖》一條。”

武昌土俗編二卷　宋薛季宣撰　佚

季宣有《資治通鑑約説》(不著卷數)已著録。

此書《宋史·藝文志》不著録,見《直齋書録解題》卷八地
理類。

陳氏曰:“武昌令永嘉薛季宣撰。記一縣之事頗詳,紹興辛巳
(三十一年,1161)、壬午(三十二年,1162)間也,其邑今爲壽
昌軍。”

今檢薛季宣《浪語集》卷三十載此書《自序》,云:“武昌爲邑舊
矣,肇自孫吳建國,爲郡爲州,進而督藩,降而邑縣,官司未嘗
改也,山川未始變也,物名稱號,多因時而革者,雖邑之父老,
間或不忘其故,它州考古之士,將無所稽據焉。仲謀陶庚之
風聲,幾何而不泯也,不有書志,其何以傳。武昌記舊有成
書,世久不見,中更俶擾,並與圖經而失之,近縣令唐時顧遺
墜之罔收,倩故家子雷某,追録圖經中事,收拾采綴,十舉四
三,訛謬不倫,比比而是,名都要會,世所共聞,舊事所修,來
者斯問,端倪不對,負愧多矣。儒行屢方,以知地里,況令長
之職官乎。故走本記披圖,旁求稗説,參諸故老,訂以前言,
附見土風,成《武昌土俗編》二卷,俾邑之游者不必問,問者
不必語,開卷略舉,以代煩言,爲省事之一端,用備遺亡云
爾。至於兼收遺佚,以成土地之圖,上稗天子之司徒,則吾
豈敢。”

又載《書武昌土俗編叙》,云:“《武昌土俗編》,鋟木於紹興壬
午(三十二年,1162),走既才庸學寡,加縣出兵荒餘燼,無藏
書以考閲往事,士非耆舊,無所質疑,姑盡所知,搜羅野老之
説,草創編秩,垂被代而出之,凡聞見之所未周,或知之而未

悉,皆不及著,其間名號更易,不可究知,當去反留,當書反闕者,一書之內,夫豈不有,自求其失,則所未逮,故書編目,求取正於當來,唯乃仁人,矜此愚昧,摘瑕補過,易視聽於傳疑,使走不以此爲妄人,乃朝夕庶幾焉。六月庚午,書於筠鄉書舍。"

張國淦《中國古方志考》著錄此書,云:"《輿地紀勝》三十三:興國軍,景物上,回山。八十一:壽昌軍。景物上,夷市、南樓(《圖經引》)、窊樽。景物下,西塞山、武昌山、虎頭山。古迹,樊山戍、避暑宮。仙釋,馬祖禪師。引《土俗編》八條。嘉靖《湖廣圖經志書》二:武昌府,山川,武昌郎山、馬迹山、大冶西塞山、鳳凰山(案,此條作《武昌土俗編》)。寺廟,武昌馬步廟。古迹,武昌梅城夷市。引《土俗編》七條。"

武昌志三〇卷　宋許中應等撰　佚

中應,字成甫,東陽人,直可子。登淳熙十一年(1184)進士,官至奉議郎知光州定城縣。操履純正,爲鄉模範。事迹具《萬姓統譜》卷七十六、《宋元學案補遺》卷六十一。

此書《宋史・藝文志》不著錄,見《直齋書錄解題》卷八地理類。

陳氏曰:"郡守括蒼王信(成之),命教授許中應等撰。"

《郡齋讀書志・附志拾遺》著錄此書,趙希弁曰:"右郡守古括王信所修也,詩文附焉。"

按,王信(1137—1194),字誠之,處州麗水人。紹興三十年(1160)進士,權考功郎官,銓曹以清。累官中書舍人,轉給事中。嘗假禮部尚書使金,歸言金人必衰之兆有四,在我當備之策有二,帝首肯之。信遇事剛果,論奏不避權貴,人多嫉之。出知紹興府,境有㹠獠湖,苦潦,信創啓斗門,導停瀦注之海,化匯浸爲上腴,民繪像以祠,更其名曰王公湖。加煥章閣待制,以通議大夫致仕。紹熙五年(1194)卒,年五十八。

著有《是齋集》。事迹具《宋史》卷四〇〇、《宋史新編》卷一四四、《南宋書》卷三十五、《史質》卷四十四、《宋詩紀事》卷五十一等書。

張國淦《中國古方志考》著録此書，云："《輿地紀勝》十：紹興府，仙釋，介象。三十三：興國軍，景物下，東方山。六十六：鄂州，州沿革，五代屬吳及南唐。景物下，魚嶽山。引《武昌志》四條。"

又著録《大典輯本》，據《大典》至順《鎮江志大典輯本》（將佐）引《武昌志》一條。

富川志三卷　宋李壽朋撰　佚

壽朋，寶慶、紹定間以直顯謨閣守平江，遷知隆興府，兼江西安撫使，以試大理卿移鎮健康。事迹具《南宋制撫年表》《吳郡志》卷十一、嘉靖《池州府志》卷六等書。

此書《宋史・藝文志》不著録，見《郡齋讀書志附志》地理類。

趙希弁曰："右嘉定甲申，守李壽朋修。"

張國淦《中國古方志考》著録此書，云："宣統《湖北通志》九十二：《富川志》十卷，李壽朋撰。《讀書附志》。案，俞彧志序，稱嘉熙中壽朋益爲十卷，與趙希弁所言互異，兩家皆目睹其書，未詳孰是。案：永樂《興國州志》俞彧序，富川至宋紹熙間，知軍趙善宣始爲志六卷，嘉熙中知軍李壽朋益爲十卷，表貢於朝。"

梅川志三卷　宋張洽撰　佚

洽有《五運元紀》一卷已著録。

此書《宋史・藝文志》不著録，見《郡齋讀書志附志》地理類。

趙希弁曰："右寶慶丙午（二年，1226）重修，清江張洽《序》。"

張國淦《中國古方志考》著録此書，云："案：《宋史・道學傳》，張洽時主白鹿書院。又案：廣濟縣東有梅川，故名。"

春陵圖志一〇卷　宋章穎撰　佚

穎有《文州古今記》十二卷已著録。

此書《宋史·藝文志》不著録,見《直齋書録解題》卷八地里類。

陳氏曰:"教授臨江章穎(茂憲)撰。淳熙六年(1179),太守趙汝誼。"

張國淦《中國古方志考》著録此書,云:"《輿地紀勝》五十八:道州,風俗形勝,_{僻在嶺隅}。引《舂陵志》一條。"

長沙志五十二卷　宋褚孝錫撰　佚

孝錫,事迹待考。

此書《宋史·藝文志》未著録,見《直齋書録解題》卷八地理類。

陳氏曰:"郡守趙善俊,以紹熙二年(1191),命教授褚孝錫等七人撰,時陳止齋將漕,相與考訂商略,故序言當與《長樂志》並也。"

按:《宋史·藝文志》地理類著録褚孝錫撰《長沙志》十一卷。十一卷之書,不詳撰人,褚氏所撰,當是五十二卷之書。

續長沙志十一卷　宋不著撰人　佚

此書《宋史·藝文志》不著録,見《直齋書録解題》卷八地理類。

陳氏曰:"不著名氏。録紹興以後事。"

按,《宋史·藝文志》著録褚孝錫《長沙志》十一卷,褚氏所撰,應是五十二卷,此十一卷之書,作者不知姓氏。

岳陽乙志三卷　宋張聲道撰　佚

聲道,字聲之,温州瑞安人。治《尚書》,登淳熙十一年(1184)衛涇榜進士。開禧元年(1205)以太常博士兼説書,除秘書郎,進秘書丞,二年(1206)四月罷。事迹具《南宋館閣續録》卷七、《宋中興東宮官僚題名》、隆慶《岳州府志》卷二等書。

此書《宋史·藝文志》不著録,見《直齋書録解題》卷八地理類。

陳氏曰："《甲集》建安馬子嚴（莊父），《乙集》永嘉張聲道（聲之）所修，皆郡守也。"

張國淦《中國古方志考》著録此書，云："《輿地紀勝》六十九：岳州，景物下，雲夢澤。引《岳陽乙志》一條。又古迹，章華臺。引《乙志》一條。"

又著録張氏所輯《大典輯本》，云："《大典》二千二百五十六：六模（十里壺），二千二百六十一：六模（洞庭湖、洞庭湖、白土湖、青草湖），三千五百二十五：九真（譙門），引《岳陽志》六條。又三千二百零六：八灰（椑）（《邵陽志》），引《岳陽志》一條。其十里壺條張聲道記嘉定辛巳，辛巳嘉定十四年，當是《乙志》。"

渌江志十二卷　宋張耕撰　佚

耕，嘉定間官臨江軍通判、渌江邑令。撰《宅生堂記》。事迹具《光緒湖南通志》卷三十三。

此書《宋史·藝文志》不著録，見《郡齋讀書志附志》地理類。

趙希弁曰："右嘉定中邑令張耕修。"

張國淦《中國古方志考》著録此書，云："《大典》輯本：據《大典》七千五百十：十八陽（社倉），引《渌江志》一條。七千五百十三：十八陽（惠民倉），引長沙縣《渌江志》一條。其社倉條慶元初長沙宰饒幹創社倉，越三十年。《郡齋讀書志附志》：嘉定中邑令張耕修，此《大典》慶元初越三十年，正當嘉定末年。渌江流經醴陵縣，故醴陵有渌江之稱，此曰長沙縣，又引長沙宰，是長沙縣亦曰渌江。"

隆興府圖經不著卷數　宋曾丰撰　佚

丰（1142—？），字幼度，號撙齋，樂安人。乾道五年（1169）進士，以文章鳴。官至散朝大夫，知德慶府，著有《緣督集》四十卷。事迹具《宋史翼》卷二十八、《南宋文範作者考》卷下、《宋元學案補遺》卷五十五、《宋詩紀事》卷五十三等書。

此書《宋史·藝文志》不著録,見《緣督集》卷十七。

曾丰《緣督集》卷十七載《隆興府纂修圖經序》,云:"郡國有志,舊矣。豫章自漢爲郡,歷隋唐至五代,凡千餘年,事迹不勝數,涂廙雷次公所爲記籍,包羅未盡,於大概得矣。其本今亡,李煜齎籍歸朝,豫章郡隨之,更太祖、太宗、真宗三朝拊循,而郡之風物始盛,於是有某氏《祥符圖經》述焉。又更仁宗、英宗、神宗、哲宗四朝培養,而郡之風物始極盛,於是有洪氏《職方乘》述焉。建炎、紹興間,金人南牧,闔郡委烽燼,太上皇中興,拊循三十餘年,始復太平之舊,今猶未有述也。淳熙壬寅(九年,1182),丰承乏假守,至則歲且頻矣,盖惟民瘼是披是革,他未遑。明年,幸歲熟民安而事希,暇日取三書閲之,雖理互有到,而事互有遺,乃選二三僚佐、二三郡士之融於理、熟於土風者,相與類次,每類成,某從而次擇之,一書所述,或詳或略俾從詳,或同或異俾從同,或是或非俾從是,或有或無俾從有,三書皆無,而諸子百家解傳之説,碑碣之所記,長老之所傳,或間有之,乾道、淳熙以來,踵興創出,非三書所及,則各從而增入焉,庶别成一書。又明年某月藁具,余覆校罷,釐爲若干卷,二三僚佐、二三郡士,盖用力多矣,余拱手蒙成,宴集次相勞苦,言兹書首侈龍德之潜,艷府額之賜,所以報上也。次考百家,凡三書輒録,所以補舊也,卒參新舊,合三書而一之,以便觀覽,以備職方氏、史氏採擇貽後也,一舉而三意寓焉,雖少糜公錢,豈所計哉。於是鋟於木,某月某日丰序。"

宜春志一○卷　宋童宗説撰　佚

宗説有《盱江志》一○卷已著録。

此書《宋史·藝文志》不著録,見《直齋書録解題》卷八地理類。

陳氏曰:"袁州教授南城童宗説撰。太守李觀民也。"

按:李觀民,紹興三十一年(1161)由右朝請大夫知袁州,三十二年(1162)五月奉祠。事迹具《正德袁州府志》卷六。

張國淦《中國古方志考》著録此書,云:"(光緒)《江西通志》一百三:謹案:《輿地碑記》稱《舊宜春志》,童宗説編,無卷數,又張嗣古《州志序》云,郡舊有志,距今六十年,則是志當修於紹興末年。《輿地紀勝》二十八:袁州,官吏,王師蕙。引郡志一條。案:此條云紹興末年,當即童宗説志,童《志》修於紹興三十一年。"

新吴志二卷　宋張國均撰　佚

國均,字維之,南城人。宣議郎,嘉定三年(1210)知奉新縣。事迹具《嘉靖建寧府志》卷五。

此書《宋史·藝文志》不著録,見《直齋書録解題》卷八地理類。

陳氏曰:"知奉新縣盱江張國均(維之)撰。新吴,縣舊名。嘉定甲戌。"

張國淦《中國古方志考》著録此書,云:"宋奉新縣,唐以前新吴縣,此沿舊稱。"

(景定)臨川志三十五卷　宋周彦約撰　佚

彦約,臨川縣推官。事迹具隆慶《臨江府志》卷五。

此書《宋史·藝文志》不著録,見《宋史藝文志補》地理類。

張國淦《中國古方志考》著録此書,題宋家坤翁修,周彦約纂。

據弘治《撫州府志》舊序,録載家坤翁《序》,云:"臨汝望於江介,群公先正萃焉,文獻可謂足矣,郡乘顧無成書,先後草創,乃不足證,采者慊焉。坤翁以景定壬戌,被命來守,歲餘少事,屬同志收攬載籍,考訂耆舊,退而相與裁之,合爲三十五

卷,書成,條目粗備,然遺忘尚多,舂容將有待也。會予節趨
閩,以其書託諸推掾周君彦約,覆正闕誤,且哀金俾鋟諸梓,
明年周君來諗曰,鋟梓就矣,宜叙其首。"

祐按:家坤翁,號頤山,四川眉州人。景定三年(1262),以户
部郎中知撫州,吏治甚著,民稱頌之。事迹具《宋蜀文輯存作
者考》《宋詩紀事》卷六十八等。

張氏云:"《輿地紀勝》二十九:撫州,州沿革,於天文爲星紀之分
野。縣沿革,臨川縣、宜黄縣。風俗形勝,五峰三市。官吏,國朝李先。
碑記,東方朔畫像贊。引《臨川志》六條。又三十五:建昌軍,軍
沿革,《禹貢》揚州之城,在天官星紀爲斗之分野。引撫州《臨江志》二條。
《大明一統志》五十四:撫州府,山川,靈谷山、五峰。引《臨川志》
二條。"

又著録《大典輯本》,云:"據《大典》二千二百六十一:六模
(黄土湖),二千二百六十六:六模(神湖、柘湖、沙湖、河湖、月
湖),二千五百三十五:七皆(存齋),二千五百三十六:七皆
(民爲心齋、毋不敬齋),二千五百三十九:七皆(日三省齋),
二千五百四十:七皆(艇齋),二千六百零三:七皆(翻經齋),
二千七百五十四:八灰(雜陂名),二千九百四十九:九真(人
服其神),三千一百四十五:九真(陳軾),三千五百二十五:
九真(學門),三千五百二十七:九真(臺門),七千二百三十
八:十八陽(近民堂),七千五百十三:十八陽(和民倉),七千
五百十四:十八陽(平糶倉、平糴倉),七千五百十六:十八陽
(都倉、省倉、鹽倉、西倉、米倉、東倉),八千零九十二:十九庚
(撫州府城、述陂故城、母城、西豐縣故城、崇仁縣城、安浦縣
故城、新建縣故城、西城縣故城、興平縣故城、巴山郡故城、上
城、下城、巴山縣故城、宜黄縣城、金谿縣城、樂安縣城),一萬
零四百二十二:四濟(李浩),一萬一千零一十六:(姥義府),

一萬四千五百四十五：五御（雜著），二萬零二百零五：二質（畢允升），引《臨川志》四十五條。又七千二百四十二：十八陽（止善堂），引撫州《臨川志》一條。又一萬三千一百三十九：一送（夢龍蟠竈），一萬八千二百二十三：十八漾（柱中有像，取木建像），一萬九千七百八十二：一屋（石座棋局），引撫州府《臨川志》四條。宋有淳熙嘉定《臨川志》，此撫州府城條景定癸亥（四年），太守家户部坤翁補葺，又家坤翁景定《重修州城記》，知是景定家坤翁志。”

又有案注云：“嘉靖《撫州府志》徐良傅後序，郡故有苟伯子《臨川記》與淳熙《志》，雖不可考見，而家太守坤翁所爲景定志，首末圖經具在，上下數百年文獻，開卷了了，無採摘綴緝之難。”

鈐岡志三卷　宋謝好古撰　佚

好古，建安人，嘉定元年（1208）知分宜縣。事迹具正德《袁州府志》（卷六）。

此書《宋史·藝文志》不著錄，見《郡齋讀書志附志》地理類。

趙希弁云：“右嘉定甲戌（七年，1214），邑令謝好古修。”

張國淦《中國古方志考》著錄此書，云：“案：至順《鈐岡新志》歐陽玄序，分宜至南渡嘉定間，謝令謀作縣志，尋復不果，淳祐黄尉，始克成之。又案：鈐岡在分宜縣南二里，袁江南岸，故名。”

寧越志三卷　宋林會撰　佚

會，慶元初官寧越郡守。

此書《宋史·藝文志》不著錄，見《郡齋讀書志附志》地理類。

趙希弁曰：“右慶元改元，郡守林會修。”

張國淦《中國古方志考》著錄此書，云：“《輿地紀勝》一百十九：欽州，縣沿革，安遠縣、靈山縣。引《新寧越志》二條。”

又著録《大典輯本》："據《大典》二千二百六十二：六模（東
湖），引欽州《寧越志》一條。又二千二百六十四：六模（西
湖），又二千二百六十五：六模（寧越南湖、寧越北湖），二千二
百六十七：六模（中湖），七千五百十六：十八陽（都倉、鹽
倉），引《寧越志》六條。"

陵水志三卷　宋劉奕撰　佚

奕，事迹待考。

此書《宋史・藝文志》不著録，見《郡齋讀書志・附志》卷五。

趙希弁曰："右慶元丙辰（二年，1196）郡文學劉奕修，詩
文附。"

廣州圖經二卷　宋王中行撰　佚

中行有《潮州記》一卷已著録。

此書《宋史・藝文志》不著録，見《直齋書録解題》卷八地
理類。

陳氏曰："教授王中行撰。"

張國淦《中國古方志考》著録此書，云："《輿地紀勝》八十
九：廣州，州沿革，領廣南東路。古迹，南海廣利王廟。引《圖經》二
條。又九十：韶州，州沿革，後廣州還治南海。引《廣州圖經》
一條。"

（重修）南海志十三卷　宋李昴英撰　佚

昴英（1201—1257），字俊明，號文溪，番禺人。寶慶二年
（1226）廷對第三，累官吏部侍郎龍土閣待制。在職不畏強
禦，史嵩之，賈似道等俱爲所劾，理宗謂其南人無黨，寶祐五
年（1257）卒，年五十七，謚忠簡（或作文簡）。著有《文溪集》。
事迹具《宋史翼》卷十六、《南宋文範作者考》卷下、《宋元學案
補遺》卷七十九、《宋詩紀事》卷六十四等書。《文溪集》首卷
載《忠簡先公行狀》《文溪先生傳》。

此書《宋史・藝文志》不著錄，見《文溪集》卷三。

李昂英《文溪集》卷三載《重修南海志序》，云："志州之土地風氣，莫先於表其產之良，以矜式生乎後之士，此一書大綱領也。唐賢相起炎方者三：詔之張，曰日南之姜，最後得劉瞻于湟。是時閩聚猶未有此，然皆奇拔於支郡，筦府以廣名甚大，山偉海鉅，秀靈鳩凝。又遲三四百載，菊坡翁始名在白麻臥龍蒲澗之阿，勤天使走半萬里莫能致。古未有命之相不屑者，高風全節，可興百世，是邦宜有紀載，以俟太史氏，而久焉猶缺。帥方公大琮檄張君雷震曰：'丘聚不修，且四十年矣，郡文學爾職，盍討論潤色之。'乃視故府，延問老成人，分授以凡例，使各以其見聞述，然後合而參訂是正焉，壅疏漏衼，誕去實存，又布之衆，使疵瑕咸以爲精當乃已。南國一大典，獲寓目其成，何幸，余何敢涉筆其間乎。惟廣素號富饒，年來浸不逮昔，而文風彪然日以張，雖蕉皋桃林之墟，蠣田蟹窟之嶼，皆渠渠齋廬，幣良師以玉，其子弟絃歌琤相聞，挾藝待試上都者數甚嗇，每連聯登名與中州等，惜人士重於簦笈遠游，所以發其身，秖鄉舉一途，故仕進者鮮。雖然，中天地而立，爲世所珍，必有卓然殊於流俗者，窮達不論也，匹夫匹婦以一行稱于鄉，皆可書，或高顯通貴而泯淪無聞，幢節來南，前後凡幾，清名媺政照圖牒有幾人，使仕此而州志之觀，其孰無强爲善之心哉，亦扶持世教一助也。若曰山川之扁，兵賦之額，鳥獸草木之名而已耳，焉用志。淳祐七年（1247）四月朔，職方氏李昂英序。"

蒼梧雜志不著卷數　宋胡珵撰　佚

珵有《道護錄》一卷已著錄。

此書《宋史・藝文志》不著錄，見《千頃堂書目》卷七地理類中。

臨賀志三卷集二卷　宋不著撰人　佚

此書《宋史・藝文志》不著録,見《郡齋讀書志・附志》卷五地理類。

趙希弁曰:"右莫詳誰所修也,《集》以蘇東坡《答彭賀州啓》爲首。"

益部方物略記一卷　宋宋祁撰　存

祁有《明堂通議》二卷已著録。

此書《宋史・藝文志》不著録,見《四庫全書總目》地理類。

《四庫全書總目》卷七十史部地理類三著録此書,《提要》云:"宋宋祁撰。祁字子京,雍邱人,天聖二年(1024)進士,官至翰林學士承旨,謚景文,事迹具《宋史》本傳。是編乃嘉祐二年(1057)祁由端明殿學士吏部侍郎知益州時所作,因東陽沈立所撰《劍南方物》二十八種,補其闕遺,凡草木之屬四十一,藥之屬九,鳥獸之屬八,蟲魚之屬七,共六十五種,列而圖之,各繫以贊,而附注其形狀於題下,贊居前,題列後,古書體例,大抵如斯,今本《爾雅》猶此式也。其圖已佚,贊皆古雅,蓋力摹郭璞《山海經圖贊》,往往近之。注則頗傷謇澀,亦每似所作《新唐書》,蓋祁叙記之文,類如是也。胡震亨《跋》引范成大《聖瑞花詩》,證是花開於春夏間,祁注稱率以秋開爲非,殆由氣候不齊,各據所見。又引薛濤《鴛鴦草詩》'但娱春日長,不管秋風早'句,證祁注是草春葉晚生之非,則橫生枝節,夫春日已長,非春晚而何歟? 至虞美人草自屬借人以名物,如菊號西施之類,必改爲娱美人草,曲生訓釋,是則支離無所取耳。"

此書之傳本:臺北"故宫博物院"有清文淵閣《四庫全書》本。

收入叢刻者有:《説郛》本、《秘册彙函》本、《津逮秘書》本、《學津討原》本、《湖北先正遺書》本。

成都古今集記三〇卷　宋趙抃撰　殘

抃有《新校前漢書》一〇〇卷已著録。

此書《宋史·藝文志》地理類著録，惟'抃'誤作'朴'，今正。

明嘉靖《四川總志·藝文志》載趙抃《序》，云："僕繇慶曆至今四入蜀，凡蜀中利害情僞，風俗好惡，瞭然見之不疑。嘗謂前世之士，編摭記述，不失於疏略，則失於漫漶；不失於鄙近，則失於舛雜，嚮治平末，因取《續耆舊傳》而修正之。去年陳和叔翰林，以書見貽，俾僕著古今集，別爲一書，此固僕之夙心而未有以自發也，繇此參訪舊老，周咨碩生，緝以事類，成三十卷。不始乎蠶叢，而始乎牧誓之庸蜀，從經也，從經則蠶叢不必書，而書之於後，何也？揚雄紀之，吾棄之不可也，參取之而已矣。事或至於數説，何也？久論之難詳也，昔者齊太公仕於周，司馬遷有三説焉，疑以傳疑可也。神怪死生之事，不可以爲教，書之何也？吾將以待天下之窮理者也。書亂臣所以戒小人，書冠盜所以盡出没，書蠻夷所以盡制禦之本末，終之以伐蜀，使萬世之下，知蜀之終不可以苟竊也。其間一事一物，皆酌考衆書，釐正訛謬，然後落筆，如關羽墓，今荷聖寺闃然有榜焉，而仁顯者孟蜀末僧也，作《華陽記》云，墓在草場，廟在荷聖，此目擊之所當棄而從仁顯者也。若夫知之有未至，編之有未及，則亦一人之功，不可以求備，然竊意十得八九矣，後之君子，其亦有照於斯乎？"

又載范百禄《序》，云："熙寧壬子八月，詔以參知政事趙公爲資正殿大學士，再蒞此府，會翰林學士陳公和叔與之書曰，蜀事可觀，惜其墜落，泯泯不耀，公慨然留意，每政事間隙，延多學博識之士，與之講求故實，掇採舊聞，若耳目所及，參諸長老，考覈是非，自開國權輿，分野占象，州部號名，因革之別，其鎮其浸，岡聯派属之詳，都城邑郭，神祠佛廟，府寺宫室，學

官樓觀，囿游池沼，建創之目，門閭巷市，道里亭館，方面形
勢，至於神仙隱逸，技藝術數，先賢遺宅，碑版名氏，事物種
種，瓌譎奇詭，纖嗇畢書。繇秦漢已來，凡爲守令犖犖有風迹
者若干人，有唐迄今，知府事居多閎碩端毅之望又若干人，其
行事暴於圖史，不可勝述，其始至若代去之年月，序次昭然著
矣。厥生鉅人，千古不乏，澤我文化，俊逸迭起，科選德進，相
踵于朝，數百年間，無一遺者，物有其善，雖毫釐云補，實足以
爲一方盛觀。嗚乎！ 既有政以孚其惠，又爲書以憲厥後，公
之於蜀，可謂志得而道備矣。書成凡若干篇，以類相從，爲三
十卷，名曰《成都古今集記》，人之觀之，信乎蜀之爲重於天
下，非虛也哉。”

按：范百禄(1030—1094)，字子功，成都華陽人，鎮兄子。第
進士，舉才識兼茂科。累官翰林學士，爲哲宗言分別邪正之
目，以類相反，凡二十條。以龍圖閣學士知開封府，勤於民
事，獄無繫囚，拜中書侍郎，後以資政殿學士知河南府。紹聖
元年卒，年六十五，謚文簡。著有《詩傳補注》二十卷、文集五
十卷、《內制集》五卷、《外制集》三卷、奏議十卷等。事迹具
《宋史》卷三三七、《宋史新編》卷一一二、《史質》卷二四、《東
都事略》卷七七、《宋元學案》卷一九、《宋詩紀事》卷二一
等書。

《郡齋讀書志》卷八地理類著録《成都古今記》三十卷，晁氏
曰：“右皇朝趙抃編。抃自慶曆至熙寧，凡四入蜀，知蜀事爲
詳，摭其故實，以類相從，分百餘門。”

《直齋書録解題》卷八地理類著録《成都古今集記》三十
卷，陳氏曰：“知府事信安趙抃(閱道)撰。清獻自慶曆將
漕之後，凡四入蜀，知蜀事爲詳，故成此書。熙寧七年也。”

張國淦《中國古方志考》著録此書，云：“《輿地紀勝》一百五十

四：潼川府，府沿革，_{肅宗時分蜀爲東西川。}引趙清獻公《成都記》一條。又一百四十六：嘉定府，成都府録，提點刑獄司，一百五十一：永康軍，風俗形勝，_{古魚鳧之國。}景物下，_{大皀水。}一百五十五：遂寧府，_{轉運使。}引《成都記》四條。《輿地碑記目》四：成都府，碑記，_{蘇文忠公留題。}引《成都記》一條。嘉靖《四川總志》十六：_{雜志。}八陣圖附，引趙清獻公《集記》一條。《蜀中廣記》一：名勝記，_{成都府錦樓。}二：_{張儀樓、老子乘青牛。}三：_{高駢大玄城。}四：_{王建紅樓。}五：_{新都縣宋興成山，温江縣金烏池、女郎祠。}六：_{灌縣李冰三石人，虚閣棧道。}八：_{簡州瑞應院、資縣唐田游巖。}六十一：方物記，_{木犀、浦鎮四大楠。}七十三：神仙記，_{白龍廟。}引《古今集記》十三條。又二：名勝記，_{成都府真珠樓。}五十五：風俗記，_{曩時宴會、宴罷妓以清詞送茶、往昔太守、太守領客。}引《清獻公記》四條。又五：_{雙流縣衡山鬼怪。}引趙閲道記一條。又五十五：風俗記，_{王生聞樂。}六十一：_{石室有二古柏、荼蘼花、蘭紀寢殿生花。}六十七：_{蜀牋十樣。}六十九：_{唐鐵券二。}一百五：畫苑記_{草堂寺、府衙西北畫前益州五長史真記、藥師院。}引《成都古今記》八條。又七十一：神仙記，_{懸壺處。}引《古今記》一條。又九十四：著作記，_{黄帝陰符。}引《成都古今集記》一條。又一：名勝記，_{成都府赤塗城、隋蜀王秀、猼村。}二：_{夫人姓任氏、大慈極樂院。案此即《紀勝・碑記》蘇文忠公留題。}三：_{高駢羅城、昇仙山、望鄉台。}五：_{彭縣草皋夢。}六：_{灌縣江水出羊膊山、古魚鳧國。}一百五：畫苑記，_{極樂院、正覺寺。}引《成都記》十三條。"

又云："案：成化《成都府志》彭韶序，宋熙寧間趙清獻公再知成都，如刪修古今事爲《集記》。紹興間制置王恭簡公，再集熙寧以來事爲《續記》。至淳熙間范石湖、胡長文二公相繼帥蜀，又集南渡以後事爲丙丁二記。丙丁者意以《集記》爲甲，《續記》爲乙，且次第以俟後人於無窮也，凡事目創於《集記》，後三集皆祖述之。四記者今皆行於世。"

按：此書明以後即不見全本。《説郛》收録九條,《重編説郛》則收録十一條。

續成都古今集記二十二卷　宋王剛中撰　佚

剛中(1103—1165),字時亨(一作時享),又字居正,饒州樂平人。紹興十五年(1145)進士第二,任某州推官,改左宣義郎,故事當召試,秦檜怒其不詣己,授洪州教授。檜死,遷中書舍人,言禦敵先務,帝韙之。以龍圖閣待制知成都府,檢身以法,不立涯塹,馭吏恩威並行。孝宗時同樞密院事。乾道元年(1165)卒,年六十三。贈資政殿大學士,謚恭簡。著有《易説》《春秋通義》《仙源聖紀》《經史辨》《漢唐史要覽》《天人修應録》《應齋筆録》《東溪集》等。事迹具《宋史》卷三八六、《宋史新編》卷一四二、《史質》卷二十六、《南宋書》卷二十等書。

此書《宋史・藝文志》不著録,見《直齋書録解題》卷八地理類。

陳氏曰:"知府事王剛中(居正)撰。寔紹興三十年(1160)。余嘗手寫《洛陽名園記》而題其後曰:'晋王右軍聞成都有漢時講堂,秦時城池、門屋、樓觀,慨然遠想,欲一游目。其與周益州帖,蓋數致意焉。近時吕太史有感於宗少文臥游之語,凡昔人紀載人境之勝,録爲一編。其奉祠亳社也,自以爲譙、沛真源,恍然在目,而兖之太極、嵩之崇福、華之雲臺,皆將臥游之。噫嘻! 弧矢四方之志,高人達士之懷,古今一也。顧南北分裂,蜀在境内,雖遠,患不往爾,往則至矣。亳、兖、嵩、華視蜀猶邇封也,欲往其可得乎? 然則太史之情其可悲也已! 余近得此記,手寫一通,與《東京記》《長安(志)》《河南志》《夢華録》諸書並藏,而時自覽焉,是亦臥游之意云爾。于時歲在己丑,蜀故亡恙也。後七年而有虜禍,秦、漢故迹,焚蕩無遺,今其可見者,惟此二記耳,而板本亦不可復得矣。嗚呼，悲夫！'己丑，實理宗紹定二年（1229）也。後七年，即理宗端平三年（1236）丙申歲。是年，自九月二十九日夜，沔利部統兼關外四川安撫、知沔州曹友聞戰死之後，十二月，北兵入普州、順慶、潼川府，破成都，掠眉州，五十四州俱陷破，獨夔州一路及瀘、果、合數州僅存。友聞初以明經登丙戌科，綿谷縣尉。制置桂如淵擢爲天水教授，與田遂、陳瑀俱招忠義，官至員外郎。自乞換武，積官至眉州防禦使、左驍衛大將軍。朝廷贈龍圖學士、大中大夫，賜廟褒忠，謚曰節。所部皆精銳，虜畏之，目爲'短曹遍身膽'，時人稱之曰：'元戎制勝世間有，教授提兵天下無。'是役也，北之主將統兵者，四太子并達海也。"

嘉靖《四川總志·全蜀藝文志》卷三十序志載王剛中《序》，云："昔清獻公剛取張彰、句延慶、鄭暐、盧求、張周封等書爲《成都古今集記》三十卷，凡廢興遷徙，及城郭官府、坊市庫廄、儒宮佛室、仙館神祠、陵墓渠堰、樓臺池苑之名數，與風俗之好惡、人物之臧否、方伯監司之至去、蠻夷寇盜之起滅、木石之殊尤、蟲魚之變怪，靡不畢載，其采獲貫穿，亦勤且詳矣。自熙寧訖今，凡十九年，事當紀述者，蓋難遽數，而舊記莫或踵繼，見聞異辭，日月寖久，恐遂湮滅，可不惜哉。晉陵胡丞公至常命僚屬論次，未究端緒，尋遷宣撫使，事復中輟。余來此將周歲，蒙國威靈，邊候幸帖息，斯民亦安堵如故，因以閒隙，搜訪纂輯，作《續記》凡二十二卷。前記載古事往往有差誤，則辨正之，脫遺則補足之，清獻所云知之有未至，編之有未及者，余固不免也，其亦待於後之君子乎。"

張國淦《中國古方志考》著録此書，云："嘉靖《四川總志》十六：_{雜志}。八陣圖附，引王恭簡公《續記》一條。《蜀中廣記》七十八：神仙記，_{清獻公知成都秩滿}。引《集記》一條。_{案：此引清獻}

公,自非趙忭《集記》,據録作王剛中《續記》。又一百五:畫苑記,成都禮殿
《聖賢圖》。一百八:畫苑記,張忠定公畫像。引《續古今記》
二條。”

閬苑記三〇卷　宋何求撰　佚

求,閬中人,熙寧中以博文強記,嘗謂宋涉《隆苑記》疏略,乃
衰次書三十卷。事迹具《輿地紀勝·閬州·人物》

此書《宋史·藝文志》不著録,見《四川通志》卷一八四雜
史類。

按:《宋史·藝文志》地理類有王震《閬苑記》三十卷。《輿地
紀勝》引此書謂之《前記》,引王震謂之《新記》。

閬苑續記二十六卷　宋曹無忌撰　佚

無忌,閬中人,事迹待考。

此書《宋史·藝文志》不著録,見《四川通志》卷一八四史部雜
史類。

《四川通志》卷一八四史部雜史類著録此書,云:“宋曹無忌
撰。曹學佺曰:何求以舊隆《苑》爲疏略,乃廣之。其後曹無
忌又增二十六卷。俱閬中人。”

張國淦《中國古方志考》著録此書,云:“《輿地紀勝》一百八十
五:閬州,碑記,《續記》,曹無忌文。《蜀中廣記》九十六:《閬苑
續記》,《保寧志》云,閬中何求,以宋涉《隆苑記》疏略,乃衰次三十卷,爲《閬苑
記》,其後同縣曹無忌,又續爲二十六卷,其書自元符三年起,修至紹興二十五年止.’
《輿地紀勝》一百八十五:閬州,風俗形勝,其民質直好義。引《續
記》一條。”

嘉州志二卷　宋吕昌明撰　佚

昌明,字潛叔,元祐中以朝散大夫知嘉定州。清雅有操行,能
詩,與東坡善。事迹具嘉慶《四川通志》卷一一四。

此書《宋史·藝文志》不著録,見《郡齋讀書志》(卷八)地理
類,晁氏曰:“皇朝吕昌明以《嘉州圖經》增廣之。”

張國淦《中國古方志考》著録此書，云："《蜀中廣記》六十一：方物記，_{凌雲山、清音亭、柏}。六十二：方物記，_{海棠花}。六十三：方物記，_{産月竹}。八十五：高僧記，_{九頂寂心禪師}。一百五：畫苑記，_{楚狂接輿像、郭璞像}。引《嘉州志》八條。"

江陽譜不著卷數　宋曹叔遠撰　佚

叔遠有《永嘉志》二十四卷已著録。

此書《宋史·藝文志》不著録，見《溫州經籍志》卷十地理類。

《溫州經籍志》卷十地理類云："《江陽譜》，八册，宋曹叔遠撰，未見。《輿地紀勝》卷一百五十三《潼州府路瀘州碑記》：《江陽譜》，永嘉曹叔遠編集。《四庫全書總目》卷八十一《宋朝事實》二十卷，宋李攸撰，陳振孫《書録解題》稱其官爲承議郎，而不詳其里貫，《江陽譜》稱政和初編輯《西山圖經》《九域志》等書，瀘帥孫羲叟招（原注下有闕文。）書上，轉三官，張浚入朝，約與俱，以家事辭。其書據《江陽譜》，蓋上起建隆，下迄宣和，凡六十卷，其三十卷先聞於時，後以餘三十卷上之，因語觸秦檜，寢其書不報，故晁、陳二家書目俱作三十卷，與譜相合。案：《方輿勝覽》卷六十二：潼州府路瀘州郡名曰江陽，《宋史》卷四百十六本傳載文肅嘗通判涪州，後守遂寧，未嘗官瀘州，蓋史文缺略。《江陽譜》，明《文淵閣書目》尚有著録。《四庫提要》《宋朝事實》下亦引其語，不注出處，疑《永樂大典》内尚載其書也。"

按：張國淦《中國古方志考》著録此書，並據《永樂大典》輯録："《大典》二千二百十七：六模（瀘州：分野本州、城池本州、江安縣、合江縣、坊巷街道本州、江安縣、合江縣、鄉都本州、江安縣、合江縣、橋本州、渡），二千二百十八：六模（瀘州：山川、池、宮室、樓、亭、庵、堂、館、齋、廬、蓊邃、翠壑），七千二百三十八：十八陽（阜民堂），九千七百六十五：二十二覃（讀書巖),又二千八百零六:八灰(卑、牧、卑嶧、卑嶠、卑杲),七千二百二十八:十八陽(卑民堂),九千七百六十九:二十二覃(讀書巖),引《江陽譜》三十條。"

(三)邊防之屬

江東地利論一卷　　宋陳武撰　　輯

武,字蕃叟,溫州瑞安人,傅良族弟,長於《春秋》。淳熙五年(1178)進士,累官至國子正,入慶元黨籍。學禁解,起爲秘書丞,後以右文殿修撰知泉州。事迹具《宋元學案》卷五十三、《宋元學案補遺》卷五十三,《止齋文集》卷四十六有《祭蕃叟弟母夫人文》。

此書《宋史·藝文志》不著録,見《四庫全書總目》地理類存目四。

《四庫全書總目提要》卷七十五史部地理類存目四著録此書,《提要》云:"宋陳武撰。武始末未詳。所論凡十篇,首論東南北古昔爲最盛,次論南北勝負之勢,次論東南地勢在江淮,次論西南地勢在巴蜀,次論合淝濡須攻守之要衝,次論襄漢荆南上流之重鎮,次論襄陽爲江陵捍蔽,次論壽春爲江東捍蔽,次論西臨關隴東瞰青齊以取中原,次論中外盛衰在於天時。大抵亦與《江東十鑑》相表裏,蓋宋南渡後人人能爲是言也。"此書傳本罕見,《四庫全書總目》地理類存目據《永樂大典》輯本著録。

東南防守利便三卷　　宋陳克、吳若撰　　存

克(1081—?),字子高,自號赤城居士,臨海人,僑居金陵,貽序子,不事科舉,吕祉帥建康辟爲屬,紹興中爲敕令所删定官。工詩詞,著有《天台集》。事迹具《南宋書》卷六十三、《南宋文範作者考》卷上、《宋元學案補遺》卷五、《宋詩紀事》卷四

十六、景定《建康志》卷四十九等書。

若，字秀海，官建康通判。事迹具《南宋書》卷六十五。

此書《宋史·藝文志》不著錄，見《四庫全書總目》地理類存目四。

《四庫全書總目》卷七十五史部地理類存目四著錄此書，《提要》云："宋陳克、吳若同撰。考《宋史·呂祉傳》，祉知建康與吳若等共議作此書上行在，大略謂立國東南，當聯絡淮甸荆蜀之勢，蓋專爲南宋立言者也。此本刊於明崇禎間，前有祉進書繳狀一篇，稱吳若爲本府通判，蓋其幕屬云。"

按：呂祉（1092—1137），字安老，建陽人，宣和三年（1121）進士，建炎初爲右正言，以論事忤執政。紹興七年（1137）遷兵部尚書。張浚命王德爲都統制，以酈瓊爲之副，瓊與德素不協，乃命祉往廬州節制之。祉秘奏乞罷瓊兵權，事泄，瓊遂叛降劉豫，祉遇害，年四十六，妻吳氏自縊以殉。事迹具《宋史》卷三七〇、《宋史新編》卷一三四、《史質》卷六十八、《南宋書》卷十四、《宋元學案補遺》卷四十四等書。

此書之傳本：臺北"國家圖書館"有明崇禎乙亥（八年，1635）茅氏浣花居刊本。收入叢刻者有：《芝園秘録初刻》本、《學海類編》本、《藝海珠塵》本、《台州叢書續編》本。

邊防控扼形勢圖論一卷　宋江默撰　輯

默，字德功，崇安人。乾道五年（1169）進士，知建寧縣，有政聲，嘗考本朝典章，爲書名《日綱集》，凡三十六卷上之。又有《易訓解》八卷、《四書訓詁》六卷等。事迹具《考亭淵源録初稿》卷十一、《閩南道學源流》卷十二、《閩中理學淵源考》卷二十、《宋元學案》卷六十九、《宋元學案補遺》卷六十九、道光《福建通志》卷一八二等書。

此書《宋史·藝文志》不著録，見《四庫全書總目》地理類存目四。

《四庫全書總目》卷七十五史部地理類存目四著録此書，《提要》云：“宋江默撰。默始末未詳。其進書狀有云：‘臣効官極邊四載，考究今古地名形勝，撰列《邊防控扼形勢圖》，并論二十四首，緒寫成册，皆是今日邊防急務，不如此行，則淮西不可守，無淮西，則長江不可恃，昔三國無淮西，亦守巢湖，不敢退守長江，以長江千里，不可勝守，而巢湖兩岸阻山，中間阻水，易守故也。今日有兩淮，何爲退守池州、江州，棄巢湖之險哉。’其論亦劂切，然不論攻而論守，其作於和議之後歟。”

此書久佚，《四庫全書總目》據《永樂大典》輯本著録。

西南備邊志十二卷　　宋鄧嘉猷撰　　佚

嘉猷，事迹待考。

此書《宋史·藝文志》不著録，見《直齋書録解題》卷八地里類。

陳氏曰：“嘉州進士鄧嘉猷撰。紹興末，犍爲有蠻擾邊。初莫知其何種族也，已而有能辨識其爲虚恨蠻者。時蜀邊久無事，既去，而朝廷憂之，詔有司經度。嘉猷取秦、漢以來訖於本朝，凡史傳所載蠻事，皆著於篇，時乾道中也。其爲志九，爲圖一。”

（四）專志之屬

景德朝陵地理記三○卷　　宋邢昺等撰　　佚

昺，字叔明，濟陰人，太宗時擢九經及第，官終禮部尚書，嘗與杜鎬、孫奭等校定三禮、三傳、《孝經》《論語》《爾雅》等書義疏。事迹具《宋史》卷四三○、《宋史新編》卷一六三、《東都事略》卷四六及《隆平集》卷一三等書。

此書《宋史·藝文志》地理類著録。

按：《玉海》卷一五"景德地里記"條云："(景德)四年(1007)二月己巳次西京，乙亥(七日)命侍講學士邢昺、侍讀學士吕祐之，龍圖待制杜鎬、戚綸、陳彭年編集車駕所經地理古迹以聞，祥符元年(1008)八月乙巳，昺等纂成三十卷。一本云六十卷。目曰《景德朝陵地里記》，詔褒之。又嘗命官撰《兩京記》，不及成書。"一本作六十卷者，蓋每卷分上下也。

續南荒録一卷　宋陳隱之撰　佚

隱之，生平待考。

此書《宋史·藝文志》地理類著録。

按：此書諸家書目罕見著録。

歷代宫殿名一卷　宋李昉撰　佚

昉有《歷代年號》一卷已著録。

此書《宋史·藝文志》地理類著録。

《直齋書録解題》卷八地理類著録《歷代宫殿名》一卷，陳氏曰："翰林承旨李昉等纂。歷代及僭偽宫殿、門闕、樓觀、園苑、池館名，無不畢録。"

南朝宫苑記一卷　宋不著撰人　佚

此書《宋史·藝文志》地理類著録。

《直齋書録解題》卷八地理類著録《六朝事迹》二卷，《南朝宫苑記》二卷，陳氏曰："不知何人作，記六朝故都事迹頗詳。"

按：此書《宋志》作一卷，陳《録》作二卷。又此書唐以前諸家書目未見，蓋宋時人所爲也。

(五) 山水之屬

岳瀆福地圖一卷　宋不著撰人　佚

此書《宋史·藝文志》地理類著録。

按：此書諸家書目罕見著録。

華山記一卷　宋不著撰人　佚

此書《宋史·藝文志》地理類著録。

衡山記一卷　宋不著撰人　佚

此書《宋史·藝文志》地理類著録。

峨眉山記二卷　宋不著撰人　佚

此書《宋史·藝文志》地理類著録。

按：《直齋書録解題》地理類著録《華山記》一卷，云："不知名氏。"右三編蓋並宋時人所爲。

宣和編類河防書一九二卷　宋不著撰人　佚

此書《宋史·藝文志》地理類著録。

按：此書諸家書目罕見著録，宣和(1119—1125)徽宗年號也。

嶺表異物志一卷　宋不著撰人　佚

此書《宋史·藝文志》地理類著録。

按：唐劉恂有《嶺表録異》三卷，今有輯本行世。此編《宋志》始見，蓋宋時人所爲。

南海異事五卷　宋不著撰人　佚

此書《宋史·藝文志》地理類著録。

按：此編諸家書目罕見著録。

九華山記二卷　宋釋應物撰　佚

應物，生平待考。

此書《宋史·藝文志》地理類著録。

九華山舊録一卷　宋釋應物撰　佚

此書《宋史·藝文志》地理類著録。

王屋山記一卷　宋李居一撰　佚

居一，生平待考。

此書《宋史·藝文志》地理類著録。

峽山履平集一卷　宋司馬儼撰　佚

儼，字季若，夏縣人，光從曾孫。淳熙十三年（1186）嘗知海陵縣。事迹具《宋詩紀事補遺》卷五六。《爛湖集》卷一〇載海陵縣齋不欺堂説、跋司馬家藏薛紹彭臨寶章帖、司馬氏子字説，可藉考其生平。

此書《宋史·藝文志》地理類著録。

峽江利涉集一卷　宋潘子韶撰　佚

子韶，生平待考。

此書《宋史·藝文志》地理類著録。

導河形勝書一卷　宋李垂撰　佚

垂，字舜工，聊城人，咸平中登進士第，累遷館閣校理，出知均州卒，年六十九。事迹具《宋史》卷二九九、《宋史新編》卷九三及《東都事略》卷六〇等書。

此書《宋史·藝文志》地理類著録。

按：《宋史·李垂傳》云：“上《導河形勝書》三卷，欲復九河故道，時論重之。”《宋志》僅一卷者，疑非完本。

武夷山記一卷　宋劉夑撰　佚

夑，字道元，建州崇安人，大中祥符間進士，歷陝州廣州，以户部侍郎致仕，英宗即位，遷吏部卒，年八十三。著有《應制集》《奏議集》等。事迹具《宋史》卷二九八本傳。

此書《宋史·藝文志》地理類著録。

按：《宋史·劉夑傳》云：“大臣議欲修復河故道，夑極言其不可，遂罷，遷工部侍郎知福州，請解官入武夷山爲道士，弗許。”知其愛武夷山之形勝也。

羅浮山記一卷　宋郭之美撰　佚

之美，字君錫，廬陵人。少聰敏加人，從其父學，景祐元年（1034），年十八，與其父同日登第進士。歷蘄春、淮陰尉，梧州户參,惠州轉運使,簽書南雄州判官公事,官至尚書屯田員外郎。治平二年(1065)卒,年五十。事迹具《端明集》卷四〇《尚書屯田員外郎郭公墓誌銘》。

此書《宋史·藝文志》地理類著録。

按:《直齋書録解題》卷八地理類著録《羅浮山記》一卷,陳氏曰:"廬陵郭之美撰,皇祐辛卯(三年,1051)序。"

又按:嘉靖《廣東通志》卷四二云:"《羅浮山記》一卷。郭之美《羅浮山記序》:'羅浮之名,旁出傳記,蓋云舊矣,而僻在遐壤,游者罕到,故巖谷幽邃,風氣靈異,人不得而知之。余皇祐中爲惠掾,被命閲銀冶,遍走山下,訪諸耆舊,以爲山自蓬萊所分,蓋神仙之所宅,頗怪其説。乃登石樓,俯視滄海,洪波浩潏,汎瀁無際。而三山之勢,若漂泊乎其上,信乎風俗所傳,良有質也。又訪諸山僧,則得唐元和中黄野人所集異事二十條,言多鄙俚,而意或可采。及晋梁以來,達於我朝,繼有賢者,或贊記篇咏,歷歷在石。因考諸圖牒博聞,集成《山記》一卷,至於方域之本源,歷代之崇廢,雲泉丘壑之異,草木鳥獸之名,皆録其可知者,庶乎太史之遠求,職方之博訪,一開卷而得之矣。'"

茅山記一卷　宋陳倩撰　佚

倩,字君美,建安浦城人,元豐二年(1079)朝散大夫,直集賢院度支郎中,爲廣西轉運使。事迹具《宋詩紀事補遺》卷二四。

此書《宋史·藝文志》地理類著録。

按:陳振孫《直齋書録解題》卷八地理類著録《茅山記》一卷,云:"嘉祐六年(1061),句容令陳倩修。"

豫章西山記二卷　宋李上交撰　佚

上交,贊皇人,慶曆六年(1046),由荆湖南路轉運判官知筠州。皇祐二年(1050),以職方員外知福州。四年(1052)八月

乙未,以坐失禦賊,爲太常博士。著有《近事會元》五卷。事
迹具《北宋經撫年表》《續資治通鑑長編》。

此書《宋史・藝文志》地理類著録。

按:陳振孫《直齋書録解題》卷八地理類著録《豫章西山記》一
卷,云:"贊皇李上交撰。嘉祐丁酉歲(二年,1057)。"

又按:《容齋三筆》卷一五云:"嘉祐二年(1057),雒陽人職方
員外郎李上交來豫章東湖,有辨總持寺牒,後列銜事。"此編
蓋當時所撰也。

六峰志一○卷　宋劉昌詩撰　佚

昌詩,字興伯,江西清江人,開禧元年(1205)進士,嘉定間官
六合縣令,著有《蘆浦筆記》《六合縣志》。清謝延庚修《六合
縣志》卷五載其事迹,卷七載其嘉定戊寅(十一年,1218)八月
庚子所撰《六合縣題名續碑記》。

此書《宋史・藝文志》地理類著録。

離畢志一○卷　宋不著撰人　佚

此書《宋史・藝文志》地理類著録。

《宋志》注云:不知何人編。

鴈山行記一卷　宋陳謙撰　佚

謙,字益之,傅良從弟,乾道進士,歷官寶謨閣待制,江西湖北
副宣撫使,著有《易菴集》《永寧編》等。事迹具《宋史》卷三九
六、《宋史新編》卷一四七等書。

此書《宋史・藝文志》地理類著録。

《直齋書録解題》卷八地理類著録《雁山行記》一卷,陳氏曰:
"永嘉陳謙撰。嘉定己巳(二年,1209)游山,直至絶頂得所
謂雁蕩者,前人蓋未之識也,然繼其後者,亦未有聞焉。"

按:此編《宋志》云:"不知何人編",是其偶疏,今據陳《録》署
陳謙撰。

九丘總要三四〇卷　宋王日休撰　佚

日休有《養賢録》三二卷已著録。

此書《宋史·藝文志》地理類著録。

按:《玉海》卷一五載《淳熙九丘總要》三百四十卷,云:"先是王日休(新池州守)上二十卷,詔寧國府給扎寫之,六年(1179)七月進,八月八日詔遷秩。郡邑廢置,地理遠近,人物所聚,古迹所在,物産所宜,該載詳備。郡縣以今名爲正,舊所名者隨聲韻編次,附之卷末"是王書本二十卷、三百四十卷者,後代所重修增益也。清倪燦《宋史藝文志補》,黄虞稷《千頃堂書目》卷八所著録者,並作三百四十卷。

南嶽勝概一卷　宋錢景衎撰　佚

景衎,生平待考。

此書《宋史·藝文志》地理類著録。

按:《宋志》道家類又著録此書,惟"概"下有"編"字,一書複出也。

句曲山記七卷　宋曾泂撰　佚

泂,生平待考。

此書《宋史·藝文志》地理類著録。

黄山圖經一卷　宋汪師孟撰　佚

師孟,生平待考。

此書《宋史·藝文志》地理類著録。

霍山記一卷　宋林須撰　佚

須,循州知州。

此書《宋史·藝文志》地理類著録。

《直齋書録解題》卷八地理類著録《霍山記》一卷,陳氏曰:"知循州林須撰,山在循州境内。"

考《輿地紀勝》卷九一"循州·古迹"條"王三廟"引《霍山記》,

又"景物(上)"條"霍山"下引舊記一條。

九華山新録一卷　宋滕宗諒撰　佚

宗諒,字子京,河南人,與范仲淹同年舉進士,其後仲淹稱其才,乃以泰州軍事推官召試學士院,改大理寺丞。慶曆中以仲淹薦,擢天章閣待制,坐事謫守岳州,遷知蘇州卒。有《唐統制》《擬狀注制集》《岳陽樓詩》等。事迹具《宋史》卷三〇三、《宋史新編》卷九五、《名臣碑傳琬琰集》中集卷二及《北宋經撫年表》等書。

此書《宋史·藝文志》地理類著録。

九疑考古二卷　宋吳致堯撰　佚

致堯,字格甫,又字聖任,政和進士,著有《歸愚集》。事迹具《京口耆舊傳》卷五。

此書《宋史·藝文志》地理類著録。

《直齋書録解題》卷八地理類著録《九疑考古》二卷,陳氏曰:"道州崇道主簿吳致堯(格甫)撰。取《舂陵志》所紀而爲詩以記之。宣和甲辰(六年,1124)序。"

按:《舂陵志》,蓋即孫枦《舂陵圖志》一〇卷也,孫志《宋志》著録,今亦亡佚矣。

江行圖志一卷　宋不著撰人　佚

此書《宋史·藝文志》地理類著録。

按:《宋志》注云:"沈該訂正,不知作者。"該有《神宗寶訓》一〇〇卷已著録。

大禹治水玄奧録一卷　宋不著撰人　佚

此書《宋史·藝文志》地理類著録。

按:《宋志》注云:"不知作者。"

廬山事迹三卷　宋不著撰人　佚

此書《宋史·藝文志》地理類著録。

　　按：《宋志》注云：“不知作者。”

續廬山記一卷　宋李常撰　佚

　　常有《元祐會計録》三卷已著録。

　　此書《宋史·藝文志》地理類著録。

四明山記一卷　宋不著撰人　佚

地理圖一卷　宋不著撰人　佚

南岳衡山記一卷　宋不著撰人　佚

考城圖經一卷　宋不著撰人　佚

常州風土記一卷　宋不著撰人　佚

清溪山記一卷　宋不著撰人　佚

水山記一卷　宋不著撰人　佚

茅山新記一卷　宋不著撰人　佚

　　右八書《宋史·藝文志》地理類著録。

　　按：右諸書《宋志》注云：“並不知作者。”

廬山拾遺二〇卷　宋朱端章撰　佚

　　端章有《南康記》八卷已著録。

　　此書《宋史·藝文志》地理類著録。

續廬山記四卷　宋馬紆撰　佚

　　紆，廣陵人，郡守。

　　此書《宋史·藝文志》地理類著録。

　　《直齋書録解題》卷八地理類著録《續廬山記》四卷，陳氏曰：
　　“南康守廣陵馬玕録山中碑記之文，以續前録。”

　　按：此書撰人，《宋志》作馬紆，陳《録》作馬玕，未審孰是。又
　　所謂前録，蓋指陳舜俞《廬山記》三卷，陳書今猶存世。

九華拾遺一卷　宋劉放撰　佚

　　放，字世疏，青陽人。隱居九華之雙峰下，自題石壁曰：“清隱
　　巖”。事迹具《乾隆江南通志》卷一六九。

此書《宋史·藝文志》不著録，見《直齋書録解題》卷八地理類。

陳氏曰："山居劉放至和二年（1055）自序曰：'滕天章作《新録》於前，沈太守撰《總録》於後，博考傳聞，復得三十餘節。'"

何氏山莊次序本末一卷　宋何異撰

異有《中興百官題名》五〇卷已著録。

此書《宋史·藝文志》不著録，見《直齋書録解題》卷八地理類。

陳氏曰："尚書崇仁何異（同叔）撰。其別墅曰三山小隱。三山者，浮石山、巖石山、玲瓏山，其實一也。周回數里，叙其景物，序爲此編。自號月湖，標韻清絶，如神仙中人，膺高壽而終。其山聞今蕪廢矣。"

廬山記三卷　附廬山紀略一卷　宋陳舜俞撰　廬山紀略　宋釋慧遠撰　存

舜俞，字令舉，湖州烏程人。博學強記，舉慶曆六年（1046）進士，嘉佑四年（1059）又舉制科第一。熙寧三年（1070）以屯田員外郎知山陰縣。青苗法行，舜俞不奉令，上疏自劾，責監南康軍酒税，五年而卒。舜俞始嘗棄官，歸居秀洲之白牛村，自號白牛居士。已而復出，遂貶死，蘇軾爲文哭之，稱其學術才能，兼百人之器。著有《都官集》。事迹具《宋史》卷三三一、《宋史新編》卷一〇九、《史質》卷四十八、《宋元學案》卷一、《宋元學案補遺》卷一、《宋詩紀事》卷十七等書。

釋慧遠（1103—1176），字瞎堂，眉山彭氏子。游方四十年，機峰俊發，無所牴牾。乾道中居杭州靈隱寺，孝宗屢召入内殿，咨論法要，賜號佛海大師。淳熙三年（1176）正月説偈預示終期，安坐而逝，年七十四。事迹具《補續高僧傳》卷十、《新續高僧傳四集》卷十三，《周文忠公集》卷四十有《靈隱佛海禪師塔銘》。

《廬山記》,《宋史·藝文志》地理類著録,作二卷。《廬山紀略》,《宋史·藝文志》不著録,見《四庫全書總目》地理類。

晁公武《郡齋讀書志》卷八地理類著録《廬山記》五卷,晁氏曰:"右皇朝陳令舉(舜俞)撰。先是,劉焕嘗爲《記》,令舉因而增廣之,又爲俯視圖,紀尋山先後之次云。"

陳振孫《直齋書録解題》卷八地理類著録《廬山記》五卷,陳氏曰:"屯田員外郎嘉禾陳舜俞(令舉)撰。劉涣(凝之)、李常(公擇)皆爲之序。令舉熙寧中謫居所作。"

《四庫全書總目》卷七十史部地理類三著録《廬山記》三卷、《廬山紀略》一卷,《提要》云:"宋陳舜俞撰。舜俞字令舉,烏程人,所居曰白牛村,因自號白牛居士。慶曆六年進士,嘉祐四年又中制科第一,歷官都官員外郎,熙寧中出知山陰縣,以不奉行青苗法,謫南康監税。事迹具《宋史》本傳。舜俞謫官時,與致仕劉涣游覽廬山,嘗以六十日之力,盡南北山水之勝。每恨慧遠、周景武輩作山記疏略,而涣舊嘗雜録聞見,未暇詮次,舜俞因採其説,參以記載耆舊所傳,晝則山行,夜則發書考證,泓泉塊石,具載不遺,折衷是非,必可傳而後已。又作俯仰之圖,尋山先後之次以冠之,人服其勤。自記云:'余始游廬山,問山中塔廟興廢及水石之名,無能爲予言者,雖言之,往往襲謬失實,因取九江圖經,前人雜録,稽之本史,或親至其處,考驗銘志,參訂耆老,作《廬山記》,其湮泐蕪没,不可復知者,則闕疑焉。凡唐以前碑記,因其有歲月甲子爵里之詳,故并録之,庶或有補史氏'云云。其目有《總叙山篇第一》《叙北山篇第二》《叙南山篇第三》而無第四、五篇,圖亦不存。勘驗《永樂大典》,所闕亦同,然北宋地志傳世者稀,此書考據精核,尤非後來《廬山紀勝》諸書所及,雖經殘闕,猶可寶貴,故特録而存之。釋惠遠《廬山紀略》一卷,舊載此本之末,不知何人所附入,今亦併録存之,備參考焉。"

此書傳本不多。《四庫簡明目録標注》邵章《續録》云:"羅叔言得宋刊本於日本,影印行世。影鈔明正德刊本。"此宋刊本及明正德刊本,止《廬山記》三卷。叢書本則有清《四庫全書》本、《守山閣叢書》本、《叢書集成初編》本。叢書本所收,並附有《廬山紀略》一卷。

峨眉志三卷　宋張開撰　佚

開,字彦遠,臨海人。紹興三十年(1160)特科,終泰州文學。事迹具《嘉定赤城志》卷三十四。

此書《宋史·藝文志》不著録,見《郡齋讀書志》卷八地理類。

晁氏曰:"皇朝張開撰。峨眉,山名也。隋開皇十三年(593)以名其邑,奇勝冠三蜀。郡守吕勤命開考圖經及傳記、石刻,綴輯成書,析爲十四門。宋白、吴中復詩文附於後。"

四明它山水利備覽二卷　宋魏峴撰　存

峴,鄞人,嘉定間官朝奉郎,提舉福建路市舶,坐事罷,居家好講求水利。淳祐初起知吉州軍事,監管内勸農使。著有《魏氏家藏方》十卷。事迹具《宋元四明六志校勘記》卷八。

此書《宋史·藝文志》不著録,見《四庫全書總目》地理類。

《四庫全書總目》卷六十九史部地理類二著録此書,《提要》云:"宋魏峴撰。峴,鄞縣人,官朝奉郎,提舉福建路市舶。鄞故有它山一水,其始大溪與江通流,鹹潮衝接,耕者弗利。唐大和七年,邑令王元暐始築堰以捍江潮,於是溪流灌注城邑,而鄞西七鄉之田,皆蒙其利,歲久廢壞。宋嘉定間,峴言於府,請重修,且董興作之役,因爲是書記之。上卷雜志源流規制及修造始末,下卷則皆碑記與題咏詩也。案《新唐書·地理志》載明州鄞縣(案鄞縣在唐爲鄮縣。)南二里有小江湖,溉田八百頃，開元中令王元緯置，東二十五里有西湖，溉田五百頃，天寶二年令陸南金開廣之。今此編稱它山水入於南門，瀦爲日月二湖，其日湖即小江湖，月湖即西湖，謂二湖皆王元暐所浚，而不言有天寶之陸南金，似有闕略。至其以元暐爲元緯，以開元中爲大和七年，則此編所載諸碑記及唐僧元亮詩證佐，顯然足以糾正《唐志》之謬，不得以與史異文爲疑矣。此書在地志之中，頗爲近古，宋《四明郡志》嘗採其説，然傳本頗稀，幾於泯没而無可考。明崇禎辛巳，郡人陳朝輔始得舊帙梓行，版亦散佚。首有峴及朝輔二《序》，而末以《四明志序》附焉，蓋即從陳本録出者也。"

此書之傳本：《四庫簡明目録標注》紹章《續録》云："陳朝輔本，崇禎辛巳刊。臺北"故宮博物院"有清文淵閣《四庫全書》本。收入叢刻者有：《守山閣叢書》本；《叢書集成初編》本；《宋元四明六志》本，附清徐時棟撰《釋文》一卷；《四明叢書》本，附清徐時棟撰《校勘記》一卷。"

吴中水利書一卷　宋單鍔撰　存

鍔，(1031—1110)，字季隱，宜興人，錫弟。嘉祐四年(1059)進士。博學志經濟，不就官，獨留心於吴中水利，嘗獨乘小舟往來蘇、常、湖州間，經三十餘年，凡一溝一瀆，無不周覽其源流，考究其形勢，因著《吴中水利書》，蘇軾嘗爲狀進於朝。大觀四年(1110)卒，年八十。著有《詩》《易》《春秋》諸經義解。事迹具《宋史翼》卷二十三、《宋詩紀事補遺》卷十四等書。《摘文堂集》卷七十五載《單季隱墓誌銘》。

此書《宋史·藝文志》不著録，見《四庫全書總目》卷六十九史部地理類二。

《提要》云："宋單鍔撰。鍔字季隱，宜興人。嘉祐四年(1059)進士，歐陽修知舉時所取士也，得第以後，不就官，獨留心於吴中水利，嘗獨乘小舟往來於蘇州、常州、湖州之間，經三十餘年，凡一溝一瀆，無不周覽其源流，考究其形勢，因以所閱歷，著爲此書。元祐六年（1091）蘇軾知杭州日，嘗爲狀進於朝，會軾爲李定、舒亶所劾，逮赴御史臺鞫治，其議遂寢。明永樂中，夏原吉疏吴江水門，濬宜興百瀆。正統中，周忱修築溧陽二壩，皆用鍔説。嘉靖中，歸有光作《三吴水利録》，則稱治太湖不若治松江，鍔欲修五堰開夾苧于瀆，以絶西來之水，使不入太湖，不知揚州藪澤，天所以瀦東南之水也。水爲民之害，亦爲民之利，今以人力遏之，就使太湖乾枯，於民豈爲利哉。其説稍與鍔異，蓋歲月綿邈，陵谷變遷，地形今古異，宜各據所見以爲論，要之，舊法未可全執，亦未可全廢，在隨時消息之耳。蘇軾進書狀，載《東坡集》五十九卷中，此書即附其後，書中有‘併圖以進’之語，而於其上加貼黄云：‘其圖畫得草略，未敢進上，乞下有司計會單鍔别畫。’此本删此貼黄，惟存‘别畫’二字，自爲一行，蓋此書久無專刻，志書從《東坡集》中録出，此本又從志書録出，故輾轉舛漏如是也。”此書之傳本：臺北“故宫博物院”有清文淵閣《四庫全書本》。收入叢刻者有：《墨海金壺》本、《守山閣叢書》本、《常州先哲遺書》本、《叢書集成初編》本。

赤松山志一卷　宋倪守約撰　存

守約，字竹泉，道士，事迹待考。

此書《宋史·藝文志》不著録，見《天一閣書目》。

《四庫全書總目提要》卷七十史部地理類三著録《赤松山志》一卷，《提要》云：“宋道士倪守約撰。守約，未詳何許人。書前《自序》稱‘捨家辭父母，來投師資’，又自‘署松山羽士’，知爲黄冠。書中稱真廟、神廟、孝廟、寧廟，知爲宋人。人物之末，稱咸淳年號，知作於度宗時矣。其書首序皇初起、皇初平兄弟仙迹,以著是山靈異,爲全書綱領。次丹類,次洞穴類,次山類,次水類,次宮宇類,次人物類,次制誥類,次碑籍類,書末又有正統四年明英宗御製數行,非詩非文,似乎聯額,與此書篇頁不相屬,蓋後人所附入,明代刊本喜於竄亂古書,往往如是,今删汰不錄,以存守約之舊焉。"

此書之傳本:《四庫簡明目錄標注》云:"明刊本。路有鈔本。"今國内所藏善本:臺北"故宫博物院"有清文淵閣《四庫全書本》。收入叢刻者有:《道藏》本、《知服齋叢書》本、《道藏舉要》本、《續金華叢書》本,並作《金華赤松山志》一卷。

湘江論一卷　宋潘洞撰　佚

洞,事迹待考。

此書《宋史·藝文志》不著錄,見《直齋書録解題》卷八地里類。

陳氏曰:"太常博士潘洞撰。"

艮嶽記一卷　宋張淏撰　存

淏有《會稽續志》八卷已著錄。

此書《宋史·藝文志》不著錄,見《四庫全書總目》地理類存目一。

《四庫全書總目》卷七十二史部地理類存目一著録此書,《提要》云:"宋張淏撰。淏有《會稽續志》已著録。是書取徽宗御製《艮嶽記》及蜀僧祖秀所作《華陽宫記》,各摭其略。首敘朱勔擾民之事,又稱越十年金人南侵,臺榭宫室,悉皆拆毁,官不能禁,其大意亦與祖秀同耳。"

此書之傳本:《四庫全書總目》存目據編修汪如藻家藏本著録。收入叢刻者有:《百川學海》本、《古今説海》本、《歷代小史》本、《説郛》本、《五朝小説》本、《五朝小説大觀》本、《無一是齋叢鈔》本、《叢書集成初編》本、《景印元明善本叢書十種》

本、《中國内亂外禍歷史叢書》本。

九華山總録十八卷　宋程太古撰　佚

太古，事迹待考。

此書《宋史·藝文志》不著録，見《直齋書録解題》卷八地理類。

陳氏曰："邑人程太古撰。裒集諸家所記萃爲一編也。"

按：《秘書省續四庫書目》地理類著録《九華山總録》一卷，不著撰人。《宋史·藝文志》地理類著録宋釋應物撰《九華山記》二卷、釋應物撰《九華山舊録》一卷、宋滕宗諒撰《九華山新録》一卷，並已亡佚。

（六）游記之屬

南嶽尋勝録一卷　宋釋文政撰　佚

釋文政，俗姓令狐，須城人。幼不戲弄，踰冠，度爲僧，護持戒律以謹宏稱。爲鄆州須城大谷山昭善山宗報禪院住持，號慈應大師，凡住持二十七年。政和三年（1113）五月卒，年六十九。事迹具《學易集》卷六慈應大師政公之碑。

此書《宋史·藝文志》地理類著録。

東京記二卷　宋宋敏求撰　佚

敏求有《唐武宗實録》二〇卷已著録。

此書《宋史·藝文志》地理類著録。

《郡齋讀書志》卷八地理類著録《東京記》三卷，晁氏曰："右皇朝宋敏求編，開封坊巷寺觀官廨私第所在，及諸故實，極爲精博。"

《直齋書録解題》卷八地理類著録《東京記》三卷，陳氏曰："龍圖閣直學士宋敏求（次道）撰。上卷爲宫城，周五里，唐時宣武節度使治所，建隆三年（962），廣城之北隅，用洛陽宫殿之制修之。中卷爲舊城,周二十一里一百五十步,唐汴州城也,號闕城,亦曰裡城。下卷爲新城,周四十八里二百三十三步,周世宗所築羅城也,號曰國城,又曰外城。三城之内宮殿、官府、坊巷、第宅、寺觀、營房,次第記之。"

按:《遂初堂書目》地理類著録《東京志》,疑即此書也。又此書晁《志》、陳《録》《通志藝文志》《玉海》等著録並作三卷,《宋志》作二卷者,或非完本。

隆慮洞天録一卷　宋李琮撰　佚

琮,字獻父,江寧人,第進士,調寧國軍推官,知陽武縣,時役法初行,琮處畫盡理,旁近民相率撾登聞鼓,願視以爲則。哲宗時累官寶文閣待制,知河南瀛州。琮長於吏治,而所至捨克,爲士論嗤鄙。著有《相臺志》。事迹具《宋史》卷三三三、《宋史新編》卷一一〇、《史質》卷四七等書。

此書《宋史·藝文志》地理類著録。

按:此書《宋志》題李獻父,誤以字爲名也。

洞霄圖志六卷　宋鄧牧撰　存

牧,字牧心,號三教外人,又號九鎖山人,錢塘人。宋亡不仕,居餘杭洞霄宮之超然館,經月不出,沈介石爲營白麓山房居之。與謝翱、周密等友善,世稱文行先生。大德中無疾而逝,所著詩文集名《伯牙琴》。事迹具《南宋文範作者考》卷下、《宋元學案補遺》卷五十六、《宋詩紀事》卷八十一等書。

此書《宋史·藝文志》不著録,見《四庫全書總目》地理類。

《四庫全書總目》卷七十史部地理類三著録此書,《提要》云:"宋鄧牧撰。牧字牧心,錢塘人,宋亡後隱居屏迹,惟與謝翱友善。翱臨終時,牧適出游,翱絶筆詩所謂'九鎖山人歸不歸'者,即爲牧作,其志趣可以想見矣。洞霄宮在餘杭縣大滌洞天,巖壑深秀,爲七十二福地之一。宋世嘗以舊宰執之,奉祠者領提舉事，政和中，唐子霞作《真境錄》紀其勝，後不傳。
端平間有《續錄》，今亦無考。牧於大德己亥入洞霄，止超然
館住持沈多福爲營白鹿山房居之，遂屬牧偕本山道士孟宗
寶，搜討舊籍，作爲此志。凡六門，曰宮觀，曰山水，曰洞府，
曰古迹，附以異事，曰人物，分列仙、高道二子目，曰碑記，門
各一卷，前有元教嗣師吳全節及多福二《序》，後有錢塘葉林、
台州李洧孫二《跋》。牧文章本高曠絶俗，故所錄皆詳略有
法，惟不載宋提舉官姓名，近時朱彝尊始作記以補之，然宋代
奉祠率皆遥領，與兹山古迹不甚相關，正如魏晋以下之公侯，
名繫郡縣，而事殊茅土，志乘之中，載之不爲贅，削之亦不爲
闕也。牧成此書在大德乙巳，至明年丙午春而牧卒。此書第
五卷後附住持知宮等題名，有及丙午六月後事者，疑爲道流
所增入，又人物門有牧及葉林二傳，前題‘續編’二字，亦不知
續之者爲誰，舊本所有，姑併存之。又書稱圖志，而此本乃有
志無圖，當爲傳寫所脱佚，無可校補，亦姑仍其闕焉。”
此書之傳本：《四庫簡明目錄標注》云：“知不足齋本。”《附
錄》云：“元板九行，行二十字，與鮑刊同，惟板心無圖字。（星
詒）”邵章《續錄》云：“鮑刊本，附《洞霄詩集》十四卷，原道士
孟宗寶編。”國内所藏善本：臺北“國家圖書館”有舊鈔本一
部，六卷，附元孟宗寶《洞霄詩集》六卷，一册。臺北“故宮博
物院”有清文淵閣《四庫全書》本一部。收入叢刻者有：《知不
足齋叢書》本、《筆記小説大觀》本、《叢書集成初編》本。

廬阜紀游一卷　　宋孫惟信撰　佚

惟信（1179—1243），字季蕃，號花翁，開封人，居婺州。光宗
時棄官隱居西湖，喜雅談，長短詞尤工，長身緼袍，意度疏曠，
見者疑爲俠客異人。淳祐三年（1243）卒，年六十五，著有《花
翁集》一卷。事迹具《宋史翼》卷三十六、《全宋詞》卷四、《宋

詩紀事》卷五十六。《後村大全集》卷一五〇載《孫花翁墓誌銘》。

此書《宋史・藝文志》不著録,見《直齋書録解題》卷八地理類。陳氏曰:"開封孫惟信季蕃撰。嘗大雪登山至絶頂,盡得其景物之詳,嘉定初年也。惟信能爲詩詞,善談謔。蓋嘗有官,棄去不仕,自號花翁,游江湖間,人多愛之。"

古杭夢游録一卷　宋李郁撰　佚

李郁(1086—1150),字光祖,邵武人,深子。少從楊時學,時妻以女,聞時之説,湛心十八年,涣然有得。紹興初被召入對,除删定官。秦檜用事,歸隱西山,學者稱西山先生。卒於紹興二十年(1150),年六十五。著有《易傳》《參同契》《論孟遺稿》、詩文集等。事迹具《宋史翼》卷二十四、《皇朝道學名臣言行録》卷九、《閩中理學淵源考》卷六、《宋元學案》卷二十五、《宋元學案補遺》卷二十五等書。

此書《宋史・藝文志》不著録,見《宋史藝文志補》地理類。

金華游録一卷　宋方鳳、謝翶、陳帝臣、吳續古等撰　存

鳳(1240—1321),一名景山,字韶卿,一作韶父,號存雅,浦陽人。以特恩授容州文學,宋亡不仕。善《詩》,通毛、鄭二家言,晚一張於咏歌,音調淒涼。著有《野服考》《存雅堂稿》等。事迹具《宋史翼》卷三十五、《宋遺民録》卷二、《宋季忠義録》卷十一、《浦陽人物記》卷下、《宋元學案》卷五十六、《宋元學案補遺》卷五十六、《宋詩紀事》卷七十八、《金華先民傳》卷二等書。

翶有《唐書補撰》一卷已著録。

帝臣,事迹待考。

續古,事迹待考。

此書《宋史・藝文志》不著録,見《金華經籍志》地理類。

胡宗楙《金華經籍志》地理類著錄此書，云："《金華游録》一卷，宋浦江方鳳、浦城謝翱、陳帝臣、吳續古等同撰，見《方韶卿遺集》。《金華洞天行紀》吳士諤、郭霙《跋》，存。宗楙按：此書程篁墩《宋遺民録》題謝翱撰，并稱翱著有《東西游録》九卷，此特其一，錢大昕遂據以補入《元史藝文志》，屬之謝皋羽，並注云：'今存《金華游録》一卷。'而浦江張燧所輯《方韶卿遺集》後附《洞天行紀》上下二卷，即《金華游録》。張一楨氏以先公荆完先生《書金華洞天行紀後》，略稱此從譜鈔，所録《晞髮集》未收。又翱作《金華洞人物古迹記》，亦稱友人方君鳳既集爲行紀，志所變怪，先後有差。又詳覽原《跋》，率首稱巖南邵卿，故予斷以譜鈔爲確云云。宗楙按：所謂原《跋》，即指行紀後所附吳士鍔、郭霙二《跋》而言，吳《跋》云：'右《金華洞天行紀》一小帙，蓋巖南方先生、晞髮謝先生與諸老并先伯父續古同游所紀述也。'又云：'寫出北山勝概，宛在目中，信非諸老不能作也。'郭《跋》云：'方韶卿，浦江人，謝皋羽，建寧人，餘若陳帝臣、吳續古等，亦皆時之高士，文章巨家也，共爲此卷，夫豈易得。'等語。是此録爲方、謝諸人合作，而韶卿實綜其成，皋羽有'方君鳳既集爲行紀'一語，可資印證。"

此書之傳本：此書單行本罕見，今所見多爲叢書本，有《續百川學海》本、《説郛》本、《學海類編》本、《寶顏堂秘籍》本、《叢書集成初編》本等。清徐沁撰《金華游録注》二卷，有《國粹叢書》本。

句漏洞天十記一卷　宋吳元美撰　佚

元美，字仲實，永福人。宣和六年（1124）進士，紹興八年（1138）爲湖州州學教授，能以胡瑗之教訓廸，常同知湖州薦於朝，除太常寺簿。以汪勃奏出入李光之門，出爲本州機宜。有文名，嘗作《夏二子傳》，其鄉人鄭煒與有隙，以上之丞相秦

檜,誣其指斥國家,譏毀大臣,謫客州卒。檜死復官,其後楊
椿年,洪邁等爲言於朝,特官其子。事迹具《宋史翼》卷十二、
《宋詩紀事補遺》卷三十七、淳熙《三山志》卷二十八、《宋元學
案補遺》卷一等書。

此書《宋史·藝文志》不著録,見《宋史藝文志補》地理類。

《宋史藝文志補》:"《句漏洞天十記》一卷,宋吴元美撰。"注:
"福州人。"

陽明洞天圖經十五卷　　宋李宗諤撰　　殘

宗諤有《永熙寶訓》二卷已著録。

此書《宋史·藝文志》地理類著録。

此書傳本:臺北"國家圖書館"有舊鈔本一部,題《龍瑞觀禹穴
陽明洞天圖經》一卷附《四明洞天丹山圖咏集》一卷一册。叢
書本有:《道藏》本、《玉簡齋叢書》本、《道藏舉要第七類》本。

游城南記一卷　　宋張禮撰　　存

禮,字茂中,浙江人,事迹待考。

此書《宋史·藝文志》不著録,見《郡齋讀書志》卷八地理類。

晁氏曰:"皇朝張禮撰。禮,秦人,元祐中,與陳明微自長安城
南,探奇訪古,以抵樊川,因次之爲記。"

《四庫全書總目》卷七十一史部地理類四著録此書,《提要》
云:"宋張禮撰。禮字茂中,浙江人。元祐元年與其友楚人陳
微明游長安城南,訪唐代都邑舊址,因作此記,而自爲之注。
凡門坊、寺觀、園囿、村墟及前賢遺迹,見於載籍者,叙録甚
備。如《嘉話録》載慈恩寺題名,始於張莒,禮則引《唐登科
記》謂進士中有大中十三年及第之張台,而無張莒。又《長安
志》載章敬寺本魚朝恩莊,後爲章敬皇后立寺,故以爲名,禮
則以宋代寺基與《志》所載地理不同,而疑其已非古址。皆能
據所目見而考辨之,其徵據頗爲典核。所列金石碑刻名目,

亦可與《集古録》諸書互相參證，每條下間有續注，不知何人所增，中有金代年號，其薦福寺一條，又有辛卯遷徙之語，案辛卯爲金哀宗正大八年，史載是年四月，元兵克鳳翔兩行省，棄京兆，遷居民於河南，所云遷徙，當即此事，蓋金末元初人也。"

此書之傳本：《四庫簡明目録標注》附録云："余家亦有寫本。（詒讓）"今國内所藏善本：臺北"故宫博物院"有清文淵閣《四庫全書》本。收入叢刻者有：《秦漢圖記》本、《寶顔堂秘笈》本、《學海類編》本、《藕香零拾》本、《關中叢書》本、《叢書集成初編》本、《説郛》本。

西湖古迹事實一卷　宋傅牧撰　佚

牧，事迹待考。

此書《宋史·藝文志》不著録，見《直齋書録解題》卷八地里類。

陳氏曰："錢塘進士傅牧撰。以楊蟠《百咏》增廣，共爲一百八十三首。紹興壬午（三十二年，1162）序。"

（七）雜記之屬

郡國人物志一五○卷　宋陳坤臣撰　佚

坤臣，政和間人，漢州教授。

此書《宋史·藝文志》地理類著録。

按：《玉海》卷一五"政和郡國人物志"條云："政和元年（1111）漢州教授陳坤臣進《郡國人物志》一百五十卷。"

巨鼇記五卷　宋歐陽忞撰　佚

忞，廬陵人，修從孫，有《輿地廣記》三十八卷。按：晁公武《讀書志》著録《輿地廣記》，謂實無其人，乃著書者假託。陳振孫《書録解題》則以爲其書成於政和中，忞，歐陽修從孫，以行名皆連心字爲據。今從陳説。

此書《宋史・藝文志》地理類著録。

按：此編諸家書目罕見著録。

隋朝洛都記一卷　宋陳延禧撰　佚

延禧，生平待考。

此書《宋史・藝文志》地理類著録。

按：《通志藝文略》著録《隋朝移洛都記》一卷，不著撰人，疑即此書。

蜀北路秦程記一卷　宋陳延禧撰　佚

延禧有《隋朝洛都記》一卷已著録。

此書《宋史・藝文志》地理類著録。

按：此書諸家書目罕見著録。

明越風物志七卷　宋姜嶼撰　佚

嶼，字里未詳，居官有治迹，景德中，賜璽書褒諭。見《景文集崇祀録序》。

此書《宋史・藝文志》地理類著録。

《郡齋讀書志》卷八地理類著録《明越風物志》七卷，晁氏曰："右皇朝姜嶼撰。以明州本越地，故曰明越。又以郭璞注《爾雅》，多以江東，故詳載其風物云。"

按：唐宋明州，即今浙江寧波。《新唐書・地理志》以境内有四明山，故號明州。

雲南風俗録一〇卷　宋不著撰人　佚

此書《宋史・藝文志》地理類著録。

按：此書諸家書目罕見著録。

至道雲南録三卷　宋辛怡顯撰　佚

此書《宋史・藝文志》地理類著録。

按：此編已見《宋志》故事類，此複出也。

蜀江志一〇卷　宋沈立撰　佚

立有《河防通議》一卷已著録。

此書《宋史·藝文志》地理類著録。

按：《蜀中廣記》卷九二著録《蜀江志》十卷及《劍南風物録》二十八種，云："宋東陽沈立撰，慶曆間知洪雅縣事。"

庸調租賦三卷　宋盛度撰　佚

度有《沿革制置敕》三卷已著録。

此書《宋史·藝文志》地理類著録。

歐冶拾遺一卷　宋陳傅撰　佚

傅，字商老，侯官人。嘉祐六年（1061）試中禮部，及御試下第。著有詩集。事迹具《淳熙三山志》卷二六。《演山集》卷二一載《陳商老詩集序》。

此書《宋史·藝文志》地理類著録。

按：冶本閩越地，《越絶書》有歐冶子，古善鑄劍者。《宋志》又有檀林《甌冶拾遺》一卷，是否一書，已無可考。

地理五龍秘法不著卷數　宋毛漸撰　佚

漸有《毛氏世譜》（不著卷數）已著録。此書《宋志》注云："卷亡。"

此書《宋史·藝文志》地理類著録。

邕管雜記三卷　宋范旻撰　佚

旻，字貴參，質子，十歲能屬文，太祖時歷知邕州。開寶九年（976）知淮南轉運使，太平興國間累官右諫議大夫，坐事貶唐州司户卒，年四十六，有文集。事迹具《宋史》卷二四九、《宋史新編》卷六五、《東都事略》卷一八及《北宋經撫年表》等書。

此書《宋史·藝文志》地理類著録。

《直齋書録解題》卷八地理類著録《邕管雜記》一卷，陳氏曰："庫部員外郎范旻撰。旻，國初宰相質之子。嶺南初平，旻知邕州兼轉運使。"

按：此書本三卷，振孫所見僅一卷，殆非完本。

吳會雜録一卷　宋魏羽撰　佚

羽，字垂天，歙州婺源人，少能文，仕南唐爲雄遠君判官，以城降宋。咸平中以户部度支使辭疾去，拜禮部侍郎卒。事迹附見《宋史》卷二六七《陳恕傳》。

此書《宋史·藝文志》地理類著録。

江左記三卷　宋張參撰　佚

參，生平待考。

此書《宋史·藝文志》地理類著録。

按：《通志·藝文略》著録三卷。《玉海》卷一五"至道江左記"條引《中興書目》云："三卷，至道中張參撰，載江左人物、守宰、寺觀、州郡等書。"

湘中新記七卷　宋周衡撰　佚

衡，生平待考。

此書《宋史·藝文志》地理類著録。

地理叢考一卷　宋薛季宣撰　佚

季宣，徽言子，字士龍，永嘉人，號艮齋。年十七，從荆南帥辟書寫機宜文字，獲事袁漑，漑嘗從程頤學，盡以學授之，召爲大理寺主簿，除大理正，出知湖州，改常州，未上卒，學者稱艮齋先生，著有《古書古文訓》《詩性情説》《春秋經解指要》《大學説》《論語小學約説》《浪語集》等。事迹具《宋史》卷四三四本傳。

此書《宋史·藝文志》地理類著録。

按：此書《宋志》題薛常州撰，以季宣官終知常州也。

安南土貢風俗一卷　宋不著撰人　佚

此書《宋史·藝文志》地理類著録。

《宋志》注云："乾道中,安南入貢,客省承詔,具其風俗及貢物
名數。"

海潮圖論一卷　宋謝頤素撰　佚

頤素,生平待考。

此書《宋史・藝文志》地理類著録。

甌冶拾遺一卷　宋檀林撰　佚

林,生平待考,著有《大理國行程記》一卷。

此書《宋史・藝文志》地理類著録。

按:《宋志》地理類又有陳傅《歐冶拾遺》一卷已著録,是否一
書,已無可考。

古今洛城事類二卷王正論撰　佚

正論,生平待考。

此書《宋史・藝文志》地理類著録。

江夏辨疑一卷　宋王得臣撰　佚

得臣,字彥輔,自號鳳亭子,安陸人,嘉佑進士,官至司農少
卿。著有《麈史》《江夏古今咏集》等。事迹具《宋詩紀事補
遺》卷一五、《宋元學案補遺》卷一等書。

此書《宋史・藝文志》地理類著録。

按:得臣所著《麈史》一書,於當時制度,考訂固詳矣,如碑碣
條,風俗條,真偽條等,於當時古迹,亦考訂精核,此编蓋考訂
江夏之地里也。

邕管溪洞雜記一卷　宋談挼撰　佚

挼,生平待考。

此書《宋史・藝文志》地理類著録。

濠上摭遺一卷　宋劉拯撰　佚

拯,字彥修,宣州南陵人,第進士,神宗時爲監察御史,累遷户
部尚書,事迹具《宋史》卷三五六、《宋史新編》卷一一九及《北

宋經撫年表》等書。

此書《宋史·藝文志》地理類著録。

職方機要四〇卷　宋程縯撰　佚

縯,晋原丞,大觀時人。

此書《宋史·藝文志》地理類著録。

《郡齋讀書志》卷八地理類著録《職方機要》四十卷,晁氏曰:
"右不題撰人姓名。序云:'本新、舊《九域志》,上據歷代史,
旁取《左氏》《水經》《通典》,且采舊聞,參以小説,黜繆舉真,
紬成此書。'其間載政和間事,蓋當時人也。"

《玉海》卷一五"職官機要"條引《書目》云:"《職方機要》四十
卷,大觀中晋原丞程縯撰。縯案,新、舊《九域》二書,上據歷
代諸史地志,旁取《左傳》《水經》注釋並《通典》,言郡國事,採
異聞小説,紬次爲書。"

按:此書晁氏云不題撰人姓名,蓋未深考也。

齊安拾遺一卷　宋許靖夫撰　佚

靖夫,生平待考。

此書《宋史·藝文志》地理類著録。

考《輿地紀勝》卷四九"黄州·碑記"條"齊安拾遺"下注云:
"許端夫編。"按:端,當作靖。"官吏"條"蘇軾"下,又卷七九
"漢陽軍·景物(上)"條"赤壁"下,並引《齊安拾遺》。

按:張國淦《中國古方志考》據文廷式《大典壽昌乘輯本》收録
一條。

李渠志一卷　宋陳哲夫撰　佚

哲夫,生平待考。

此書《宋史·藝文志》地理類著録。

清源人物志一三卷　宋唐稷撰　佚

稷,字堯弼,贛州會昌人,徙居雲陽硯岡。政和二年(1112)進

士,授撫州宜黃縣丞,遷知江陵府監利縣。宣和五年(1123)
授潮州司士曹事,於冤獄多所平反。建炎三年(1129),擢江
西轉運判官,紹興十年(1140)差諸王官大小學教授,除樞密
院編修官。後歷任湖南、湖北、江西諸路安撫司,主管機宜文
字,得祠歸。隆興元年(1163)卒,年七十六。著有《硯岡筆
志》。《澹庵集》卷二五及《南宋文範》卷六五載《編修唐君墓
誌銘》。

此書《宋史·藝文志》地理類著錄。

指掌圖二卷　宋不著撰人　佚

此書《宋史·藝文志》地理類著錄。

按:《宋志》注云:"不知作者。"

南海録一卷　宋不著撰人　佚

此書《宋史·藝文志》地理類著錄。

《宋志》云此書不知作者。按:嘉靖《廣東通志》卷四二著録
《南海録》一卷,云:"李獻父撰,今亡。"獻父,琮字也。未知是
否此編也。

四明風俗賦一卷　宋不著撰人　佚

此書《宋史·藝文志》地理類著錄。

《宋志》注云:"不知何人撰。"

武陵郡離合記六卷　宋丁介撰　佚

介,生平待考。

此書《宋史·藝文志》地理類著錄。

鶴山叢志一○卷　宋鄧樞撰　佚

樞,生平待考。

此書《宋史·藝文志》地理類著錄。

辰州風土記六卷　宋田渭撰　佚

渭,字伯清,縉雲人,紹興進士,隆興間爲辰州教授。

此書《宋史·藝文志》地理類著録。

按：此書隆興二年(1164)渭爲辰州教授所撰,時郡守徐彭年。[1] 明《文淵閣書目》卷一九舊志載《辰陽風土志》,當即此書。明以後傳本已罕見,清陳運溶採《輿地紀勝》所引四事,輯爲一卷,載入《麓山精舍叢書》。

岳陽風土記一卷　宋范致明撰　存

致明,字晦叔,建安人,致虚兄。元符三年(1100)進士,徽宗時監岳州酒税。著有《池陽記》一卷。《四庫提要辯證》卷八"岳陽風土記"條,考述范氏事迹甚詳。

此書《宋史·藝文志》地理類著録。

明嘉靖二十三年(1544)岳州通判許嶽重刊本,前有明徐學謨《岳陽風土記序》,云："岳州當文明正位,其形勢甲天下,及詢其風土,則有故宋范晦叔氏之記具在。大都州氓勤業而嗇出,閭閻之需,不仰給四方,得曰厭魚鮮而飫秔秋,縉紳家無華屋文綉之侈,爲奇技淫巧者,不輕闖其境,今之稱善地者,疑無逾此。昔范公以直道不容於朝,出監酒税,秩至眇耳,然猶惓惓於風土之記,則公之所自慰藉於岳陽者何如也。同年少崖許君,取范本刊正以傳,乃屬予序之。是歲癸亥立冬,吳郡徐學謨書於江夏舟中。"

《四庫全書總目提要》卷七十史部地理類三著録此書,《提要》云："宋范致明撰。致明字晦叔,建安人,元符中登進士第。是編乃其以宣德郎謫監岳州商税時所作。不分門目,隨事載記,書雖一卷,而於郡縣沿革、山川改易、古迹存亡,考證特詳。如樂史《太平寰宇記》謂大江流入洞庭,致明則謂洞庭會江,江不入洞庭,惟荆江夏秋暴漲,乃逆泛而入,三五日即還,

---

[1]　説見《直齋書録解題》。

名曰翻流水。《圖經》以鄭王廟爲鄭德璘，致明則謂爲隋末鄭文秀，與董景珍同立蕭銑者，故其北又有董王廟。沈亞之《湘中怨》記岳陽樓聞氾人之歌，致明則核以地形，謂舟中之歌，樓上不辨。杜佑《通典》謂巴邱湖中有曹洲，即曹公爲吴所敗燒船處，在今縣南四十里，致明則謂今縣西但有曹公渡，考之地理，與周瑜、曹操相遇處絶不相干。《漢陽圖經》謂赤壁即烏林，致明則謂曹操已至巴邱，則孫、劉宜拒之於巴陵江夏間，所謂烏林，即烏黎口，不當在漢陽界。世傳華容爲章華臺，致明則謂舊臺在景陵界，華容隋縣，乃取古容城名之。酈道元《水經注》謂澧水會沅，然後入湖，致明則謂澧沅雖相通，而各自入湖，澧所入處名澧口，沅所入處名鼎江口，皆確有引據，異他地志之附會，其他軼聞逸事，亦頗資採擇，叙述尤爲雅潔，在宋人風土書中，可謂佳本矣。”

清周中孚《鄭堂讀書記補逸》卷十八《跋岳陽風土記》一卷云：“《説郛》本，宋范致明撰。《四庫全書》著録，《書録解題》《文獻通考》《宋志》均載之，《書録解題》作危致明，乃字形相近而誤。晦叔謫官岳州，因記其郡縣沿革山川古迹，以及軼聞逸事爲是編，皆隨事叙述，要言不煩，而考證亦多所詳核，洵名作也。”

張國淦《中國古方志考》著録此書，云：“《國史經籍志》三，有《巴陵古今記》一卷，注云范致明。不知何據。”

此書傳本：前國立北平圖書館有明嘉靖甲辰（二十三年，1544）岳州通判許嶽重刊本一部一册，今存臺北“故宮博物院”，《四庫簡明目録標注》云：“明嘉靖許嶽重刊本，佳。”臺北“故宮博物院”又有清文淵閣《四庫全書》本。收入叢書者又有《百川學海》本、《古今逸史》本《説郛》本。

嶺外代答一〇卷　宋周去非撰　輯

去非，字直夫，永嘉人，行已族孫。隆興元年（1163）進士，通判紹興，淳熙中移桂林。事迹具《宋元學案》卷七十一。

此書《宋史·藝文志》不著録，見《直齋書録解題》卷八地理類。

陳氏曰："永嘉周去非（直夫）撰。去非癸未（隆興元年，1163）進士，至郡倅，所記皆廣西事。"

《四庫全書總目》卷七十史部地理類三著録此書，《提要》云："宋周去非撰。去非字直夫，永嘉人，隆興癸未（元年，1163）進士，淳熙中官桂林通判，是書即作於桂林代歸之後。《自序》謂本范成大《桂海虞衡志》而益以耳目所見聞，録存二百九十四條，蓋因有問嶺外事者，倦於應酬，書此示之，故曰代答。原本分二十門，今有標題者凡十九，一門存其子目而佚其總綱，所言則軍制户籍之事也。其書條分縷析，視嵇含、劉恂、段公路諸書，叙述爲詳，所紀西南諸夷，多據當時譯者之辭，音字未免舛訛，而邊帥、法制、財計諸門，實足補正史所未備，不但紀土風物産，徒爲談助已也。《書録解題》及《宋史·藝文志》並作十卷，《永樂大典》所載，併爲二卷，蓋非其舊，今從原目，仍析爲十卷云。"

此書久佚，《四庫全書》所著録者，係輯自《永樂大典》者。臺北"故宫博物院"有清文淵閣《四庫全書》本。收入叢刻者有：《知不足齋叢書》本、《筆記小説大觀》本、《叢書集成初編》本，並作十卷。《舊小説》本則僅收七則。

中吴紀聞六卷　宋龔明之撰　存

明之（1091—1182），字熙仲，一作希仲，崑山人，況從子。性至孝，年六十，始舉鄉貢。以薦得監南嶽廟，年八十致仕。鄉人舉行義，擢宣教郎，生平不摘人短，不作貌言，自號五休居士。淳熙九年（1182）卒，年九十二。事迹具《宋史新編》卷一七九、《南宋書》卷六十五、《宋史翼》卷三十六、《吴中人物志》

卷一、《宋詩紀事》卷五十、《吳郡志》卷二十七等書。

此書《宋史・藝文志》不著録，見《四庫全書總目》地理類。

《四庫全書總目》卷七十史部地理類三著録此書，《提要》云："宋龔明之撰。明之字希仲，號五休居士，崑山人紹興間，以鄉貢廷試授高州文學，淳熙初舉經明行修，授宣教郎，致仕。是書採吳中故老嘉言懿行及其風土人文爲新舊圖經。范成大《吳郡志》所不載者，仿范純仁《東齋紀事》，蘇軾《志林》之體，編次成帙。書成於淳熙九年(1182)，明之年已九十有二，亦可謂耄而好學者矣。宋末書已罕傳，元至正間，武寧盧熊修《蘇州志》，訪求而校定之，明末常熟毛晉始授諸梓，亦多舛謬，其子扆後得葉盛菉竹堂藏本相校，第六卷多翟超一條，其餘頗有異同，何焯假以勘定，極爲精審，然盧熊《跋》稱其子昱所撰行實附後，今兩本皆無之，則葉本亦不免於脱佚也。"

此書之傳本：《四庫簡明目録標注》云："明單刊本，大略相同。嘉慶壬申朱麟書校刊本。"《附録》云："余家有錢遵王校本(怡讓)。嘉慶中蘇州活字本(星詒)。"邵章《續録》云："元刊本，半葉十一行，行二十一字，顧鶴逸、袁寒雲皆有之，民國五年(1916)董授經曾影刊元至正本，行世。明正德刊本。涵芬樓有陸敕先校本。胡心耘有黃琴六手鈔本，校菉竹堂本，第六卷多翟超一條，暨脱文數處，餘是正者八十餘字，何焯勘定，精爲考審。粵雅堂本。光緒十五年朱氏行素草堂刻本。"

今國内所藏善本：臺北"國家圖書館"有明末海虞毛氏汲古閣刊《津逮秘書》本兩部，一部有朱校，一部有清光緒間鄧邦述過録毛扆校語及諸家題跋。又有舊鈔本一部。臺北"故宮博物院"有清文淵閣《四庫全書》本一部。收入叢刻者有：《知不足齋叢書》本、《墨海金壺》本、《珠叢別録》本、《學海類編》本、《粵雅堂叢書》本、《槐廬叢書》本、《誦芬室叢書》本、《筆記小説大觀》本、《叢書集成初編》本等。此外,《彙刻太倉舊志五種》本、則附繆荃孫所撰《校勘記》一卷,《説郛》及《舊小説》所收,則爲不全之本。

蒲陽比事七卷　宋李俊甫撰　存

俊甫,字幼傑,莆田人。

此書《宋史·藝文志》地理類著録,作者題李幼傑。清阮元《擘經室外集》卷四著録此書,提要云:"宋李俊甫撰。俊甫字幼傑,莆田人。是編見《宋史·藝文志》。成于宋嘉定間,取唐以來上下千百年間,凡莆陽事之可傳者,綺分璧合,釐爲七卷,名曰比事,其同邑人陳讜有《序》,林璟有《跋》。此則從明人林兆珂宋本翻刻影抄,莆陽宋人舊志,如鄭僑《莆陽人物志》以及趙彦勵、陸炎所著《莆陽志》,今多散失,俊甫此編,時見採録,且屬辭有法,紀事覈真,可與《汝南先賢傳》《襄陽耆舊志》並傳也。"

按,此書傳本:臺北"故宮博物院"有影鈔明覆宋本一部。"中央研究院"歷史語言研究所有明萬曆間重刊本一部。收入叢書者有《宛委山堂》本。

都城紀勝一卷　宋耐得翁撰　存

耐得翁,端平間人,事迹待考。

此書《宋史·藝文志》不著録,見《四庫全書總目》地理類。

《四庫全書總目》卷七十史部地理類三著録此書,《提要》云:"不著撰人名氏,但自署曰耐得翁,其書成於端平二年(1235),皆紀杭州瑣事。分十四門,曰市井,曰諸行,曰酒肆,曰食店,曰茶坊,曰四司六局,曰瓦舍衆伎,曰社會,曰園苑,曰舟船,曰鋪席,曰坊苑,曰閒人,曰三教外地,叙述頗詳,可以見南渡以後土俗民風之大略。考高宗駐蹕臨安,謂之行在,雖湖山宴樂,已無志於中原,而其名未改,故乾道中周淙修《臨安志》，於宮苑及百官曹署，尚著舊稱，潛説友《志》亦因之。此書直題曰都城，蓋官司案牘流傳，僅存故事，民間則耳目濡染，久若定居矣。又史載端平元年（1234），孟珙會元師滅金，是時舊敵已去，新釁未形，相與燕雀處堂，無復遠慮。是書作於端平二年（1235），正文武恬嬉，苟且宴安之日，故競趨靡麗，以至於斯。作是書者，既欲以富盛相誇，又自知苟安可愧，故諱而自匿，不著其名。伏讀御題，仰見聖鑑精深，洞其微曖，起作者而問之，當亦無所置詞。以其中舊迹遺聞，尚足以資考核，而宴安鴆毒，亦足以垂戒千秋，故糾正其失，以示炯鑑，而書則仍録存之焉。”

此書一名《古杭夢游録》。

昌彼得（瑞卿）先生《説郛考》云：“題宋灌園耐得翁撰。耐得翁姓趙，名不詳。書城於端平二年，蓋宋末人。錢大昕補入《元史藝文志》，誤作元人也。其書一名《都城紀勝》，見《文淵閣書目》。《四庫》著録一卷，全書凡分十四門，皆記杭州瑣事。《楝亭十二種》及《武林掌故叢編》二叢刻收之。此本刪節市井、諸行、酒肆、茶坊、四司六局、瓦舍樂伎、鋪蓆等七門各一條至數條不等，《重編説郛》卷六八及《五朝小説》諸本，均出於此，皆非全帙。”

此書之傳本，多爲叢書本，有《説郛》本、《廣百川學海》本、《五朝小説》本、《楝亭十二種》本。臺北“故宮博物院”有清文淵閣《四庫全書》本，臺北“國家圖書館”有清山暉草堂鈔本一部。

番禺紀異五卷　宋馮拯撰　佚

拯，字道濟，河陽人。少以書生謁趙普，普驚其狀貌，曰：“子富貴壽考，宜不下我。”太平興國三年（978）第進士，補大理評事，通判峽州。權知澤州，徙坊州，遷太常丞。仁宗朝官同平章事,封魏國公。遷司空,兼侍中,論事多合帝意。後罷相,拜武勝軍節度使,卒諡文懿。事迹具《宋史》卷二八五、《宋史新編》卷八十七、《史質》卷二十三、《東都事略》卷四十九、《隆平集》卷四、《宋詩紀事補遺》卷二等書。

此書《宋史·藝文志》不著錄,見《郡齋讀書志》卷八地里類。

晁氏曰:"皇朝馮拯撰。拯,淳化中謫知端州,見嶺表鳥獸草木、民俗物情,舉異中原,錄之,類爲三十門,凡三百事,還朝上之。"

按:《秘書省續四庫書目》地理類著錄此書,作《番禺異集》,五卷。

江行録一卷　宋張氏撰　佚

張氏,失其名。

此書《宋史·藝文志》不著録,見《直齋書録解題》卷八地理類。

陳氏曰:"真州教授句穎紹聖三年(1096)所序,云太守張公所修也。張不著名。自真而上,直抵荆南,自岳而分,旁征衡永,自湖口而别,則東入鄱陽,南至廬陵,程期岸次、風雲占候、時日吉凶,與夫港派灘磧磯洑,莫不具載,江行者賴之。"

東京夢華録一〇卷　宋孟元老撰　存

元老,號幽蘭居士,紹興間東京人。事迹待考。

此書《宋史·藝文志》不著録,見《文獻通考》地理類。

《文獻通考》卷二〇四《經籍考》三十一地理著録此書一卷,引陳氏曰:"稱幽蘭居士孟元老撰。元老,不知何人,少游京師,晚值喪亂之後,追述舊事,兼及國家典祀、里巷風俗,以其首載京城宮闕橋道坊曲尤詳,故繫之地理類。"

按:今本《直齋書録解題》卷八地理類不載此書。

《四庫全書總目》卷七十史部地理類三著録此書十卷，《提要》云："宋孟元老撰。元老，始末未詳，蓋北宋舊人，於南渡之後，追憶汴京繁盛而作此書也。自都城坊市，節序風俗及當時典禮儀衛，靡不賅載，雖不過識小之流，而朝章國制，頗錯出其間。核其所紀，與《宋志》頗有異同，如《宋志》南郊儀注，郊前三日，但云齋於大慶殿太廟及青城齋宮，而是書載車駕宿大慶殿，儀駕宿太廟，奉神主出室，儀駕詣青城齋宮儀，委曲詳盡。又如郊畢解嚴，《宋志》但云御宣德門肆赦，而是書載下赦儀，亦極周至。又行禮儀注，《宋志》有皇帝初登壇上香奠玉幣儀，既降盥洗，再登壇，然後初獻，而是書奏請駕登壇即初獻，無上香獻玉帛儀。又太祝讀册，《宋志》列在初獻時，是書初獻之後再登壇始稱讀祝，亦小有參差。如此之類，皆可以互相考證，訂史氏之訛舛，固不僅歲時宴賞，士女奢華，徒以怊悵舊游，流傳佳話者矣。"

此書之傳本，《四庫簡明目録標注》云："明弘治刊本，佳。竹汀所見元板明初印，紙背爲國子監生功課本。"《附録》云："元本有紹興丁卯元老《自序》瞿氏鈔本，據淳熙丁未本校。（星詒）"又紹章《續録》云："宋大字本，半葉九行，行大十八字，小三十三字。元刊本，半葉十四行，行二十二字。明弘治刊本，大板心，題《幽蘭居士東京夢華路》，大黑口，十四行，二十二字。"今所藏善本：臺北"國家圖書館"有：明末虞山毛氏汲古閣影鈔宋刊本，題《幽蘭居士東京夢華録》；又有明末虞山毛氏汲古閣刊《津逮秘書》本一部；舊鈔本一部；清紫蘿仙館鈔本一部；清道光十二年大梁常茂倈手鈔本一部，此本經常氏自校并題跋，有近人鄧邦述手書題記。收入叢刻者，除《津逮秘書》本外，又有《秘册彙函》本、《學津討原》本、《三怡堂叢書》本、《叢書集成初編》本，並爲十卷本；《唐宋叢書》本及《説郛》本,則僅一卷。

桂海虞衡志三卷　宋范成大撰　殘

成大有《吳門志》五〇卷已著録。

此書《宋史·藝文志》地理類著録。

《郡齋讀書志附志》地理類著録此書。晁氏曰:"右范文穆公(成大)帥靜江日,志其風物土宜也,自爲之《序》。"

《直齋書録解題》卷八地理類著録此書作二卷,陳氏曰:"府帥吳郡范成大(至能)撰。范自桂移蜀,道中追記昔游。"

《四庫全書總目》卷七十史部地理類三著録此書一卷,《提要》云:"宋范成大撰。乾道二年,成大由中書舍人出知靜江府,淳熙二年,除敷文閣待制、四川制置使,是編乃由廣右入蜀之時,道中追憶而作。《自序》謂凡所登臨之處,與風物土宜,方志所未載者,萃爲一書,蠻陬絶徼,見聞可紀者,亦附著之。共十三篇,曰《志巖洞》《志金石》《志香》《志酒》《志器》《志禽》《志獸》《志蟲魚》《志花》《志果》《志草木》《雜志》《志蠻》,每篇各有小序,皆志其土之所有。惟《志巖洞》僅去城七八里内嘗所游者;《志金石》準《本草》之例,僅取方藥所須者;《志蠻》僅録聲問相接者,故他不備載;《志香》多及海南,以世稱二廣出香,而不知廣東香自舶上來,廣右香産海北者,皆凡品;《志器》兼及外蠻兵甲之制,以爲司邊鎮者所宜知,故不嫌旁涉。諸篇皆叙述簡雅,無夸飾土風,附會古事之習。其論辰砂宜砂地脈不殊,均生白石牀上,訂《本草》分別之訛。邕州出砂,融州實不出砂,證《圖經》同音之誤。零陵香産宜融諸州,非永州之零陵。《唐書》稱林邑出結遼鳥,即邕州之秦吉了。佛書稱象有四牙六牙,其説不實。桂嶺在賀州,不在廣州,亦頗有考證。成大《石湖詩集》凡經歷之地,山川風土多記以詩,其中第十四卷自注皆桂林作,而咏花惟有《紅豆蔻》一首,咏果惟有《盧橘》一首；至咏游覽惟有《栖霞洞》一首、《佛子巖》一首；其見於詩注者，亦僅蠻茶、老酒、蚺蛇皮腰鼓、象皮兜鍪四事，不及他處之詳，疑以此志已具，故不更記以詩也。其盧橘一種，《志果》不載，觀其《志花》小序，稱北州所有皆不録，或《志果》亦用此例。蠻茶一種，《志草木》中亦無之，考詩注稱蠻茶出修仁，大治頭風，而《志草木》中有鳳膏藥，亦云葉如冬青，治太陽痛頭目昏眩，或一物二名耶。然檢《文獻通考·四裔考》中引《桂海虞衡志》幾盈一卷，皆志蠻之文，而此本悉不載。其餘諸門，檢《永樂大典》所引，亦多在此本之外，蓋原書本三卷，而此本併爲一卷，已刊削其大半，則諸物之或有或無，亦非盡原書之故矣。"

此書今日所傳，均是明人所删存之一卷本，且多叢書本，除清《四庫全書》本外，有《古今逸史》本、《學海類編》本、《唐宋叢書》本、《古今説海》本、《知不足齋叢書》本、《漢魏叢書》本、《百川學海》本、《秘書廿一種》本、《秘書二十八種》本、《説庫》本等。

武林舊事一〇卷　宋周密撰　存

密有《乾淳御教記》一卷已著録。

此書《宋史·藝文志》不著録，見《四庫全書總目》地理類。

《四庫全書總目》卷七十史部地理類三著録此書，《提要》云："宋周密撰。密字公謹，號草窗，先世濟南人，其曾祖隨高宗南渡，因家湖州。淳祐中，嘗官義烏令，宋亡不仕，終於家。是書記宋南渡都城雜事，蓋密雖居弁山，實流寓杭州之癸辛街，故目睹耳聞，最爲真確。於乾道、淳熙間三朝授受兩宮奉養之故迹，叙述尤詳，《自序》稱欲如吕滎陽《雜記》而加詳，如孟元老《夢華》而近雅。今考所載，体例雖仿孟書，而詞華典贍，南宋人遺篇剩句，頗賴以存，近雅之言不謬。吕希哲《歲時雜記》今雖不傳，然周必大《平園集》尚載其《序》，稱其上元一門，多至五十餘條，不爲不富，而密猶以爲未詳，則是書之賅備可知矣。明人所刻，往往隨意刊除，或僅六卷，或不足六卷，惟存《故都宮殿》《教坊樂部》諸門，殊失著書之本旨。此十卷之本，乃從毛氏汲古閣元版傳鈔，首尾完具，其間逸聞軼事，皆可以備考稽，而湖山歌舞，靡麗紛華，著其盛正，著其所以衰，遺老故臣惻惻興亡之隱，實曲寄於言外，不僅作風俗記、都邑簿也。第十卷末棋待詔以下，以是書體例推之，當在六卷之末，疑傳寫或亂其舊第，然無可考證，今亦姑仍之焉。"此書之傳本：《四庫簡明目録》云："明正德戊寅宋廷佐刊本，四卷。嘉靖杭守陳柯刊本，六卷。崇禎刊本。"《附録》云："乾隆丁酉夙夜齋本(星詁)。"邵章《續録》云："明正德戊寅巡按宋廷佐刊本，半葉十行，行二十字，卷末宋《跋》隸書十二行，傳沅叔曾取校新刊本，云可以補正者數百事。康熙四十三年澹寧堂刊增補本，八卷。"今國内所藏善本：臺北"國家圖書館"有明嘉靖三十九年杭州知府陳柯刊本一部，六卷二册。臺北"故宮博物院"有清文淵閣《四庫全書》本一部；明正德戊寅(十三年)杭州知府留志淑刊本一部，六卷二册，書中有清□銓手書題記，係前國立北平圖書館舊藏；又有清乾隆丁酉(四十二年)杭州汪日葵夙夜齋刊本，《武林舊事》六卷《後集》四卷，二册，書經清嘉慶間黄丕烈、陸拙生各手校，並各撰題記，亦係前國立北平圖書館舊藏。收入叢刻者有：《續百川學海》本，六卷；《寶顏堂秘笈》本，《武林舊事》六卷《後集》五卷；《知不足齋叢書》本、《武林掌故叢編》本、《筆記小説大觀》本，並爲十卷本，有《附録》一卷。

記古滇説一卷　宋張道宗撰　存

道宗，事迹待考。

此書《宋史・藝文志》不著録，見《四庫全書總目》地理類存目七。

《四庫全書總目》卷七十八史部地理類存目七著録此書，《提要》云："舊本題宋張道宗撰。前有嘉靖己酉沐朝弼《序》，則稱道宗爲元人，卷末題咸淳元年春正月八日，滇民張道宗録。而書中又載元統二年立段信苴實爲大理宣慰使司事，顛倒牴牾，猝不可詰。其書大抵陰剽諸史《西南夷傳》而小變其文，惟所記金馬、碧鷄事，稱阿育王有三子爭逐一金馬，季子名至德，逐至滇池東山獲之，即名其山曰金馬。長子名福邦，續至滇池之西山，忽見碧鳳，即名其山曰碧鷄，所謂金馬、碧鷄之神，即是二子，其説荒誕，與史傳尤異，文句亦多不雅馴，殆出贋託。況書中明言宋興以北有大敵，不暇遠略，使傳往來，不通中國，何以度宗式微之時，轉奉其正朔，然則非惟道宗時代恍惚難憑，即其人之有無，且不可遽信矣。卷首有楊慎點校字，其即慎所依託而故謬其文以疑後人歟？"

此書傳本：《四庫全書總目》存目據浙江巡撫採進本著録。

夢梁録二○卷　宋吳自牧撰　存

自牧，咸淳間錢塘人。事迹待考。

此書《宋史・藝文志》不著録，見《四庫全書總目》地理類。

《四庫全書總目》卷七十史部地理類三著録此書，《提要》云："宋吳自牧撰。自牧，錢塘人，仕履未詳。是書全仿《東京夢華録》之體，所紀南宋郊廟宮殿，下至百工雜戲之事，委曲瑣屑，無不備載。然詳於叙述，而拙於文采，俚詞俗字，展笈紛如，又出《夢華録》之下，而觀其《自序》，實非不解雅語者，毋乃信劉知幾之説，欲如宋孝王《關東風俗傳》，方言世語，由此畢彰乎？（案：語見《史通・言語》篇。）要其措詞質實，與《武林舊事》詳略互見，均可稽考遺聞，亦不必責以詞藻也。自牧

《自序》云：‘緬懷往事，殆猶夢也，故名《夢梁録》。’末署甲戌歲中秋日，考甲戌爲宋度宗咸淳十年，其時宋尚未亡，不應先作是語，意甲戌字傳寫誤歟？王士禎《漁洋文略》有是書《跋》云：‘《夢梁録》二十卷，不著名氏。’蓋士禎所見鈔本，又脱此《序》，故不知爲自牧耳。今檢《永樂大典》所引條條皆題自牧之名，與此本相合，知非影附古書，僞標撰人姓氏矣。”

此書之傳本：臺北“國家圖書館”有舊鈔本一部，二十卷二册，又有清朱點手鈔本一部，二十卷六册；又有清乾隆庚辰（二十五年）東里龔雪江手鈔本一部，二十卷四册；又有鈔本一部，朱校，題《新編夢梁録》，二十卷四册。臺北“故宮博物院”有清文淵閣《四庫全書》本一部，又有明正德間安愚柳氏藍格鈔本，題《新編夢梁録》，二十卷四册，中有清光緒己亥（二十五年）吳士鑑手書題識，係前國立北平圖書館舊藏。“中央研究院”歷史語言研究所有影鈔宋本一部，書中有清翁同書手跋。收入叢刻者有：《知不足齋叢書》本、《學津討源》本、《學海類編》本、《武林掌故叢編》本、《筆記小説大觀》本、《叢書集成初編》本。

（八）外紀之屬

列國入貢圖二○卷　宋崔峽撰　佚

峽，生平待考。

此書《宋史·藝文志》地理類著録。

按：此編諸家書目罕見著録。

南蠻記一○卷　宋不著撰人　佚

此書《宋史·藝文志》地理類著録。

《郡齋讀書志》卷七僞史類著録《南蠻録》十卷，晁氏曰：“右未詳撰人。熙寧間交趾叛，朝廷議討之，或纂歷代南蠻事迹及便宜上之。"

按：唐樊綽嘗撰《蠻書》十卷，一稱《雲南志》，又作《雲南史記》，詳載六詔種族、風俗、山川、道里及前後措置始末，今有四庫館所輯《永樂大典》本。

于闐國行程錄一卷　宋平居誨撰　佚

居誨，生平待考。

此書《宋史·藝文志》地理類著錄。

契丹志一卷　宋王曾撰　佚

曾有《九域圖》三卷已著錄。

此書《宋史·藝文志》地理類著錄。

按：《玉海》卷一六"嘉祐《契丹地圖》"條云："祥符中知制誥王曾奉使，撰《契丹志》一卷，載經歷山川城郭。嘉祐二年（1057）四月辛未，通判黃州趙至忠上《契丹地圖》及《虜庭雜記》十卷，言虜中事尤詳。"

南北對鏡圖一卷　宋不著撰人　佚

混一圖一卷　宋不著撰人　佚

西南蠻夷朝貢圖一卷　宋不著撰人　佚

巨鰲記六卷　宋不著撰人　佚

交廣圖一卷　宋不著撰人　佚

右五書《宋史·藝文志》地理類著錄。

按：右五編《宋志》注云："並不知作者。"其中《交廣圖》一書，故事類已著錄。

大理國行程一卷　宋檀林撰　佚

林有《甌冶拾遺》一卷已著錄。

此書《宋史·藝文志》地理類著錄。

夏國樞要二卷　宋蘇氏撰　佚

此書《宋史·藝文志》地理類著錄。

按：此書撰人，《宋志》不著其名。

高麗日本傳一卷　宋不著撰人　佚

此書《宋史·藝文志》地理類著録。

按：《宋志》注云：“不知作者。”

契丹國土記　契丹疆宇圖二卷　契丹地理圖一卷　宋不著撰人　佚

此書《宋史·藝文志》地理類著録。

《宋志》注云：“不知作者。”

《直齋書録解題》卷八地理類著録《契丹疆宇圖》一卷，陳氏曰：“不著名氏。録契丹諸夷地及中國所失地。”

雞林類事三卷　宋孫穆撰　殘

穆，政和間知建州，事迹具《嘉靖建寧府志》卷五、《道光福建通志》卷九十二等書。

此書《宋史·藝文志》地理類著録。

《直齋書録解題》卷七傳記類著録《雞林類事》三卷，陳氏曰：“不著名氏。”昌彼得(瑞卿)先生《説郛考》云：“陳振孫云‘不著名氏’者，殆其傳本偶脱撰人姓名歟？”

按：此書完本已不傳，今所見者，並爲殘本。“中央研究院”歷史語言研究所有朝鮮烏絲欄鈔本，題《雞林遺事》一卷，附《宣和奉使高麗圖經》四十卷之末。收入叢刻者，有《説郛》本、《五朝小説》本。

諸蕃志二卷　宋趙汝适撰　輯

汝适，善待子。嘉定二年(1209)知武義縣，後官福建路市舶提舉。事迹具《宋元學案補遺》卷六十九。

此書《宋史·藝文志》不著録，見《直齋書録解題》卷八地理類。

陳氏曰：“福建提舉市舶趙汝适記諸蕃國及物貨所出。”

《四庫全書總目》卷七十一史部地理類四著録此書,《提要》云:"宋趙汝适撰。汝适始末無考,惟據《宋史・宗室世系表》知其爲岐王仲忽之元(玄)孫,安康郡王士說之曾孫,銀青光禄大夫不柔之孫,善待之子,出於簡王元份房,上距太宗八世耳。此書乃其提舉福建路市舶時所作,於時宋已南渡,諸蕃惟市舶僅通,故所言皆海國之事,《宋史・外國列傳》實引用之,核其叙次事類歲月皆合,但《宋史》詳事迹而略於風土物產,此則詳風土物產而略於事迹,蓋一則史傳,一則雜志,體各有宜,不以偏舉爲病也。所列諸國賓瞳龍,史作賓同隴;登流眉,史作丹流眉;阿婆羅拔,史作阿蒲羅拔;麻逸,史作摩逸;蓋譯語對音,本無定字,龍隴三聲之通,登丹、蒲婆、麻摩雙聲之轉,呼有輕重,故文有異同,無由核其是非,今亦各仍其舊,惟南宋僻處臨安,海道所通,東南爲近,志中乃兼載大秦,天竺諸國,似乎隔越西域,未必親覩其人,然考《册府元龜》載唐時祆教,稱大秦寺,《桯史》所記廣州海獠,即其種類,又法顯《佛國記》載陸行至天竺,附商舶還晋,知二國皆轉海可通,故汝适得於福州,見其市易,然則是書所記,皆得諸見聞,親爲詢訪,宜其叙述詳核,爲史家之所依據矣。"此書之傳本:此書久佚,四庫館臣自《永樂大典》輯出,今所見各本,並據《大典》本鈔刊。今國内所藏善本:"中央研究院"歷史語言研究所有亞學廬藍格鈔本一部,二卷一册,經清沈曾植批注。臺北"故宮博物院"有清文淵閣《四庫全書》本一部。收入叢刻者有:《函海》(乾隆本、道光本)、《學津討源》本、別本《函海》(光緒本)、《叢書集成初編》本。

溪蠻叢笑一卷　宋朱輔撰　存

輔,字集公,舒州灊川人,翌次子。官州通判。事迹具《宋詩紀事》卷七十一、《宋詩紀事小傳補正》卷四等書。

此書《宋史·藝文志》不著録,見《四庫全書總目》地理類。

《四庫全書總目》卷七十一史部地理類四著録此書,《提要》云:"宋朱輔撰。輔字季公,桐鄉人,不詳其仕履,惟《虎邱志》載所作《咏虎邱》一詩,知爲南宋末人耳。溪蠻者,即《後漢書》所謂五溪蠻,章懷太子注稱武陵有雄溪、樠溪、酉溪、潕溪、辰溪,悉是蠻夷所居,故謂五溪蠻,今在辰州界者是也。輔蓋嘗服官其地,故據所聞見,作爲是書。所記諸蠻風土物産頗備,如闌干布之傳於漢代,三眷茅之出於包茅山,數典亦爲詳贍,至其俗尚之異,種類之别,曲折纖悉,臚列明晰,事雖鄙而詞頗雅,可謂工於叙述,用資考證,多益見聞,固不容以瑣屑廢焉。"

此書之傳本:臺北"故宮博物院"有清文淵閣《四庫全書》本。收入叢刻者有:《説郛》本、《學海類編》本、《格致叢書》本、《古今説海》本、《夷門廣牘》本、《百名家書》本、《續百川學海》本。

宣和奉使高麗圖經四〇卷　宋徐兢撰　存

兢(1091—1153),字明叔,號自信居士,和州歷陽人,徙居吳縣,林弟。幼穎異不群,年十八,入太學,工畫山水神物,尤工篆籀。以蔭入官,攝事雍丘、原武二縣,民服其化。宣和中隨使高麗,撰《高麗圖經》四十卷上之,徽宗嘉悦,召對,賜出身,累官大宗丞,兼掌書學。遷刑部員外郎,以時相册免,坐親嫌謫監池州永豐。起除沿江制司參議奉祠歸。紹興二十三年(1153)五月卒,年六十三。事迹具《吳中人物志》卷五、《宋史翼》卷二十七、《皇宋書録》卷下、《書史會要》卷六、《宋詩紀事補遺》卷三十七等書。

此書《宋史·藝文志》地理類著録。

《直齋書録解題》卷八地理類著録《高麗圖經》四十卷,陳氏云:"奉議郎徐兢(明叔)撰。宣和六年(1124)路允迪、傅墨卿

使高麗，兢爲之屬，歸上此書，物圖其形，事爲之説。今所刊
不復有圖矣。兢，鉉之後。善篆書，亦能畫，嘗自題‘保大騎
省世家’‘宣和書學博士’，又自號自信居士。”

《四庫全書總目》卷七十一史部地理類四著録此書，《提要》
云：“宋徐兢撰。兢字明叔，號自信居士，是書末附其行狀，稱
甌寧人，《文獻通考》則作和州歷陽人，《思陵翰墨志》又作信
州徐兢，似當以行狀爲確。《通考》又稱兢爲鉉之裔，自題‘保
大騎省世家’。考王銍《默記》稱徐鉉無子，惟鍇有後，居攝山
前，開茶肆，號徐十郎，鉉、鍇誥敕尚存，則《通考》亦誤傳也。
據兢行狀，宣和六年（1124），高麗入貢，遣給事中路允迪報
聘，兢以奉議郎爲國信使，提轄人船禮物官，因撰《高麗圖經》
四十卷，還朝後詔給札上之，召對便殿，賜同進士出身，擢知
大宗正事，兼掌書學，後遷尚書刑部員外郎。其書分二十八
門，凡其國之山川風俗、典章制度，以及接待之儀文、往來之
道路，無不詳載，而其《自序》，尤拳拳於所繪之圖。此本但有
書而無圖，已非完本。然前有其姪蔵題詞一首，稱書上御府，
其副蔵家，靖康丁未（二年，建炎元年，1127）兵亂失之，後從
醫者得其本，惟海道二卷無恙，又述兢之言，謂世傳其書，往
往圖亡而經存，欲追畫之，不果就，乃以所存者刻之澂江郡
齋。周煇《清波雜志》亦稱兢仿元豐中王雲所撰《雞林志》爲
《高麗圖經》，物圖其形，事爲其説，蓋徐素善丹青也。宣和
末，老人在歷陽。按此老人字，疑爲先人之訛，蓋指其父邦彦也。雖得見
其書，但能鈔其文，略其繪事，乾道中刊於江陰郡齋者，即家
間所傳之本，圖亡而經存，蓋兵火後，徐氏亦失元本云云。是
宋時已無圖矣。又張世南《游宦記聞》曰：‘高麗是年有請於
上，願得能書者至國中，於是以徐兢爲國信使禮物官。’則兢
之行，特以工書遣，而留心記載乃如是，今其篆書無一字傳

世,惟此編僅存。考魏了翁《鶴山集》,稱兢篆於《説文解字》以外,自爲一家,雖其名兢字見於印文者,亦與篆法不同云云,則其篆乃滅裂古法者,宜不爲後人所藏弄。然此編已足以傳,兢雖不傳其篆可也。"

按:此書傳本尚多。《四庫簡明目録標注》云:"明姚士粦、鄭宏刊本。知不足齋本。《天禄後目》有宋刊本。趙氏小山堂有高麗刊本。"邵章《續録》云:"宋乾道間徐蒇刊於澂江本。昭文張氏有毛斧季舊鈔本。明朝本。清乾隆翰林院鈔四庫底本。朝鮮鈔本,附《雞林遺事》及《朝鮮賦》。《涉聞梓舊》本。"今國内所見傳本:臺北"故宫博物院"有宋乾道三年(1167)徐蒇江陰刊本一部三册,又有清文淵閣《四庫全書》本一部。臺北"國家圖書館"有清康雍間鈔本一部二册,有清陳鱣手校并題記。"中央研究院"歷史語言研究所有朝鮮烏絲欄鈔本一部三册,附宋孫穆撰《雞林遺事》一卷、明董越撰《朝鮮賦》一卷。

十三、霸史類

吴録二〇卷　宋徐鉉、高遠、喬舜、潘祐等撰　佚

鉉，字鼎臣，仕南唐官至吏部尚書，歸宋，累官散騎常侍，著有
《江南録》《騎省集》等。事迹具《宋史》卷四四一本傳。

遠，南唐史館修撰，有《南唐烈祖實録》二〇卷已著録。

舜有《古今語要》一二卷已著録

祐，事迹待考。

此書《宋史·藝文志》霸史類著録。

按：《通志·藝文略·霸史》著録《吴録》二十卷，云：“僞唐徐
鉉等撰，記楊行密據淮南，盡楊溥。”

南唐書不著卷數　宋胡恢撰　佚

恢，金陵人。官華州推官。博物強記，善篆隸。臧否人物，
坐法失官，潦倒貧困，赴選集於京師，時韓琦當國，恢獻小
詩自達，其一聯曰：“建業關山千里遠，長安風雪一家寒。”
韓魏公深憐之，令篆太學石經，因此得復官。事迹具《書史
會要》卷六、《宋詩紀事》卷一六、《景定建康志》卷五〇
等書。

此書《宋史·藝文志》不著録，見《宋史藝文志補》霸史類。

按：考清王士禎《池北偶談》卷一九“胡恢書”條云：“《南唐
書》今止傳陸游、馬令二本，胡恢書久不傳。惟江陰赤岸李
氏有之。李即忠毅公應昇之叔，忘其名矣。按：恢，金陵
人，《夢溪筆談》稱恢博物強記，善篆隸，韓魏公當國，恢獻詩
云：‘建業關山千里遠，長安風雪一家寒。’公憐之，命篆太
學石經，官華州推官而卒。”士禎之書，成於康熙辛未（三十

年,1691),①是恢書清初猶行於世,今則佚而不見矣。

南唐書三〇卷　宋馬令撰　存

令,史無傳。《直齋書録解題》著録此書,陳振孫謂其陽羨人,復引其序云:“其祖太傅元康世家金陵,多知南唐故事,未及纂次,今纂先志而成之,實崇寧乙酉(四年 1105)”云云,則令爲北宋末年人也。

此書《宋史·藝文志》不著録,見《直齋書録解題》卷五僞史類。

此書首爲先主書一卷,嗣主書三卷,後主書一卷;次女憲傳一卷,列后妃公主,而附録列女二人;次宗室傳一卷,列楚王景遷等十二人,而從度、從信二人,有録無書;次義養傳一卷,列徐温及其子六人,附録二人;次爲列傳四卷;次儒者傳二卷;次隱者傳一卷;次義死傳二卷;次廉隅傳,次苛政傳,共二卷;次誅死傳一卷;次黨與傳二卷;次歸明傳二卷;次方術傳一卷;談諧傳一卷,皆優人也,而附以迂儒彭利用;次浮屠傳,次妖賊傳共一卷;次叛臣傳一卷;次滅國傳二卷,閩王氏、楚馬氏也;次建國譜,次世系譜,共一卷。

陳振孫謂此書“略備紀傳體,而亦言徐鉉、湯悦之疏略。”②《四庫全書總目提要》則云:“每序贊之首,必以嗚呼發端,蓋欲規仿《五代史記》,頗類效顰。於詩話小説,不能割愛,亦不免蕪雜瑣碎,自穢其書。又如建國譜之叙地理,僅有軍州而無縣,則省不當省。世系譜不過出自唐吳王恪;於先主書,首一句可畢,而複述於唐書以前,尤繁不當繁,亦乖史體,均不及陸游重修之本。然椎輪之始,令亦有功,且書法亦謹嚴不苟。”所論並不誣。

---

① 見王士禎《池北偶談》序。

② 説見《直齋書録解題》卷五。

按：此書之傳本：今所見多係明以後刊本。張金吾《愛日精廬藏書志》卷一四著録元刊本一部，云："序目卷一缺，抄補。"今則不之見。《皕宋樓藏書志》卷二八《善本書室藏書志》卷十，並著録明嘉靖庚戌（二十九年，1550）刊本一部。今國内所藏善本：臺北"國家圖書館"有明嘉靖庚戌顧汝達刊本兩部，有姚昭跋。臺北"故宮博物院"亦有顧氏刊本兩部，其中一部係前國立北平圖書館寄存者。至於鈔本，亦有多部：臺灣省圖書館有清嘉慶間黄丕烈門僕鈔本一部，卷末有黄氏及沈欽韓手書題記。黄氏曰："余向收得馮氏藏本南唐書二册，因家有舊刻，轉歸於周丈香嚴，後余適以舊刻歸他所，而案頭反無馬書舊本，遂從香嚴假歸，命門僕影録一本。録畢，久未取對。日來梅雨淹旬，閒居少客，先用朱筆校録誤字一過，次臨朱筆校閲語於上方及行間，又次臨朱筆句讀，蓋重其爲馮氏藏本也。馮氏名舒，字己蒼，卷三十後墨筆所録跋語，亦舊時己蒼用朱筆識者也。分本亦照原本，册首册尾各有'上黨'長方印、'馮氏藏本'方印，兹不能摹其篆文，以楷書記其款式而已。嘉慶庚午（十五年，1810）夏至後一日黄丕烈識。"沈氏曰："卷中尚有顯然訛字，句讀亦有舛錯。沈欽韓記。"①又有鈔本兩部，一部四册，一部三册。臺北"故宮博物院"有清文淵閣四庫全書本一部。收入叢刻者，則有《墨海金壺》本，《述古叢鈔》本、《南唐書合刻》本、《藏修堂叢書》本、《翠琅玕館叢書》本、《芋園叢書》本、《叢書集成初編》本及《四部叢刊續編》本等。其中《四部叢刊續編》本，係據明刊本影印，末附張元濟校勘記一卷。

---

①　黄丕烈、沈欽韓二人題記，亦見《蕘圃藏書題識》卷三。

三十國春秋鈔一卷　宋不著撰人　佚

此書《宋史·藝文志》霸史類著録。

《宋志》注云:"不知作者。"

按:劉宋武敏之及梁蕭方等纂漢建安迄晋元熙間凡百五十六諸國事,爲三十國春秋,武書一百卷,蕭書三十卷,武蕭二書已佚,清湯球據《太平御覽》《通鑑考異》等輯得各一卷,此書殆當時好事者鈔撮其要者也。

又按:《通志·藝文略》著録此書二卷,《宋志》作一卷者,或非完本。

南唐書一八卷　宋陸游撰　存

游,字務觀,號放翁,山陰人,佃之孫,宰之子,以廕補登仕郎。孝宗隆興初賜進士出身,官至寶謨閣待制。游立朝頗著風采,後以爲佗胄作《南園古泉記》,見譏清議,然忠愛出於天性,其詩爲宋大家稱首。文章有法度;亦爲南渡有數作家,著有《孝宗實録》(與傅伯壽等撰)、《入蜀記》《老學庵筆記》《劍南詩集》《渭南文集》等。事迹具《宋史》卷三九五、《宋史新編》卷一四七、《南宋書》卷三七、《皇宋書録》卷下、《南宋館閣續録》《宋人軼事彙編》等書。

此書《宋史·藝文志》不著録,見《直齋書録解題》卷五僞史類。

《直齋書録解題》著録此書,題"新修南唐書",蓋別於馬令之書也,十五卷。陳振孫曰:"寶謨閣待制山陰陸游(務觀)撰。采獲諸書,頗有史法。"

《四庫全書總目》卷六六載記類著録此書十八卷,又有音釋一卷,則元戚光所撰也。《提要》曰:宋初撰録南唐事者凡六家,大抵簡略。其後撰南唐書者三家,胡恢、馬令及游也。恢書傳本甚稀,王士禎《池北偶談》,記明御史李應昇之叔有之,今未之見，惟馬令書與游書盛傳，而游書尤簡核有法，元天曆初，金陵戚光爲之音釋，而博士程塾等校刊之，趙世延爲序。

又云：南唐元宗於周顯德五年（958）即去帝號，稱江南國主，胡恢從《晋書》之例，題曰載記，不爲無理。游乃於烈祖、元宗、後主，皆稱本記，且於烈祖論中，引蘇頌之言，以《史記・秦莊襄王》《項羽本紀》爲例，深斥胡恢之非。考劉知幾《史通・本紀》篇，嘗謂姬自后稷至於西伯，嬴自伯翳至於莊襄，爵乃諸侯，而名隸本紀。又稱項羽僭盜而死，未得成君，假使羽竊帝名，正可抑同群盜。況其名曰西楚，號止霸王，諸侯而稱本紀，循名責實，再三乖謬。則司馬遷之失，前人已深排之，游乃引以藉口，謬矣！得非以南渡偏安，事勢相近，有所左祖於其閒乎？但如后妃諸王傳，置之群臣之後；雜藝方士傳，列於忠義之前揆以體例，亦爲未允，讀其書者，取其叙述之簡潔可也。

按：此書之卷數，陳振孫所見者爲十五卷，而今所傳者均爲十八卷本。錢曾《讀書敏求記》稱舊本遵史漢體，首行書某紀某傳卷第幾，而注“南唐書”於下；王士禎《古夫于亭雜録》又稱其門人大名成文昭寄以宋槧四册，凡十五卷，與今刻十八卷編次小異。今並不之見。瞿鏞《鐵琴銅劍樓藏書目録》卷十著録校宋本十八卷，實則元刊本，前有天曆二年（1329）趙世延序，後有戚光音釋，即光所刻也，小題在上，大題在下，瞿氏謂其“猶仍舊刻史書之式”。

今國内所藏善本，並係明以後刊本。臺北“國家圖書館”有明崇禎庚午（三年，1630），海虞毛氏汲古閣刊陸放翁全集本三部，其中一部載過録清陸救先校語，清黄丕烈手校，並有黄氏及顧廣圻之手書題跋。陸氏曰：“遵王抄本校一過。甲寅九

月七日覲庵記。"①顧廣圻曰:"汲古閣初刻陸氏《南唐書》,舛
誤特甚,此再刻者,已多所改正,然如《讀書敏求記》所云卷例
俱遵史漢體,首行書某紀某傳卷第幾,而注'南唐書'於下。
今流俗鈔本,竟稱《南唐書》本紀卷第一卷二十三,列傳亦如
之,開卷便見其謬者,尚未改去,其他沿襲舊訛可知其不少
矣。陸敕先校本,藏小讀書堆,傳臨一過,頗多神益,藏諸篋
中久矣。今蕘圃話及此書,未得佳本,而余適欲得其重本之
《野客叢書》,因舉以相易,蕘圃其姑儲此以俟。特未審遵王
所藏,敕先所見,是一是二,惜《敏求記》不言其詳也。他時庶
乎遇而辨之。嘉慶己未(四年,1799)五月,顧廣圻記。"②黃丕
烈曰:"《南唐書》,馬、陸並稱,余家舊藏元本馬書,較時本頗
善。陸書向無舊刻,頃從澗薲易得傳錄陸敕先校本,雖非舊
刻,亦可與馬書並稱善本矣。毛刻附於劍南《渭南集》以行。
余所藏放翁之詩文,皆有宋刻,惟此與《老學菴筆記》皆無宋
刻。今得此校本,差可與《老學菴筆記》校本並藏。日後儻得
舊本,不可取以相參證乎? 嘉慶己未(四年,1799)夏五月中
瀚九日,梅雨連朝,陰霾積悶,書此以破岑寂。棘人黃丕烈
識。"③"中央研究院"歷史語言研究所及臺灣大學亦均有汲古
閣刊本各一部。臺北"故宮博物院"有明末胡震亨等刊本一
部,附《音釋》一卷;又有日本鈔本一部及清《文淵閣四庫全
書》本一部,附《音釋》一卷,收入叢刻者,則有《秘冊彙函》本、
《述古堂叢鈔》本、《南唐書合刻》本、《藏修堂叢書》本、《翠琅
玕館叢書》本、《芋園叢書》本、《叢書集成初編》本、《四部備
要》本及《四部叢刊續編》等。其中《四部叢刊續編》本,係據

---

① 陸氏校語原載瞿鏞所藏校宋本卷末,今亦見《鐵琴銅劍樓藏書目錄》卷十。
② 顧氏題跋亦見《蕘圃藏書題識》卷三。
③ 黃氏此跋亦見《蕘圃藏書題識》卷三。

明錢穀手鈔本影印，末附張元濟所撰校勘記一卷。

南唐書一五卷　宋不著撰人　佚

此書《宋史·藝文志》霸史類著録。

《宋志》注云："不知作者。"

按：宋馬令撰《南唐書》十八卷，陸游撰《南唐書》三十卷，今並猶有傳本。

蜀書二○卷　宋李昊撰　佚

昊有《後蜀高祖實録》三○卷已著録。

此書《宋史·藝文志》霸史類著録。

按：昊所撰《後蜀孟先祖實録》三○卷及《後蜀孟後主實録》八○卷，並記孟氏事，此書則蓋記前蜀王氏本末。《通志·藝文略·霸史》著録《前蜀書四十卷》，云："僞蜀李昊撰，記王氏本末。"疑即此書，《宋志》作二十卷者，蓋不全也。

吳越備史一卷　舊題宋范坰、林禹等撰　殘

坰，生平待考，卷首題"武勝軍節度使掌書記"。

禹，生平待考，卷首題"武勝軍節度巡官"。

此書《宋史·藝文志》霸史類著録。

《直齋書録解題》卷五霸史類著録《吳越備史》九卷，陳氏曰："吳越掌書記范坰、巡官林禹撰。按《中興書目》，其初十二卷，盡開寶三年(970)，後又增三卷，至雍熙四年(985)。今書止石晉開運(944—946)，比初本尚闕三卷。"

《四庫全書總目》卷六六載記類著録此書四卷，又有《補遺》一卷，《提要》曰：舊本題宋武勝軍節度使掌書記范坰、巡官林禹撰。載錢鏐以下累世事迹。據舊目卷首列《年號世系圖》《諸王子弟官爵封謚表》《十三州圖》《十三州考》。今惟存《十三州考》一篇，其圖表俱佚。後附《補遺》一卷，則不載作者名氏。考陳振孫《書録解題》載錢俶之弟儼著《吳越遺事》，有開

寶五年(972)序。又謂《備史》亦儽所作,託名林、范。今是書
四卷之末,有《跋》二首:一題嘉祐元年(1056)四代孫中孚;
一題紹興二年(1132)七代孫休渙。如據書中所記而言,則當
從錢鏐起算,不當從錢俶起算,所謂四代、七代顯據作書者而
言,則振孫以《備史》爲儽撰,似得其實。錢曾《敏求記》云:今
本爲鏐十七世孫德洪。案《吳越世家疑辨》,作十九世孫,未詳孰是? 嘉靖
間刊本,序稱《補遺》爲其門人馬蓋臣所續,序次紊亂,如衣錦
城、建金錄醮及迎釋迦等事,皆失載。今是書於此數事咸備
無闕,則非德洪重刊之本。其以《補遺》爲馬蓋臣所續,亦別
無證據。蓋臣曾撰《吳越世家疑辨》,自序謂曾作《備史圖
表》,亦不云又續其書。考此《補遺》之首,有序一篇,不題名
氏年月。序中有《家王故事》之語,當即中孚等所題,亦云不
知作自何人,則不出於蓋臣審矣。《備史》所記,訖太祖戊辰
(開寶元年,968);《補遺》所記,訖太宗丁亥(雍熙四年,987),
與《中興書目》所載前十二卷盡開寶元年(968),後增三卷盡
雍熙四年(987)者正合,特併十二卷爲四,併三卷爲一耳。陳
振孫謂今書起石晉開運(944—946),前闕三卷。勘驗此本,
所佚亦同,則是書自宋季以來,已非完帙。今無從校補,亦姑
仍其舊焉。

按:此書之作者,《四庫全書總目提要》謂陳振孫以爲錢儽所
作。今考《直齋書錄解題》,《備史遺事》五卷之提要,陳氏曰:
"其序言《備史》亦其所作,託名林、范,而遺名墜迹,殊聞異
見,闕漏未盡者,復爲是編。"然則陳氏所謂錢儽所作者,乃據
《備史遺事》序中之言,初非振孫之意也。今於作者上冠以
"舊題"二字,以俟再考。

此編之卷數,諸目所載不同。陳錄謂《中興書目》所載初爲十
二卷,後又增三卷,則共十五卷。今人趙士煒所輯《中興館閣

書目》史部霸史類所著録者，即十五卷。據此《宋史·藝文志》所載是爲完本，而陳振孫所見及今傳諸本，則已殘闕不完。

又按：此書宋元舊刻已罕見，清瞿鏞《鐵琴銅劍樓藏書目録》卷十及丁丙《善本書室藏書志》卷十所著録者，並係鈔本。今國内所傳善本：臺北"國家圖書館"有明末錢道生刊本一部，《備史》四卷，《補遺》一卷；又有舊鈔本一部，係明錢德洪所增訂者，《備史》六卷，附《雜考》一卷；又有穴硯齋鈔本一部，僅《備史》四卷，無《補遺》。臺北"故宫博物院"有清文淵閣四庫全書本一部，係據浙江汪汝瑮家藏本著録，《備史》四卷，《補遺》一卷；又有明鈔本一部，《備史》六卷，附《雜考》一卷，爲前國立北平圖書館所寄存者。"中央研究院"歷史語言研究所有鈔本一部，《備史》六卷，附明錢受徵所輯《雜考》一卷。收入叢刻者，有《學津討源》本，係清嘉慶年間張海鵬據《四庫全書》本收録；《武林掌故叢編》本，除《備史》四卷，《補遺》一卷外，末附《雜考》一卷。

民國二十三年（1934），張元濟編《四部叢刊續編》，得吴翊鳳（字伊仲，號枚菴）手鈔本，據以收録，張氏並撰校勘記一卷，附於卷末。此抄本，係據錢曾述古堂藏本抄録，卷末有吴翊鳳手跋三則，其一曰："右書凡四卷，係述古堂錢氏抄本，最爲精善，今藏維揚江氏，予借得録之。原本無上跋（祐按：指錢曾《讀書敏求記》提要，吴氏過録於書末者），從《讀書敏求記》中録附卷尾，以資考核。書中凡劉姓悉易爲彭城，避武肅嫌諱也。又諱佐，凡官名左者，悉改爲上，書中所云上右，乃左右也。丙申嘉平五日，雪窗呵凍書。"其二曰："按此書載通考者有二：《吴越備史》九卷，注吴越掌書記范坰、林禹撰；又《吴越備史遺事》五卷，注全州觀察使錢儼撰。並引陳直齋言,謂《備史》亦儼所爲,託名林、范者。儼,元瓘之子也。又明初刊本武肅王二卷,文穆王、忠獻王、吳越國王各一卷,凡五卷,又《補遺》一卷,或云錢德洪,或云馬蠱臣撰,卷帙不同,未知孰是。識之以質博雅者。十一日雨窗,枚菴漫士吳翌鳳又書。"其三曰:"裴松之注例,欲便觀覽,應不嫌其改易行第也。明年正月二十日,枚菴又書。"張元濟跋曰:"此吳枚菴據述古堂抄本傳録者也。述古自跋謂武肅十九世孫德洪刊本,與其家所藏舊本不合,是爲范坰、林禹所撰,稱忠懿爲今元帥,吳越國王自乾祐戊申(元年,948)至端拱戊子(元年,988),終王事終始歷然。新刻於乾德四年(966)後,序次紊亂,脱誤弘多,翻以開寶二年(969)後事爲補遺。又言閭丘方遠建金籙醮,羅隱師事方遠,執禮甚恭,及迎釋迦建浮圖諸事,皆失載云云。是本於所指之事具存,其他所言亦均合。錢竹汀嘗云:'恨未得見遵王所藏。'吾輩今得見其傳録之本,抑猶幸也。四庫著録,亦范、林二氏所撰,但四卷後有《補遺》一卷,其後虞山張氏有刊本,卷數亦合,其自跋稱據蕭潤道生重訂德洪刊本,故與此本不同。庫本於建金籙醮諸事咸備無闕,然別有《補遺》。又稱訖太宗丁亥(雍熙四年,987)與此之訖戊子端拱元年(988)者,亦不相合。陳振孫《書録解題》有是書九卷,謂按《中興書目》其初十二卷,盡開寶三年(970),今書止石晉開運(944—946)尚闕三卷。按石晉開運至宋開寶,凡二十餘年,卻當在後三卷之數,是書實起唐僖宗乾符二年(875),庫本《提要》稱爲起石晉開運,前闕三卷云云,陳氏實無此語。然其書既僅存九卷,則亦與此不合也。此避武肅嫌諱,凡劉姓悉改彭城;又避忠懿諱;凡官名左者,悉改上;又左右俱作上右;遇文穆、忠獻名:俱空格,或作諱字;宋諱匡字,有注名犯太祖諱上一字者;蓋所據爲成書後最初刊本矣。枚菴用朱筆校訂者十七處，别録附後。此外尚有疑義者，如卷一第六十五葉前七行'嘗以彈丸墻樓之外'，'丸'字下，疑有脱字；卷二第十一葉後八九行'父淮浙行軍司馬……馬綽之女'，'父'字或'之女'二字疑衍；第十四葉後六行'王于兄弟甚衆'，'衆'字疑誤；卷四第三十四葉後二行'中貴必良藥也'"'貴'字下疑有脱字；第三十五葉前五行'龍鳳蕭笛'，'蕭'當作'簫'；後九行'還遣中使諭王'，'還'字疑衍；第三十八葉前十行'仍又勅遣供奉官'，'仍'字疑衍；第三十九葉前一行'實治周一甲子'，'治'字疑誤。枚菴均未校出，附識於此。又卷末九葉，非枚菴手寫，不知當時命人代筆，抑原本散失，他人補鈔，今不可知矣。海鹽張元濟。"此四卷本，爲今傳諸本中之最善者。

王氏紹運圖三卷　宋林仁志撰　佚

仁志，生平待考。

此書《宋史·藝文志》霸史類著録。

按：此編蓋載前蜀王氏立國事。

備史遺事五卷　宋錢儼撰　佚

儼有《皇猷録》一卷已著録。

此書《宋史·藝文志》霸史類著録。

《直齋書録解題》卷五僞史類著録《吳越備史遺事》五卷，陳氏曰："全州觀察使錢儼撰。俶之弟也。其序言《備史》亦其所作，託名林、范，而遺名墜迹，殊聞異見，闕漏未盡者，復爲是編。時皇宋平南海之二年，吳興西齋序，蓋開寶五年（972）也。儼以三年（970）代其兄俶刺湖州。"

按：《吳越備史》一五卷一書，舊本題'宋武勝軍節度使掌書記范坰、巡官林禹撰'，載錢氏據有吳越事，今猶有傳本，遺事則不之見矣。

金國志二卷　宋張棣撰　未見

棣,官承奉郎,本金人,淳熙中入宋。

此書《宋史·藝文志》不著録,見《直齋書録解題》卷五霸史類。

陳振孫曰:"承奉郎張棣撰,淳熙中歸明人,記金國事頗詳。"

《直齋書録解題》又有《金國志》一卷,陳氏曰:"不著名氏,似節略張棣書。其末又雜録金國事宜及海陵以後事。"

按:此書名稱多種,《三朝北盟會編》卷首引用《書目》,云:"《金虜圖經》,一曰《金虜誌》。"注云:"歸正官張棣。"《建炎以來繫年要録》所引,或稱"《金志》",或稱"張棣《金國記》",或稱"張棣《金圖經》"。《四庫全書總目》雜史類存目一則作《正隆事迹記》。日本漢學家三上次男撰《張棣〈金國志〉即〈金圖經〉的探討》,[①]以爲並係一書之異名,甚是。惟三上次男又謂《宋史·藝文志》傳記類所著録《金亮講和事迹》一卷,殆即《正隆事迹》之別名,則尚待詳考。

《四庫全書總目》雜史類存目一《正隆事迹記》一卷之提要曰:宋張棣撰,始末無考。書中但稱歸正官,蓋自金入宋之後,述所見聞也。所記皆金海陵煬王之事。始於初立,終於瓜州之變,凡十有二年。煬王凡三改元,但稱正隆,要其終也。大抵約略傳聞,疏漏殊甚。末附録世宗立後事數條;亦殊草略,不足以爲信史也。

又有《金圖經》一卷,提要曰:"一名《金國志》,自京邑至族帳部曲凡十七門。陳振孫《書録解題》曰:'淳熙中歸正人張棣撰,記金事頗詳。振孫又言又一卷,不著名氏,似節略張棣書,其末又雜録金主亮以後事。此本僅一卷,不著棣名,疑即

---

① 原文收載《岩井博士古稀紀念典籍論文集》,葉潛昭先生譯文,見《〈宋史〉研究集》第四輯頁17—28。

陳氏所稱節本也。’”

然則，四庫館館臣以《直齋書録解題》所載二卷本爲《正隆事迹記》，一卷本爲《金圖經也》。

此書之内容，日本三上次男據《三朝北盟會編》所引《金虜圖經》，輯得十六門，一曰京邑，二曰宮室，三曰宗廟，四曰禘祫，五曰山陵，六曰儀衛，七曰旗色，八曰冠服，九曰官品，十曰取士，十一曰屯田，十二曰用師，十三曰田獵，十四曰刑法，十五曰京府節鎮防禦軍，十六曰地理驛程。《四庫全書總目提要》則謂“自京邑至族帳部曲凡十七門”，三上次男云：“至少《四庫全書總目》的編者所見到的《金圖經》是加有‘族帳部曲’一門的。可是《四庫全書總目提要》所云的‘族帳部曲’，在《三朝北盟會編》卷二四五的《攬轡録》之後同樣地有‘族帳部曲録’加以詳細的記載。究竟‘族帳部曲’是否真的屬於《金圖經》的一門，這要另外檢討。即算是《金圖經》的最後一門，由於《會編》的編者未將‘族帳部曲録’著者的名注明這一點看來，亦極有可能係會編的編者任意將其分割，移於《攬轡録》之後，而成爲‘族帳部曲録’。”

此書傳本罕見。《四庫全書總目》雜史類存目《正隆事迹記》一卷及《金圖經》一卷，並據兩淮鹽政採進本著録，今並未得經眼。

後蜀孟氏記事二卷　　宋董淳撰　　佚

淳有《顯德日曆》一卷已著録。

此書《宋史·藝文志》霸史類著録。

《直齋書録解題》卷五僞史類著録《後蜀紀事》二卷，陳氏曰：“直史館太常博士董淳撰。惟記孟昶事。”

按：此書陳《録》及《通志》並作二卷，《宋志》作三卷，未知孰是。又《宋志》又有李昊《蜀後主實録》，亦記孟昶事，今並已佚。

江南録一〇卷　宋徐鉉、湯悦等撰　佚

鉉有《吳録》二〇卷已著録。

悦，即殷崇義也。崇義，字德川，文圭子，李景時歷右僕射，入宋避諱易姓名曰湯悦，事迹附見《新唐書》卷一八九《殷文圭傳》。

此書《宋史·藝文志》霸史類著録。

《通志·藝文略·霸史》著録《江南録》十卷，云："徐鉉、湯悦等撰，記江南李氏三主事。"

《郡齋讀書志》卷七僞史類著録《江南録》十卷，晁氏曰："右皇朝徐鉉等撰。鉉等自江南歸朝，奉詔集李氏時事，王介甫嘗謂鉉書至亡國之際，不言其君之過，但以歷數存亡論之，其於《春秋》箕子義爲得也。雖然，潘佑以直見殺，而鉉書佑死以妖妄，殆與佑爭名且取（袁本作恥），其善不及佑，故匿其忠，污之以罪耳。若然，豈惟厚誣忠臣，其欺吾君，不亦甚乎？世多以介甫之言爲然，獨劉道原得佑子華所上其父事迹，略與《江南録》所書同，乃知鉉等非欺誣也。"

《直齋書録解題》卷五僞史類著録《江南録》十卷，陳氏曰："給事中廣陵徐鉉（鼎臣）、光禄卿池陽湯悦（德川）撰。二人皆唐舊臣，故太宗命之撰次。悦即殷崇義，避宣祖諱及太宗舊名，并姓改焉。"

按：晁志既引王安石非此編不直之言，又謂劉道原嘗得佑子華所上其父事迹，略與此編所書同，知鉉言不誣。今考安石之言，見諸《臨川先生文集》卷七一《讀江南録》一文，潘華所上其父事迹則不之見，惟臣爲君諱，乃人之常情，介甫之言，必有所據也。

江南録不著卷數　宋不著撰人　殘

此書《宋史·藝文志》不著録，見《説郛》。

按：徐鉉、湯悦所撰《江南録》十卷，本編已著録。徐、湯之書久佚。兹編見臺北"國家圖書館"藏藍格舊鈔本《説郛》卷第七十四，不題撰人，但録二條一載霓裳羽衣典字，兵興之後，不傳復見事；一記彭李爲父舐目復明事，語涉怪誕。此二條是否即爲徐、湯書之子了，抑或另爲一書，疑不能定，故另立一條，俟他日詳考。

九國志五一卷　宋路振撰　張唐英補　殘

振，字子發，其先永州祁陽人，避地湘潭。幼穎悟，五歲通《孝經》《論語》，淳化中舉進士，擢甲科。通判邠州。大中祥符中遷太常博士，左司諫，擢知制誥。文辭温麗，屢奏賦頌，爲名輩所稱。大中祥符七年（1014）卒，年五十八。有文集二十卷。事迹具《宋史》卷四四一，《宋史新編》卷一七〇、《史質》卷四〇、《東都事略》卷一一五、《隆平集》卷一三等書。

唐英，字次功，新津人，自號黄松子。少攻苦讀書，至經歲不知肉味。及進士第，薦試賢良方正，不就，調穀城令。神宗即位，知其人，擢殿中侍御史，未幾卒。著有《仁宗政要》《唐史發潛》《宋名臣傳》《蜀檮杌》等。事迹具《宋史》卷三五一、《宋史新編》卷一二一、《東都事略》卷一〇二、《名臣碑傳琬琰集》中集卷一四及《皇宋書録》等書

此書《宋史·藝文志》霸史類著録。

《郡齋讀書志》卷七僞史類著録《九國志》五十一卷，晁氏曰："右皇朝路振撰。吴、唐、前蜀、後蜀、東漢、南漢、閩、楚，凡九國。"

《直齋書録解題》卷五霸史類著録《九國志》五十一卷，陳氏曰："左正言知制誥祁陽路振（子發）撰。九國者，謂吴、唐、二

蜀、東南二漢、閩、楚、吳、越。各爲世家列傳，凡四十九卷。末二卷爲北楚書，高季興事，張唐英所補撰也。”

按：《宋志》著録此書云：“路振《九國志》五十一卷，又《楚書》五卷。”《楚書》者，即張唐英所補《北楚書》也，在五十一卷之中。當時或單行，《宋志》遂重複著録。

《明文淵閣書目》及《内閣藏書目録》並不著録此書，是明時傳本已罕見。清邵晉涵從《永樂大典》輯出，周夢棠重爲編次，得十二卷，即今所見之本。卷一吳臣傳二十二首，卷二吳臣傳十八首，卷三吳臣傳四首，卷四南唐臣傳一首，卷五吳越臣傳五首，卷六前蜀臣傳十八首，卷七後蜀臣傳二十七首，卷八東漢臣傳五首，卷九南漢臣傳八首，卷十閩臣傳八首，卷十一楚臣傳十九首，卷十二北楚臣傳一首。周夢棠跋此書曰：“按《宋史·路振傳》，振字子發，永州祁陽人。淳化中，以《厄言日出賦》擢甲科。真宗時，知制誥。嘗採五代僭僞吳、南唐、吳越、前後蜀、東南漢、閩、楚九國君臣行事，作世家列傳，未成而卒。王應麟云：凡四十九卷，其孫輪增入荆南高氏，於治平元年(1064)六月辛酉上之，詔付史館。實十國也。陳振孫《書録解題》則云：“末二卷爲北楚，張唐英補撰，合五十一卷。”《宋藝文志》及馬端臨《經籍考》，總題爲路振《九國志》五十一卷，俱不及其孫，蓋輪雖經增輯，而當時所傳播者，則唐英補撰也。書仍路氏之舊，故不改舊名。其書向無刊本，惟散見《永樂大典》中，邵二雲太史摘録散篇，欲爲編輯，因闕軼過半，不果成。乙未冬，二雲南旋，留稿於孔葒谷農部處。今年夏，葒谷出底本屬予編次，雖卷帙殘缺，而所存諸傳，俱首尾完善，可補五代正史之遺，因爲分國類叙，得列傳一百三十六首，釐爲十二卷，並捕世家目於卷首，且於目下略注始末以便檢閲。吉光片羽，當亦嗜古者所同珍也。乾隆四十一年

（1776），歲在丙申，十二月二十六日，有香周夢棠識於宣武門
內貝璎要衕衕之因居，是日立春。”

又按：是編今所傳諸本，並係十二卷之鈔本，陸心源《皕宋樓
藏書志》卷二八著錄精抄本一部，丁丙《善本書室藏書志》卷
十則著錄鈔本一部。國內所藏善本：臺北“國家圖書館”有舊
鈔本兩部，其中一部有清道光三十年（1850）伍崇曜手書題
識。伍氏曰：“右《九國志》十二卷，宋路振撰，張唐英補。按
振字子發，祁陽人，洵美子，事迹具見《宋史·文苑傳》。邵經
邦宏簡錄，稱其文詞溫麗，牋奏填委，應答敏贍。使契丹，獻
《乘軺錄》，有集二十卷。雅言系述載其伍彬歸隱詩，有‘庭樹
鳥頻啄，山房人尚眠’語。錢士升《南宋書》亦稱其作詩有唐
人風。又嘗采五代九國君臣事，作世家列傳行於世，即是書
也。唐英字次公，新津人，商英兄，事迹附《宋史·商英傳》
中。《南宋書》稱其有史材，嘗著《仁宗政要》《宋名臣傳》《蜀
檮杌》行於世。楊升菴《丹鉛總錄》，屢及其論姚璹、論王威高
雅等語，又譏晁公武誤以爲張君房，殆頗重其人矣。考五代
諸霸國事迹，惟南唐頗詳，其他著撰，遺佚已多，我朝吳任臣
《十國春秋》，亦後來補作。是書久無傳本。曹溶《絳雲樓書
目跋》，謂牧翁嘗云：‘有劉恕《十國紀年》及是書，而書目無
之，甚可疑也’云云。茲假得張磬泉孝廉、曾冕士廣文、黃石
谿明經各鈔本，互勘而付梓焉。雖非足本，然截珥編瑙，彌當
珍惜耳。道光庚戌（三十年，1850）小寒節，南海伍崇曜跋。”①
然則，伍氏輯刊《粵雅堂叢書》時，即據此本著錄，又有清蕭山
王氏无求安居鈔本一部。臺北“故宮博物院”有清敦詩書閣
藍格精鈔本一部，係前國立北平圖書館寄存者。收入叢書

---

① 此跋今亦見《粵雅堂叢書》本中。

者,有《宛委別藏》《海山仙館叢書》《粵雅堂叢書》《筆記小説大觀》本等,並十二卷。清道光二十四年(1844),錢熙祚輯刊《守山閣叢書》,除據周夢棠編次之十三卷本外,並從《通鑑注》《五代史注》《舊五代史注》《六帖》《通鑑考異》等書,輯得三十七事,彙爲拾遺一卷,一併刊行,是爲今傳諸本中,最爲完善之本。卷末有錢氏跋曰:"按宋路振《九國志》五十一卷,末二卷《北楚》,張唐英補撰。明焦竑《國史經籍志》著録四十九卷,不知何由誤題爲曾顏,然可見萬曆時振書猶未佚也。[①]今傳鈔本十二卷,乃邵氏晋涵從《永樂大典》録出,周氏夢棠重爲編次,凡列傳百三十六篇。邵氏編校《舊五代史》,嘗采取之。其世家全闕,周氏據歐史略注於卷首。檢《十國世家年譜》注,間及《九國志》,不盡相合,而《通鑑考異》及《注》《孔氏六帖》所引數條,亦此本所無,因掇録附後。中如柴再用傳舁牀事、王宗壽傳鐵鏡事及陳休復、伊用昌諸條,未免近小説家習氣。然大致質資本末詳備,足補正史之漏略。惜吴志伊作《十國春秋》時,猶未及見此也。錢熙祚識。"民國二十四年(1935),商務印書館輯印《叢書集成初編》,即據錢本著録。又清王仁俊所輯經籍佚文,中有《九國志》佚文一卷,惜其書爲稿本,今存大陸,不獲經眼。

南唐餘事一卷　宋陳舜申撰　佚

舜申,字宗謨,一作休謨,號高齋,連江人。七歲能屬文,舉淳熙十一年(1184)衛涇榜進士,知漳浦縣,有惠政。遷著作郎,入對,以正心任人爲先。帝嘉納,由是有忌者,遂主管武夷沖祐觀,未幾卒。著有《易鑑》《渾灝發旨》《四書解義》《兵書訂

---

① 焦竑《國史經籍志》多叢鈔諸目,多未經眼。《四庫全書總目提要》譏其無所考核,不論存亡,率爾濫載,古來目録,惟是書最不足憑。然則,不得據以謂之萬曆時猶未佚也。

解》《高齋文集》《審是集》《横舟集》等。事迹具《萬姓統譜》卷
一八、《宋元學案補遺》卷四九等書。

此書《宋史·藝文志》不著録,見《福建通志》卷六八著述。

僞楚録二卷　宋不著撰人　佚
僞齊録二卷　宋不著撰人　佚

右二編《宋史·藝文志》不著録,見《直齋書録解題》卷五僞
史類。

陳氏曰:“不著名氏。”

南唐近事一卷　宋鄭文寶撰　存

文寶,字仲賢,一字仲玉,寧化人,一云襄城人,彦華子。仕南
唐至校書郎,入宋,登太平興國八年(983)進士,官至兵部侍
郎。大中祥符六年(1013)卒,年六十一。著有《江表志》《談
苑》、文集等。事迹具《宋史》卷二七七、《宋史新編》卷七九、
《史質》卷八四、《東都事略》卷一一五等書。

此書《宋史·藝文志》霸史類著録。

《郡齋讀書志》卷二下僞史類著録《南唐近事》二卷,晁氏曰:
“右皇朝鄭文寶編。紀李氏二主四十年間雜事之可紀者。”

《直齋書録解題》卷五霸史類著録《南唐近事》二卷,陳氏曰:
“工部郎江南鄭文寶撰。序云:‘三世四十年,起天幅丁酉(二
年,937),①終開寶乙亥(八年,975)。案宋太祖在位十七年,首庚申,盡
丙子,乙亥乃開寶八年,原本作己亥,誤,今改正。然泛記雜事,實小説傳記
之類耳。”

今檢此書序云:“南唐烈祖、元宗、後主三世,共四十年,起天
福丁酉(二年,937)之春,終開寶乙亥(八年,975)之冬,君臣
用舍,朝廷典章,兵火之餘,史籍蕩盡,惜乎前事十不存一。

---

① 陳録誤作“己酉”,今據原書序文改正。

余匪鴻儒,頗常嗜學,耳目所及,志於縴細,聊資抵掌之談,敢望獲麟之譽,好事君子,無或陋焉。太平興國二年(977)歲次丁丑夏五月一日,江表鄭文寶序。”

按：此書之書名,《宋志》作“南唐近事集”,今本則題“南唐近事”,《四庫全書總目提要》以爲“集”字誤衍,其説甚是,今據以改正。又此書雖標南唐之名,《四庫提要》以非其國記,故入之小説家,蓋以書之體例爲斷,不以書名爲斷也。《提要》曰：“其體頗近小説,疑南唐亡後,文寶有志於國史,蒐採舊聞,排纂叙次,以朝廷大政入《江表志》,至大中祥符三年(1010)乃成。其餘叢説瑣事,别爲緝綴,先成此編。一爲史體,一爲小説體也。中如《挖鶴致斃》一詩,先見蜀何光遠《鑑戒録》,乃女冠蔣鍊師事,而此以爲廬山九空使者廟道士,似不免於牽合附會。又如韓偓依王審知以終,未見南唐之平閩,乃記其金蓮燭跋事,亦失斷限。然文寶世仕江南,得諸聞見,雖浮詞不免,而實録終存,故馬令、陸游《南唐書》,採用此書,幾十之五六,則宋人固不廢其説矣。書中以慶王宏茂作王宏,嚴可求作嚴求,劉存中作劉存忠,所記姓名多與他書不合。又此書之杜業,《江表志》作杜光鄴,尤自相違異,殆傳鈔者有所訛漏,不盡舊本歟。”

又按：此書之單刻本,《四庫簡明目録標注》有刻本三卷,十行十八字,今則罕見。今傳世者多爲叢刻本。國内所藏善本,臺北“故宫博物院”有清文淵閣四庫全書本一部,末附鄭仲《賢遺集》《從文鑑》《談苑》《楊公詩話》等書,輯得詩文多首。收入叢刻者有《續百川學海》本、《寶顔堂秘笈》本、《唐宋叢書》本等,並一卷;《説郛》卷第三十九著録一卷,凡九條,譏嘲以下六條,爲今本所無,且曾慥《類説》所載“託病目不覽詩”以下十一條,亦不見於今本,昌瑞卿(彼得)先生,疑今傳一卷本,已非完帙。① 清王仁俊嘗輯有佚文一卷,收在其所輯經籍佚文中,其稿未刊,未得經眼。

江表志二卷　宋鄭文寶撰　殘

文寶有《南唐近事》一卷已著録。

此書《宋史·藝文志》霸史類著録。

文寶於大中祥符庚戌(三年,1010)序此書云:"《江表志》者,有國之時,朝章國典,燦然可觀,執政大臣,以史筆爲不急之務。洎開寶之起居郎高遠當職,始編輯昇元以來故事,將成一家之言。書未成,遠疾亟,數篋文章,皆令焚之,無子遺矣。太宗皇帝,欲知前事,令湯悦、徐鉉,撰成《江南録》十卷,事多遺落,無可年編,筆削之際,不無高下,當時好事者,往往少之。文寶耳目所及,編成三卷,方國志則不足,比通歷則有餘,聊足補亡,以候來者。"

《直齋書録解題》卷五霸史類著録此書三卷,陳氏曰:"序言:'徐鉉、湯悦所録,事多遺落,無年可編。'然前録固爲簡略,而猶以年月紀事。今此書亦止雜記,如事實之類爾。近事稱太平興國二年丁丑(977),今稱庚戌者,大中祥符三年(1010)也。"

《四庫全書總目》載記類著録此書三卷,《提要》曰:如徐鉉、湯悦奉詔集李氏事,作《江南録》,多所遺落,文寶因爲此編。上卷紀烈祖事,中卷紀元宗事,下卷記後主事。不編年月,於諸王大臣,立標其名,亦無事實,記載甚簡。又全録韓熙載《歸國狀》、張佖諫疏各一首,去取亦頗不可解。然文寶爲南唐舊臣,《硯北雜志》載其歸宋後,常披蓑持笠作漁者以見李煜,深加寬譬,煜甚忠之。《鐵圍叢談》又載其初受業於徐鉉,及爲

---

① 説見《説郛考》頁一九四。

陝西轉運使,時鉉方謫居,仍叩謁執弟子禮,鉉亦坐受其拜。蓋惓惓篤故舊之誼者。故其記後主亡國,亦祇以果於自信,越人始謀爲言,與徐鉉墓碑相類,其意尚有足取。其記李煜時貢獻賦斂一條,王銍隨手雜録全取之,且注其下曰:"《江表志》,鄭文寶撰。"則亦頗重其書。又如"江南江北舊家鄉"一詩,文寶以爲吳讓皇楊溥所作,而馬令《南唐書》則直以爲後主作。然文寶親事後主,所聞當得其真,是亦可以訂馬書之誤也。晁氏《讀書志》稱文寶有序,[①]題庚戌,乃大中祥符三年(1010),此本無之,今從《學海類編》補録成完帙焉。

按:此書單行之刊本不多,今所見多係鈔本及叢書本。《四庫簡明目録標注續録》有清陳氏晚晴軒鈔本,繆荃孫據陳鱣藏鈔本校。陳鱣藏本後歸丁丙。[②]國內所藏善本,臺北"故宮博物院"有清文淵閣四庫全書本一部;又有舊鈔本一部,經清吳騫手校,末附清毛先舒《南唐拾遺記》一卷,明李東陽《新舊唐書雜論》一卷,係前國立北平圖書館寄存者。收入叢刻者,有《藝海珠塵》本、《墨海金壺》本、《學海類編》本、《藝圃搜奇》本。

征蒙記一卷　宋李大諒撰　佚

大諒,雄州歸信人,官登州刺史。

此書《宋史·藝文志》不著録,見《直齋書録解題》卷五偽史類。

陳振孫曰:金人明威將軍登州刺史李大諒撰。建炎鉅寇之子,隨其父成降金者也。所記家人跳梁,自其全盛時已不能

---

① 當是陳《録》,《提要》偶疏也。

② 丁氏《善本書室藏書志》卷十有陳仲魚(鱣)舊藏舊鈔本一部,三卷,末有"海寧陳鱣觀"一印。

制矣。①

按：大晾父成，字伯友，勇力絶倫，能挽弓三百斤，宋宣和初試弓手，挽强異等，累官淮南招提使，成乃聚衆爲望，鈔掠江南。事迹具《金史》卷七九。

江南别録四卷　宋陳彭年撰　存

彭年，字永年，撫州南城人。幼嗜學，著《皇綱論》萬餘言，爲江左名輩所賞。南唐主李煜聞之，召入宫，命幼子仲宣與之游。金陵平，師事徐鉉爲父。雍熙二年（985）進士及第，後附王欽若、丁謂，仕至兵部侍郎。性博聞强記，於朝廷典禮，無不參預，深爲真宗所重。天禧元年（1017）卒，年五十七，謚文僖。著有《大中祥符編敕（編）》《轉運司編敕（編）》《廣韻（重修）》《唐紀》《志異》《宸章集》等。事迹具《宋史》卷二八七、《宋史新編》卷八三、《東都事略》卷四四、《隆平集》卷六及《學士年表》等書。

此書《宋史·藝文志》霸史類著録。

《郡齋讀書志》卷二下僞史類著録，晁氏曰：“右皇朝陳彭年撰，僞吴、僞唐四主傳也。”

《四庫全書總目》載記類著録此書一卷，《提要》曰：“此書所紀爲南唐義祖、烈祖、元宗、後主四代事實。時湯悦、徐鉉等奉詔撰《江南録》，彭年是編，蓋私相纂述，以補所未備，故以别録爲名。《宋史·藝文志》、晁公武《讀書志》，俱作四卷，當以一代爲一卷；此本一卷，疑後人所合併也。其書頗好語怪，如徐知誨妻吕氏爲崇、陳仁杲神助戰、趙希操聞鬼語諸條，皆體近稗官。又元宗初名景通，即位後改名璟，既稱臣於周，避周諱，又改名景，而此書乃謂初名景，與史不合。又烈祖遷吴讓

---

① 《文獻通考》僞史霸史類引陳氏之説，無“所記家人跳梁，自其全盛時已不能制矣”十六字。

皇於潤州,一年而殂,又一年始遷其族於泰州,而此書併敘於
烈祖受禪之初,端緒亦未分明。然其他可取者多,蓋彭年年
十三,即著《皇綱論》萬餘言,爲江左名輩所賞,李後主嘗召入
宮中,令與其子仲宣游處,故於李氏有國時事見聞最詳。又
《册府元龜》,亦彭年所預輯,其僭偽部中李昪一條,稱昪自云
永王璘之裔,未免附會;此書但言唐之宗室,亦深得傳疑之
義,以《資治通鑑》相參校,其爲司馬光所採用者甚夥,固異乎
傳聞影響之説也。”

按:此書以篇幅不長,單刻者不多,多爲叢書本。今國内所傳
善本,惟臺北“故宮博物院”有清文淵閣四庫全書本一部。載
入叢刻者,有《古今説海》《歷代小史》《墨海金壺》《學海類編》
《説庫》《景印元明善本叢書十種》等本。民國十六年(1927),
上海商務印書館排印張宗祥重校一百卷本《説郛》,卷五十八
收録此書一卷,昌瑞卿先生以之校今傳各本,文句頗多不同,
間多勝處。①

江南野史二〇卷　宋龍衮撰　殘

衮,螺川人,事迹待考。

此書《宋史·藝文志》霸史類著録。

《郡齋讀書志》卷二下僞史類著録此書二十卷,晁氏曰:“右皇
朝龍衮撰,凡八十四傳。”

《四庫全書總目》載記類著録此書十卷,《提要》曰:宋龍衮撰,
爵里未詳。其書皆記南唐事,用紀傳之體,而不立紀傳之名,
如陳壽之志吳蜀。第一卷爲先主昪,第二卷爲嗣主璟,第三
卷爲後主煜,而附以宜春王從謙及小周后,第四卷以下載宋
齊邱,以下僅三十人。陳陶、孟賓于諸人有傳,而查文徽、韓

---

① 　説見《説郛考》頁三〇一。

熙載諸人，乃悉不載。考鄭樵《通志》略載此書，原二十卷，此
本闕十卷。晁公武《讀書志》載此書凡八十四傳，而此本闕五
十傳，殆輾轉傳寫，佚脱其半。錢曾《讀書敏求記》亦作十卷，
則明以來已無完本，不自今始也。曾稱其行文贍雅，分觀諸
傳，皆叙次冗雜，頗乖史體。陳振孫《書録解題》載無名氏《江
南餘載序》，排詆此書頗甚，是當時已譏其疏。黄朝英《靖康
緗素雜記》，摘其叙江爲世系，與史不符；又摘其記伶人李家
明苑中咏牛及皖公山兩詩，與楊億《談苑》所記王感化對嗣主
李璟事，姓名時代互異；又摘記其家明對嗣主雨懼抽稅事，與
《南唐近事》以爲申漸高事者，亦復牴牾，王楙《野客叢書》摘
其記陳陶仙去，而曹松、方干皆有哭陶詩，是傳聞異詞，亦所
不免。然其中如孫晟、林文肇諸傳，與王代史頗有異同，可資
考證。馬、陸二書，亦多採之，流傳既久，固亦未可廢焉。

按：提要謂龍氏爵里未詳，陸心源謂其爲螺川人。[①]

又按：此書刊本罕見，今傳率皆鈔本。《皕宋樓藏書志》卷二
八著録鮑以文舊藏舊鈔第一部，十卷，有趙氏手跋曰：“《江南
野史》，宋螺川龍袞撰。以紀傳體載南唐事，前人每多引用。
但考之鄭氏《通志》、晁氏《讀書志》《宋史·藝文志》，俱作二
十卷，此云十卷，似非足本。杭堇浦云：‘《野史》凡八十四篇，
自明以前已軼其半。’可知殘闕久矣。此本傳抄於朱竹垞曝
書亭，又假吳氏瓶花齋、鮑氏知不足齋藏本，彼此校讎，魯魚
帝虎之訛，未能盡除，尚須更俟善本也。乾隆壬子（五十七
年，1792）秋九月二十六日，趙輯寧書於古歡書屋之南窗。”又
有舊抄本一部。丁丙《善本書室藏書志》卷十著録精鈔本一
部，十卷，係陳鱣之舊藏，有“海寧陳鱣觀”“简莊藝文秘册”

---

① 見《皕宋樓藏書志》卷二八。

"馬氏收藏經籍之印""二樢藏書"諸印記。又有舊鈔本一部，十卷，係趙氏小山堂、汪氏振綺堂之舊藏，後有朱竹垞跋，云："《江南野史》，鄭樵《藝文志》載有二十卷，此本止録十卷，當再於別志察之。有'小山堂書畫印''汪魚亭藏閲書'兩圖記。小山堂者，仁和趙谷林、意林兄弟藏書處也。谷林名昱，字功千；意林名信，字辰垣，乾隆丙辰(元年，1736)薦試博學鴻詞。藏書數萬卷，山陰祁氏淡生堂所儲大半歸之，儲藏之富，校勘之勤，爲杭城冠。"今國内所藏善本：臺北"國家圖書館"有穴硯齋抄本一部，收在《穴硯齋鈔雜史二十一種》中。臺北"故宫博物院"有清文淵閣四庫全書本一部；又有舊鈔本一部，係前國立北平圖書館寄存者。"中央研究院"歷史語言研究所有鈔本一部。收入叢刻者，有《續百川學海》本、《説郛》本、《五朝小説大觀本》等，並一卷；民國初年，胡思敬輯刊《豫章叢書》，收録此書十卷，附録一卷，並撰校勘記一卷，附之卷末，爲最完善之本。

渤海行年記一〇卷　宋曾顔撰　佚

顔，生平待考。

此書《宋史·藝文志》霸史類著録。

按：李燾撰《續資治通鑑長編》，嘗多引此書，所載多爲五代之事。

劉氏興亡録一卷　宋胡賓王撰　佚

賓王，乳源人，咸平進士，累遷翰林學士。

此書《宋史·藝文志》霸史類著録。

《通志·藝文略·霸史》著録《劉氏興亡録》一卷，云："叙僞漢劉巖等四主事。"

按：巖，隱子也。梁貞明中稱帝，國號漢，採用《易》"飛龍在天"之義，改名龑。此編纂巖、玢、晟、鋹四朝事也。

荆湘近事一〇卷 宋陶岳撰 殘

岳，字舜咨，祁陽人，登太平興國五年（980）進士。性耿介，以儒學有名。歷官太常博士、尚書職方員外，出知端州。居官四十年，五爲郡守，以清謹聞。卒贈刑部侍郎。著有《五代史補》《零陵總記》等。事迹具《萬姓統譜》卷三三、《楚紀》卷四三、《宋元學案補遺》卷六等書。

此書《宋史·藝文志》霸史類著録。

按：此書記荆南高季興、湖南馬殷時事也。今此書不全，且傳本不多，臺北"國家圖書館"有清順治丁亥（四年，1647）兩浙督學李際期刊重編《説郛》，卷第三十收録此書，題《湖湘故事》，僅録五條，已非完本。

三楚新録三卷 宋周羽沖撰 存

羽沖，或作羽翀，里籍未詳，自署稱"儒林郎試秘書省校書郎前桂州修仁令"。

此書《宋史·藝文志》霸史類著録。

《直齋書録解題》卷五霸史類著録此書，陳氏曰："知貴州修仁縣周羽沖撰。① 上卷爲湖南馬殷，中卷爲武陵周行逢，下卷爲荆南高季興。"

《四庫全書總目》載記類著録此書，《提要》曰：其稱'三楚'者，以長沙馬殷、武陵周行逢、江陵高季興皆據楚地稱王，故論次其興廢本末，以一國爲一卷。其中與史牴牾不合者甚多。如馬殷本爲武安節度使劉建鋒先鋒指揮使，佐之奪湖南，及建鋒爲陳瞻所殺，軍中迎殷爲留後，亦未嘗爲邵州刺史。今羽翀乃稱殷隨渠帥何氏南侵，何命爲邵州刺史，何氏卒，衆軍迎殷爲主，其説皆鑿空無據。又謂馬希範入覲桑維翰，旅游楚

---

① "桂州"，陳《録》原誤作"貴州"，今正。

泗,求貨不得,拂衣而去,及希範立,維翰已爲宰相,奏削去其半仗云云。今考希範嗣立在唐明宗長興三年(932),時晉未立國,安得有維翰爲宰相之事?亦爲誣罔。又如王逵爲潘叔嗣所襲,與戰敗没,而羽翀以爲敗於南越,僅以身免,竟死於路,與諸書所記,並有異同。蓋羽翀未覩國史,僅據故老所傳述,纂録成書,故不能盡歸精審,然其所聞軼事,爲史所不載者,亦多可採,稗官野記,古所不廢,固不妨録存其書,備談五代史者參考焉。

按:此書單刊本罕見。《蕘圃藏書題識》卷三著録舊鈔本一部,黃丕烈跋云:"丁卯夏,借陳簡莊所藏吳枚菴手鈔本傳録,並校其誤脱。復翁。"此本後歸陸心源䀎宋樓。[①] 丁丙《善本書室藏書志》卷十著録此書兩部,一爲舊鈔本,係汪魚亭振綺堂舊藏;一爲陳仲魚鈔本,馬二槎舊藏者。今國内所藏此書之善本:臺北"故宮博物院"有清《文淵閣四庫全書》本一部。收入叢刻者,有《學海類編》本、《古今説海》本、《藝海珠塵》本、《墨海金壺》本,並爲三卷。又有《續百川學海》本、《歷代小史》本、《説郛》本、《景印元明善本叢書》本,並作一卷。

湖湘馬氏故事二〇卷　宋曹衍撰　佚

衍,生平待考。

此書《宋史‧藝文志》霸史類著録。

按:此載五代湖南馬殷事也。殷,字霸圖,唐僖宗時爲秦宗衡裨將,昭宗時代劉建峰爲帥,盡有嶺北及桂管之地,梁太祖時封楚王,事迹具《五代史》卷一三三、《新五代史》卷六六本傳。

按五代時,長沙馬殷,武陵周行逢、江陵高季興並據楚地稱

---

① 《䀎宋樓藏書志》卷二八著録《三楚新録》三卷,云:"《舊鈔本》,黃蕘圃手校。"並過録黃丕烈手跋。

王，周羽沖撰《三楚新録》三卷，即載其興廢之事，今周書猶存，兹編則不傳矣。

辨鳩録一卷　宋不著撰人　佚

此書《宋史·藝文志》不著録，見《直齋書録解題》卷五僞史類。

陳氏曰：“不著名氏。契丹譯語也，凡八篇。”

蕃爾雅一卷　宋不著撰人　佚

此書《宋史·藝文志》不著録，《秘書省續四庫書目》入小學類，《遂初堂書目》及《郡齋讀書志》入地理類，《文獻通考·經籍考》則入僞史霸史類，今據以著録。

晁公武曰：“右不載撰人姓名，以夏人語依《爾雅》釋以華言。”①

天下大定録一〇卷　宋王舉撰　佚

舉，桂州人，殿中丞通判。

此書《宋史·藝文志》霸史類著録。

《遂初堂書目》僞史類載《天下大定録》，不著卷數作者。

《直齋書録解題》卷五僞史類著録《天下大定録》一卷，陳氏曰：“殿中丞通判桂州王舉撰。景祐間人。始高季興，終劉繼元。其所記疏略，獨江南稍詳。書本十卷，今但爲一卷，恐非全書也。”

按：高季興，莊宗時封南平王。劉繼元，太平興國四年（979）爲宋所滅。此書陳《録》止一卷，知南宋時完本已少。李燾《長編》頗引此書，知其有裨於史。

楚録五卷　宋盧臧撰　佚

臧，或作藏，字魯卿，河南人。嘉祐官潭州湘潭縣主簿，權永

---

① “釋”字，《文獻通考》引作“譯”。

州推官,《金石萃編》載《澹山巖題名》《零陵縣朝陽巖題名》及《宋詩紀事補遺》卷一六等,略具其歷官事迹。

此書《宋史·藝文志》霸史類著錄。

按:此編蓋載馬殷、周行逢、高季興諸人事也。

遼四京記一卷　宋不著撰人　佚

此書《宋史·藝文志》不著錄,《直齋書錄解題》入地理類,《文獻通考·經籍考》則入偽史霸史類,今據以著錄。

陳振孫曰:"無名氏,曰東京、中京、上京、燕京。"

蜀檮杌一〇卷　宋張唐英撰　殘

唐英有《九國志補》二卷已著錄。

此書《宋史·藝文志》霸史類著錄。

《郡齋讀書志》卷二下偽史類著錄此書,題《外史檮杌》,十卷,晁氏曰:"右皇朝張唐英(次功)撰。序稱王建、孟知祥父子四世八十年,比之公孫述輩,最爲久遠。其間善惡有可爲世戒者,路振之書未備。今成此書,以補其遺。凡《五代史》及《皇朝日曆》所書,皆略之。"

《直齋書錄解題》卷五霸史類著錄此書,陳氏曰:"殿中侍御史裏行新津張唐英(次功)撰。[①] 唐英自號黄松子,商英(天覺)之兄也。"

《四庫全書總目》載記類著錄此書二卷,《提要》曰:一名《外史檮杌》,張唐英撰。唐英字次功,自號黄松子,蜀州新津人。丞相商英之兄,熙寧中官至殿中侍御史,事迹附載《宋史·張商英傳》。其書本《前蜀開國記》《後蜀實錄》,仿荀悦《漢紀》體,編年排次,於王建、孟知詳據蜀事迹,頗爲詳備。歐陽修《二蜀世家》,删削太略,得此可補其所遺,今世官署戒石所刻

---

① "新津",原作"新建",誤,今正。

"爾俸爾禄，民膏民脂，下民易虐，上蒼難欺"四語，自宋代以
黃庭堅書頒行州縣者，實摘録孟昶廣政四年（941）所製官箴
中語，其文全載於此書。凡此之類，皆足以資考證。唐英嘗
撰《嘉祐名臣傳》及此書，今《名臣傳》已佚，惟此書存。然考
樓鑰《攻媿集》引《外史檮杌》王建四年書張琳始末，有"大順
初，憘實爲黔南節度使，辟爲判官"一條，今本無之，則亦非完
帙矣。

按：此書之刻本罕見，今存世者多爲抄本，《鐵琴銅劍樓藏書
目録》卷十、《蕘圃藏書題識》卷三、《皕宋樓藏書志》卷二八及
《善本書室藏書志》卷十所著録者，並係鈔本。其中黃丕烈所
藏校舊鈔本，不分卷，末附吳曦之叛，黃氏嘗撰跋語三則，今
過録之。其一曰："《外史檮杌》十卷，見於宋人著録，而近所
傳者，未知何自出。余向藏舊鈔本，較此少遜。頃借海寧陳
仲魚藏本勘一過。彼分卷二，前後俱有序。其自序中語，與
宋人所載合，必非妄矣，因補録於卷中。此似出明刻，末有范
得志跋可證矣。曦之叛云云，又因蜀而附焉者也。丁卯夏五
月二十六日，復翁黃丕烈識。"其二曰："校陳本畢，因取舊藏
馮己蒼本校一過，脱誤累累，誠較此本爲遜，而鈔手甚舊，必
非無據者。其異同悉用墨筆標於上下方。統三本閱之，陳本
爲勝矣。其前後序，不識果出於文類否。復翁又記。"其三
曰："癸酉春莫，吳枚菴借此校本去，歸時見有紅夾籤者若干
條，蓋從其本校出者也。因亦以紅筆著其緣由。四月立夏前
三日，復翁。"

今所藏善本：臺北"國家圖書館"有舊鈔本一部，十卷。臺北
"故宮博物院"有清《文淵閣四庫全書》本一部，二卷。載入叢
刻者，有《函海》本、《藝海珠塵》本、《學海類編》本、《叢書集成
初編》本，並二卷。又有《續百川學海》本、《歷代小史》本、《景

印元明善本叢書》本,則爲一卷。《説郛》所收,則析作十卷。

十國紀年四〇卷　宋劉恕撰　佚

恕有《疑年譜》(一卷)已著録。

此書《宋史・藝文志》霸史類著録。

按:此書已見《宋志》別史類,惟作四十二卷,此複出也。

十國紀年通譜不著卷數　宋薛季宣撰　佚

季宣,徽言子,字士龍。永嘉人,號艮齋。年十七,從荆南帥辟書寫機宜文字,獲事袁溉。溉嘗從程頤學,盡以學授之,召爲大理寺主簿,除大理正,出知湖州,改常州,未上卒,學者稱艮齋先生。著有《古書古文訓》《詩性情説》《春秋經解指要》《大學説》《論語小學約説》《地理叢考》《浪語集》等。事迹具《宋史》卷四三四本傳。

此書《宋史・藝文志》不著録,見《溫州經籍志》卷九載記類。檢《浪語集》卷三〇載《十國紀年通譜序》,云:"事明於一,疑於衆,舉其類,則疑者明。三代以前,萬國分治,書之典誥,何其明且約也。蓋天下車同軌,書同文,行同倫,萬國之政,繫於一人,四海之大,猶一身上下之禮,明中外之治,均比户可封,[①]人亡異情,載筆之臣,何所記修律度量衡,然猶未免於時狩而同之也。[②] 周德衰,王迹熄,徐楚僭叛,征伐行於諸侯,正朔不禀於京師,國異政,家殊俗,變風競作,聲詩異編,春秋常事不書,類以舉其疑也。太史公譜共和以來爲《十二諸侯六國年表》,稽古之士,得以考見焉。漢世宗紀年建元爲國家者,循以爲故,時疑世變,自爲聲教者,往往各名年紀,二君並世,則行事異而正朔疑矣。不明其類,曷舉其疑?十國判於唐衰,一於天宋,中庚五代,時並異書,讀其傳者,不習其時,

---

① "户"字,《溫州經籍志》引作"屋"。

② "狩"字,《溫州經籍志》引作"守"。

常以爲病。劉恕紀年，載述假日名甲子繫之年，舉衆明疑，一其類矣。至於參考異邦之事，則尚有臨軸而廢卷者。爲之旁行譜繫，列其歲紀，舉疑明類，輔成劉氏之闕，先唐改元天祐，而蜀猶以天復名年，《通譜》之書，從此而斷，迄於平晉，凡七十有六年。年殊朔別，用《通譜》於左方。"

閩王事迹一卷　宋不著撰人　佚

此書《宋史·藝文志》霸史類著録。

《宋志》注云："不知作者。"

《直齋書録解題》卷五僞史類著録《閩王事迹》一卷。陳氏曰："不知何人作。卷末稱光啓二年(886)至天聖九年(1032)，一百三十八年。其所記頗詳。"

按：閩自王延翰建國，至恭懿王天德三年(945)亡，不得至天聖九年，疑後人續之也。

閩王列傳一卷　宋陳致雍撰　佚

致雍，晉江人。初仕閩爲太常卿，入南唐，以通禮及第，除博士。開寶中除秘書監致仕。撰有《曲臺奏議集》《朱梁南郊儀注》《朱梁祭地祇陰陽儀注》《五禮儀鏡》《寢祀儀》《州縣祭祀儀》《閩王審知傳》《晉安海物異名記》等。事迹具《全唐文》卷八七三小傳。

此書《宋史·藝文志》不著録，見《直齋書録解題》卷五僞史類。

陳氏曰："秘書監晉江陳致雍撰。二世七主，通六十年。"

高氏世家一〇卷　宋不著撰人　佚

此書《宋史·藝文志》霸史類著録。

《宋志》注云："不知作者。"

按：此書蓋載荆南高季昌歷代之事也。

湖南故事一三卷　宋不著撰人　佚

此書《宋史·藝文志》霸史類著録。

《宋志》注云："不知作者。"

《直齋書録解題》卷五僞史類著録《湖南故事》十卷,陳氏曰:
"不知作者。記馬氏至周行逢事。《館閣書目》作十三卷,蓋
爲列傳十三篇,其實十卷也。文辭鄙甚。"

十國載記三卷　宋不著撰人　佚

此書《宋史·藝文志》霸史類著録。

《宋志》注云："不知作者。"

按:此載五代十國之事也。

江南餘載二卷　宋不著撰人　輯

此書《宋史·藝文志》霸史類著録。

《直齋書録解題》卷五霸史類著録此書,陳氏曰:"不著姓名。
序言:'徐鉉始奉詔爲《江南録》,其後王擧、路振、陳彭年,楊
億皆有書,大概六家皆不足以史稱,而龍袞尤甚。熙寧八年
(1075),得鄭君所述於楚州,其事迹有六家所遺或小異者,删
落是正,取百九十五段,以類相從。'"鄭君者莫知何人,豈鄭
文寶也耶?

《四庫全書總目》載記類著録此書,《提要》曰:"不著撰人名
氏。《宋史·藝文志》載之霸史類中,亦不云誰作。馬端臨
《文獻通考》,戚光南《唐書音釋》,並作'江南館載',字之訛
也。陳氏《書録解題》載是書原序,略曰:'徐鉉始奉詔爲《江
南録》,其後王擧、路振、陳彭年,楊億皆有書,大概六家皆不
足以史稱,而龍袞尤甚。熙寧八年(1075),得鄭君所述於楚
州,其事迹有六家所遺或小異者,删落是正,取百九十五段,
以類相從。'云云。振孫謂鄭君者莫知何人。考鄭文寶有《南
唐近事》二卷,作於太平興國二年丁丑(977);又《江表志》三
卷,作於大中祥符三年庚戌(1010),不在此序所列六家之内,
則所稱得於楚州者,當即文寶之書。檢此書所録雜事,亦與

文寶《江表志》所載互相出入，然則所謂刪落是正者，實據《江表志》爲稿本矣。今世所行《江表志》，名爲三卷，實止二十四頁，蓋殘闕掇拾，已非完書。此書所謂一百九十五段者，今雖不可全見，而《永樂大典》内所引尚夥，多有《江表志》所不載者，則《江表志》雖存而實佚；此書雖佚，尚有大半之存也。《宋志》載此書二卷，《書錄解題》及諸家書目竝同。今採輯其文，仍爲二卷，以補《江表志》之闕焉。”

按：此書久佚，《四庫全書》據《永樂大典》輯本著錄，今臺北“故宫博物院”有文淵閣本，諸叢刻所收之本，如《知不足齋叢書》本、《函海》本、《龍威秘書》本、《説庫》本、《叢書集成初編》本，均據《四庫》輯本著錄。《舊小説》本，則但錄一則。

南平志二卷　宋路綸撰　佚

綸，振孫，《文恭集》卷一五載除虞部員外郎制，《歐陽文忠公集》卷八〇載殿中丞路綸復舊官制，可藉考其歷官。

此書《宋史·藝文志》不著錄，見《湖南通志》卷二四七藝文載記類。

考《玉海》卷五七“治平十國志”條云：“真宗時知制路振采五代僭僞吳（楊行密）、唐（李昇）、前蜀（王建）、後蜀（孟知祥）、南漢（劉隱）、北漢（劉崇）、閩（王潮）、楚（馬殷）、吳越（錢鏐）九國君臣行事撰《九國志》，以擬崔鴻《十六國春秋》。爲世家列傳四十九卷，振字子發，永州人。其孫綸又增高氏（季興）爲《十國志》，治平元年（1064）六月辛酉，—十七日。綸上之，詔付史館。”

高宗皇帝過江事實一卷　宋不著撰人　佚

此書《宋史·藝文志》霸史類著錄。

《宋志》注云：“不知作者。”

《通志·藝文略·霸史》著錄《高皇帝過江事實》一卷，云：“記僞吳太和三年（931）李昇還鎮金陵事。”

廣王事迹一卷　宋不著撰人　佚

此書《宋史·藝文志》霸史類著錄。

《宋志》注云："不知作者。"

家王故事不著卷數　宋錢惟演撰　殘

惟演字希聖,吳越王俶之次子,從俶歸宋,爲右神武將軍。博
學能文辭,召試學士院,以筯起草立就,真宗稱善。改太僕少
卿,獻《咸平聖政錄》,令直秘閣,預修《册府元龜》,詔與楊億
分爲之序。仁宗朝拜樞密使,後出爲崇信軍節度使,卒諡文
僖。著有《咸平聖政錄》《奉藩書》《飛白書叙錄》《金坡遺事》
《錢俶貢奉錄》《錢氏慶系譜》《逢辰錄》《典懿集》等。事迹具
《宋史》卷三一七、《宋史新編》卷一〇一、《東都事略》卷二四
及《隆平集》卷一二等書

此書《宋史·藝文志》霸史類著錄。

《直齋書錄解題》卷七傳記類著錄此書一卷,陳氏曰："錢惟演
撰。記其父遺事二十二事上之,以送史院。"

按:此書單刊本罕見,收入叢刻者有《五朝小説》本及《説郛》
本,但存隆遇、保護廢王、大度、焚案賬四條,去二十二事
遠甚。

夏國樞要二卷　宋孫巽撰　佚

巽,生平待考。

此書《宋史·藝文志》不著錄,見《郡齋讀書志》卷七僞史類。

晁氏曰:右皇朝孫巽纂。記夏虜兵屯會要、土地肥磽、井泉湧
涸、穀粟窖藏、酋豪姓氏、名位司存與夫城池之完闕、風俗之
所尚。編爲兩帙,上之於朝。

西夏事略一卷　舊題宋王稱撰　存

稱,字季平,眉州人,賞子。嘗旁搜九朝事實,撰成《東都事
略》一百三十卷。洪邁修四朝國史,奏進其書,以承議郎知龍

州,特授直秘閣。又有《張邦昌事略》。事迹具《宋史翼》卷二

九、《宋詩紀事補遺》卷四九等書。

此書《宋史·藝文志》不著錄,見《四庫全書總目》載記類

存目。

《四庫全書總目提要》曰:舊本題承議郎權知龍州軍兼内勸

農事沿邊都巡檢使借紫臣王稱撰。考驗其文,即王稱《東都

事略》中之《西夏傳》,僞者鈔出别題此名。曹溶《學海類編》

收之,失考甚矣。

按,此書單刻者罕見,《學海類編》、《叢書集成初編》收之。

西夏須知一卷　宋劉温潤撰　佚

温潤,里籍待考,官英州刺史。《王華陽集》卷三十有《崇儀副

使劉温潤可禮賓使制》《禮賓使劉温潤可英州刺史制》,可藉

考其歷官。著有《羌爾雅》一卷,見《中興館閣書目》小學類。

此書《宋史·藝文志》在兵書類,《郡齋讀書志》入霸史類,《直

齋書錄解題》入僞史類,今據以著錄。

《郡齋讀書志》卷七霸史類著錄,晁氏曰:“皇朝劉温潤守延

州日,編録僞境雜事。”

《直齋書錄解題》卷五僞史類著錄,陳氏曰:“内殿承制鄜延

都監劉温潤撰,凡十五條目。”

匈奴須知一卷　宋田緯撰　佚

緯,生平待考。

此書《宋史·藝文志》不著錄,見《郡齋讀書志》卷七霸史類及

《直齋書錄解題》卷五僞史類。

晁氏曰:“契丹歸明人田緯編次。録契丹地理、官制。”

陳氏曰:“歸明人田緯編次,録契丹地理、官制。”

金虜節要一卷　宋張滙撰　佚

滙,字東卿,充人,官右從事郎。

此書《宋史·藝文志》不著録,見《郡齋讀書志》卷七霸史類及《直齋書録解題》卷五僞史類。

晁氏曰:"陷虜人所上也。記金人初内侮,止紹興十年(1140),共十六年,事頗詳實。"

陳《録》作《金國節要》,三卷,陳氏曰:"右從事郎充人張滙(東卿)撰。宣和中隨父官保州,陷虜十五年,至紹興十年(1140)歸朝。"

虜使問答不著卷數　宋趙彥秬撰　佚

彥秬,字周錫,廷美七世孫,寓東陽。師事吕祖謙,攉取應科,授右選。精《春秋左氏傳》,作《發微》百篇。借和州觀察使,充接伴副使。登隆興元年(1163)進士,終眉州通判。事迹具《金華先達撰》卷九、《金華先民傳》卷七、《宋元學案》卷七三、《宋元學案補遺》卷七三等書。

此書《宋史·藝文志》不著録,見《金華經籍志》載記類。

按:《金華先民傳》卷七云:"先生充接伴副使,事訖,撰《虜使問答》一編上之,特轉一官。

十六國考鏡一卷　舊題宋石延年撰　存

延年,字曼卿,一字安仁,先世幽州人,其祖始舉族自契丹卜居宋城。以氣節自豪,不務世事。爲文勁健,詩尤工。累舉進士不中,真宗時賜三班奉職,歷大理寺丞。遷太子中允,同判登聞鼓院。康定二年(1041)卒,年四十八。著有詩集二卷。事迹具《宋史》卷四四二、《宋史新編》卷一七〇、《東都事略》卷一一五、《隆平集》卷一五、《史質》卷四〇等書。

此書《宋史·藝文志》不著録,見《四庫全書總目》載記類存目。

按:史傳但云延年有詩集傳世,而不云有此書。《四庫全書總目提要》曰:"舊本題宋石延年撰。延年字曼卿,宋城人,官至太子中允。此編舉《晋書》載記中所列五淳四燕三秦二趙並成夏等十六國,考其始終,傳世幾代,歷年若干,通篇不及二千言。自宋以來諸家俱不著録,惟曹溶《學海類編》收之,其依託不待辨也。"

又按:此書單行本罕見,今《叢書集成初編》所收,即據《學海類編》本著録。

避盗録不著卷数　宋鄭剛中撰　佚

剛中,字亨仲,一字漢章,號北山,又號觀如,金華人。登紹興二年(1133)進士甲科,累官四川撫使,治蜀頗有方略,威震境内。初,剛中嘗爲秦檜所薦,後檜怒其不進金,責濠州團練副使,封州安置。檜死,朝廷盡復其官。二十四年(1154)卒,年六十七,謚忠愍。著有《周易窺餘》《左氏九六編》《經史專音》《北山集》等。事迹具《宋史》卷三七〇、《宋史新編》卷一三四、《史質》卷四八、《南宋書》卷二〇、《金華賢達傳》卷三、《金華先民傳》卷三等書

此書《宋史·藝文志》不著録,見《金華經籍志》載記類。

今檢《北山集》卷五載《避盗録序》,云:"《避盗録》,録方臘之亂,所見於浦江者也。耳目之所不臨者,不可得而紀焉。一邑之間,人材忠邪,民情去就,禍患之幾,僭逆之勢,凡繫於風俗政事者,皆因以見之,傳之子孫,非特使其知吾處世之難,所遭如此。至於行己蒞官,除恶禁暴,皆可取以爲鑑云。"

釣磯立谈一卷　舊題宋史虚白撰　存

虚白,字畏名,清泰間北海人。客游江表,卜居於潯陽落星灣,遂有終焉之志。容貌恢廓,高尚不仕。元宗即位,韓熙載薦之,召見,問爲治之理,虚白曰"臣草野之人,漁釣而已,邦國大計,不敢預知。"因醉溺于殿陛。元宗曰:"真處士也。"賜

田五頃遣還,卒年六十七。事迹具馬令《南唐書》卷七、《江南野史》卷八。

此書《宋史·藝文志》小説家類著録,作《釣磯立談記》,一卷。《四庫全書總目》則入載記類,作《釣磯立談》,一卷,今據以著録。

自序云:"叟,山東一無聞人也。清泰年中,随先校書避地江表,始營釣磯於江渚。先校書意薄簪組,心許泉石,每乘雙犢版輅車,車後挂酒壺,山童三五人,例各總角,負瓢並席具以自隨。遇景物勝概,則取酒經醉,或爲歌詩,自號釣磯閒客。割江之後,先校書不禄,叟嗣守弊廬,頗窺先志,不復以進取爲念。會王師弔伐,李氏挈宗以朝,湖海表裏,俱爲王人,大同之慶,有識之所共。咸以爲百生不可逢之盛際,叟獨何者而私自怫鬱,如有懷舊之思。追惟江表自建國以來,烈祖元宗,其所以撫奄斯人,蓋有不可忘者。時移事往,將就蕪没,叟身非朝行,口不食禄,固無預於史事,顧耳目之所及,非網罟之至議,則波壽之讕語也。随意所商,聊復疏之於紙,僅得百二十許條,總而題之曰'釣磯立談',使小子温,成誦於口,粗以存其梗概云。吁! 文慚子山之麗,興哀則有之;才愧士衡之多,辨亡亦幾矣。"

按:此書作者,《宋志》題史虚白,《四庫全書總目提要》則爲史虚白之子,其言曰:"考馬令《南唐書》,虚白,山東人,中原多事,同韓熙載渡淮,以詩酒自娱,不言其有著述。觀書中'山東有隱君子'一條,稱與熙載同時渡淮,以書干烈祖,擢書郎非其所顧,遂卒不仕。又'唐祚中興'一條云:'有隱君子作割江賦以諷。'又有《隱士詩》云:'風雨揭卻屋,惲家醉不知'云云,與《虚白傳》悉合。則隱君子當即虚白,序中兩稱'先校書',則作書者當爲虚白之子,《宋志》荒謬不足爲據。"今細審序文，《提要》之説甚是，今作者上冠以"舊題'二字，以示誤題者也。

又按：此書明以前刊本已罕見。康熙年間，何琪曾見徐乾學所藏大字宋本，紙刻精好。[1] 傅增湘亦嘗收得黄丕烈以曹寅刊校宋本，後有"歸安太廟前尹家書籍舖刊行"一行，[2]今並未之見。今所傳諸本，並清以來刊本及鈔本。《皕宋樓藏書志》卷二八所著録舊鈔本，係鮑淥飲舊藏，有何琪跋一則及盧文弨跋二則。何氏曰："《釣磯立談》，往見崑山徐司寇大字宋本，紙刻精好，迄今猶在目中。昨於殘臘買得此本，頗以其胥鈔拙劣爲棄。頃偶將曹氏新刻粗校，曹刻脱誤，不勝其多，開册便缺二版兩行，又少一叙，後此脱誤，版版皆是，不可枚數。曹刻出於竹垞，即此，虞山秀水之本，善惡立辨矣。康熙乙未（五十四年，1715）秋末，小山記。"盧氏曰："丁酉（乾隆四十二年，1777）七月二日，東里盧弓父閲竟。元本有汲古主人毛子晉父子圖章，蓋善本也。託江寧李生育芬倣鈔之。戊戌（乾隆四十三年，1778）四月回杭，見鮑氏新刻，因再閲一過。二十五日。"又曰："此書南唐國亡後，記其興衰之概，不知何人著。其自序云：叟，山東人，清泰中隨先校書避地江表，父子皆不以進取爲念，書中有云：山東有隱君子者，與韓熙載同時南渡，以説干宋齊邱，齊邱引以見烈祖，擢爲校書郎，不能用其言也。於是放意泉石，遂卒不仕。此殆即其先人歟？是書於忠佞功罪之迹，可稱實録。徐鉉等撰《江南録》，誣潘佑之死以妖妄，叟雖未見其書，而疑其必有曲筆，爲書佑以諫死，使後之人不信其謬悠，其用意抑何至也。序云得百二十許條，今計之祇三十條，然要領已無不盡。且相傳止一卷，未必

---

① 　説見《皕宋樓藏書志》卷二十八舊鈔本《釣磯立談》一書何琪（小山）跋。

② 　見《增訂四庫簡明目録標注》史部九。

本書多於此三倍也。曹氏刻本多訛脱，此本爲何小山所傳，較完善，因傳録之。乾隆四十二年（1777）七月戊辰，東里盧文弨書於鍾山書院。"

又按：今所藏善本：臺北"國家圖書館"有清初鈔本一部，中有墨校；又有清揚州使院《重刻楝亭十二種》本，匡高16.7公分，寬11.6公分，每半葉十一行二十一字，清何焯、黄丕烈各手校並跋。何氏曰："康熙丙申（五十五年，1716）正月二日，義門老民何焯手校。前三葉從子錦官補寫。心友得汲古閣舊鈔善本，從齎研齋寄至都下者也。"黄氏曰："己巳初冬，至五硯樓表婿仲和整理其先人壽階親翁遺書，因得見影宋鈔。是書雖無毛氏圖章，當是汲古物，與義門所云汲古閣舊鈔者異，或即小山所云崑山徐氏宋本而影鈔者，蓋卷後臨安府，實宋本回目也。因校如右，以周抄參之。小雪日復翁識。"又曰："余友顧潤賁客揚州，歸舟攜得舊書幾種贈余，此何校《釣磯立談》，亦其一也。是書已刻入《知不足齋叢書》中，雖已校補，究非原書面目，惟此校汲古閣舊鈔本，又出義門先生手，真善本矣。因珍之，重爲裝池，蓋何氏書多經小濕，紙有霉爛痕，遂致破損，非重裝不足以耐久。前附墨經，仍之。得此書時，曾借香屋書屋別一鈔本勘之，稍有異字，用別帋籤之。乙丑冬十月十又七日，蕘翁識。"又曰："丁卯春三月十八日午後，試步至元妙觀前，遍歷書肆，無一當意者。偶至帶經堂，見架底有不全揚州十七種，內有《釣磯立談》，與《糖霜譜》《都城紀勝》同裝一册，謂可取校何校本，因抽視之。及展卷，喜之不勝，蓋爲何小山校本也。遂袖歸，與義門校本對，乃知義門之校，出小山校本，考諸歲月，此爲康熙丙申（五十五年，1716）正月二日，彼爲康熙乙未（五十四年1715）十月五日，從齎研齋寄至都下，宜有先後矣。且小山跋並載曾見過崑山徐氏大字宋本，尤爲古書添一公案，可見書多一本，即有一本佳處，見聞之不可不廣也，信然。以余病後艱於步履，至今日始得步至觀前購書，而即獲此書從出之本。兩書不知分於何時，今日方得重合，抑何幸歟！顧余獨惜小山所云斧季不能借校，不知與宋刻相去又何如爾。復翁。"臺北"故宮博物院"有清《文淵閣四庫全書》本一部。四庫本係從宋刻鈔出，由江蘇巡撫採進。① 收入叢刻者，有《楝亭藏書十二種》本，《反約篇》本、《榕園叢書》本、《筆記小説大觀》本等，並爲一卷；清乾隆年間，鮑廷博得吳翊鳳（枚庵）所藏汲古閣舊鈔本，據曹本讎勘，並輯得史虛白小傳三則，爲附録一卷，收在其所輯刊《知不足齋叢書》中，《叢書集成初編》本，即據鮑本著録，爲今傳最佳之本。

---

① 見《四庫全書總目》卷六六《釣磯立談》提要。

參考及引用書目

一、專書

經部

周易兼義九卷附略例一卷釋文一卷　魏王弼、晋韓康伯注　唐孔穎達
　　疏　宋建刊明代修補十行本

了齋易説一卷　宋陳瓘撰　清文淵閣四庫全書本

尚書注疏二〇卷　舊題漢孔安國傳　唐孔穎達疏　明覆刊宋浙東茶
　　鹽司本

尚書釋義　屈師翼鵬撰　1963 年臺北中華文化出版事業社第三版排
　　印本

周禮注疏四二卷　漢鄭玄注　唐賈公彥疏　明嘉靖間常州知府應檟
　　刊本

東巖周禮訂義八〇卷　宋王與之撰　清文淵閣四庫全書本

書儀一〇卷　宋司馬光撰　叢書集成初編本

家禮五卷附錄一卷　宋朱熹撰　清文淵閣四庫全書本

涑水祭儀一卷　宋司馬光撰　清順治刊本

孝經注疏九卷　唐玄宗注　宋邢昺疏　明正德六年（1511）南監覆刊
　　宋十行本

孟子注疏解經一四卷　漢趙岐注　題宋孫奭疏　宋建刊明代修補十
　　行本

爾雅注疏一一卷　晋郭璞注　宋邢昺疏　元刊明南監修補九行本

釋文互注禮部韻略五卷附貢舉條式一卷　宋不著撰人　清文淵閣四
　　庫全書本

經義考三〇〇卷　清朱彝尊撰　清光緒二十三年（1897）浙江書局
　　刊本

史部

史記一三〇卷　漢司馬遷撰　宋裴駰集解　唐司馬貞索隱　明初豐
城游明校刊本

史記評林一三〇卷　漢司馬遷撰　明凌稚隆輯評　明萬曆丙子（四
年,1576）吳興凌氏刊本

史記法語八卷　宋洪邁撰　影鈔宋淳熙十三年（1186）婺州刊本

通志二〇〇卷　宋鄭樵撰　元至治二年（1322）福州路三山郡庠刊本

古史六〇卷　宋蘇轍撰　明萬曆三十九年（1611）豫章刊本

漢書一二〇卷　漢班固撰　班昭補　唐顏師古注　明嘉靖間德藩最
樂軒刊本

漢雋一〇卷　宋林鉞撰　明呂元校刊本

漢書評林一二〇卷　明凌稚隆撰　明萬曆辛巳（九年,1581）吳興凌氏
刊本

後漢書一三〇卷　宋范曄撰　晋司馬彪撰志　唐李賢注　梁劉昭注
志　明嘉靖八至九年（1529—1530）南京國子監刊本

東漢刊誤四卷　宋劉攽撰　宸翰樓叢書本

史漢異同補評存三十三卷　宋倪思撰　劉辰翁評　明凌稚隆訂補
明萬曆間吳興凌氏刊本　缺卷三十四、卷三十五

後漢書年表一〇卷　宋熊方撰　二十五史補編本

後漢書補逸二十一卷　清姚之駰撰　清文淵閣四庫全書本

三國志六五卷　晋陳壽撰　宋裴松之注　宋紹興間衢州刊元明修
補本

續後漢書四二卷義例一卷音義四卷　宋蕭常撰　清文淵閣四庫全
書本

晋書一三〇卷　唐房玄齡等撰　宋刊元明修補十行本

宋書一〇〇卷　梁沈約撰　明萬曆二十二年（1594）南京國子監刊本

南齊書五九卷　梁蕭子顯撰　宋紹興間刊元至明初修補九行本

梁書五六卷　唐姚思廉撰　宋紹興間刊明代修補九行本

陳書三六卷　唐姚思廉撰　宋紹興間刊元明修補九行本

南史八〇卷　唐李延壽撰　元大德丙午（十年,1306）信州路儒學刊本

魏書一一四卷　北齊魏收撰　宋紹興間刊元明修補九行本

北齊書五十卷　唐李百藥撰　宋紹興間刊元明修補九行本

周書五〇卷　唐令狐德棻等撰　宋紹興間刊元明修補九行本

北史一〇〇卷　唐李延壽撰　元大德間信州路儒學刊明初修補本

隋書八五卷　唐魏徵等撰　元大德間瑞州路刊明南監修補本

舊唐書二〇〇卷　五代劉昫等撰　明嘉靖十七年(1538)聞人詮吳郡
　刊本

新唐書二二五卷　宋歐陽修、宋祁同撰　元大德間建康路儒學刊明南
　監修補本

新唐書糾繆二〇卷　宋吳縝撰　明海虞趙開美校刊本

唐書釋音二十五卷　宋董衝撰　明萬曆二十三年(1595)北監刊本

新唐書略三十五卷　宋呂祖謙撰　明藍格鈔本

唐書直筆新例四卷新例須知一卷附校記一卷　宋呂夏卿撰校記　張
　鈞衡撰　擇是居叢書本

舊五代史一五〇卷　宋薛居正等撰　清四庫館輯　傳鈔清四庫全
　書本

五代史記七十四卷　宋歐陽修撰　徐無黨注　宋刊十二行本

五代史記纂誤三卷　宋吳縝撰　清文淵閣四庫全書本

南唐書三〇卷　宋馬令撰　明嘉靖庚戌(二十九年,1550)顧汝達刊本

南唐書一八卷　宋陸游撰　明崇禎庚午(三年,1630)海虞毛氏汲古閣
　刊陸放翁全集本

宋史四九六卷　元脫脫等撰　明成化十六年(1480)兩廣巡撫朱英刊
　嘉靖間南監修補本

宋史四九六卷　元脫脫等撰　清乾隆四年至四十九年(1739—1784)
　武英殿刊本

新校本宋史四九六卷　元脫脫等撰　鼎文書局影印本

宋史新編二〇〇卷　明柯維騏撰　明嘉靖間刊本

南宋書六八卷　明錢士升撰　日本進修館刊本

宋史翼四〇卷　清陸心源撰　清光緒三十一年(1905)朱墨印本

新元史二五七卷　柯劭忞撰　臺北藝文印書館影印民國十九年

（1930）退耕堂刊本

明史三三二卷　清張廷玉等撰　藝文印書館影清乾隆武英殿本

十七史商榷一○○卷　清王鳴盛撰　叢書集成初編本

東都事略一三○卷　宋王偁撰　宋紹興間眉山程舍人刊本

史質一○○卷附舊宋史目録一卷　明王洙撰　明嘉靖間刊本

兩漢博聞十二卷　宋楊侃撰　明嘉靖戊午（三十七年，1558）黃魯曾
　刊本

兩漢刊誤補遺一○卷　宋吳仁傑撰　舊鈔本

班馬異同三五卷　宋倪思撰　舊題宋劉辰翁評　明嘉靖十六年
　（1537）李元陽福建刊本

西漢年紀三○卷　宋王益之撰　清文淵閣四庫全書本

錦里耆舊傳四卷　宋勾延慶撰　舊鈔本

元經薛氏傳十卷　隋王通撰　唐薛收續并傳　宋阮逸注　明藍格
　抄本

通曆十五卷　唐馬總撰　宋孫光憲續　舊鈔本

竹書紀年疏箋一二卷　清徐文靖撰　清文淵閣四庫全書本

竹書紀年集證五○卷　清陳逢衡撰　清嘉慶十八年（1813）刊本

考訂竹書紀年六卷附辨誤考證年表圖　清雷學淇撰　清亦囂囂齋
　刊本

竹書紀年義證四○卷附録一卷　清雷學淇撰　民國初年排印本

古本竹書紀年輯校一卷　清朱右曾輯　民國王國維補　王觀堂先生
　全集本

古本竹書紀年輯校訂補　范詳雍撰　學海出版社印本

資治通鑑二九四卷　宋司馬光撰　元胡三省音注　元興文署刊本

資治通鑑目録三十卷　宋司馬光撰　宋刊本

資治通鑑考異三十卷　宋司馬光撰　明嘉靖二十四年（1545）孔天胤
　杭州刊本

資治通鑑釋文三○卷　宋史炤撰　四部叢刊本

通鑑總類二○卷　宋沈樞撰　元至正二十三年（1363）平江路儒學
　刊本

通鑑地理通釋一四卷　宋王應麟撰　元慶元路儒學刊玉海附刻本

通鑑綱目五九卷　宋朱熹撰　明成化九年(1473)內府刊本

陸狀元增節音注精義資治通鑑一二○卷　宋司馬光撰　陸唐老集注
　明末毛氏汲古閣刊本

少微通鑑節要五六卷　宋江贄撰　明內府朱絲欄寫本

通鑑答問四卷　宋王應麟撰　清文淵閣四庫全書本

蜀鑑一○卷　宋郭允蹈撰　清文淵閣四庫全書本

五代春秋二卷　宋尹洙撰　叢書集成初編本

皇宋十朝綱要二五卷　宋李埴撰　烏絲欄清鈔本

續宋中興編年資治通鑑一五卷　宋劉時舉撰　元陳氏餘慶堂刊本

丙丁龜鑑五卷　宋柴望撰　叢書集成初編本

皇朝編年備要三○卷　宋陳均撰　舊鈔本　清汪兆銓手校并題記

三朝北盟會編二五○卷　宋徐夢莘撰　清文淵閣四庫全書本

宋季三朝政要六卷　宋不著撰人　舊鈔本　近人鄧邦述朱藍二色手
　校并題記

稽古錄二○卷　宋司馬光撰　明范氏天一閣刊本

大事記十二卷　宋呂祖謙撰　明刊黑口本

資治通鑑外記一○卷目錄五卷　宋劉恕撰　明末刊本

編年通載存四卷　宋章衡撰　影鈔宋本

皇王大紀八○卷　宋胡宏撰　明萬曆辛亥(三十九年,1611)陳邦瞻閩
　中刊本

前漢紀三○卷　漢荀悅撰　明嘉靖戊申(二十七年,1548)吳郡黃姬水
　刊本

後漢記三○卷　晉袁宏撰　明嘉靖戊申(二十七年,1548)吳郡黃姬水
　刊本

蜀檮杌一○卷　宋張唐英撰　舊鈔本

吳越備史四卷補遺一卷　舊題宋范坰、林禹撰　明末錢道生刊本

吳越備史四卷附校勘記一卷　宋范坰、林禹撰　校勘記張元濟撰　四
　部叢刊續編本

中興小曆四○卷　宋熊克撰　清蕭山汪氏環碧山房鈔本

中興小紀四〇卷　宋熊克撰　清文淵閣四庫全書本

中興小紀四〇卷　宋熊克撰　叢書集成初編本

增入名儒講義皇宋中興兩朝聖政存四〇卷　宋不著撰人　南宋建刊
　　巾箱本　存卷一至卷二十、卷四十五至卷六十四

皇宋中興兩朝聖政存四八卷　宋不著撰人　影宋鈔本　全六十四卷
　　缺卷三十至四十五

增入名儒講義皇宋中興聖政存三〇卷　宋不著撰人　藍格舊鈔本
　　存卷一至卷三十

續資治通鑑長編五二〇卷　宋李燾撰　清嘉慶己卯(二十四年,1819)
　　海虞張氏愛日精廬活字本

建炎以來繫年要録二〇〇卷　宋李心傳撰　舊鈔本

宋太宗實録存一二卷　宋錢若水、楊億等撰　宋理宗時館閣寫本

通鑑紀事本末四二卷　宋袁樞撰　宋寶祐丁巳(五年,1257)趙與懲
　　湖州刊本

帝王世紀一〇卷補遺一卷附録一卷　晉皇甫謐撰　清宋翔鳳集校
　　訓纂堂叢書本

隆平集二〇卷　舊題宋曾鞏撰　清文淵閣四庫全書本

五代史補一卷　宋陶岳撰　明藍格鈔本

五代史闕文一卷　宋王禹偁撰　明藍格鈔本

江南野史一〇卷　宋龍袞撰　舊鈔本

五國故事二卷　宋不著撰人　清乾隆三十八年(1773)浙江巡撫進呈
　　舊鈔本

九國志一二卷　宋路振撰　張唐英補　清蕭山王氏無求安居鈔本

裔夷謀夏録一卷　宋汪藻撰　清光緒戊子(十四年,1888)順德李氏讀
　　五千卷書室鈔本

荆湘近事一卷　宋陶岳撰　清順治丁亥(四年,1647)兩浙督學李際期
　　刊説郛本

三楚新録一卷　宋周羽沖撰　明末刊續百川學海本

蜀檮杌一〇卷　宋張唐英撰　鈔本

江南餘載二卷　宋不著撰人　清文淵閣四庫全書本

家王故事一卷　宋錢惟演撰　明末刊五朝小説本

西夏事略一卷　舊題宋王稱撰　叢書集成初編本

五胡十六國考鏡一卷　舊題宋石延年撰　學海類編本

釣磯立談一卷　舊題宋史虛白撰　清揚州使院重刻棟亭十二種本
　　清何焯、黄丕烈手校並跋　韓應陛手書題記

建炎復辟記一卷　宋不著撰人　穴硯齋鈔本

江表志三卷　宋鄭文寶撰　舊鈔本

燕北雜録一卷　宋武珪撰　清順治刊本

洛陽縉紳舊聞記五卷　宋張齊賢撰　知不足齋叢書本

避羌夜話二卷　宋石茂良撰　顧氏明朝四十家小説本

筆録一卷　宋王曾撰　明弘治刊本

曾公遺録殘三卷　宋曾布撰　藕香零拾本

國信語録(神宗皇帝即位使遼語録)一卷　宋陳襄撰　遼海叢書本

征南録一卷　宋滕甫撰　墨海金壺本

戊辰修史傳一卷　宋黄震撰　四明叢書本

北征紀實二卷　宋蔡絛撰　學海類編本

中興禦侮録二卷　宋不著撰人　穴硯齋鈔本

丁謂談録一卷　宋不著撰人　明弘治刊本

金虜南遷録一卷　金張師顏撰　學海類編本

楚紀六〇卷　明廖道南撰　明嘉靖二十五年(1546)鄂守何城等釀貲
　　刊本

姓解三卷　宋邵思撰　叢書集成初編本

廣卓異記二十卷　宋樂史撰　清初虞山錢氏述古堂鈔本

吴中人物志一三卷　明張昹撰　張獻翼論贊　明隆慶間長洲張鳳翼
　　等校刊本

廉吏傳不分卷　宋費樞撰　明黄汝亨增補　明萬曆乙卯(四十三年，
　　1615)刊本

伊雒淵源録十四卷續録六卷　宋朱熹撰　明謝鐸續　明嘉靖乙丑(四
　　十四年，1565)刊本

考亭淵源録初稿一四卷　明宋端儀撰　舊鈔本

閩南道學源流一六卷　明楊應詔撰　明嘉靖甲子（四十三年，1564）建安楊氏華陽書院刊本

閩中理學淵源考九二卷　清李清馥撰　清文淵閣四庫全書本

古今列女傳三卷　明解縉等撰　明永樂元年（1403）内府刊本

南宋名臣言行録一六卷　明尹直撰　明弘治間刊本

名臣碑傳琬琰集一〇七卷　宋杜大珪編　鈔本

道命録十卷　宋李心傳撰　元程榮秀重編　明弘治九年（1496）新安衛千户于明刊本

京口耆舊傳九卷　宋不著撰人　守山閣叢書本

慶元黨禁一卷　宋不著撰人　鈔本

元祐黨人傳一〇卷　清陸心源撰　清光緒十五年（1889）刊本

唐才子傳十卷　元辛文房撰　日本正保四年（1647）上村二郎衛門刊本

修唐書史臣年表　清錢大昕撰　知不足齋叢書本

宋朝南渡十將傳十卷　宋章穎撰　碧琳琅館叢書本

宋遺民録一六卷　明程敏政撰　清初葉湘潭黄氏觀稼樓鈔本

五朝名臣言行録一〇卷　宋朱熹撰　四部叢刊本

三朝名臣言行録十四卷　宋朱熹撰　四部叢刊本

四朝名臣言行録續集一六卷別集一六卷　宋李幼武撰　清道光元年（1821）續學堂洪氏刊本

皇朝道學名臣言行外録一七卷　宋李幼武撰　清文淵閣四庫全書本

桐陰話舊一卷　宋韓元吉撰　明嘉靖刊古今説海本

皇宋書録三卷外篇一卷　宋董史撰　知不足齋叢書本

宋大臣年表二卷　清萬斯同撰　二十五史補編本

宋中興東宮官僚題名　宋何異撰　藕香零拾本

宋中興行在雜買務雜賣場提轄官題名　宋何異撰　藕香零拾本

宋中興三公年表一卷　宋何異撰　藕香零拾本

宋中興學士院題名録　宋何異撰　藕香零拾本

北宋經撫年表　吴廷燮撰　二十五史補編本

南宋制撫年表二卷　吴廷燮撰　二十五史補編本

宋元學案一〇〇卷　清黃宗羲撰　清全祖望修定　四部備要本

宋元學案補遺一〇〇卷別附三卷　清王梓材、馮雲濠同輯　四明叢
　書本

宋人軼事彙編　丁傳靖撰　民國二十四年(1935)商務印書館排印本

淳熙薦士錄　宋楊萬里撰　函海本

紹興十八年同年小錄　不著撰人　民國十二年(1923)徐氏刊宋元科
　舉三錄本

寶祐四年登科錄一卷　不著撰人　民國十二年(1923)徐氏刊宋元科
　舉三錄本

金佗粹編二八卷續編三〇卷　宋岳珂撰　元至正二十三年(1363)西
　湖書院本

莆陽文獻一三卷列傳七五卷　明鄭岳撰　明萬曆丙辰(四十四年，
　1616)南京吏科給事中黃起龍重刊本

登科記一三〇卷　清徐松撰　驚聲出版社影印本

廣軒轅本紀一卷　唐王瓘撰　清孫星衍校　平津館叢書本

東家雜記二卷　宋孔傳撰　明刊黑口本

東家雜記續校一卷補校一卷　清董金鑑撰　叢書集成初編本

闕里祖庭記(東家雜記)　宋孔傳撰　明刊黑口本

諸葛武侯傳一卷　宋張栻撰　宛委別藏本

豐清敏遺事一卷附錄一卷　宋李朴撰　舊鈔本

韓琦事實一卷　宋趙寅撰　說郛本

韓琦遺事一卷　宋趙至編　叢書集成初編本

寇準遺事一卷　宋不著撰人　歷代小史本

儋耳手澤(東坡手澤)一卷　宋蘇軾撰　舊鈔本

李昉談錄一卷　宋李宗諤編　清順治刊說郛本

王旦遺事一卷　宋王素編　百川學海本

朱文公行狀一卷　宋黃榦撰　朝鮮李滉輯注　日本正德二年(1712)
　平安壽文堂刊本

孔子編年五卷　宋胡仔撰　清文瀾閣四庫全書本

顏真卿年譜一卷　宋留元剛撰　四部叢刊本

韓吏部譜録一卷　宋吕大防撰　粤雅堂叢書本

韓子年譜五卷　宋洪興祖撰　粤雅堂叢書本

韓文公歷官記一卷　宋程俱撰　粤雅堂叢書本

洪忠宣公年譜一卷　清洪汝奎撰　清宣統元年(1909)刊本

李燾父子年譜　王德毅撰　1963年中國學術著作獎助委員會排印本

王文公年譜考異二五卷卷首一卷雜録二卷附録一卷　清蔡上翔編
　　清嘉慶九年(1804)存是樓刊本

蘇氏族譜一卷　宋蘇洵撰　清順治刊本

王深寧先生年譜一卷　清錢大昕撰　歷代名人年譜大成本

深寧先生年譜一卷　清張大昌撰　四明叢書本

深寧先生年譜一卷　清陳僅撰　四明叢書本

十五家年譜　清楊希閔編　1966年中國文獻出版社影印本

吴船志一卷　宋范成大撰　烏絲欄鈔本

三楚新録三卷　宋周羽沖撰　清文淵閣四庫全書本

江南餘載二卷　宋鄭文寶編　知不足齋叢書本

成都理亂記八卷　宋勾延慶撰　叢書集成初編本

江南別録一卷　宋陳彭年撰　明嘉靖刊古今説海本

家王故事一卷　宋錢惟演撰　五朝小説大觀本

六朝事迹類編二卷　宋張敦頤撰　明鈔本

洛陽名園記一卷　宋李格非撰　海山仙館叢書本

游洛陽宮記一卷　宋僧祖秀撰　學海類編本

廬山記三卷　宋陳舜俞撰　叢書集成初編本

乘軺録一卷　宋路振撰　指海本

虞衡志一卷　宋范成大撰　百川學海本

攬轡録一卷　宋范成大撰　知不足齋叢書本

驂鸞録一卷　宋范成大撰　知不足齋叢書本

宣和奉使高麗圖經四〇卷附録一卷　宋徐兢撰　知不足齋叢書本

雞林類事一卷　宋孫穆撰　五朝小説大觀本

西州使程記一卷　宋王延德撰　明鈔本

中吴紀聞六卷　宋龔明之撰　舊鈔本

北道刊誤志一卷　宋王瓘撰　守山閣叢書本

太平寰宇記存一九三卷　宋樂史撰　舊鈔本

九域志一〇卷　宋王存等撰　舊鈔本

輿地廣記三八卷　宋歐陽忞撰　清嘉慶間王士和手鈔本

輿地紀勝存一六八卷　宋王象之撰　清道光二十八年(1848)揚州岑
　氏懼盈齋綠鈔格鈔本

輿地紀勝二〇〇卷卷首一卷　宋王象之撰　清咸豐五年(1855)南海
　伍氏粵雅堂刊本

方輿勝覽七〇卷　宋祝穆撰　祝洙增補　清孔氏嶽雪樓鈔本

大明一統志九〇卷　明李賢等修　明天順五年(1461)內府刊本

嘉靖浙江通志七二卷　明薛應旂撰　明嘉靖四十年(1561)刊本

雍正浙江通志二八〇卷　清嵇曾筠等監修　清文淵閣四庫全書本

康熙金華府志三〇卷　清張薦修　沈麟趾等撰　清康熙二十二年
　(1683)刊本

溫州府志三〇卷首一卷　清李琬修　齊召南等纂　清同治四年
　(1865)重刊本

會稽志二〇卷　宋沈作賓、趙不迹撰　明正德五年(1510)刊本

嘉靖海寧縣志九卷　明蔡完撰　清光緒二十四年(1898)重刊本

四明圖經一二卷　宋張津等撰　舊鈔本

嚴州圖經三卷　宋劉文富撰　鈔本　朱校　清光緒十年(1884)陸心
　源手跋

嘉定赤城志四〇卷　宋陳耆卿撰　明弘治丁巳(十年,1497)太平謝鐸
　重刊萬曆天啓遞修補本

乾道臨安志存三卷　宋周淙撰　清吳翌鳳鈔本

吳興志不分卷　宋談鑰撰　荻溪章氏讀騷如齋鈔本

吳興統記一卷　宋左文質撰　清范鍇輯　范白舫所刊書本

吳興掌故集一七卷　明徐獻忠撰　明嘉靖庚申(三十九年,1560)湖州
　原刊本　近人曹元忠手跋

雍正江西通志一六二卷　清謝旻等監修　清文淵閣四庫全書本

成化新昌縣志一六卷　明莫旦撰　明正德十六年(1521)刊本

萬曆新昌縣志一三卷　明田琯等纂修　影明萬曆刊本

江南通志二〇〇卷　清趙宏恩等修　清文淵閣四庫全書本

乾隆江南通志二〇〇卷　清尹繼善等修　黄之雋等纂　清乾隆元年
（1736）刊本

咸淳毗陵志三〇卷圖一卷　宋史能之撰　清嘉慶二十五年（1820）趙
懷玉刊本

嘉定鎮江志二〇卷首一卷附録一卷校勘記二卷　宋盧憲撰　清宣統
二年（1910）重刊本

萬曆揚州府志二七卷　明楊洵等修明萬曆辛丑（二十九，1601）年刊本

揚州府志四〇卷　清尹會一等纂修清雍正十一年（1733）刊本

重修揚州府志七二卷首一卷　清阿克當阿修　張世浣、姚文田等纂，
清嘉慶十五年（1810）刊本

隆慶高郵州志一二卷　明范惟恭等修　明隆慶六年（1572）刊本

景定建康志五〇卷　宋馬光祖修　周應合纂　清嘉慶七年（1802）
刊本

江陰縣志二二卷　清沈清世纂修　清康熙二十二年（1683）刊本

江陰縣志二八卷　清陳延恩修　李兆洛等纂　清道光二十年（1840）
刊本

江陰縣志三〇卷　首一卷　清盧思誠等修，季念眙等纂清光緒四年
（1878）刊本

隆慶儀真縣志一四卷　明申嘉瑞等修　清光緒十八年（1892）寧波范
若霖影抄明隆慶元年（1567）修本

六合縣志八卷圖説一卷附録一卷　清謝延庚修　賀廷壽等纂　清光
緒九年（1883）刊本

吴郡志五〇卷　宋范成大撰　汪泰亨等增補　宋紹定二年（1229）李
壽朋平江府刊本

吴郡圖經續記三卷　宋朱長文撰　宋紹興四年（1134）孫佑蘇州刊本

雲間志三卷　宋楊潛撰　鈔本

嘉慶湖南通志二一九卷首三卷末六卷　清王煦等纂　清嘉慶二十五
年（1820）刊本

光緒湖南通志二八八卷首八卷末一九卷　清李瀚章等修　曾國荃、郭嵩燾等纂　清光緒十一年（1885）刊本

直隸靖州志一四卷卷首五卷卷末一卷　清呂宣曾修　張開東纂　清乾隆二十四年（1759）刊本

道光永州府志一八卷　清呂恩湛等修　宋績辰纂　清道光八年（1828）刊同治六年重校印本

湘中記一卷　宋不著撰人　清陳運溶輯　麓山精舍叢書本

邵陽圖志一卷　宋李韋之撰　清陳運溶輯　麓山精舍叢書本

岳陽風土記一卷　宋范致明撰　清文淵閣四庫全書本

岳陽志一卷　宋馬子嚴撰　清陳運溶輯　麓山精舍叢書本

桂陽圖志一卷　宋鄭紳撰　清陳運溶輯　麓山精舍叢書本

都梁志一卷　宋鄭昉撰　清陳運溶輯　麓山精舍叢書本

零陵志一卷　宋張埏撰　清陳運溶輯　麓山精舍叢書本

零陵總記一卷　宋陶岳撰　清陳運溶輯　麓山精舍叢書本

衡州圖經一卷　宋劉清之撰　清陳運溶輯　麓山精舍叢書本

沅州圖經一卷　宋不著撰人　清陳運溶輯　麓山精舍叢書本

辰州風土記一卷　宋田渭撰　清陳運溶輯　麓山精舍叢書本

湖北通志一〇〇卷首五卷　清吳熊光等修　陳詩等纂　清嘉慶九年（1804）刊本

湖北通志一七二卷首一卷末一卷　民國張仲炘、楊承禧等修　民國十年（1921）刊本

京山縣志一〇卷　清吳游龍修　王演等纂　清康熙十二年（1673）刊本

京山縣志二三卷首一卷　清沈星標等修　曾憲德等纂　清光緒八年（1882）刊本

鍾祥縣志一〇卷　清高世榮修　李蓮纂　清乾隆六年（1741）刊本

鍾祥縣志二〇卷　清張琴等修　杜光德纂　清乾隆六十年（1795）刊本

鍾祥縣志二〇卷　清孫福海纂修　清同治六年（1867）刊本

鍾祥縣志二八卷首一卷　民國熊道琛修　李權纂　民國二十六年

（1937）鉛印本

雍正廣東通志六四卷　清郝玉麟等監修　清文淵閣四庫全書本

嘉靖廣東通志七〇卷　明談愷修　黄佐等纂　明嘉靖四十年（1561）序刊本

廣東通志六四卷　清郝玉麟等修　魯曾煜等纂　清雍正九年（1731）刊本

道光廣東通志三三四卷　清阮元修　陳昌齊等纂　清道光二年（1822）刊本

惠州府志二〇卷　清吕應奎等修　黄挺華纂　清康熙二十七年（1688）刊本

韶州府志一八卷　清唐宗堯纂修　清康熙二十六年（1687）刊本

韶州府志四〇卷　清林述訓等修　單興詩、歐樾華等纂　清同治十三年（1874）刊本

南雄府志一九卷　清梁宏勛等纂修　清乾隆二十八年（1763）刊本

山東通志四〇卷　明陸釴等纂修　明嘉靖癸巳（十二年，1533）刊本附圖

雍正山東通志三六卷　清岳濬等監修　清文淵閣四庫全書本

宣統山東通志二〇〇卷　清楊士駿等修　孫葆田等纂　清宣統三年（1911）刊本

齊乘六卷　元于欽撰　舊鈔本

光緒江西通志一八〇卷首五卷　清曾國藩、劉一坤等修　劉繹、趙之謙等纂清光緒六年（1880）刊本

宜春傳信録一卷　宋羅誘撰　清順治刊説郛本

安徽通志三五〇卷補遺一〇卷　清沈葆禎、吴坤等修　何紹基等纂清光緒四年（1878）刊本

光緒廬州府志一〇〇卷首一卷末一卷　清黄雲修　汪宗沂纂　清光緒十一年（1885）刊本

新安志一〇卷附録一卷　宋羅願撰　清嘉慶間歸安丁杰等刊本

四川通志四七卷卷首一卷　清黄廷桂等修　張晉生等纂　清乾隆元年（1736）刊本

雍正四川通志四七卷　清黃廷桂等監修　清文淵閣四庫全書本

乾隆夔州府志一〇卷　清崔邑俊修　楊崇等纂　清乾隆十一年
　(1746)刊本

成都古今集記一卷　宋趙抃撰　清順治刊説郛本

蜀中廣記一〇八卷　明曹學佺撰　四庫全書珍本初集本

元河南志不分卷　元不著撰人　精鈔本

元河南志四卷　元不著撰人　清徐松輯　藕香零拾本

雍正河南通志八〇卷　清王士俊等監修　清文淵閣四庫全書本

乾隆光山縣志三二卷　清楊殿梓修　錢時雍等纂　清乾隆五十一年
　(1786)刊本

新修清豐縣志一六卷　明晁瑮撰　明嘉靖戊午(三十七年,1558)刊本

弘治八閩通志八七卷　明黃仲昭撰　明弘治三年(1490)刊本

乾隆福建通志七八卷　清郝玉麟等監修　清文淵閣四庫全書本

山西通志二三〇卷　清覺羅石麟等監修　清文淵閣四庫全書本

陝西通志一〇〇卷　清劉於義等監修　清文淵閣四庫全書本

甘肅通志五〇卷　清許容等監修　清文淵閣四庫全書本

廣西通志一二八卷　清金鉷等監修　清文淵閣四庫全書本

雲南通志三〇卷　清鄂爾泰等監修　清文淵閣四庫全書本

貴州通志四六卷　清鄂爾泰等監修　清文淵閣四庫全書本

淳熙三山志四二卷　宋梁克家撰　清文淵閣四庫全書本

漳州府志三三卷　明羅青霄等修　明萬曆元年刊本

建甌縣志三七卷首一卷　民國詹宣猷等修　蔡振堅等纂　民國十八
　年(1929)鉛印本

莆陽比事七卷　宋李幼傑撰　宛委別藏本

長安志二〇卷　宋宋敏求撰　清文淵閣四庫全書本

雍録一〇卷　宋程大昌撰　明嘉靖刊本

唐宋時代の交通と地誌地圖の研究　日本青山定雄撰　昭和四十四
　年(1969)八月十五日東京吉川弘文館再版排印本

翰苑群書二卷　宋洪遵輯　知不足齋叢書本

職源五〇卷　宋王益之撰　日本鈔本

南宋館閣録一〇卷續録一〇卷　宋陳騤撰　續録宋不著撰人　清文
　　淵閣四庫全書本

漢制考四卷　宋王應麟撰　學津討源本

通典二〇〇卷　唐杜佑撰　明嘉靖戊戌(十七年,1538)王德溢等廣東
　　刊本

唐會要一〇〇卷　宋王溥撰　清康熙間鈔本

五代會要三〇卷　宋王溥撰　緑格舊鈔本

宋會要輯稿　宋宋綬等撰　清徐松輯　世界書局影印本

建炎以來朝野雜記甲集二〇卷乙集二〇卷　宋李心傳撰　清嘉慶六
　　年(1801)吳縣錢氏華古齋烏絲闌精鈔本

文獻通考三四八卷　元馬端臨撰　元泰定元年西湖書院刊後至元五
　　年余謙修補本

續文獻通考二五四卷　明王圻撰　明萬曆癸卯(三十一年,1603)松江
　　府刊本

太常因革禮一〇〇卷　宋歐陽修等撰　舊鈔本

唐大詔令集一三〇卷　宋宋敏求編　舊鈔本

宋朝大詔令集二四〇卷　宋不著編人　清常熟瞿氏鐵琴銅劍樓鈔本

律十二卷律疏三〇卷　唐長孫無忌等撰　清乾隆十二年(1747)曲阜
　　孔氏傳鈔元至正本

律音義一卷　宋孫奭撰　清咸豐間常熟王保之影宋鈔本

重詳定刑統三〇卷　宋竇儀等編　明烏絲欄鈔本

宋提刑洗冤集録五卷　宋宋慈撰　叢書集成初編本

洗冤集録譯釋　田一民、羅時潤譯釋　1980年福建科學技術出版社
　　排印本

慶元條法事類存三六卷　宋謝深甫撰　鈔本

歷代刑法考七八卷　清沈家本傳　沈寄簃先生遺書本

注陸宣公奏議一五卷　唐陸贄撰　宋郎曄注　元至正甲午(十四年,
　　1354)翠巖精舍刊本

田表聖先生奏議集一卷　宋田錫撰　明安磐編　明朱絲欄鈔本

范文正公政府奏議二卷續集二卷書牘一卷　宋范仲淹撰　明嘉靖辛

西(四十年,1561)嚴州知府韓叔陽重刊本

盡言集一三卷　宋劉安世撰　明隆慶辛未(五年,1571)天雄刊本

歷代名臣奏議三五〇卷　明楊士奇等撰　明永樂間內府刊本

營造法式三四卷　宋李誡撰　影宋鈔本

釋奠儀圖一卷　宋朱熹撰　叢書集成初編本

政和五禮新儀二四〇卷　宋鄭居中等編　四庫全書珍本初集本

政和御製冠禮一〇卷　宋鄭居中等撰　舊鈔本

明禋儀注一卷　宋王儀撰

太常因革禮一〇〇卷　宋歐陽修等撰　舊鈔本

太常因革禮校識二卷　清廖廷相撰　叢書集成初編本

謚法四卷　宋蘇洵撰　清文淵閣四庫全書本

書儀一〇卷　宋司馬光撰　清文淵閣四庫全書本

涑水家儀一卷　宋司馬光撰　清順治四年(1647)兩浙督學李際期刊
　說郛本

乾淳御教記一卷　宋周密撰　清順治四年(1647)兩浙督學李際期刊
　說郛本

高宗幸張府節次略一卷　宋周密撰　五朝小說本

南渡宮禁典儀一卷　宋周密撰　陶珽重編說郛本

家範一〇卷　宋司馬光撰　明萬曆二十四年(1596)西吳沈氏忠恕堂
　刊由醇錄本

禮書一五〇卷　宋陳祥道撰　清文淵閣四庫全書本

上壽拜舞記一卷　宋陳世崇撰　五朝小說本

文公家禮儀節八卷　宋朱熹撰　明丘濬重編　明正德十三年(1518)
　常州重刊本

家禮八卷　宋朱熹撰　清文淵閣四庫全書本

燕射記一卷　宋周密撰　清順治三年(1646)李際期刊宛委山堂說
　郛本

續翰林志二卷　宋蘇易簡撰　知不足齋叢書本

次續翰林志一卷　宋蘇耆撰　知不足齋叢書本

翰苑遺事一卷　宋洪遵撰　舊鈔本

契丹官儀一卷　宋余靖撰　鈔本

南廱志二四卷　明黃佐撰　朱絲欄鈔本

麟臺故事五卷　宋程俱撰　清文淵閣四庫全書本

學士年表一卷　宋不著撰人　知不足齋叢書本

中興館閣録一〇卷　宋陳騤撰　清袁氏貞節堂藍格鈔本

淳熙玉堂雜記三卷　宋周必大撰　明末刊本

宋宰輔編年録二〇卷　宋徐自明撰　清初鈔本

作邑自箴一〇卷　宋李元弼撰　影鈔宋淳熙間浙西提刑司刊本

北邊備對一卷　宋程大昌撰　清順治刊説郛本

金坡遺事一卷　宋錢惟演撰　藍格舊鈔本

活民書三卷拾遺一卷　宋董煟撰　墨海金壺本

春明退朝録三卷　宋宋敏求撰　畿輔叢書本

近事會元五卷附校勘記一卷考證一卷　宋李上交撰　校勘記清錢熙
　祚撰　考證民國王樹柟等撰　畿輔叢書本

治迹統類前集三十卷　宋彭百川撰　清文淵閣四庫全書本

宋朝事實二〇卷　宋李攸撰　叢書集成初編本

刑統賦解一卷　宋傅霖撰　元孟奎解　鈔本

漢書藝文志考證一〇卷　宋王應麟撰　元後至元六年(1340)慶元路
　儒學刊本

漢書藝文志拾補六卷　清姚振宗撰　清光緒辛卯(十七年,1891)著者
　手稿本

補晉書藝文志四卷　丁國鈞撰　二十五史補編本

隋書經籍志考證一三卷　清章宗源撰　二十五史補編本

隋書經籍志考證五二卷　首一卷　清姚振宗撰　二十五史補編本

補五代史藝文志一卷　清顧櫰三撰　二十五史補編本

崇文總目輯釋五卷　宋歐陽修等撰　清錢東垣等輯釋　粵雅堂本

中興館閣書目輯考　民國趙士煒撰　世界書局宋史藝文志廣編排
　印本

四庫闕書目一卷　宋紹興間編　清徐松輯　世界書局宋史藝文志廣
　編排印本

秘書省續四庫書目二卷　宋紹興中改定　清葉德輝考證　世界書局
　排印宋史藝文志廣編本

宋國史藝文志輯本　趙士煒輯　世界書局排印本

宋史藝文志補　清黃虞稷、倪燦撰　世界書局排印本

遂初堂書目一卷　宋尤袤撰　廣文書局影説郛本

郡齋讀書志二〇卷　宋晁公武撰　清王先謙校刊本

晁公武及其郡齋讀書志　劉兆祐撰　1969 年 6 月　"國立臺灣師範
　大學"國文研究所集刊第十三號排印本

直齋書録解題二二卷　宋陳振孫撰　清文淵閣四庫全書本

史略六卷　宋高似孫撰　四明叢書本

文淵閣書目四卷　明楊士奇撰　商務印書館排印本

内閣藏書目録八卷　明張萱撰　清虞山錢氏述古堂藍格鈔本

國史經籍志六卷　明焦竑撰　明萬曆壬寅(三十年,1602)原刊本

四庫全書總目提要二〇〇卷　清永瑢等撰　商務印書館排印本

四庫未收書目提要五卷　清阮元撰　藝文印書館影印本

增訂四庫簡明目録標注二〇卷　清邵懿辰撰　續録邵章撰　世界書
　局排印本

四庫全書總目提要補正　清胡玉縉撰　中華書局排印本

四庫提要辨證　余嘉錫撰　藝文印書館影印本

四庫採進書目(原名各省進呈書目)　吳慰祖校刊　商務印書館排
　印本

世善堂藏書目録二卷　明陳第撰　知不足齋叢書本

天一閣書目不分卷　清舒木魯介夫編　清康熙丙申(十一年,1716)揚
　州芝栖翁手鈔本

儀顧堂題跋一六卷續跋一六卷　清陸心源撰　廣文書局影印本

皕宋樓藏書志一二〇卷續志四卷　清陸心源撰　十萬卷樓刊本

邵亭知見傳本書目一六卷　清莫友芝撰　莫繩孫編　清宣統元年
　(1909)日本田中氏北京鉛印本

愛日精廬藏書志三六卷續志四卷　清張金吾撰　清光緒十三年
　(1887)吳縣徐氏靈芬閣木活字本

藝芸書舍宋元本書目一卷　清汪士鐘編　文學山房聚珍版叢書初
　　集本
善本書室藏書志四〇卷　清丁丙撰　廣文書局影清光緒末年（1908）
　　原刊本
千頃堂書目五一卷　清黃虞稷撰　烏絲欄鈔本
士禮居藏書題跋記六卷　清黃丕烈撰　潘祖蔭輯　清光緒十年
　　（1884）吳縣潘氏滂熹齋刊本
蕘圃藏書題識一〇卷附刻書題識一卷　清黃丕烈撰　繆荃孫等輯
　　民國八年（1919）江陰繆氏刊本
蕘圃藏書題識續錄四卷雜著一卷　清黃丕烈撰　王大隆輯　民國二
　　十二年（1933）秀水王氏學禮齋刊本
士禮居藏書題跋記續　清黃丕烈撰　繆荃孫輯　清光緒二十二年
　　（1896）元和江氏刊本
士禮居藏書題跋補錄　清黃丕烈撰　民國十八年（1929）冷雪盦刊本
宋元舊本書經眼錄三卷附錄二卷　清莫友芝撰　原刊本
鄭堂讀書記七一卷　清周中孚撰　世界書局排印本
鐵琴銅劍樓書目二四卷　清瞿鏞撰　清江陰繆氏藝風堂鈔本
溫州經籍志三一卷外編二卷考異一卷　清孫怡讓撰　廣文書局影民
　　國十年（1921）杭州浙江省立圖書館刊本
藝風藏書記八卷續記八卷　繆荃孫撰　原刊本
五十萬卷樓藏書目錄初編二二卷　莫伯驥編　廣文書局影印本
五十萬卷樓群書跋文二二卷　莫伯驥撰　廣文書局影印本
史略校勘劄記　清楊守敬撰　圖書館學季刊第二卷四期
史略校箋　周天游撰　1987年書目文獻社印本
適園藏書志一〇卷　張鈞衡撰　適園刊本
群碧樓善本書目六卷　鄧邦述撰　廣文書局影印本
藏園書題識八卷續集六卷　傅增湘撰　民國二十七年（1938）排印本
雪堂校刊群書目錄一卷　羅振玉撰　文華出版影印羅雪堂先生全
　　集本
台州經籍志四〇卷　項元勳撰　廣文書局影民國四年（1915）杭州浙

　　江省立圖書館排印本

藏書紀事詩六卷　葉昌熾撰　清光緒間長沙學使署刊本

文禄堂訪書記五卷　王文進撰　民國三十一年(1942)排印本

經籍訪古志　日本森立之撰　廣文書局影印本

金華經籍志二七卷　胡宗懋撰　臺北進學書局印本

偽書通考　張心澂撰　商務印書館印本

續校讎通義　劉咸炘撰　鼎文書局影印本

説郛考　昌彼得撰　1979 年文史哲出版社印本

涉園序跋集録　張元濟撰　成文出版社書目類編本

陳振孫之生平及其著述研究　何廣棪傳　1993 年 10 月文史哲出版
　　社排印本

宋代藏書家尤袤研究　蔡文晉撰　1991 年作者自印本

目録學論叢　王重民撰　1984 年中華書局排印本

《宋史・藝文志》史部佚籍考　劉兆祐撰　1984 年臺灣“國立編譯館”
　　中華叢書委員會印本

宋代書目考　喬衍琯撰　1987 年文史哲出版社排印本

宋代藏書家考　潘美月撰　1980 年學海出版社排印本

陳振孫及其《直齋書録解題》　謝素行撰　1969 年作者自印本

陳振孫學記　喬衍琯撰　1980 年 6 月文史哲出版社排印本

圖書大辭典簿録之部　梁啓超撰　中華書局排印本

中國通俗小説書目一二卷　孫楷第撰　民國二十二年(1933)國立北
　　平圖書館排印本

國立北平圖書館書目　該館自編　民國二十三年(1934)排印本

北京圖書館善本書目　該館自編　中華書局排印本

“中央研究院”歷史語言研究所善本書目　該所自編　1968 年排印本

“國立中央圖書館”善本書目(增訂本)　該館自編　1967 年排印本

“國立故宮博物院”善本書目　該院自編　1968 年排印本

“國立臺灣大學”善本書目　該校自編　1968 年排印本

“國立臺灣師範大學”善本書目　該校自編　1971 年排印本

私立東海大學善本書目　該校自編　1971 年排印本

"國立中央圖書館"普通本綫裝書目　該館自編　1971 年排印本

"國立故宮博物院"普通舊籍目録　該院自編　1970 年排印本

"中央研究院"歷史語言研究所普通本綫裝書目　該所自編　1970 年
　排印本

"國立臺灣大學"普通本綫裝書目補編·索引　臺灣大學圖書館編
　1978 年排印本

"國立臺灣師範大學"普通綫裝書目　該校自編　1971 年排印本

私立東海大學普通綫裝書目　該校自編　1971 年排印本

"國立東北大學"寄存綫裝圖書分類目録　臺灣省立師範學院圖書館
　編　1955 年油印本

"行政院"大埔書庫綫裝書目録　"國立中央圖書館"特藏組編　1973
　年油印本

臺灣省立臺北圖書館普通本綫裝書目　臺灣省立臺北圖書館編
　1972 年排印本

敦煌遺書總目　王重民編　商務印書館排印本

敦煌古籍叙録　王重民撰　1978 年日本中文出版社排印本

北京人文科學研究所藏書目録　北京人文科學研究所編　1970 年臺
　北進學書局印行

輿地碑記目四卷　宋王象之撰　舊鈔本

中國地方志綜録　朱士嘉編　1975 年新文豐出版社影印本

國會圖書館藏中國方志目録　朱士嘉編　1942 年編者手寫影本

臺灣公藏方志聯合目録　"國立中央圖書館"編　1957 年正中書局排
　印本

中國古方志考　張國淦撰　1974 年鼎文書局排印本

中國地方志連合目録　日本東洋學文獻中心連絡協議會編　日本昭
　和四十一年(1966)印本

中國地方志總合目録　日本國立國會圖書館參考書誌部編　日本昭
　和四十四年(1969)排印本

國會圖書館藏中國善本書録　王重民輯録　袁同禮重校　1957 年美
　國國會圖書館印本

英國各圖書館所藏中國地方志總目録　Morton Andrew 編　1979 年
　印行

普林斯敦大學葛斯德東方圖書館善本書志　屈師萬里撰　1975 年藝
　文印書館排印本

圖書寮漢籍善本書目　宮内省圖書寮編　日本昭和五年(1930)排
　印本

尊經閣文庫漢籍分類目録　尊經閣文庫編　日本昭和九年(1934)排
　印本

内閣文庫漢籍分類目録　日本内閣文庫編　1970 年臺北古亭書屋
　影本

岩崎文庫和漢書目録　日本東洋文庫編　日本昭和七年(1932)排
　印本

和漢圖書分類目録　日本宮内廳書陵部編　日本昭和二十七年
　(1952)排印本

靜嘉堂文庫漢籍分類目録　靜嘉堂文庫編　1969 年古亭書屋影印本

東洋文庫漢籍叢書分類目録　日本東洋文庫編　日本昭和四十年
　(1965)排印本

京都大學人文科學研究所漢籍分類目録　日本京都大學人文科學研
　究所編　日本昭和三十八年(1963)排印本

東京大學東洋文化研究所漢籍分類目録　該所自編　日本昭和四十
　八年(1973)排印本

和刻本漢籍分類目録　長澤規矩也撰　日本昭和五十一年(1976)影
　寫本

奎章閣圖書中國本總目録　漢城大學圖書館編　1972 年排印本

泉志一五卷　宋洪遵撰　玉連環室綠格鈔本

集古録跋尾一〇卷　宋歐陽修撰　舊鈔本

金石録三〇卷附校勘記一卷　宋趙明誠撰　校勘記張元濟撰　四部
　叢刊續編本

金石萃編一六〇卷　清王昶撰　清嘉慶十年(1805)青浦王氏刊同治
　十一年(1872)補刊本

史通二○卷附札記一卷札記補一卷　唐劉知幾撰　札記民國孫毓修修
　　輯　札記補姜殿揚輯　四部叢刊本

兩漢博議二○卷　宋陳季雅撰　敬鄉樓叢書本

唐書直筆新例三卷新例須知一卷　宋呂夏卿撰　影鈔宋刊本

唐史論斷三卷　宋孫甫撰　清乾隆三十八年(1773)浙江巡撫進呈舊
　　鈔本

唐鑑三四卷　宋范祖禹撰　呂祖謙注　明弘治十年(1497)白昂刊本

通鑑答問五卷　宋王應麟撰　清文淵閣四庫全書本

舊聞證誤四卷　宋李心傳撰　清文淵閣四庫全書本

舊聞證誤四卷　宋李心傳撰　清嘉慶間南昌彭氏知聖道齋鈔本

舊聞證誤四卷補遺一卷　宋李心傳撰　補遺清繆荃孫輯　藕香零
　　拾本

舊聞證誤四卷　宋李心傳撰　叢書集成初編本

考古續説二卷　清崔述撰　叢書集成初編本

居家雜儀(涑水家儀)一卷　宋司馬光撰　清順治刊説郛本

東宮備覽六卷　宋陳模撰　清文淵閣四庫全書本

張子全書一四卷附錄一卷　宋張載撰　清文淵閣四庫全書本

二程全書六五卷　明康紹宗重編　明弘治戊午(十一年,1498)河南知
　　府陳宣刊本

朱子語類一四○卷　宋黎靖德編　明成化九年(1473)江西藩司覆宋
　　刊後代修補本

黃氏日抄九五卷　宋黃震撰　明正德間建陽書坊刊本

宋大事記講義二七卷　宋呂中撰　明鈔本

宋遵堯錄七卷　別錄一卷　宋羅從彥撰　清趙氏半畝天居藍格鈔本

讀史管見三○卷　宋胡寅撰　明張溥評　明崇禎乙亥(八年,1635)太
　　倉張氏刊本

子部

譚錄一卷　宋劉安世撰　諸儒鳴道本

帝學八卷　宋范祖禹撰　清永瑆精寫袖珍本

家範一○卷　宋司馬光撰　明天啓丙寅(六年,1626)夏縣司馬露刊本

折獄龜鑑二卷　宋鄭克撰　明隆慶辛未(五年,1571)淮南知府陳文燭刊本

折獄龜鑑八卷　宋鄭克撰　清文淵閣四庫全書本

折獄龜鑑一卷　宋鄭克撰　説郛藍格舊鈔本

東觀餘論二卷附錄一卷　宋黃伯思撰　學津討源本

珊瑚木難八卷　明朱存理撰　鈔本

鐵網珊瑚一六卷　題明朱存理編　鈔本

鐵網珊瑚二〇卷　題明都穆撰　舊鈔本

經鉏堂雜誌八卷　宋倪思撰　明金有華校刊本

能改齋漫録一八卷　宋吳曾撰　舊鈔本

雲谷雜記四卷卷末一卷　宋張淏撰　清歙縣鮑氏知不足齋傳鈔武英殿聚珍本

西溪叢語二卷　宋姚寬撰　明嘉靖二十七年(1548)錫山俞氏鵜鳴館刊本

容齋五筆七四卷　宋洪邁撰　明嘉靖間刊本

考古編一〇卷　宋程大昌撰　舊鈔本

雲麓漫鈔一卷　宋趙彥衛撰　舊鈔本

芥隱筆記一卷　宋龔頤正撰　百川學海本

文昌雜録七卷　宋龐元英撰　清文淵閣四庫全書本

紫微雜記一卷　宋呂本中撰　指海本

二老堂雜記五卷　宋周必大撰　學海類編本

宋景文公筆記三卷　宋宋祁撰　宋刊本

演繁露一六卷續集六卷　宋程大昌撰　明嘉靖辛亥(三十年,1551)新安程煦校刊本

蘆浦筆記十卷　宋劉昌詩撰　舊鈔本

野客叢書三〇卷附野老紀聞一卷　宋王楙撰　明嘉靖四十一年(1562)王穀祥刊本

古今考三八卷　宋魏了翁撰　元方回續　明萬曆甲申(十二年,1584)上海王圻校刊本

賓退録一〇卷　宋趙與旹撰　清乾隆丙午(五十一年,1786)蕭山蔡濱

手鈔本

朝野類要五卷　宋趙昇撰　舊鈔本

困學紀聞二〇卷　宋王應麟撰　清翁元圻注　世界書局排印本

緯略一二卷附録一卷　宋高似孫撰　叢書集成初編本

春明退朝録三卷　宋宋敏求撰　舊鈔本

塵史四卷　宋王得臣撰　明藍格鈔本

夢溪筆談二六卷補筆談三卷續筆談一卷　宋沈括撰　明崇禎四年
　（1631）嘉定馬元調刊本

仇池筆記二卷　宋蘇軾撰　明白鶴山房藍格鈔本

吕氏家塾廣記（吕氏雜記）二卷　宋吕希哲撰　鈔本

御覽曲洧舊聞十卷　宋朱弁撰　清錢塘汪氏振綺堂刊本

卻掃編三卷　宋徐度撰　清影寫宋臨安府尹家書籍鋪刊本

揮麈前録四卷後録一一卷三録三卷餘話二卷　宋王明清撰　明汲古
　閣刊本

游宦紀聞一〇卷　宋張世南撰　明鈔本

老學庵筆記一〇卷　宋陸游撰　明天啓三年（1623）吴江周應儀刊本

齊東野語二〇卷　宋周密撰　明正德十年（1515）鳳陽知府胡文璧
　刊本

硯崗筆志一卷　宋唐稷撰　説郛本

紺珠集一三卷　題宋朱勝非撰　清文瀾閣四庫全書本

類説六〇卷　宋曾慥撰　清文瀾閣四庫全書本配補鈔本

新雕皇朝類苑七八卷　宋江少虞撰　日本元和七年（1621）活字本

丹鉛餘録十七卷續録十二卷摘録十三卷總録二十七卷　明楊慎撰
　清文淵閣四庫全書本

升庵外集一〇〇卷　明楊慎撰　焦竑編　明萬曆丙辰（四十四年，
　1616）江寧顧起元校刊本

松崖筆記三卷　清惠棟撰　舊鈔本

太平御覽一〇〇〇卷　宋李昉等撰　明隆慶間閩人饒氏等銅活字本

册府元龜一〇〇〇卷　宋王欽若等撰　明等身書舍藍格鈔本

事類賦三〇卷　宋吴淑撰并注　明嘉靖壬辰（十一年，1532）錫山崇正

書院本

記纂淵海二○○卷　宋潘自牧撰　明弘治癸亥(十六年,1503)錫山華
　氏會通館銅活字本配補鈔本

職官分紀五○卷　宋孫逢吉撰　明鈔本

古今姓氏書辨證四○卷　宋鄧名世撰　清文淵閣四庫全書本

古今姓氏書辨證四○卷附校勘記三卷　宋鄧名世撰　校勘記清錢熙
　祚撰　守山閣叢書本

詞學指南四卷　宋王應麟撰　元後至元三年(1337)慶元路儒學刊本

群書考索前集六六卷後集六五卷續集五六卷別集二五卷　宋章如愚
　撰　明正德戊辰(三年,1508)建陽劉氏慎獨齋刊本

玉海二○○卷別附一三種六一卷　宋王應麟撰　元後至元三年
　(1337)慶元路儒學刊本

小學紺珠一○卷　宋王應麟撰　明末虞山毛氏汲古閣刊津逮秘書本

永樂大典存七一四卷　明解縉等撰　中華書局影印本

永樂大典存二卷　明解縉等撰　明嘉靖隆慶間内府重寫本存卷六千
　七百、卷　六千七百○一江字

永樂大典存一卷　明解縉等撰　明嘉靖隆慶間内府重寫本存卷一萬
　三千九百九十一戲字

永樂大典存二卷　明解縉等撰　明嘉靖隆慶間内府重寫本存卷二萬
　四百七十八、二萬四百七十九職字

永樂大典存二卷　明解縉等撰　明嘉靖隆慶間内府重寫本存卷二萬
　五百七十二積字

格致鏡源一○○卷　清陳元隆撰　清文淵閣四庫全書本

古今圖書集成一○○○○卷目錄四○卷考證二四卷　清蔣廷錫等奉
　敕纂　1964年文星書店影印本

南唐近事集一卷　宋鄭文寶撰　明萬曆間刊寶顏堂秘笈本

雲溪友議一二卷　宋范攄撰　明汝南袁氏鈔本

中山麟書一卷　宋汪若海撰　明末刊本

涑水記聞二卷　舊題宋司馬光撰　舊鈔本

澠水燕談録一○卷　宋王闢之撰　明萬曆二年(1574)江陰貢大章手

抄本

南部新書一〇卷　宋錢易撰　明刊本

玉壺清話一〇卷　宋釋文瑩撰　清白堤書估錢氏萃古齋鈔本

侯鯖錄八卷　宋趙令畤撰　明正德間趙士亨刊本

鐵圍山叢談六卷　宋蔡絛撰　傳鈔明嘉靖間雁里草堂刊本

玉照新志五卷　宋王明清撰　舊鈔本

清波別志三卷　宋周煇撰　舊鈔本

雞肋編三卷附校勘記一卷　宋莊綽撰　清咸豐間仁和胡氏排印琳琅
　秘室叢書本

家世舊聞二卷　宋陸游撰　舊鈔本

桯史一五卷附錄一卷　宋岳珂撰　明嘉靖乙酉(四年,1525)桐溪錢如
　京刊本

四朝聞見錄五卷　宋葉紹翁撰　清文瑞樓烏絲欄鈔本

癸辛雜識前集一卷後集一卷續集二卷別集二卷　宋周密撰　翻刻稗
　海本

太平廣記五〇〇卷　宋李昉等編　明嘉靖丙寅(四十五年,1566)談愷
　刊本

東齋記事六卷　宋范鎮撰　清文淵閣四庫全書本

東軒筆錄一五卷　宋魏泰撰　清文淵閣四庫全書本

閒燕常談一卷　宋董弅撰　清順治刊本

清箱瑣記一〇卷　宋吳處厚撰　清文淵閣四庫全書本

秀水閑居錄一卷　宋朱勝非撰　説郛本

國老談苑一卷　宋王君玉撰　明萬曆刊歷代小史本

荆湘近事一卷　宋陶岳撰　清順治刊説郛本

楊太真外傳二卷　宋樂史撰　清康雍間鈔本

唐宋遺史一卷　宋詹玠撰　清順治刊本

歸田錄二卷　宋歐陽修撰　舊鈔本

後山居士叢談四卷　宋陳師道撰　學海類編本

賓朋燕語一卷　宋丘旭撰　清順治刊本

聞見前錄二〇卷　宋邵伯溫撰　明崇禎間虞山毛氏汲古閣刊津逮秘

書本

聞見後録三〇卷　宋邵博撰　鈔本

池北偶談二六卷　清王士禎撰　清文淵閣四庫全書本

宦游紀聞一卷　明張誼撰　清順治刊本

鐫出像楊家府世代忠勇演義志傳八卷　明秦淮墨客撰　明萬曆丙午
　(三十四年,1606)天德堂刊本　附圖

沖虛至德真經義解六卷　宋徽宗撰　民國十二年至十五年(1923—
　1926)上海商務印書館據明正統本續據萬曆本影道藏本

集部

離騷草木疏四卷　宋吳仁傑撰　明鈔本

五百家注音辨昌黎文集四〇卷　宋魏仲舉編　清文淵閣四庫全書本

徐公文集三〇卷附録一卷　宋徐鉉撰　四部叢刊初編本

莆陽黃御史集一〇卷附録一卷　宋黃滔撰　清孔氏嶽雪樓鈔本

咸平集三〇卷　宋田錫撰　鈔本

小畜集三〇卷　宋王禹偁撰　舊鈔本

元憲集三六卷　宋宋庠撰　叢書集成初編本

宋景文集六二卷補遺二卷附録一卷　宋宋祁撰　清文淵閣四庫全
　書本

安陽集五〇卷附家傳一〇卷別録三卷遺事一卷　宋韓琦撰　明正德
　九年(1514)張士隆河東書院刊本

華陽集六〇卷附録一〇卷　宋王珪撰　清文淵閣四庫全書本

河南先生文集二七卷附録一卷　宋尹洙撰　明鈔本配補民國初年愛
　日館鈔本

宋端明殿學士蔡忠惠公文集四〇卷　宋蔡襄撰　明萬曆乙卯(四十三
　年,1615)南州朱謀㙔等重刊本

蘇魏公集七二卷　宋蘇頌撰　清仁和趙氏小山堂鈔本

曲阜集四卷　宋曾肇撰　清文淵閣四庫全書本

徂徠石先生文集二〇卷　宋石介撰　明鈔本

古靈先生文集二五卷附録一卷　年譜一卷　宋陳襄撰　陳曄撰年譜
　清雍正十一年(1733)常熟陳氏鈔本

陶山集一四卷　宋陸佃撰　清文淵閣四庫全書本

濰水集一六卷　宋李復撰　清文淵閣四庫全書本

襄陵文集一二卷　宋許翰撰　清文淵閣四庫全書本

華陽集四〇卷　宋張綱撰　清文淵閣四庫全書本

司馬太師温國文正公傳家集八〇卷　宋司馬光撰　明刊黑口十行本

公是集五四卷　宋劉敞撰　傳鈔四庫全書本

元豐類稿五〇卷附録一卷　宋曾鞏撰　明成化六年(1470)楊參刊本

嵩山集五四卷　宋晁公遡撰　清文淵閣四庫全書本

無爲集一五卷　宋楊傑撰　舊鈔本

太史范公文集五五卷　宋范祖禹撰　清山陰沈氏鳴野山房鈔本

歐陽文忠公全集一五三卷附録五卷　宋歐陽修撰　明嘉靖丁酉(十六
　年,1537)吉安刊本

樂全集四〇卷附行狀一卷　宋張方平撰　清海鹽馬氏漢唐齋鈔本

臨川先生文集一〇〇卷　宋王安石撰　明嘉靖丙午(二十五年,1546)
　臨川知縣應雲鷟刊本

嘉祐集一五卷　宋蘇洵撰　四部叢刊本

東坡全集一一五卷　宋蘇軾撰　清文淵閣四庫全書本

欒城集五〇卷後集二四卷三集一〇卷　宋蘇轍撰　明嘉靖二十年
　(1541)蜀藩刊本

皇宋書録三卷外編一卷　宋董史撰　知不足齋叢書本

清江三孔集四〇卷　宋孔武仲撰　清文淵閣四庫全書本

游廌山集四卷　宋游酢撰　清文淵閣四庫全書本

澹軒集八卷　宋李吕撰　清文淵閣四庫全書本

緣督集二〇卷　宋曾丰撰　清文淵閣四庫全書本

方舟集二四卷　宋李石撰　清文淵閣四庫全書本

滄州塵缶編一四卷　宋程公許撰　清文淵閣四庫全書本

梧溪集七卷　元王逢撰　清文淵閣四庫全書本

張子全書　宋張載撰　宋朱熹注　四部備要本

文恭集四〇卷　宋胡宿撰　叢書集成初編本

丹陽集二四卷　宋葛勝仲撰　常州先哲遺書本

伊川先生集八卷　宋程頤撰　四部備要本

韓魏公集二〇卷　宋韓琦撰　叢書集成初編本

韓南陽集三〇卷附錄一卷　宋韓維撰　清文淵閣四庫全書本

西溪集一〇卷　宋沈遘撰　四部叢刊三編本

浪語集三五卷　宋薛季宣撰　清文淵閣四庫全書本

山谷詩内集三〇卷外集一四卷別集二〇卷詞一卷簡尺二卷年譜三卷
　宋黃庭堅撰　清文淵閣四庫全書本

山谷内集詩注二〇卷　宋黃庭堅撰　任淵注　清乾隆四十七年
　(1782)武英殿聚珍本　清莫友芝批校並跋

畫墁集八卷　宋張舜民撰　清守經堂影鈔文瀾閣四庫全書本

雞肋集七〇卷　宋晁補之撰　明崇禎乙亥(八年,1635)吳郡顧氏詩瘦
　閣刊本

嵩山文集二〇卷　宋晁說之撰　四部叢刊續編本

具茨晁先生詩集一五卷　宋晁沖之撰　海山仙館叢書本

演山集六〇卷　宋黃裳撰　清文淵閣四庫全書本

學易集八卷　宋劉跂撰　清文淵閣四庫全書本

檆溪居士集一卷　宋劉才邵撰　四庫全書珍本初集本

了齋集一卷　宋陳瓘撰　兩宋名賢小集舊鈔本

忠簡公集八卷　宋宗澤撰　清文淵閣四庫全書本

忠正德文集一〇卷　宋趙鼎撰　清文淵閣四庫全書本

浮溪集三六卷　宋汪藻撰　清文淵閣四庫全書本

浮溪文粹一五卷　宋汪藻撰　清文淵閣四庫全書本

武溪集二〇卷　宋余靖撰　清文淵閣四庫全書本

拙齋文集二〇卷　宋林之奇撰　清文淵閣四庫全書本

忠宣文集二〇卷遺文一卷附錄一卷補編一卷　宋范純仁撰　清文淵
　閣四庫全書本

豐清敏公遺書一卷　宋豐稷撰　清張壽鏞輯　四明叢書本

雲溪居士集三〇卷　宋華鎮撰　舊鈔本

摛文堂集一五卷附錄一卷　宋慕容彥逢撰　漢華公司影印本

龜山先生集四二卷附年譜一卷附錄五卷　宋楊時撰　清順治八年

（1651）楊令聞刊本

梁谿先生集一八〇卷附録三卷　宋李綱撰　舊鈔本

龍川文集三〇卷　宋陳亮撰　清文淵閣四庫全書本

默齋遺稿二卷　宋游九言撰　清文淵閣四庫全書本

平齋文集三二卷　宋洪咨夔撰　四部叢刊續編本

鐵菴集三七卷　宋方大琮撰　清文淵閣四庫全書本

履齋遺稿四卷　宋吳潛撰　清文淵閣四庫全書本

字溪集一一卷附録一卷　宋楊枋撰　清文淵閣四庫全書本

荆溪林下偶談四卷　宋吳子良撰　叢書集成初編本

毗陵集一六卷附録一卷　宋張守撰　常州先哲遺書本

紫微集三六卷　宋張嵲撰　清文淵閣四庫全書本

大隱集一〇卷　宋李正民撰　清文淵閣四庫全書本

韋齋集一二卷　宋朱松撰　明弘治刊本

北海集四六卷附録三卷　宋綦崇禮撰　鈔本

屏山集二〇卷　宋劉子翬撰　明弘治十七年（1504）建寧刊本

鴻慶居士集四二卷　宋孫覿撰　清文淵閣四庫全書本

橫浦先生文集二〇卷附心傳三卷日新一卷　宋張九成撰　明萬曆甲
　寅（四十二年，1614）吳惟明刊本

胡澹庵先生文集三二卷　宋胡銓撰　清胡澐等輯　清乾隆二十二年
　（1757）重刊本

湖山集一〇卷　宋吳芾撰　清文淵閣四庫全書本

文定集二四卷　宋汪應辰撰　清文淵閣四庫全書本

斐然集三〇卷　宋胡寅撰　清文淵閣四庫全書本

海陵周公文集二三卷外集一卷　宋周麟之撰　舊鈔本

鄭忠肅奏議遺集二卷　宋鄭興裔撰　傳鈔四庫全書本

唯室集五卷　宋陳長方撰　清乾隆間四庫館初寫本

于湖居士文集四〇卷附録一卷　宋張孝祥撰　宋嘉定間刊本

鄮峰真隱漫録五〇卷　宋史浩撰　清文淵閣四庫全書本

高峰先生文集一七卷　宋廖剛撰　舊鈔本

鄂州小集六卷附録二卷　宋羅願撰　清文淵閣四庫全書本

艾軒集一〇卷　宋林光朝撰　團雲軒鈔本

後樂集二〇卷　宋衛涇撰　清文淵閣四庫全書本

蒙齋集一八卷　宋袁甫撰　清文淵閣四庫全書本

朱文公文集一〇〇卷續集一一卷別集一〇卷　宋朱熹撰　宋咸淳元
　年(1265)建安書院刊明代修補本

周益國文忠公文集二〇〇卷附錄五卷　宋周必大撰　舊鈔本

止堂集二〇卷　宋彭龜年撰　清文淵閣四庫全書本

省齋集一〇卷　宋廖行之撰　清文淵閣四庫全書本

平齋文集三二卷　宋洪咨夔撰　清文淵閣四庫全書本

止齋先生文集五二卷　宋陳傅良撰　明正德元年(1506)溫州知府林
　長繁刊本

楳埜集二〇卷　宋徐元杰撰　清文淵閣四庫全書本

盤州文集八一卷　宋洪适撰　藍格鈔本

盤洲文集八〇卷附錄一卷拾遺一卷　宋洪适撰　四部叢刊本

雲莊劉文簡公文集一二卷附年譜一卷附錄六卷　宋劉爚撰　明弘治
　間劉燸刊嘉靖間修補本

絜齋集二四卷　宋袁燮撰　清文淵閣四庫全書本

野處類稿二卷　宋洪邁撰　舊鈔本

誠齋集一三三卷　宋楊萬里撰　烏絲闌舊鈔本

渭南文集五二卷　宋陸游撰　明正德八年(1513)新安汪大章紹興
　刊本

水心先生文集二九卷　宋葉适撰　黎諒編　明正統十三年(1448)黎
　氏處州刊本

深寧先生文鈔摭餘編三卷　宋王應麟撰　清葉熊輯　四名叢書本

燭湖集二〇卷附編二卷　宋孫應時撰　舊鈔本

張南軒先生文集四四卷　宋張栻撰　明廣漢知州繆輔之刊本

鶴山先生大全集一〇九卷　宋魏了翁撰　清山陰沈氏鳴野山房影鈔
　明錫山安氏刊本

鶴林集四〇集　宋吳泳撰　精鈔本

真文忠公文集五五卷目錄二卷　宋真德秀撰　明萬曆二十六年

（1598）金學曾重刊本

後村先生大全集一九六卷　宋劉克莊撰　舊鈔本

鄂州小集一卷　宋羅願撰　舊鈔本

乖崖集一二卷附録一卷　宋張詠撰　清文淵閣四庫全書本

忠惠集一〇卷附録一卷　宋翟汝文撰　清文淵閣四庫全書本

南澗甲乙稿二二卷　宋韓元吉撰　清文淵閣四庫全書本

東塘集二〇卷　宋袁説友撰　清文淵閣四庫全書本

桐江續集三七卷　元方回撰　鈔本

曝書亭集八〇卷　清朱彝尊撰　清康熙五十二年（1713）秀水朱氏家
　　刊本

蠶尾集十卷續集二卷後集二卷　清王士禎撰　王漁洋遺書本

潛研堂文集五〇卷詩集一〇卷詩續集一〇卷　清錢大昕撰　四部叢
　　刊本

落帆樓集二四卷補遺一卷　清沈垚撰　清刊本

復初齋集一〇二卷　清翁方綱撰　中國近代史料叢刊本

通藝堂文集一六卷　清劉毓崧撰　求恕齋叢書本

四録堂類集三種一三卷　清嚴可均撰　清嘉慶間刊本

藝風堂文續集八卷　清繆荃孫撰　中國近代史料叢刊本

文苑英華一〇〇〇卷　宋李昉等編　明隆慶元年（1567）胡維新等福
　　建刊本

清江三孔集四〇卷　宋王蓮編　清文淵閣四庫全書本

古詩紀一五六卷　明馮惟訥輯　清文淵閣四庫全書本

漢魏六朝百三家集一一八卷　明張溥編　明崇禎間太倉張氏原刊本

全唐文一〇〇〇卷　清董誥等奉敕編　清嘉慶十九年（1814）刊本

宋文鑑一五〇卷　宋呂祖謙編　明正德十三年（1518）建陽劉氏慎獨
　　齋刊本

宋代蜀文輯存　傅增湘輯　傅增湘刊本

南宋文範七〇卷外編四卷　清莊仲方編　清道光間活字本

全宋詞三〇〇卷　唐圭璋編　商務印書館排印本

宋詩鈔一〇六卷　清吴之振等輯　民國三年（1914）涵芬樓鉛印本

宋詩鈔補　清管廷芬撰　民國四年(1915)涵芬樓鉛印本

宋詩紀事一〇〇卷　清厲鶚輯　鼎文書局影印本

宋詩紀事補遺一〇〇卷附宋詩紀事小傳補正四卷　清陸心源輯　鼎
　文書局影印本

後村詩話一四卷　宋劉克莊撰　舊鈔本

誠齋詩話一卷　宋楊萬里撰　清文淵閣四庫全書本

陽春白雪八卷外集一卷　宋趙聞禮輯　舊鈔本

二、論文

《宋神宗實錄》前後改修之分析　黃漢超撰　新亞學報七卷一、二期

《三朝北盟會編》考　陳樂素撰　"中央研究院"歷史語言研究所集刊
　第六本第二分、第三分

敦煌寫本《唐天寶官品令》考釋　金毓黻撰　說文月刊三卷十號

洪容齋先生年譜　王德毅撰　幼獅學報三卷二期

登科記考補遺　羅繼祖撰　附登科記考

登科記考訂補　岑仲勉撰　"中央研究院"歷史語言研究所集刊第十
　一期

闕外春秋殘卷跋　羅振玉撰　載雪堂校刊群書敘錄

闕外春秋殘卷跋　王重民撰　載敦煌古籍敘錄

說郛考　昌瑞卿(彼得)撰　中國東亞學術年報第一卷　1962 年五月

靖康要錄及其作者考　王德毅撰　思與言五卷二期　1967 年七月

鐫出像楊家府世代忠勇演義志傳敘錄　劉兆祐撰　"國立中央圖書
　館"館刊新四卷二期　1971 年 6 月

兩宋簿錄考略　梁子涵撰　東海大學圖書館學報九期

宋代家藏書目考佚　阮廷焯撰　"國立編譯館"館刊十二卷二期

宋目錄家晁公武陳振孫撰　陳壽祺撰　國粹學報六十八期

《直齋書錄解題》作者陳振孫　陳樂素撰　1946 年 11 月 20 日大公報
　文史周刊第六期

徐夢莘考　陳樂素撰　1934 年國學季刊四卷三期

徐夢莘年表　王德毅撰　1965 年 10 月大陸雜誌三一卷八期

宋元之際的學者金履祥和他的遺著　程元敏撰　宋史研究第四集

南宋の李燾と續資治通鑑長編の成立　日本周藤吉之撰　駒澤史學
　　六期　昭和三十二年(1957)九月

宋期國史の編纂と國史列傳　日本周藤吉之撰　駿台史學九期　昭
　　和三十四年

(1959)三月

宋朝國史の食貨志と宋史食貨志の關係　日本周藤吉之撰　東洋學
　　報四三期之三　昭和三十五年(1960)九月

宋史王自中傳辨正　鄧慶銘撰　真理雜誌一卷四期

宋代儂智高の事迹　日本小川博撰　中國大陸古文化研究第一期(昭
　　和四十年三月)第二期(昭和四十年十月)第三期(昭和四十一年五
　　月)第四期(昭和四十二年五月)

儂智高の叛亂と交趾　日本河原正博撰　法政史學一二期　昭和三
　　十四年(1959)十月

Reform in Sung China. James T. C. Liu, Harvard East Asia Studies,
　　3, Harvard University, 1959.

Civil Service in Early Sung China. Kracke Edward A. , Harvard-
　　Yenching Institute Monograph Series, V. 13, Harvard
　　University, 1968.

附録　本書所載各書存佚及《宋志》著録與否一覽表

書名	作者	存	殘	輯	佚	未見	《宋志》著録	《宋志》未收	備注
訂正史記真本凡例一卷	洪遵撰	○						○	
史記法語八卷	洪邁撰	○					○		
宋太宗敕校刊前漢書一○○卷	陳充等撰				○			○	《宋志》入類事類。
宋真宗敕校定兩漢書三四九卷正字六卷	刁衎等撰				○			○	
宋仁宗敕校刊漢書一二○卷	余靖等撰	○						○	
漢書刊誤三○卷	余靖撰				○		○		
前漢法語二○卷	洪邁撰				○			○	
後漢精語一六卷	洪邁撰				○			○	
三國精語六卷	洪邁撰				○			○	
晋書精語五卷	洪邁撰				○			○	
南史精語一○卷	洪邁撰					○		○	
新校前漢書一○○卷	趙抃撰				○		○		
(漢書)是正文字七卷	陳繹撰				○			○	
史記正誤不著卷數	劉鳳撰				○			○	
注漢書不著卷數	劉鳳撰				○			○	
漢書刊誤一卷	張佖撰				○		○		
漢書刊誤四卷	劉攽撰	○					○		
前漢書綱目一卷	富弼撰				○		○		

續表

書名	作者	存	殘	輯	佚	未見	《宋志》著録	《宋志》未收	備注
兩漢刊誤一卷	劉攽撰				○		○		
三劉漢書標注六卷	劉敞、劉攽、劉奉世等撰				○		○		
兩漢刊誤補遺一○卷	吳仁傑撰	○					○		
兩漢史贊評不著卷數	方汝一撰				○			○	
班馬異同三十五卷	倪思撰劉辰翁評	○						○	
漢書彙識不著卷數	林囧撰				○			○	
西漢發微不著卷數	林慮撰				○			○	
西漢比事録不著卷數	陳珙撰				○			○	
西漢決疑五卷	王述撰				○			○	
西漢發揮一○卷	劉涇撰				○			○	
吕氏前漢論三○卷	吕大忠撰				○			○	
兩漢博議不著卷數	王遇撰				○			○	
兩漢補注一○卷	吳莘撰				○			○	
兩漢筆記一二卷	錢時撰	○						○	
漢書雜論一卷	劉子翬撰	○						○	
漢書司馬相如傳注不著卷數	高似孫撰				○			○	
漢書辨正不著卷數	朱子文撰				○			○	
後漢書年表一○卷	熊方撰	○						○	
范史新評不著卷數	方汝一撰				○			○	
東漢通史五○卷	翟汝文撰				○			○	
後漢書精要不著卷數	劉攽撰				○			○	
季漢正義不著卷數	胡從聖撰				○			○	
晉書指掌不著卷數	劉夔撰				○			○	
六朝史通六○卷	陳嘉言撰				○			○	

續表

書名	作者	存	殘	輯	佚	未見	《宋志》著録	《宋志》未收	備注
重修南北史二〇卷	方岳撰				○			○	
新唐書二五五卷目録一卷	歐陽修、宋祁等撰	○					○		
唐書列傳辨證二〇卷	汪應辰撰				○		○		
補注唐書二二五卷	李燾撰				○		○		
唐書注不著卷數	劉朔撰				○			○	
唐書音訓四卷	竇莘撰				○		○		《宋志》入小學類。
唐書音義三〇卷	不著撰人				○			○	
唐史音義不著卷數	吕科撰				○			○	
唐書釋音二〇卷	董衝撰	○					○		《宋志》入小學類。
新唐史辨惑六〇卷	韓子中撰				○		○		
徐氏唐書二〇〇卷	徐次鐸撰				○			○	
唐書釋糾辨謬一〇卷	徐次鐸撰				○			○	
唐書修問不著卷數	王曙撰				○			○	
唐史評一卷	翁彦深撰				○			○	
唐史評三卷	適適先生撰				○			○	
唐史贅疣不著卷數	陳宓撰				○			○	
唐書直筆新例一卷	吕夏卿撰	○					○		
新唐書糾謬二〇卷	吴縝撰	○					○		
新唐書略三十五卷	吕祖謙撰	○						○	
注唐記一〇卷	樊氏撰				○			○	
五代史一五〇卷	薛居正撰			○			○		
新五代史七十四卷	歐陽修撰徐無黨注	○					○		
五代史纂誤三卷	吴縝撰			○			○		

續表

書名	作者	存	殘	輯	佚	未見	《宋志》著錄	《宋志》未收	備注
宋梁列傳一五卷	張昭遠撰				○		○		
後唐列傳三〇卷	張昭遠撰				○		○		
史論三卷	任諒撰				○		○		
國史一二〇卷	王旦等撰				○		○		
宋三朝國史一五五卷	呂夷簡等撰				○		○		
宋兩朝國史一二〇卷	王珪等撰				○		○		
哲宗正史二一〇卷	王孝廸等撰				○		○		
宋四朝國史三五〇卷	李燾、洪邁等撰				○		○		
宋名臣錄八卷	不著撰人				○		○		
宋勳德傳一卷	不著撰人				○		○		
宋兩朝名臣傳三〇卷	不著撰人				○		○		
咸平諸臣錄一卷	不著撰人				○		○		
熙寧諸臣傳四卷	不著撰人				○		○		
兩朝諸臣傳三〇卷	不著撰人				○		○		
宋名臣傳五卷	張唐英撰				○		○		
國朝名臣叙傳二〇卷	葛炳奎撰				○		○		
右正史類									
經世紀年二卷	張栻撰				○			○	
世運錄不著卷數	車若水撰					○		○	
漢春秋一〇〇卷問答一卷	胡旦撰				○		○		
西漢年紀三〇卷	王益之撰			○				○	
元和錄三卷	馬永易撰				○		○		
周鑑不著卷數	宋輝撰				○			○	
春秋紀年圖不著卷數	劉翔撰				○			○	
唐武宗實錄二〇卷	宋敏求撰				○		○		
唐宣宗實錄三〇卷	宋敏求撰				○		○		

續表

書名	作者	存	殘	輯	佚	未見	《宋志》著録	《宋志》未收	備注
唐懿宗實録二五卷	宋敏求撰				○		○		
唐僖宗實録三○卷	宋敏求撰				○		○		
唐昭宗實録三○卷	宋敏求撰				○		○		
唐哀宗實録八卷	宋敏求撰				○		○		
蜀鑑一○卷	郭允蹈撰	○						○	
蜀鑑不著卷數	吳昌裔撰				○			○	
五代晉高祖實録三○卷	竇貞固等撰				○		○		
五代晉少帝實録二○卷	竇貞固等撰				○		○		
五代春秋二卷	尹洙撰	○						○	
五代紀元不著卷數	楊傑撰				○			○	
五代漢隱帝實録一五卷	張昭遠、尹拙、劉溫叟等撰				○		○		
五代周太祖實録三○卷	張昭遠、尹拙、劉溫叟等撰				○		○		
易覽圖不著卷數	彭龜年撰				○			○	
五代周世宗實録四四卷	王溥等撰				○		○		
後蜀高祖實録三○卷	李昊撰				○		○		
後蜀主實録四○卷	李昊撰				○		○		
讀書譜一卷	陳傅良撰				○			○	
宋太祖實録五○卷	李沆、沈倫等撰				○		○		
太宗實録八○卷	錢若水撰		○				○		
真宗實録一五○卷	晏殊等撰				○		○		
仁宗實録二○○卷	韓琦等撰				○		○		
英宗實録三○卷	曾公亮等撰				○		○		

續表

書名	作者	存	殘	輯	佚	未見	《宋志》著錄	《宋志》未收	備注
神宗實錄朱墨本二〇〇卷	蔡卞、林希等撰				〇		〇		
哲宗前録一〇〇卷後録九四卷	蔡京等撰				〇			〇	
哲宗實錄一五〇卷	湯思退等撰				〇		〇		
神宗實錄考異五卷	范沖等撰				〇		〇		
哲宗實錄辨誣不著卷數	范沖撰				〇			〇	
神宗日録二〇〇卷	趙鼎、范沖等撰				〇		〇		
宋高宗日曆一〇〇〇卷	李燾撰				〇		〇		
孝宗日曆二〇〇〇卷	不著撰人				〇		〇		
光宗日曆三〇〇卷	王容等撰				〇		〇		
寧宗日曆五一〇卷重修五〇〇卷	王容等撰				〇		〇		
徽宗實錄二〇〇卷	李燾等撰				〇		〇		
欽宗實錄四〇卷	洪邁等撰				〇		〇		
高宗實錄五〇〇卷	傅伯壽等撰				〇		〇		
孝宗實錄五〇〇卷	傅伯壽、陸游等撰				〇		〇		
光宗實錄一〇〇卷	傅伯壽、陸游等撰				〇		〇		
寧宗實錄四九九册	李心傳等撰				〇		〇		
理宗實錄初稿一九〇册	黃震等撰				〇		〇		
理宗日曆二九二册又日曆一八〇册	黃震等撰				〇		〇		
理宗日曆會要不著卷數	謝方叔撰				〇			〇	
度宗時政記七八册	不著撰人				〇		〇		

續表

書名	作者	存	殘	輯	佚	未見	《宋志》著録	《宋志》未收	備注
德祐事迹日記四十五册	不著撰人				○		○		
續通曆一○卷	孫光憲撰		○				○		
五代通録六五卷	范質撰				○		○		
甲子編年二卷	劉蒙叟撰				○		○		
顯德日曆一卷	扈蒙、董淳、賈黃中等撰				○		○		
運曆圖三卷	龔穎撰				○		○		
唐紀四○卷	陳彭年撰				○		○		
漢唐通鑑史志解不著卷數	楊景隆撰				○			○	
紀年通譜一二卷	宋庠撰				○		○		
五代開皇記三○卷	鄭向撰				○		○		
兩朝實録大事二卷	鄭向撰				○		○		
文武賢臣治蜀編年志一卷	王玉撰				○		○		
帝王興衰年代録二卷	武密撰				○		○		
五代春秋一卷	不著撰人				○		○		
十代編年紀一卷	不著撰人				○		○		
歷代統紀一卷	章寔撰				○		○		
七朝經式要略不著卷數	謝方叔撰				○			○	
資治通鑑二九四卷	司馬光撰	○					○		
資治通鑑考異三○卷	司馬光撰	○					○		《宋志》未單行著録。
資治通鑑目録三○卷	司馬光撰	○					○		《宋志》未單行著録。
少微通鑑詳節五○卷	江贄撰	○						○	
集百家音注資治通鑑一二○卷	陸唐老撰	○						○	
通鑑前例一卷	司馬光撰	○					○		

續表

書名	作者	存	殘	輯	佚	未見	《宋志》著録	《宋志》未收	備注
列代年紀十二卷	王自中撰				○			○	
靖康要録五卷	不著撰人	○						○	
建炎時政記不著卷數	張守撰				○			○	
稽古録二○卷	司馬光撰	○					○		
資治通鑑外紀一○卷	劉恕撰	○							
增節備註資治通鑑一二○卷	呂大著撰					○		○	
續宋編年資治通鑑十八卷	舊題李燾撰	○						○	
編年通載一○卷	章衡撰			○			○		
通鑑譜不著卷數	陳間道撰				○		○		
通鑑論斷五卷	黃艾撰				○		○		
聖政史斷五卷	黃艾撰				○		○		
續資治通鑑長編一六八卷	李燾撰			○					
四朝史稿五卷	牟子才撰				○			○	
資治通鑑釋文三○卷	史炤撰	○					○		
綱目分注發微一○卷	劉國器撰					○		○	
通鑑表微不著卷數	方澄孫撰					○		○	
歷代紀年一○卷	晁公邁撰					○	○		
中興小曆四一卷	熊克撰			○			○		
九朝通略一六八卷	熊克撰				○		○		
中興小曆四一卷	熊克撰			○			○		
資治通鑑舉要曆八○卷	司馬光撰				○		○		
歷年圖六卷	司馬光撰				○		○		
帝統編年紀事珠璣十二卷	司馬光撰				○		○		
歷代累年二卷	司馬光撰				○		○		
通鑑節要六○卷	舊題司馬光撰				○		○		

續表

書名	作者	存	殘	輯	佚	未見	《宋志》著録	《宋志》未收	備注
疑年譜一卷	劉恕撰				○		○		
繫年録一卷	王巖叟撰				○		○		
元祐時政記一卷	王巖叟撰				○		○		
紹運圖一卷	諸葛深撰				○		○		
歷代紀元賦一卷	楊備撰				○		○		
歷代帝王年運詮要一○卷	朱繪撰				○		○		
通鑑釋文六卷	司馬康撰				○		○		
四朝史稿五○卷	李燾撰				○		○		
江左方鎮年表十六卷	李燾撰				○		○		
混天帝王五運圖古今須知一卷	李燾撰				○		○		
宋政録十二卷	李燾撰				○		○		
宋異録一卷	李燾撰				○		○		
宋年表一卷又年表一卷	李燾撰				○		○		
歷代紀年一○卷	晁公邁撰				○		○		
宋通鑑節五卷	呂祖謙撰				○		○		
呂氏家塾通鑑節要二四卷	呂祖謙撰				○		○		
(通鑑綱目)提要五九卷	朱熹撰				○		○		
宋聖政編年一二卷	不著撰人				○		○		
建炎中興日曆一卷	汪伯彦撰				○		○		
通鑑總考一一二卷	喻漢卿撰				○		○		
國紀六五卷	徐度撰				○		○		
丁未録二○○卷	李丙撰				○		○		
國史英華一卷	不著撰人				○		○		
甲子紀年圖一卷	何許撰				○		○		
通鑑補遺一○○篇	曾慥撰				○			○	
讀史一○卷	李孟傳撰				○		○		

續表

書名	作者	存	殘	輯	佚	未見	《宋志》著録	《宋志》未收	備注
通鑑要覽六〇卷	崔敦詩撰				○		○		
通鑑舉要補遺一二〇卷	胡安國撰				○		○		
歷代指掌編九〇卷	張根撰				○		○		
孝宗要略初草二三卷	李心傳撰				○		○		
大宋綱目一六七卷	張公明撰				○		○		
節資治通鑑一五〇卷	洪邁撰				○		○		
太祖太宗本紀三五卷	洪邁撰				○		○		
四朝史紀三〇卷	洪邁撰				○		○		
列傳一三五卷	洪邁撰				○		○		
太祖政要一〇卷	黃維之撰				○		○		
國朝治迹要略一四卷	呂中撰				○		○		
宋編年講要一〇卷	鄭性之撰				○			○	
丙丁龜鑑五卷	柴望撰	○						○	
皇朝編年備要三〇卷	陳均撰	○						○	
皇朝編年舉要三〇卷	陳均撰				○			○	
三朝北盟會編二五〇卷	徐夢莘撰	○						○	
大事記三七卷	呂祖謙撰	○					○		
續大事記不著卷數	孫德之撰				○			○	
通鑑綱目五九卷	朱熹撰	○					○		
通鑑綱目朱墨二〇卷	林文之撰				○			○	
通鑑前編二〇卷舉要三卷	金履祥撰	○						○	
通鑑紀要本末四二卷	袁樞撰	○					○		
皇朝通鑑紀事本末一五〇卷	楊仲良撰歐陽守道校正		○					○	
通鑑紀事本末撮要八卷	蔡文子撰					○		○	
皇王大紀八〇卷	胡宏撰	○					○		

續表

書名	作者	存	殘	輯	佚	未見	《宋志》著録	《宋志》未收	備注
建炎以來繫年要録二〇〇卷	李心傳撰			○			○		
通鑑答問五卷	王應麟撰	○					○		
通鑑總類二〇卷	沈樞撰	○					○		
通鑑地理通釋十四卷	王應麟撰	○						○	
三朝記一〇卷	吕夷簡撰				○			○	
編年紀事十一卷	劉攽撰				○			○	
編年圖不著卷數	任山撰				○			○	
補編年圖不著卷數	楊傑撰				○			○	
四朝國史志不著卷數	趙雄撰				○			○	
四朝國史實録不著卷數	李心傳撰				○			○	
思陵大事記三六卷	李燾撰				○			○	
阜陵大事記二卷	李燾撰				○			○	
東都紀年三〇卷	王炎撰				○			○	
十朝綱要二五卷	李埴撰	○						○	
通鑑前紀十卷	戴良齊撰				○			○	
續宋編年資治通鑑十五卷	劉時舉撰	○						○	
歷代帝王總要不著卷數	婁機撰				○			○	
太平寶訓政事編年五卷	不著撰人					○		○	
皇朝大事記不著卷數	陳傅良撰				○			○	
通鑑韻語六〇卷	黃日新撰				○			○	
兩朝綱目備要十六卷	不著撰人				○			○	
宋季三朝政要五卷附録一卷	不著撰人	○						○	
資治通鑑綱目發明五〇卷	尹起莘撰				○			○	
右編年類									
藩邸聖德事迹十卷	張闡撰				○			○	

續表

書名	作者	存	殘	輯	佚	未見	《宋志》著録	《宋志》未收	備注
四朝聞見録五卷	葉紹翁撰	○						○	
史記牴牾論五卷	趙瞻撰				○		○		
會昌日曆二〇卷	趙隣幾撰				○			○	
金陵六朝記一卷	不著撰人				○		○		
南史補紀贊一卷	謝翱撰				○			○	
唐書補傳一卷	謝翱撰				○			○	
路史四七卷	羅泌撰	○						○	
金陵樞要一卷	王豹撰				○		○		
唐録備闕十五卷	歐陽迥撰				○		○		
唐紀年記二卷	不著撰人				○		○		
西漢通志不著卷數	王奕撰				○			○	
唐年紀録一卷	郭修撰				○		○		
西漢編不著卷數	錢文子撰				○			○	
漢唐事要二〇卷	錢文子撰				○			○	
唐編記一〇卷	張傳靖撰				○		○		
唐乘七〇卷	胡旦撰				○		○		
唐志二十一卷	王沇撰				○		○		
德裕日記不著卷數	鄧光薦撰				○			○	
唐史記七五卷	孫甫撰				○		○		
唐餘録六〇卷	王皞撰				○		○		
五代史闕文二卷	王禹偁撰	○					○		
五代史補五卷	陶岳撰	○					○		
唐宋遺史四卷	詹玠撰		○				○		
大唐機要三〇卷	劉直方撰				○		○		
宋通志五〇〇卷	蔡範撰				○			○	
古史六〇卷	蘇轍撰	○					○		
五代紀七七卷	孫沖撰				○		○		

續表

書名	作者	存	殘	輯	佚	未見	《宋志》著録	《宋志》未收	備注
五代春秋二五卷	王軫撰				○		○		
五代春秋不著卷數	劉攽撰				○		○		
十國紀年四二卷	劉恕撰				○		○		
江南志二〇卷	不著撰人				○		○		
藝祖受禪録一卷	舊題趙普、曹彬撰			○				○	
景命萬年録一卷	不著撰人			○				○	
平南事覽二〇卷	李清臣撰				○		○		
吴書實録三卷	不著撰人				○		○		
補史一卷	舒岳祥撰				○			○	
使金録一卷	程卓撰	○						○	
使轄目録一卷	鄒伸之撰					○		○	
隆平集二〇卷	曾鞏撰	○						○	
真宗聖政紀一五〇卷政要一〇卷	不著撰人				○		○		
觀文覽古圖記一〇卷	宋仁宗撰				○				
大中祥符奉祀記五〇卷目二卷	丁謂撰				○		○		
大中祥符迎奉聖像二〇卷目二卷	丁謂撰				○		○		
大中祥符降聖記五〇卷目三卷	李維等撰				○		○		
天禧大禮記五〇卷目二卷	王欽若撰				○		○		
三朝寶訓三〇卷	吕夷簡等撰				○		○		
三朝訓覽圖一〇卷	李淑撰				○		○		
咸平聖政録三卷	錢惟演撰				○		○		

續表

書名	作者	存	殘	輯	佚	未見	《宋志》著録	《宋志》未收	備注
建炎時政記三卷	李綱撰	○						○	
紹興甲寅通和録一卷	王繪撰					○		○	
東都要略不著卷數	戴栩撰				○			○	
靖炎兩朝見聞録二卷	陳東撰	○						○	
永熙政範二卷	李昭遘撰				○		○		
神宗政典六卷	張商英撰				○		○		
兩朝寶訓二十一卷	林希撰				○		○		
元豐聖訓三卷	舒亶撰				○		○		
六朝寶訓不著卷數	不著撰人				○		○		
宋史擬管不著卷數	尹謙孫撰				○			○	
野史三〇卷	孟瑜撰				○			○	
崇寧聖政二五五册聖政録三二三册	鄭居中撰				○		○		
宣和禦寇紀事不著卷數	曹叔遠撰				○			○	
帝照一卷	薛韜玉撰				○		○		
帝王受命編年録三〇卷	翟驤撰				○		○		
續宋書不著卷數	鄧光薦撰				○			○	
靖康蒙塵録一卷	不著撰人					○		○	
皇猷録一卷	錢信撰				○		○		
開禧德安寺守城録一卷	王致遠撰	○						○	
帝王授受圖一卷	崔倜撰				○		○		
帝王事迹相承圖三卷	牛檢撰				○		○		
歷代君臣圖二卷	不著撰人				○		○		
丁卯實編一卷	毛方平撰			○				○	
五運元紀一卷	張洽撰				○		○		
帝王真僞記七卷	衛牧撰				○		○		
紀年志一卷	不著撰人				○		○		

續表

書名	作者	存	殘	輯	佚	未見	《宋志》著録	《宋志》未收	備注
三朝野史一卷	不著撰人	○						○	
帝王年代録三○卷	武密撰				○		○		
古今帝王年號録一卷	汪奇撰				○		○		
歷代年號一卷	李昉撰				○		○		
歷朝史稗四○卷	裘萬頃撰				○			○	
重編史雋三○卷	蓋君平撰				○		○		
十二國史十二卷	孫昱撰				○		○		
西京史略二卷	不著撰人				○		○		
史記摭英五卷	不著撰人				○		○		
通志二○○卷	鄭樵撰	○					○		
宋編年政要四○卷	蔡幼學撰				○		○		
宋實録列傳舉要十二卷	蔡幼學撰				○		○		
改修三國志六七卷	李杞撰				○		○		
五朝史述論八卷	洪偃撰				○		○		
中興遺史二○卷	趙甡之撰				○		○		
建隆編一卷	陳傅良撰				○		○		
中興小傳一○○篇	樓昉撰				○		○		
續後漢書四○卷	蕭常撰	○					○		
續後漢書不著卷數	鄭雄飛撰				○			○	
契丹國志二七卷	舊題葉隆禮撰	○						○	
大金國志四○卷	舊題宇文懋昭撰	○						○	
北狩見聞録一卷	曹勛撰	○						○	
東都事略一三○卷	王稱撰	○						○	
歷代帝王纂要譜括二卷	孫應符撰			○				○	
右別史類									

續表

書名	作者	存	殘	輯	佚	未見	《宋志》著録	《宋志》未收	備注
諸史精義一〇〇卷	唐仲友撰				○			○	
舊聞證誤十五卷	李心傳撰			○			○		
小學史斷二卷	南宮靖一撰	○						○	
遷史刪改古書異辭十二卷	倪思撰				○			○	
馬史精略五六卷	不著撰人				○		○		
史記考一〇卷	徐邦憲撰					○			
附索隱史記一三〇卷	張林撰				○			○	
西漢精華一四卷	呂祖謙撰	○						○	
東漢精華一四卷	呂祖謙撰	○						○	
西漢鑑論不著卷數	王益之撰				○			○	
西漢類要二〇卷	趙世逢撰				○		○		
漢評不著卷數	徐雄撰				○			○	
兩漢筆記十二卷	錢時撰	○							
三國雜事二卷	唐庚撰	○							
三史菁英三〇卷	周護撰				○		○		
三國紀年一卷	陳亮撰	○						○	
三國人物論三卷	楊天惠撰				○		○		
晉評不著卷數	周敬甫撰				○			○	
十七史贊三〇卷	不著撰人				○		○		
三代説辭一〇卷	不著撰人				○		○		
讀史備忘捷覽六卷	岳珂撰				○			○	
史略三卷	不著撰人				○		○		
兩漢博聞十二卷	楊侃撰	○					○		
經史指要不著卷數	葉夢鱻撰				○			○	
漢雋一〇卷	林鉞撰	○					○		
晉書金空鈔一〇卷	薛徽撰				○		○		
晉書指掌十二卷	劉夔撰				○			○	

續表

書名	作者	存	殘	輯	佚	未見	《宋志》著録	《宋志》未收	備注
晋略二〇卷	張陟撰				○		○		
晋史獵精一三〇卷	不著撰人				○		○		
讀史管見三〇卷	胡寅撰	○					○		
習史管見不著卷數	胡子實撰				○			○	
三國六朝攻守要論一〇卷	胡寅撰				○		○		
六朝通鑑博議一〇卷	李燾撰	○						○	
六朝採要一〇卷	趙□撰				○		○		
金陵六朝帝王統紀一卷	杭㻶撰				○		○		
讀晋史鈔評不著卷數	吕殊撰				○			○	
唐要録二卷	薛韜玉撰				○			○	
通鑑問疑一卷	劉義仲撰	○						○	
通鑑論篤四卷	張栻撰				○		○		
通鑑筆議不著卷數	戴溪撰				○			○	
續通鑑節不著卷數	吕殊撰				○			○	
續通鑑論不著卷數	薛仲庚撰				○			○	
通鑑手鈔不著卷數	何淡撰				○			○	
通鑑集議不著卷數	林之奇撰				○			○	
資治通鑑納説不著卷數	薛季宣撰				○			○	
資治通鑑集義八〇卷	王師古撰				○			○	
通鑑新議不著卷數	梅時舉撰				○			○	
節通鑑不著卷數	陳長方撰				○			○	
唐事類編二卷	李大同撰				○			○	
通鑑隨録六卷	李大同撰				○			○	
唐史論斷二卷	孫甫撰	○					○		
唐鑑五卷	石介撰				○		○		
唐鑑十二卷	范祖禹撰	○					○		
唐書純粹一〇〇卷	林瑀撰				○			○	

續表

書名	作者	存	殘	輯	佚	未見	《宋志》著錄	《宋志》未收	備注
唐論四卷	喻良倚撰				○			○	
帝學八卷	范祖禹撰	○					○		
兩漢博議十四卷	陳季雅撰	○					○		
兩漢史鈔十七卷	陳傅良撰				○		○		
東萊先生兩漢財論一○卷	呂祖謙論門人編				○		○		
漢唐論斷不著卷數	陳季雅撰				○			○	
歷代紀要五○卷	劉希古撰				○		○		
通紀八○卷	賈昌朝撰				○		○		
涉史隨筆一卷	葛洪撰	○						○	
讀史輿地考六三卷	趙善譽撰				○		○		
紀年備遺一○○卷	朱黼撰				○		○		
紀年備遺正統論一卷	朱黼撰				○		○		
三國六朝五代紀年總辨二八卷	題朱黼撰	○						○	
唯室先生兩漢論一卷	陳長方撰				○		○		
歷代史贊論五四卷	不著撰人				○		○		
唐史發潛六卷	張唐英撰				○		○		
新唐書略三五卷	呂祖謙撰	○						○	
漢論十三卷	倪遇撰				○		○		
唐史斷二○卷	陳惇修撰				○		○		
唐史名賢論斷二○卷	王諫撰				○		○		
唐史屬辭四卷	程鵬撰				○		○		
唐帝王號宰臣錄一○卷	不著撰人				○		○		
十七史詳節二七三卷	呂祖謙撰	○						○	
名賢十七史確論一○四卷	不著撰人				○		○		
五代史略四二卷	胡旦撰				○		○		

續表

書名	作者	存	殘	輯	佚	未見	《宋志》著錄	《宋志》未收	備注
續帝學一卷	李塾撰				○		○		
歷代史辯志五卷	不著撰人				○			○	
諸史臣謨八卷	姚虞賓撰				○		○		
諸史發揮十二卷	鄭少微撰				○		○		
諸史偶論一○卷	不著撰人				○			○	
前漢六帖十二卷	陳天麟撰				○		○		
兩漢提要一○卷	蘇欽撰				○		○		
讀史明辨二四卷續集五卷	陳應行撰				○		○		
史說一○卷	呂祖謙撰				○		○		
史學提要一卷	黃繼善撰	○						○	
通鑑綱目二三卷	陳亮撰				○		○		
葉學士唐史鈔一○卷	葉適撰				○		○		
世系手記一卷	李石撰				○		○		
兩漢著明論二○卷	不著撰人				○		○		
議史摘要四卷	題呂祖謙撰					○	○		
十二國史略三卷	不著撰人				○		○		
章萃集三卷	不著撰人				○		○		
南北籌邊十八卷	曾三英撰				○			○	
縱橫集二○卷	李緯撰				○		○		
十三代史選五○卷	不著撰人				○		○		
古今紀要十九卷	黃震撰	○						○	
南史摭實韻句三卷	不著撰人				○		○		
議古八卷	不著撰人				○		○		
史譜七卷	不著撰人				○		○		
國朝撮要一卷	不著撰人				○		○		
史評不著卷數	林之奇撰				○			○	
五代纂要賦一卷	不著撰人				○		○		

續表

書名	作者	存	殘	輯	佚	未見	《宋志》著錄	《宋志》未收	備注
歷代史議十五卷	黃祖舜撰				○			○	
約論一○卷	不著撰人				○		○		
記紹興以來所見二卷	洪邁撰				○		○		
符祐本末一○卷	龔敦頤撰				○		○		
歷代宰相年表三三卷	李燾撰				○		○		
唐宰相譜一卷	李燾撰				○		○		
王謝世表一卷	李燾撰				○		○		
五代三衙將帥年表一卷	李燾撰				○		○		
皇朝名臣言行事對十二卷	竇濟撰				○		○		
江東十鑑一卷	李舜臣撰	○					○		
歷代名賢確論一○○卷	不著撰人	○						○	
何博士備論四卷	何去非撰		○				○		又見兵書類。
右史鈔類					○		○		
邇英要覽二○卷	蘇頌等撰	○					○		
續翰林志二卷	蘇易簡撰	○					○		
次續翰林志一卷	蘇耆撰				○			○	
嘉祐時政記一卷	吳奎撰				○		○		
御史臺三院因話錄一卷	盧駢撰				○		○		
起居注故事三卷	鄭向撰				○		○		
貢舉故事二○卷目一卷	樂史撰				○		○		
汾陰后土故事三卷	不著撰人				○		○		
紹興中興備覽三卷	張浚撰	○						○	
中興要覽不著卷數	李昌言撰				○			○	
武成王配饗事迹二○卷	不著撰人				○		○		
國朝典要雜編一卷	林勤撰				○		○		
典故辨疑二○卷	李大性撰				○		○		

續表

書名	作者	存	殘	輯	佚	未見	《宋志》著錄	《宋志》未收	備注
五朝寶訓六〇卷	呂夷簡、林希等撰				○		○		
三朝太平寶訓二〇卷	王洙等撰				○		○		
三朝訓鑑圖一〇卷	李淑、楊億等撰				○		○		又見別史類。
神宗寶訓一〇〇卷	沈該撰				○		○		
神宗寶訓五〇卷	不著撰人				○		○		
哲宗寶訓六〇卷	洪邁等撰				○		○		
欽宗寶訓四〇卷	國史實錄院撰				○		○		
高宗聖政六〇卷	國史實錄院撰				○		○		
高宗寶訓七〇卷	國史實錄院撰				○		○		
孝宗寶訓六〇卷	國史實錄院撰				○		○		
孝宗寶訓六〇卷	史彌遠撰				○		○		
紹興中興統論不著卷數	陳靖撰				○			○	
紹興求賢手詔一卷	不著撰人				○		○		
孝和中興故事三卷	張齊賢撰				○			○	
高宗聖政編要二〇卷	不著撰人				○		○		
高宗聖政典章一〇卷	不著撰人				○		○		
國史大事記一〇卷	莊夏撰				○			○	
典故備志五卷	莊夏撰				○			○	
宋朝大詔令二四〇卷	題宋綬編		○				○		
唐大詔令集一三〇卷	宋敏求編		○				○		
永熙寶訓二卷	李宗諤撰				○		○		

書名	作者	存	殘	輯	佚	未見	《宋志》著録	《宋志》未收	備注
觀文鑑古圖一〇卷	宋仁宗撰				○		○		又見別史類。
耕籍類事五卷	李淑撰				○		○		
東封西祀朝謁太清宮慶賜總例二六卷	林特撰				○		○		
治平會計録六卷	韓絳等撰				○		○		
元祐會計録三〇卷	李常撰				○		○		
須知三卷	彭中剛撰				○			○	
故事稽疑一〇卷	崔立撰				○		○		
孝宗聖政五〇卷	陳傅良等撰				○		○		
内治聖鑑二〇卷	彭龜年撰				○		○		
光宗聖政三〇卷	不著撰人				○		○		
契丹議盟別録五卷	富弼撰				○		○		
紫微雜記不著卷數	吕本中撰	○					○		
太后回鑾事實一〇卷	万俟卨撰					○	○		
塞北紀實三卷	大惟簡撰				○		○		
朝貢録二〇卷	宋敏求撰				○		○		
永祐陵迎奉録一〇卷	湯思退等撰				○		○		
六朝事迹十四卷	張敦頤撰	○					○		《宋志》題張養正。
六朝事迹別集十四卷	吴彦夔撰				○		○		
全國生辰語録一卷	韓元吉撰				○		○		
江東救荒録五卷	題劉珙撰				○		○		
執禮集二卷	宋介撰				○		○		
通州鬻海録一卷	陳曄撰				○		○		
續稽古録一卷	龔頤正撰				○		○		
翰苑群書三卷	洪遵撰	○					○		

續表

書名	作者	存	殘	輯	佚	未見	《宋志》著録	《宋志》未收	備注
翰林學士年表一卷	沈該撰	○					○		
會稽和買事宜録七卷	洪邁撰				○		○		
北邊備對六卷	程大昌撰		○				○		
慶曆邊議三卷	不著撰人				○		○		
開禧通和録一卷	不著撰人				○		○		
開禧特書録二卷	不著撰人				○		○		
開禧通問本末一卷	不著撰人				○		○		
金陵叛盟記一○卷	不著撰人				○		○		
尊號録一卷	宋庠撰				○		○		
掖垣叢志二卷	宋庠撰				○		○		
掖垣續志一卷	不著撰人				○			○	
翰林雜記一卷	李宗諤撰				○		○		
活民書三卷拾遺一卷	董煟撰	○					○		
五國故事二卷	不著撰人	○					○		
金華講義十三卷	孔武仲撰				○		○		
建隆遺事一卷	題王禹偁撰				○		○		
三朝奏議五卷	田錫撰			○			○		
清邊前要五○卷	曾致堯撰				○		○		
皇親故事一卷	李至撰				○		○		
鑄錢故事一卷	杜鎬撰				○		○		
景德會計録六卷	丁謂撰				○		○		
群牧故事三卷	王曙撰				○		○		
兩朝誓書一卷	不著撰人				○		○		
雲南録三卷	辛怡顯撰				○		○		
言行録一卷	王翼撰				○		○		
別書金坡遺事一卷	晁迥撰				○		○		
名賢遺範録十四卷	王旦撰				○		○		

續表

書名	作者	存	殘	輯	佚	未見	《宋志》著録	《宋志》未收	備注
近事會元五卷	李上交撰	○						○	
國信語録一卷	余靖撰				○			○	
三朝逸史一卷	陳湜撰				○			○	
河防通議一卷	沈立撰				○			○	
救濟流民經畫事件一卷	富弼撰				○			○	
皇祐會計録六卷	田況撰				○			○	
安南議不著卷數	陳次公撰				○			○	
宋遵堯録八卷	羅從彦撰	○						○	
朝制要覽十五卷	宋咸撰				○			○	
國朝事始一卷	范鎮撰				○			○	
東齋記事十二卷	范鎮撰			○				○	
太平盛典三六卷	不著撰人				○			○	
國朝寶訓二〇卷	不著撰人				○			○	
慶曆會計録二卷	不著撰人				○			○	
經費節要八卷	不著撰人				○			○	
君臣政要四〇卷	張唐英編				○			○	
日記一卷	趙槩撰				○			○	
日録三卷	司馬光撰				○			○	
吳門水利四卷	郟亶撰				○			○	
熙寧奏對七八卷	王安石撰				○			○	
奏録一卷	程師孟撰				○			○	
歷代備覽二卷	何澹撰				○			○	
王家三世書誥一卷	王禹撰				○			○	
涑水記聞三二卷	題司馬光撰	○						○	
鑾坡録一卷	周必大撰				○			○	
三朝政録十二卷	不著撰人				○			○	
廣東西城録一卷	不著撰人				○		○		

續表

書名	作者	存	殘	輯	佚	未見	《宋志》著錄	《宋志》未收	備注
交廣圖一卷	不著撰人				○		○		
宋朝政要策一卷	曾肇撰				○		○		
中書備對一〇卷	畢仲衍撰				○		○		
淳熙玉堂雜記一卷	周必大撰	○					○		
元豐土貢錄二卷	李清臣、張誠一等撰				○		○		
樞密院時政記十五卷	韓絳、吳充等撰				○		○		
邊説一卷	蘇安靜撰				○		○		
德安守禦錄三卷	劉旬子撰				○			○	
邊陲利害三卷	薛向撰				○		○		
安邊三策并説史不著卷數	王樵撰				○			○	
仁宗君臣政要二〇卷	不著撰人				○		○		
仁皇訓典六卷	范祖禹撰				○		○		
德音寶訓三卷	曾肇撰				○		○		
榮觀集五卷	汪浹撰				○		○		
使邊錄一卷	張舜民撰				○		○		
館閣錄十一卷	宋匪躬撰				○		○		
章獻事迹一卷	劉永壽撰				○		○		
東宮備覽一卷	陳模撰	○					○		
三朝正論二卷	曾布撰				○		○		
元豐聖訓二〇卷	林慮撰				○		○		
平蠻錄三卷	家安國撰				○		○		
蓬山記五卷	羅畸撰				○		○		
明堂詔書一卷	不著撰人				○		○		
鹽池錄一卷	高聿撰				○		○		
崇聖恢儒集三卷	莫若撰				○		○		

續表

書名	作者	存	殘	輯	佚	未見	《宋志》著録	《宋志》未收	備注
創業故事十二卷	洪槢撰				○		○		
建炎中興記一卷	耿延禧撰				○		○		
麟臺故事五卷	程俱撰		○				○		
續史館故事録一卷	洪興祖撰				○		○		
政要一卷	張戒撰				○		○		
三朝政要增釋二○卷	吕源撰				○		○		
祖宗英睿龜鑑一○卷	歐陽安永撰				○		○		
廣南市舶録三卷	趙緫撰				○		○		
通商集三卷	嚴守則撰				○		○		
契丹禮物録一卷	不著撰人				○		○		
金華故事一卷	不著撰人				○		○		
文昌雜録七卷	龐元英撰	○					○		
兩朝交聘往來國書一卷	不著撰人				○		○		
吕丞相勤王記一卷	臧梓撰				○		○		
通今集二○卷	李攸撰				○		○		
漢制叢録二○卷	袁夢麟撰				○		○		
漢兵志不著卷數	薛季宣撰				○			○	
合宮嚴父書一卷	倪思撰				○		○		
淳熙經筵日進故事一卷	詹儀之撰				○		○		
淳熙東宮日納故事一卷	詹儀之撰				○		○		
經筵故事一○卷	任希夷撰				○			○	
建炎以來朝野雜記十一卷	李心傳撰	○					○		
聖政艸一卷	陸游撰				○		○		
中興治迹統類三○卷	彭百川撰				○		○		
列聖孝治類編一○○卷	張綱撰				○		○		
藝祖憲監三卷	黄度撰				○		○		
仁皇從諫録三卷	黄度撰				○		○		

續表

書名	作者	存	殘	輯	佚	未見	《宋志》著錄	《宋志》未收	備注
宋朝開基要覽十四卷	趙善譽撰				○		○		
宋朝事實三五卷	李攸撰				○		○		
翰林雜記一卷	李宗諤撰				○		○		
國信語錄一卷	余靖撰				○		○		
北狩行錄一卷	蔡絛撰	○						○	
北征紀實二卷	蔡絛撰				○		○		
金坡遺事三卷	錢惟演撰		○				○		
皇朝事實類苑二六卷	江少虞撰	○					○		
中興館閣錄十卷	陳騤撰		○				○		
秀水閑居錄二卷	朱勝非撰	○					○		
右故事類									
東漢百官表一卷	不著撰人				○		○		
詞科雜錄四卷	唐仲友撰				○			○	
中興百官題名五〇卷	何異撰			○					
宰輔年表一卷	不著撰人				○		○		
唐宰輔編年錄不著卷數	季光弼撰				○			○	
宰輔編年錄二〇卷	徐自明撰	○					○		
官品式律一卷	不著撰人				○		○		
歷代官號一〇卷	不著撰人				○		○		
職林三〇卷	楊侃撰				○		○		
唐職林三〇卷	馬永易撰				○			○	
百官要望一卷	孔至道撰				○		○		
百官箴六卷	許月卿撰	○						○	
君臣政要三〇卷	閭承琬撰				○		○		
輔弼名對四〇卷目錄一卷	劉顏撰				○		○		《宋志》見類書類。
省曹寺監事目格子四七卷	蒲宗孟撰				○		○		

續表

書名	作者	存	殘	輯	佚	未見	《宋志》著録	《宋志》未收	備注
天官考一〇卷	王柏撰				○			○	
本朝宰執表八卷	譚世勣撰				○		○		
皇朝百官公卿拜罷譜不著卷數	陳傅良撰				○			○	
文武百官圖二卷	萬當世撰				○		○		
宰相拜罷圖一卷	陳繹撰				○		○		
樞府拜罷録一卷	陳繹撰				○		○		
三省樞密院除目四卷	陳繹撰				○		○		
百官公卿表十五卷	司馬光等撰				○		○		
續百官公卿表一三二卷	李燾撰				○			○	
職官分紀五〇卷	孫逢吉撰	○					○		
職官品服三三卷	梁勵撰				○		○		
唐典備對六卷	趙□撰				○		○		
三省儀式一卷	不著撰人				○		○		
朝集院須知一卷	不著撰人				○			○	
職事官遷除體格一卷	不著撰人				○		○		
循資格一卷	不著撰人				○		○		
循資曆一卷	不著撰人				○		○		
唐宰相後記一卷	不著撰人				○		○		
國朝撮要一卷	不著撰人				○		○		
歷代詮政要略一卷	題楊億撰	○						○	
宋朝宰輔拜罷圖一卷	蔡幼學撰				○			○	
宋朝宰輔拜罷圖四卷	不著撰人				○		○		
漢官考四卷	徐筠撰				○		○		
漢官總録一〇卷	王益之撰				○		○		
宋朝官制十一卷	不著撰人				○		○		
三省總括五卷	不著撰人				○		○		

續表

書名	作者	存	殘	輯	佚	未見	《宋志》著錄	《宋志》未收	備注
天禧以來諫官年表不著卷數	李燾撰				○			○	
天禧以來御史年表不著卷數	李燾撰				○			○	
職源五〇卷	王益之撰	○					○		
宋朝相輔年表一卷	陳繹撰				○		○		
元豐官志四卷	宋元豐四年敕編	○						○	
祖宗官制舊典三卷	蔡惇撰				○		○		
官制舊典正誤一卷	不著撰人				○			○	
宋官制正誤沿革職官紀三卷	趙燁撰				○		○		
史氏懋官志五卷	趙隣幾撰				○		○		
宋特命錄一卷	龔頤正撰				○		○		
官制遺稿一卷	司馬光撰				○		○		
續百官公卿表二〇卷	蔡幼學撰				○		○		
續百官表質疑一〇卷	蔡幼學撰				○		○		
聖朝職略二〇卷	熊克撰				○			○	
宋新舊官制通考一〇卷	曾三異撰				○		○		
宋新舊官制通釋二卷	曾三異撰				○		○		
宰輔拜罷錄二四卷	范沖撰				○		○		
官制新典一〇卷	熊克撰				○			○	
職官源流五卷	董正工撰				○		○		
金國官制一卷	不著撰人				○		○		
金國明昌官制新格一卷	不著撰人				○		○		
嘉祐御史臺記五〇卷	馮潔己撰				○			○	

續表

書名	作者	存	殘	輯	佚	未見	《宋志》著録	《宋志》未收	備注
中興館閣録一〇卷續録一〇卷	陳騤撰續録不著撰人	○					○		續録《宋志》不著録。
新御史臺記不著卷數	宋聖寵編				○			○	
御史臺彈奏格一卷	蔣猷撰				○			○	
御史臺記五卷	不著撰人				○			○	
元輔表一卷	龔頤正撰				○			○	
漢官不著卷數	徐次鐸撰				○			○	
國朝官制沿革一卷	黃琮撰				○			○	
職官記一卷	張繽撰				○			○	
齊齋臺諫論二卷	倪思撰				○			○	
循吏龜鑑六卷	謝英撰				○			○	
州縣提綱四卷	不著撰人			○				○	
縣務綱目二〇卷	劉鵬撰				○			○	
畫簾緒論一卷	胡太初撰	○						○	
縣法一卷	呂惠卿撰				○			○	
官箴一卷	呂本中撰	○					○		見雜家類。
右職官類									
孔子編年五卷	胡仔撰	○						○	
東家雜記二卷	孔傳撰	○					○		
聖傳論一卷	劉子翬撰	○					○		見儒家類。
孔子弟子贊傳六〇卷	李畋撰				○		○		
孔子世譜一卷年譜一卷	戴良齋撰				○			○	
孔子世家補十二卷	歐陽士秀撰		○					○	
孔子年譜不著卷數	鄭鍼撰				○			○	
臨川名士賢迹傳三卷	不著撰人				○		○		
莆陽人物志三卷	何紘撰				○			○	
唐三宗傳三〇〇卷	胡旦撰				○			○	

續表

書名	作者	存	殘	輯	佚	未見	《宋志》著録	《宋志》未收	備注
遺士傳一卷	孫仲撰				○		○		
賢牧傳十五卷	不著撰人				○		○		
隆平集二〇卷	舊題曾鞏撰	○						○	
國朝傳記三卷	劉諫撰				○		○		
賓朋宴語一卷	丘旭撰		○				○		
東西府志一卷	陳繹撰				○		○		
三楚新録一卷	周羽翀撰	○					○		
孝感義聞録三卷	曹希逹撰				○		○		
孝悌録二〇卷讚五卷	樂史撰				○		○		
孝行録二卷	胡訥撰				○		○		
古今孝悌録二四卷	王紹圭撰				○		○		《宋志》載儒家類。
孝史五〇卷	謝諤撰					○	○		《宋志》見類事類。
孝行録不著卷數	項采撰				○			○	
賢惠録二卷	胡訥撰				○		○		
民表録三卷	胡訥撰				○		○		
廣孝新書五〇卷	樂史撰				○		○		
孝子拾遺一〇卷	危高撰				○		○		
會稽先賢祠傳贊二卷	史浩撰	○					○		
槐庭濟美録一〇卷	王淹撰				○		○		
浦城耆舊録不著卷數	詹□撰				○			○	
廣州十賢贊一卷	蔣之奇撰				○		○		
睦州山水人物記一卷	謝翱撰				○			○	
成都理亂記八卷	句延慶撰		○				○		
續錦里耆舊傳一〇卷	張緒撰				○		○		
洛陽搢紳舊聞記五卷	張齊賢撰	○					○		

續表

書名	作者	存	殘	輯	佚	未見	《宋志》著錄	《宋志》未收	備注
鄱陽遺事録一卷	陳貽範撰					○		○	
廣中臺記八○卷	曾致堯撰				○		○		
廉吏傳二卷	費樞撰	○					○		
綠珠傳一卷	曾致堯撰				○		○		
五朝名臣言行録一○卷	朱熹撰	○					○		
三朝名臣言行録十四卷	朱熹撰	○					○		
四朝名臣言行録十六卷	李幼武撰	○					○		
四朝名臣言行續録一○卷	李幼武撰	○					○		
中興名臣言行録不著卷數	趙順孫撰				○			○	
中興將相論不著卷數	方汝一撰				○			○	
中興志議忠録三卷	龔頤正撰				○			○	
靖康小雅一卷	不著撰人					○		○	
南渡十將傳一○卷	章穎撰	○						○	
紹興名臣正論一卷	湘山樵夫撰					○		○	
孤臣泣血録三卷拾遺一卷	丁特起撰	○						○	
名臣事纂九卷	葉適撰				○		○		《宋志》見類事類。
宋名臣言行類編舉要十六卷	鍾堯俞撰				○			○	
漢史二○卷	蔣芾撰				○			○	
十七史百將傳一○卷	張預撰				○			○	《宋志》載兵書類。
唐拾遺録一○卷	許載吳撰				○		○		
忠義傳二○卷	喻良能撰				○			○	
洞僊集一卷	不著撰人				○		○		
國朝名將行狀四卷	不著撰人				○		○		
唐制舉科目圖一卷	蔡元翰撰				○		○		

續表

書名	作者	存	殘	輯	佚	未見	《宋志》著録	《宋志》未收	備注
學士年表一卷	不著撰人	○					○		
皇朝宰輔拜罷録一卷	蔡幼學撰				○			○	
廣州牧守記一〇卷	趙鼌撰				○		○		
交阯事迹八卷	趙鼌撰				○		○		
三川官下記三卷	宋敏求撰				○		○		
諱行後録五卷	宋敏求撰				○		○		
章氏家傳德慶編一卷	章邦傑撰				○		○		
黨人記一卷	蔡京撰				○		○		
侯鯖録一卷	趙令畤撰	○					○		
南陽先民傳二〇卷	王襄撰				○		○		
孝行録二卷	劉栗撰				○		○		
三蘇言行五卷	不著撰人				○		○		
孝悌類鑑七卷	俞觀能撰				○		○		
閨範三卷	吕祖謙撰				○		○		
卻掃編三卷	徐度撰	○					○		
古今家誡二卷	孫景修撰				○		○		
三國史記五〇卷	高麗 金富軾撰				○		○		
海東三國通曆十二卷	高麗 高得相撰				○		○		
誕聖録三卷	董棻撰				○		○		
近世厚德録一卷	李元綱撰				○		○		
讀書日録五卷	黎良能撰				○		○		
濂湘師友録三三卷	賀成大撰				○		○		
東萊吕紫微師友雜志一卷	吕本中撰	○						○	
蒙齋門人録不著卷數	張鶚撰				○			○	
伊洛淵源録十四卷	朱熹撰	○						○	

續表

書名	作者	存	殘	輯	佚	未見	《宋志》著録	《宋志》未收	備注
伊洛源流譜不著卷數	薛凝之撰				○			○	
道命録一○卷	李心傳撰	○						○	
廣卓異記二○卷	樂史撰	○					○		《宋志》載小説家類。
紹陶録二卷	王質撰	○						○	
戊辰修史稿一卷	黃震撰	○						○	
稽古後録三五卷	晁公武撰				○		○		
湖仙遺老傳一卷	吳芾撰				○			○	
先賢施仁濟世録一卷	諸葛興撰				○			○	
文丞相督府忠義傳一卷	鄧光薦撰	○						○	
名臣碑傳琬琰集一○七卷	杜大珪撰	○						○	
桐陰舊話一卷	韓元吉撰		○					○	
錢塘先賢傳贊一卷	袁韶撰	○						○	
京口耆舊傳九卷	不著撰人			○				○	
昭忠録一卷	不著撰人	○						○	
春秋列國諸臣傳三○卷	王當撰	○					○		《宋志》見春秋類。
慶元黨禁一卷	滄州樵叟撰			○				○	
東陽人物表不著卷數	胡濙撰				○			○	
登庸記一卷	牛朴撰				○		○		
登科記三○卷	樂史撰				○		○		
登科記一卷	不著撰人				○			○	
登科記二卷	不著撰人				○			○	
登科記解題二○卷	不著撰人				○			○	
唐登科記十五卷	洪适撰				○			○	
唐科名記一卷	高似孫撰	○						○	
五代登科記一卷	韓思撰	○						○	

續表

書名	作者	存	殘	輯	佚	未見	《宋志》著録	《宋志》未收	備注
唐宋科名分定録三卷	不著撰人				○			○	
宋登科記二一卷	洪适撰				○		○		
宋登科記三卷	不著撰人				○			○	
詞科進卷六卷	洪邁撰				○		○		
皇族登科題名一卷	洪邁撰				○		○		
紹興十八年同年小録一卷	不著撰人	○						○	
中興登科小録三卷姓類一卷	李椿撰							○	
淳熙薦士録一卷	楊萬里撰	○						○	
寶祐四年登科録一卷	不著撰人	○						○	
遼登科記一卷	不著撰人				○		○		
右傳記類（聖賢、總録、題名之屬）									
揚雄別傳一卷	晁説之撰				○			○	
蔣子文傳一卷	吳操撰				○		○		
武侯遺事不著卷數	王弈撰				○			○	
諸葛武侯傳一卷	張栻撰	○					○		
陶潛新傳三卷	李燾撰				○		○		
許邁傳一卷	不著撰人				○		○		
昭明事實二卷	趙彦博撰				○		○		
滕王廣傳一卷	安德裕撰				○		○		
唐滕王外傳一卷	樂史撰				○		○		
郭元振傳一卷	不著撰人				○		○		
李白外傳一卷	樂史撰				○		○		
楊妃外傳一卷	樂史撰	○					○		
楊貴妃遺事一卷	岷山叟撰				○		○		
桑維翰傳三卷	范質撰				○		○		

續表

書名	作者	存	殘	輯	佚	未見	《宋志》著録	《宋志》未收	備注
河南劉氏家傳二卷	劉唐老撰				○		○		
潘氏家録一卷	不著撰人				○		○		
潘美事迹一卷	不著撰人				○		○		
趙普别傳一卷	李燾撰				○		○		
李昉談録一卷	李宗諤撰		○				○		
曹彬别傳一卷	曹偓撰				○		○		
郭贊傳略一卷	不著撰人				○		○		
乖崖語録一卷	李畋撰		○				○		
王且遺事一卷	王素撰		○				○		
寇準遺事一卷	不著撰人	○					○		
萊公勳烈一卷	寇宗奭撰				○			○	
丁謂談録一卷	不著撰人	○					○		
筆録一卷	王曾撰	○					○		
穆參軍(修)遺事一卷	不著撰人	○						○	
吕文靖公事狀一卷	吕本中撰				○		○		
范文正遺蹟一卷	不著撰人					○		○	
胡瑗言行録一卷	關注撰				○		○		
孫沔遺事一卷	不著撰人				○		○		
歸田録八卷	歐陽修撰	○					○		
韓忠獻公别録一卷	王巖叟撰	○					○		
韓琦遺事一卷	張至撰	○					○		
君臣相遇録一〇卷	不著撰人	○						○	
韓琦家傳一〇卷	韓正彦撰	○					○		
韓琦事實一卷	趙寅撰		○				○		
韓琦定策事一卷	韓肖胄撰				○		○		
曾鞏行述一卷	曾肇撰	○					○		
韓莊敏公遺事一卷	韓宗武撰				○		○		

續表

書名	作者	存	殘	輯	佚	未見	《宋志》著録	《宋志》未收	備注
舒王日録十二卷	王安石撰				○		○		
范純仁言行録三卷	不著撰人				○		○		
种諤傳一卷	趙起撰	○					○		
豐清敏遺事一卷	李朴撰	○					○		
豐公逸事一卷	喻樗撰				○		○		
潁濱遺老傳二卷	蘇轍撰	○					○		
范太史遺事一卷	范沖撰				○		○		
范祖禹家傳八卷	范沖撰				○		○		
曾肇行述一卷	楊時撰	○					○		
譚録一卷	劉安世撰	○					○		
劉安世言行録二卷	不著撰人				○		○		
種師道事迹一卷	陳曄撰				○		○		
種師道祠堂碑一卷	張琰撰				○		○		
陳瓘墓誌一卷	陳瓘撰				○		○		
了齋陳先生言行録一卷	陳正同撰				○		○		
邵氏辨誣三卷	邵伯温撰				○		○		
温陵張賢母傳一卷	何述撰				○		○		
安燾行狀一卷	榮輯撰				○		○		
宗澤行實一〇卷	吳柔勝撰				○		○		
王貴妃傳一卷	蔡京撰				○		○		
常諫議長洲政事録一卷	常安民撰				○		○		
張忠文節誼録一卷	李綱等撰				○		○		
呂頤浩遺事一卷	不著撰人			○			○		
呂頤浩逢辰記一卷	不著撰人			○			○		
胡氏家傳録一卷	不著撰人				○		○		
朱勝非行狀一卷	劉岑撰				○		○		
趙鼎行狀三卷	李埴撰				○		○		

續表

書名	作者	存	殘	輯	佚	未見	《宋志》著錄	《宋志》未收	備注
趙君錫遺事一卷	趙寅撰				○		○		
道護錄一卷	胡珵撰	○					○		
無垢心傳錄三卷	于恕撰	○					○		
杜滋談錄一卷	杜師秦撰				○		○		
宣和殿記一卷嵩山崇福記一卷太清樓特宴記一卷筠莊縱鶴宣和圖記一卷宴延福宮承平殿記一卷明堂記一卷艮嶽記一卷	宋徽宗撰				○		○		
嵩高樵唱二卷	晁公武撰				○		○		
昭德堂稿六〇卷	晁公武撰				○		○		
壽春雜志一卷	馬永易撰				○		○		
鄂國金陀粹編二八卷續編三〇卷	岳珂撰	○					○		《宋志》未收《續編》。
劉氏傳忠錄三卷	劉學裘撰				○		○		
贅稿三八卷	洪邁撰				○		○		
天泉河記一卷	王華撰				○		○		
劉鄜王事實一〇卷	劉球撰				○		○		
趙文定公遺事一卷	不著撰人				○		○		
朱文公行狀一卷	黃榦撰	○					○		
李氏家傳三卷	李復圭撰				○		○		
胡剛中家傳一卷	胡興中撰				○		○		
愛棠集二卷	韓漳撰				○		○		
續家訓八卷	董正工撰				○		○		
黃靖國再生傳一卷	廖子孟撰				○		○		
劉宗州事迹一卷	不著撰人				○		○		
談氏家傳一卷	談鑰撰				○		○		

續表

書名	作者	存	殘	輯	佚	未見	《宋志》著録	《宋志》未收	備注
史越王言行録十二卷	周鑄撰				○		○		
右傳記類(名人之屬)									
景命萬年録一卷	不著撰人				○			○	
藝祖受禪録一卷	不著撰人				○			○	
三朝遺事一卷	不著撰人				○		○		
南行記一卷	楊棲白撰				○		○		
晋朝陷蕃記四卷	范質撰				○			○	
靜亂安邦記一卷	不著撰人				○		○		
亂華編三三卷	劉荀撰				○			○	
睢陽得死集一卷	不著撰人				○		○		
二十二國祥異記三卷	張覯撰				○		○		
都水記二〇〇卷	沈立撰				○		○		
名山記一〇〇卷	沈立撰				○		○		
導洛通汴記一卷	章惇撰				○		○		
重修都城記一卷	李清臣撰				○		○		
復交阯録二卷	不著撰人				○		○		
錢塘平越州録三卷	元宏撰				○		○		
雲南事狀一卷	不著撰人				○		○		
開成紀事二卷	舊題楊時撰				○		○		
東齋記事十二卷	范鎮撰			○			○		
咸寧王定難實序一卷	史演撰				○		○		
奉神述一卷	宋真宗撰				○		○		
西湖紀逸一卷	桑世昌撰					○		○	
玉堂逢辰録一卷	錢惟演撰		○					○	
烏臺詩案一卷	題朋九萬編	○						○	
海神靈應録一卷	陸維則撰				○			○	
紹聖甲戌日録一卷	曾布撰				○			○	

續表

書名	作者	存	殘	輯	佚	未見	《宋志》著録	《宋志》未收	備注
元符庚辰日録一卷	曾布撰				○			○	
西征記一卷	盧襄撰	○						○	
乙巳泗州録一卷	胡舜申撰	○						○	
南嶽遇師本末一卷	夏元鼎撰	○						○	
己酉避亂録一卷	胡舜申撰	○						○	
西征道里記一卷	鄭剛中撰			○				○	
英顯張侯平寇録一卷	不著撰人				○		○		
涪陵紀善録一卷	馮忠恕撰					○	○		
宿州事實一卷	尹機撰				○		○		
避羌夜話一卷	石茂良撰	○					○		
靖康録一卷	朱邦基撰				○		○		
中興禦侮録一卷	不著撰人	○					○		
皇華録一卷	不著撰人				○		○		
南北歡盟録一卷	不著撰人				○		○		
裔夷謀夏録二卷	汪藻撰	○					○		
北行日録一卷	樓鑰撰	○						○	
入蜀記六卷	陸游撰	○						○	
中興十三處戰功録一卷	李壁撰			○				○	
福華編不著卷數	廖瑩中、翁應龍撰				○			○	
金亮講和事迹一卷	張棣撰				○		○		
浸銅要録一卷	張甲撰				○		○		
唐年經略志一〇卷	張涉撰				○		○		
飛龍記一卷	趙普撰				○		○		
戊申英政録一卷	錢儼撰				○		○		
唐末汎聞録一卷	閻自若撰				○		○		
西州使程記一卷	王延德撰	○					○		

續表

書名	作者	存	殘	輯	佚	未見	《宋志》著録	《宋志》未收	備注
奉使二浙雜記一卷	沈立撰				○		○		
乘軺録一卷	路振撰	○					○		
蜀寇亂小録一卷	張途撰				○		○		
平蜀録一卷	康延澤撰				○		○		
議盟記一卷	不著撰人				○		○		
梁益記一○卷	任升撰				○		○		
錢俶貢奉録一卷	錢惟演撰				○		○		
奉使録一卷	寇瑊撰				○		○		
西行記一卷	劉渙撰				○		○		
奉使語録二卷奉使別録一卷	富弼撰				○		○		
戴斗奉使一卷	王曙撰				○		○		
燕北會要録一卷	不著撰人				○		○		
虜庭雜記十四卷	趙志忠撰				○		○		
契丹須知一卷	不著撰人				○		○		
陰山雜録十五卷契丹實録一卷	趙志忠撰				○		○		
征南録一卷	滕甫撰	○					○		
皇祐平蠻記二卷	馮炳撰				○		○		
使北語録一卷	劉敞撰				○		○		
春明退朝録三卷	宋敏求撰	○					○		
入番録二卷	宋敏求撰				○		○		
歸田後録一○卷	朱定國撰				○		○		
北庭須知二卷	陳昉撰				○		○		
雲萍録不著卷數	陳昉撰				○			○	
劍南須知一○卷	宋如愚撰				○		○		
雞林記二○卷	吳栻撰				○		○		

續表

書名	作者	存	殘	輯	佚	未見	《宋志》著録	《宋志》未收	備注
雞林志三〇卷	王雲撰				○		○		
宜春傳信録三卷	羅誘撰		○				○		
東北諸蕃樞要二卷	李季興撰				○		○		
中山麟書一卷	汪若海撰	○					○		
使高麗事纂二卷	不著撰人				○		○		
平燕録一卷	不著撰人				○		○		
安南邊説五卷	趙世卿撰				○		○		
海道記一卷	馮忠嘉撰				○		○		
淮西記一卷	不著撰人				○		○		
嵩嶽記三卷	張景儵撰				○		○		
北遼遺事二卷	史愿撰				○		○		
彬州記一卷	不著撰人				○		○		
殊俗異同集一卷	不著撰人				○		○		
契丹機宜通要四卷	不著撰人				○		○		
契丹事迹一卷	不著撰人				○		○		
南嶽要録一卷	不著撰人				○		○		
燕北雜録一卷	武珪撰		○				○		
奉使語録一卷	金富軾撰				○		○		
北征録七卷	倪思撰				○		○		
彬行録一卷	張舜民撰	○					○		
建隆垂統略一卷	闕耆孫撰				○		○		
建炎復辟平江實録一卷	張浚撰				○		○		
游洛陽宫記一卷	僧祖秀撰	○					○		
靖蜀編四卷	安丙撰				○		○		
青唐録三卷	汪藻撰				○		○		
吴門志五〇卷	范成大撰	○					○		
攬轡録一卷	范成大撰	○					○		

續表

書名	作者	存	殘	輯	佚	未見	《宋志》著錄	《宋志》未收	備注
驂鸞録一卷	范成大撰	○					○		
吳船志一卷	范成大撰	○					○		
蘇黃押韻三二卷	不著撰人				○		○		
見聞録五卷	張綱撰				○		○		
儂智高一卷	曹叔卿撰				○		○		
右傳記類(雜録之屬)									
陶靖節(潛)年譜一卷	吳仁傑撰	○						○	
栗里(陶潛)年譜一卷	王質撰	○						○	
萊陽(陶弘景)年譜一卷	王質撰	○						○	
顔魯公(真卿)年譜一卷	留元剛撰	○						○	
杜工部(甫)年譜一卷	趙子櫟撰	○						○	
杜工部(甫)詩年譜一卷	魯訔撰	○						○	
杜工部(甫)年譜一卷	梁權道撰					○		○	
杜工部(甫)年譜一卷	不著撰人	○						○	
杜工部(甫)年譜一卷	黃鶴撰	○						○	
韓文公(愈)年表一卷	方崧卿撰					○		○	
韓文公(愈)年譜一卷	樊汝霖撰					○		○	
韓吏部(愈)文公集年譜一卷	呂大防撰	○						○	
韓子(愈)年譜一卷	洪興祖撰	○					○		
韓文公(愈)歷官記一卷	程俱撰	○					○		
韓文公(愈)歷官記一卷	張敦頤撰				○			○	
韓文類譜七卷	魏仲舉編	○						○	
白香山(居易)年譜一卷	陳振孫撰	○						○	
柳先生(宗元)年譜一卷	文安禮撰	○						○	
梅昌言(詢)年譜一卷	陳天麟撰	○						○	

續表

書名	作者	存	殘	輯	佚	未見	《宋志》著録	《宋志》未收	備注
范文正(仲淹)年譜一卷補遺一卷	樓鑰撰補遺不著撰人	○						○	
歐公(修)本末四卷	呂祖謙撰				○		○		
六一居士(歐陽修)年譜一卷	薛齊誼撰				○		○		
歐陽修年譜不著卷數	孫謙益撰				○			○	
歐陽修年譜不著卷數	曾三異撰				○			○	
廬陵歐陽文忠公(修)年譜一卷	胡柯撰	○						○	
三蘇(洵、軾、轍)年表二卷	孫汝聽撰		○					○	
東坡(蘇軾)年譜一卷	王宗稷撰			○				○	
東坡(蘇軾)紀年録一卷	傅藻撰	○						○	
東坡(蘇軾)先生年譜不著卷數	施宿撰					○			
周子(敦頤)年譜一卷	度正撰	○						○	
古靈先生(陳襄)年譜一卷	陳曄撰	○						○	
丹淵(文同)年譜一卷	家誠之撰	○						○	
王荆公(安石)年譜一卷	詹大和撰	○						○	
劉忠肅公(摯)行年記一卷	劉摯撰				○			○	
伊川先生(程頤)年譜一卷	朱熹撰	○						○	
清江三孔先生(文仲、武仲、平仲)列傳譜述一卷	龔頤正撰				○		○		
山谷(黃庭堅)年譜三〇卷	黃䇕撰	○						○	
山谷(黃庭堅)年譜一卷	任淵撰	○						○	
山谷(黃庭堅)年譜不著卷數	史容撰	○						○	
黃文節公(庭堅)年譜一卷	不著撰人	○						○	

續表

書名	作者	存	殘	輯	佚	未見	《宋志》著録	《宋志》未收	備注
後山(陳師道)詩注目録(附年譜)一卷	任淵撰	○						○	
游定夫(酢)年譜一卷	不著撰人	○						○	
龜山先生(楊時)年譜一卷	不著撰人	○						○	
宗忠簡公(澤)年譜一卷	喬行簡撰	○						○	
吕忠穆公(頤浩)年譜一卷	不著撰人			○				○	
尹和靖(焞)年譜一卷	不著撰人			○				○	
李忠定(綱)年譜一卷	不著撰人	○						○	
朱勝非年表一卷	朱昱撰				○		○		
綦崇禮年譜一卷	綦焕撰			○				○	
宣撫資政鄭公(剛中)年譜一卷	不著撰人	○						○	
簡齋先生(陳與義)年譜一卷	胡穉撰	○						○	
鄂王(岳飛)行實編年録六卷	岳珂撰	○						○	
盱江(李覯)年譜一卷	不著撰人	○						○	
鄭忠肅公(與裔)年譜一卷	鄭棟撰					○		○	
周益國文忠公(必大)年譜一卷	周綸撰	○						○	
紫陽(朱熹)年譜三卷	李方子撰				○			○	
朱子(熹)年譜一卷	袁仲晦撰					○		○	
朱子(熹)繫年録不著卷數	王柏撰				○			○	
東萊吕太史(祖謙)年譜一卷	不著撰人	○						○	
象山(陸九淵)先生年譜一卷	不著撰人	○						○	

續表

書名	作者	存	殘	輯	佚	未見	《宋志》著録	《宋志》未收	備注
陸象山(九淵)年譜一卷	不著撰人	○						○	
雲莊劉文簡公(爓)年譜一卷	沈僩撰	○						○	
勉齋(黃榦)年譜不著卷數	潘植撰				○			○	
饒雙峰(魯)年譜一卷	不著撰人			○				○	
葉信公(夢鼎)年譜一卷	葉應有撰				○			○	
紀年録一卷	文天祥撰	○						○	
右傳記類(年譜之屬)									
漢制拾遺一卷	不著撰人				○		○		
吉凶五服儀一卷	李隨撰				○		○		
曲臺奏議集不著卷數	陳致雍撰				○		○		
南郊行禮圖不著卷數	范質、張昭、劉温叟等撰				○			○	
郊祀總儀不著卷數	呂公綽撰				○			○	
州縣祭祀儀不著卷數	陳致雍撰				○		○		
封禪雜録不著卷數	王曉撰				○			○	
封禪禮儀集不著卷數	劉炳撰				○			○	
封禪儀注四卷	祥符間詳定所撰				○			○	
五禮儀鏡六卷	陳致雍撰				○		○		
郊祀總要一卷	楊傑撰				○			○	
寢祀儀一卷	陳致雍撰				○		○		
二十家古今祭禮二卷	朱熹撰				○		○		
政和五禮新儀二四○卷	鄭居中、白時中、慕容彥逢、強淵明等撰		○					○	

續表

書名	作者	存	殘	輯	佚	未見	《宋志》著錄	《宋志》未收	備注
政和五禮撮要十五卷	范□編				○			○	
政和冠昏喪祭禮十五卷	黃灝編				○			○	
四時祭享儀一卷	杜衍撰				○		○		
吉凶書儀二卷	胡瑗撰				○			○	
開寶通禮二〇〇卷	劉溫叟等撰				○		○		
開寶通禮儀纂一〇〇卷	盧多遜等撰				○		○		
太常新禮四〇卷	賈昌朝撰				○		○		
新禮一卷	沿情子撰				○		○		
嘉定續中興禮書不著卷數	太常寺編				○			○	
淳熙中興禮書八〇卷	淳熙間禮寺編				○			○	
大中祥符封禪記五〇卷	丁謂、李宗諤等撰				○		○		
大中祥符汾陰記五〇卷	丁謂、李宗諤等撰				○		○		
汾陰補記三卷	陳堯叟撰				○			○	
御史臺儀制六卷	張知白等撰				○		○		
天聖鹵簿記一〇卷	宋綬撰				○		○		
大饗明堂記二〇卷	文彥博、高若訥等撰				○		○		
大饗明堂記要二卷	文彥博撰				○		○		
明禮儀注一卷	王儀撰	○						○	
太常因革禮一〇〇卷	歐陽修等撰	○					○		
元豐續編因革禮不著卷數	不著撰人				○			○	
紹聖續編因革禮不著卷數	不著撰人				○			○	
政和續因革禮三〇〇卷目錄三卷	葛勝仲撰				○			○	

續表

書名	作者	存	殘	輯	佚	未見	《宋志》著録	《宋志》未收	備注
參用古今家祭式不著卷數	韓琦撰				○		○		
訓俗書一卷	許洞撰				○		○		
南郊式一一○卷	王安石等撰				○		○		
聖朝徽名録一○卷	李德芻撰				○		○		
謚法四卷	蘇洵撰	○					○		《宋志》載經解類。
國朝祀典一卷	不著撰人				○		○		
廟議一卷	趙粹中撰				○			○	
郊廟奉祀禮文三○卷	陳襄撰				○		○		
奉常雜録一卷樂章一卷	不著撰人				○			○	
諸州釋奠文宣王儀注一卷	陳襄撰				○		○		
淳熙釋奠制度圖不著卷數	不著撰人				○			○	
書儀八卷	司馬光撰	○					○		
涑水祭儀一卷	司馬光撰	○					○		
居家雜儀一卷	司馬光撰	○					○		
祭儀一卷	范祖禹撰				○		○		
幸太學儀一卷	不著撰人				○		○		
乾淳御教記一卷	周密撰	○						○	
納后儀一卷	不著撰人				○		○		
家祭儀一卷	呂大防、呂大臨等撰				○		○		
橫渠張氏祭儀一卷	張載撰				○		○		
釋奠祭器圖及諸州軍釋奠儀注一卷	不著撰人				○		○		
藍田呂氏祭説一卷	呂大鈞撰				○		○		
伊川程氏祭儀一卷	程頤撰	○					○		
六家謚法不著卷數	方會撰				○			○	

續表

書名	作者	存	殘	輯	佚	未見	《宋志》著錄	《宋志》未收	備注
十書類編三卷	不著撰人				○			○	
祥符釋奠祭器圖一卷	戚綸撰				○			○	
宣和重修鹵簿圖記三五卷	蔡攸等撰				○		○		
紹興續編太常因革禮二七卷	趙子晝撰				○			○	
皇宋大典三卷	李文易撰				○		○		
伊洛禮書補亡不著卷數附伊洛遺禮不著卷數	陳亮撰				○			○	
鄉飲酒儀一卷	史定之撰				○		○		
辨太常禮官議定九章冕服一卷	夏休撰				○		○		
紹興太常初定儀注三卷	不著撰人				○		○		
五祀新儀撮要十五卷	范寅賓撰				○		○		
鄉飲酒矩范儀制不著卷數	林保撰	○						○	
鄉飲禮三卷鄉飲禮圖三卷	鄭樵撰				○		○		
禮書一五○卷	陳祥道撰	○						○	《宋志》在經部禮類。
中興禮書二卷	禮部太常寺撰				○		○		
南郊式一一○卷目錄一卷	沈括等撰				○			○	
宗祀書三卷	鄭叔豹撰				○			○	
歷代明堂事迹一卷	不著撰人				○		○		
明堂議并圖一卷	劉舜臣撰				○			○	
明堂圖議不著卷數	李覯撰				○			○	
儀物志三卷	不著撰人				○		○		
祀祭儀式一卷	不著撰人				○		○		
歷代尊師本末二卷	黃學行撰				○			○	

續表

書名	作者	存	殘	輯	佚	未見	《宋志》著録	《宋志》未收	備注
太常圖一卷	不著撰人				○		○		
南劍鄉飲酒儀一卷	葉克撰				○		○		
上壽拜舞記一卷	陳世崇撰	○						○	
鄉飲規約一卷	汪檝撰				○		○		
淳熙編類祭祀儀式一卷	齊慶胄等撰				○		○		
釋奠通祀圖一卷	張維撰				○		○		
公侯等宰士庶通禮三〇卷	李埴撰				○		○		
釋奠社稷風伯兩師新修祀儀不著卷數	不著撰人				○			○	
熙朝盛典詩二卷	趙師羼撰				○		○		
趙氏祭録二卷	趙希蒼撰				○		○		
釋奠儀式一卷	朱熹撰	○					○		
四家禮範五卷	朱熹編				○		○		
家禮一卷	朱熹撰	○					○		
禮範一卷	李宗思撰				○		○		
服制一卷	韓挺撰				○		○		
五禮新儀十五卷	張叔椿撰				○		○		
送終禮一卷	高閌撰				○		○		
釋奠儀禮考正一卷	陳孔碩撰				○		○		
冠婚喪祭禮二卷	周端朝撰				○		○		
嘗聞録一卷	管鋭撰				○		○		
雍熙親耕儀注不著卷數	宋白、賈黄中等撰				○			○	
饗先農儀注不著卷數	紹興間撰				○			○	
廟制贅言二卷	吴仁傑撰				○		○		
郊祀贅説二卷	吴仁傑撰				○		○		
秘閣集二〇卷	和峴撰				○		○		

續表

書名	作者	存	殘	輯	佚	未見	《宋志》著録	《宋志》未收	備注
禮閣新編六三卷	王皞撰				○		○		
大禮式二〇卷	黃廉撰				○		○		
禮文三〇卷	何洵直、蔡確等撰				○		○		
唐吉凶禮儀禮圖三卷	不著撰人				○		○		
五禮新編五〇卷	龐元英撰				○		○		
大觀禮書賓軍等四禮五〇五卷看詳十二卷	不著撰人				○		○		
大觀新編禮書吉禮二三二卷看詳十七卷	不著撰人				○		○		
太常禮院祀儀二四卷	歐陽修撰				○		○		
禮神志一〇卷	和峴撰				○		○		
大宋崇祀録二〇卷	孫奭撰				○		○		
慶曆祀儀六三卷	賈昌朝等撰				○		○		
熙寧祀儀三卷	陳襄等撰				○			○	
元祐祀儀三卷	不著撰人				○			○	
欽崇禋祀記三卷	宋仁宗撰				○			○	
崇寧祀儀不著卷數	席旦撰				○			○	
南郊附式條貫一卷	陳繹撰				○		○		
南郊式一〇卷	向宗儒撰				○		○		
南郊增損式不著卷數	黃廉撰				○			○	
北郊祀典三〇卷	陳暘撰				○		○		
明堂通議二卷	宋祁撰	○					○		
明堂祫響大禮會式三九三卷	不著撰人				○		○		
天書儀制五卷	王欽若撰				○		○		
鹵簿記三卷	王欽若撰				○		○		

續表

書名	作者	存	殘	輯	佚	未見	《宋志》著錄	《宋志》未收	備注
景祐南郊鹵簿圖	宋綬撰				○			○	
熙寧新定祈賽式二卷	張諤撰				○		○		
禮記圖一卷	不著撰人				○			○	
祭服制度十六卷	不著撰人				○		○		
五服年月敕一卷	劉筠等撰				○		○		
皇族服制圖不著卷數	楊傑撰				○			○	
喪服加減一卷	不著撰人				○		○		
正辭錄三卷	李至撰				○		○		
合班儀不著卷數	不著撰人				○			○	
朝會儀注一卷	不著撰人				○		○		
大禮前天興殿儀二卷	不著撰人				○		○		
徽號册寶儀注一卷	葉均撰				○		○		
內東門儀制五卷	宋綬撰								
新定閤門儀制一〇卷	陳彭年等撰				○			○	
客省事例六卷	陳彭年等撰				○			○	
四方館儀制一卷	陳彭年等撰				○			○	
閤門儀制十二卷	李淑等撰				○		○		
熙寧閤門儀制十册	宋敏求撰				○		○		
王后儀範三卷	李淑撰				○		○		
四方館條例一卷	李淑等撰				○		○		
客省條例七卷	李淑等撰				○			○	
閤門儀制十二卷並目錄十四卷	梁顥等撰				○		○		
閤門集例并目錄不著卷數	不著撰人				○		○		
大臣特恩三〇卷	不著撰人				○		○		
閤門儀制四卷	不著撰人				○		○		
蜀坤儀令四卷	不著撰人				○		○		

續表

書名	作者	存	殘	輯	佚	未見	《宋志》著録	《宋志》未收	備注
閤門令四卷	不著撰人				○		○		
太常祠祀儀制格目四八卷標録二卷	葛勝仲撰				○			○	
紹興郊祀儀注不著卷數	不著撰人				○			○	
皇后册禮儀範八册	不著撰人				○		○		
帝系后妃吉禮并目録一一○卷	不著撰人				○		○		
古今服飾儀一卷	樊建撰				○			○	
中宫儀範一部	王巖叟撰				○		○		
祭鼎儀範六卷	王興之撰				○		○		
打毬儀一卷	張直方撰				○		○		
打毬儀注一卷	李詠撰				○		○		
高麗人貢儀式條令三○卷	不著撰人				○		○		
高麗女貞排辨式一卷	不著撰人				○		○		
諸蕃進貢令式十六卷	不著撰人				○		○		
書儀一卷	鄭洵瑜撰		○		○		○		
六尚拱奉式二○○册	高仲撰				○		○		
燕射記一卷	周密撰	○						○	
觀夢視禾儀注不著卷數	不著撰人				○			○	
元豐耕藉儀注不著卷數	不著撰人				○			○	
政和藉田儀注不著卷數	禮制局撰				○			○	
家範四卷	司馬光撰	○					○		儒家類亦著録。
祈雨雪法一卷	不著撰人				○			○	
營造法式三六卷	李誠撰	○					○		
高宗幸張府節次略一卷	周密撰	○						○	
南渡宫禁典儀一卷	周密撰	○						○	

續表

書名	作者	存	殘	輯	佚	未見	《宋志》著録	《宋志》未收	備注
夏祭敕令格式一部	蔣猷撰				○		○		
明堂大饗視朝頒朔布政儀節敕令格式不著卷數	唐恪等撰				○		○		
景靈宮供奉敕令格式六○卷景靈宮四孟朝獻二卷	馮宗道撰				○		○		
諸陵薦獻禮文儀令格式并例一五一册	不著撰人				○		○		
右儀注類									
顯德刑統二○卷	張昭遠撰				○		○		
五刑纂要録三卷	黃克昇撰				○		○		
刑法纂要十二卷	不著撰人				○		○		
斷獄立成三卷	不著撰人				○		○		
刑法要例八卷	黃懋撰				○		○		
法鑑八卷	張員撰				○		○		
章程體要二卷	田晋撰				○		○		
法例六臟圖二卷	張履冰撰				○		○		
沿革制置敕三卷	盛度撰				○		○		
續疑獄集四卷	王皞撰				○		○		
外臺祕要一卷	不著撰人				○		○		
百司考選格敕五卷	不著撰人				○		○		
憲問一○卷	不著撰人				○		○		
建隆編敕四卷	竇儀等撰				○		○		
開寶長定格三卷	盧多遜等撰				○		○		
太平興國編敕十五卷	不著撰人				○		○		
淳化編敕三○卷	蘇易簡等撰				○		○		
咸平編敕十二卷	柴成務等撰				○		○		
田農敕五卷	丁謂等撰				○		○		

續表

書名	作者	存	殘	輯	佚	未見	《宋志》著錄	《宋志》未收	備注
大中祥符編敕四〇卷	陳彭年等撰				○		○		
轉運司編敕三〇卷	陳彭年等撰				○		○		
端拱以來宣敕劄子六〇卷	韓琦等撰				○		○		
嘉裕編敕十八卷總例一卷	韓琦等撰				○		○		
禮部考試進士敕一卷	晁迥等撰				○		○		
一司一務敕三〇卷	呂夷簡等撰				○		○		
慶曆編敕十二卷總例一卷	賈昌朝等撰				○		○		
貢舉條例十二卷	不著撰人				○		○		
嘉祐祿令一〇卷驛令三卷	吳奎等撰				○		○		
審官院編敕十五卷	王珪撰				○		○		
在京諸司庫務條式一三〇卷	王珪等撰				○		○		
銓曹格敕十四卷	不著撰人				○		○		
郡牧司編十二卷	王誨撰				○		○		
大宗正司條六卷	張稚圭撰				○		○		
重修開封府熙寧編一〇卷	王安禮撰				○		○		
新修審官西院條貫一〇卷總例一卷	沈立撰				○		○		
支賜式十二卷	不著撰人				○		○		
支賜式二卷	不著撰人				○		○		
官馬俸馬草料等式九卷	不著撰人				○		○		
熙寧新編大宗正司敕八卷	不著撰人				○		○		
熙寧編三司式四〇〇卷隨酒式一卷馬遞鋪特支式二卷熙寧新定諸軍直祿令二卷	陳繹等撰				○		○		
將作監式五卷	曾肇撰				○		○		

續表

書名	作者	存	殘	輯	佚	未見	《宋志》著録	《宋志》未收	備注
八路敕一卷	蒲宗孟撰				○			○	
禮房條例十三卷并目録十九册	李承之等撰				○			○	
熙寧新定孝贈式十五卷熙寧新定節式二卷熙寧新定時服式六卷熙寧新定皇親録令一〇卷司農寺敕一卷式一卷熙寧將官敕一卷	章惇撰				○			○	
熙寧詳定軍馬敕五卷	吳充等撰				○			○	
熙寧詳定諸色人廚料式一卷熙寧新修凡女道式給賜式一卷諸敕式二四卷諸敕令格式十二卷諸敕格式三〇卷	沈括等撰				○			○	
熙寧葬式五五卷	張敦等撰				○			○	
熙寧詳定尚書刑部敕一卷	范鏜等撰				○			○	
熙寧五路義勇保甲敕五卷總例一卷學士院等處敕式交并看詳二〇卷御書院敕式令二卷	張誠一等撰				○			○	
熙寧開封府界保甲敕二卷申明一卷	許將撰				○			○	
元豐新定在京人從敕式三卷	沈希顏等撰				○			○	
元豐新修國子監大學小學元新格一〇卷全十三卷	李定等撰				○			○	
慶曆編敕律學武學敕式二卷	賈昌朝等撰				○			○	
武學敕令格式一卷	不著撰人				○		○		

續表

書名	作者	存	殘	輯	佚	未見	《宋志》著録	《宋志》未收	備注
明堂赦條一卷	不著撰人				○		○		
新修尚書吏部式三卷	曾伉等撰				○		○		
元豐將官敕十二卷	蔡碩撰				○		○		
貢舉醫局龍圖天章寶文閣等敕令儀式及看詳四一○卷	不著撰人				○		○		
宗室及外臣葬敕令式九二卷	不著撰人				○		○		
皇親禄令并釐修敕式三四○卷	不著撰人				○		○		
都提舉市易司敕令并釐正看詳二一卷	吳雍撰				○		○		
公式二卷	不著撰人				○		○		
水部條十九卷	不著撰人				○		○		
國子監支費令式一卷	朱服撰				○		○		
讞獄集十三卷	元絳撰				○		○		
元豐編敕令格式并敕書德音申明八一卷	崔台符等撰				○		○		
吏部四選敕令格式一部	不著撰人				○		○		
元豐户部敕令格式一部	不著撰人				○		○		
六曹條貫及看詳三千六百九十四册	不著撰人				○		○		
元祐諸司市務敕令格式二○六册	不著撰人				○		○		
六曹敕令格式一○○○卷	不著撰人				○		○		
紹聖續修武學敕令格式看詳並淨條十八册	不著撰人				○		○		

續表

書名	作者	存	殘	輯	佚	未見	《宋志》著録	《宋志》未收	備注
樞密院條二〇册看詳三〇册	不著撰人				○		○		
紹聖續修律學敕令格式看詳并淨條十二册	不著撰人				○		○		
諸路州縣敕令格式并一時指揮十三册	不著撰人				○		○		
六曹格子一〇册	不著撰人				○		○		
中書省官制事目格一二〇卷	不著撰人				○		○		
尚書省官制事目格參照卷六七册	不著撰人				○		○		
門下省官制事目格并參照卷舊文淨條釐析總目目録七二册	不著撰人				○		○		
徽宗崇寧國子監算學敕令格式并對修看詳一部	不著撰人				○		○		
崇寧國子監畫學敕令格式一部	不著撰人				○		○		
崇寧改修法度一〇卷	沈錫等撰				○		○		
諸路州縣學法一部	不著撰人				○		○		
大觀新修内東門司應奉禁中請給敕令格式一部	不著撰人				○		○		
國子大學辟廱并小學敕令格式申明一時指揮目録看詳一百六十八册	不著撰人				○		○		
政和新修學法一三〇卷	鄭居中撰				○		○		
宗子大小學敕令格式十五册	李圖南撰				○		○		

續表

書名	作者	存	殘	輯	佚	未見	《宋志》著録	《宋志》未收	備注
政和重修敕令格式一三八卷	何執中等撰				○		○		
政和禄令格等三二一册	不著撰人				○		○		
宗祀大禮敕令格式一部	不著撰人				○		○		
直達綱運法并看詳一三一册	張勲撰				○		○		
政和敕令式九〇三卷	王韶等撰				○		○		
政和新修御試貢士敕令格式一五九卷	白時中等撰				○		○		
政和重修國子監律學敕令格式一〇〇卷	孟昌齡等撰				○		○		
接送高麗敕令格式一部	不著撰人				○		○		
奉使高麗敕令格式一部	不著撰人				○		○		
明堂敕令格式一二〇六册	不著撰人				○		○		
兩浙福建路敕令格式一部	不著撰人				○		○		
神霄宫使司法令一部	薛昂等撰				○		○		
青囊本旨論一卷	題劉次莊撰				○		○		
長宣格三卷	盧多遜等撰				○		○		
天聖編敕十二卷天聖令文三〇卷	呂夷簡等撰				○		○		
八行八刑條一卷	宋徽宗御製				○		○		
崇寧學制一卷	不著撰人				○		○		
附令敕十八卷	呂夷簡等撰				○		○		
五服敕一卷	劉筠、宋綬等撰				○		○		
嘉祐驛令三卷嘉祐録令一〇卷	張方平等撰				○		○		

續表

書名	作者	存	殘	輯	佚	未見	《宋志》著録	《宋志》未收	備注
熙寧詳定編敕等二五卷	王安石等撰				○		○		
新編續降并敘法條貫一卷	不著撰人				○		○		
熙寧新編常平敕二卷	曾布等撰				○		○		
審官東院編敕二卷	不著撰人				○		○		
編修入國條貫二卷奉朝要録二卷	張大中撰				○		○		
熙寧貢舉敕二卷	范鎮等撰				○		○		
八路差官敕一卷	不著撰人				○		○		
熙寧法寺斷例十二卷	不著撰人				○		○		
熙寧歷任儀式一卷	不著撰人				○		○		
元豐司農敕令式十七卷	蔡確等撰				○		○		
江湖淮浙鹽敕令賞格六卷	李承之等撰				○		○		
元豐新修吏部敕令式十五卷	曾伉等撰				○		○		
元豐敕令式七二卷	崔台符等撰				○		○		
新吏部式二卷	吕惠卿撰				○		○		
縣法一〇卷	吕惠卿撰				○		○		
五服相犯法纂三卷	程顗年撰				○		○		
續附敕令一卷	不著撰人				○		○		
三司條約一卷	不著撰人				○		○		
國子監敕令格式十九卷	陸佃等撰				○		○		
刑名斷例三卷	曾旼等撰				○		○		
元符敕令格式一三四卷	章惇等撰				○		○		
學制書一三〇卷	鄭居中等撰				○		○		
政和續編諸路州縣學敕令格式十八卷	蔡京等撰				○		○		

續表

書名	作者	存	殘	輯	佚	未見	《宋志》著録	《宋志》未收	備注
政和新修貢士敕令格式五一卷	白時中等撰				○		○		
紹興重修敕令格式一二五卷	張守等撰				○		○		
紹興重修六曹寺監庫務通用敕令格式五四卷	秦檜等撰				○		○		
紹興重修吏部敕令格式并通用格式一〇二卷	朱勝非等撰				○		○		
紹興重修常平免役敕令格式五四卷	秦檜等撰				○		○		
紹興重修貢舉敕令格式申明二四卷	万俟卨等撰				○		○		
紹興參附尚書吏部敕令格式七〇卷	陳康伯等撰				○		○		
紹興重修在京通用敕令格式申明五六卷	秦檜等撰				○		○		
大觀告格一卷	不著撰人				○		○		
乾道重修敕令格式一二〇卷	虞允文等撰				○		○		
淳熙重修吏部左選敕令格式申明三〇〇卷	龔茂良等撰				○		○		
諸軍班直禄令一卷	不著撰人				○		○		
金科玉律總括詩三卷	劉高夫撰				○		○		
金科玉律一卷	不著撰人				○		○		
金科類要二卷	不著撰人				○		○		
嘉祐詳定編敕三〇卷	韓琦等撰				○		○		
養賢録三二卷	王日休撰				○		○		

續表

書名	作者	存	殘	輯	佚	未見	《宋志》著錄	《宋志》未收	備注
淳熙重修敕令格式及隨敕申明二四八卷	李彥穎等撰				○		○		
淳熙吏部條法總類四〇卷	龔茂良等撰				○		○		
慶元重修敕令格式及隨敕申明二五六卷	京鏜等撰				○		○		
開禧重修吏部七司敕令格式申明三二三卷	不著撰人				○		○		
嘉定編修百司吏職補授法一三三卷	不著撰人				○		○		
嘉定編修吏部條法總類五〇卷	不著撰人				○		○		
疑獄集三卷	趙全撰				○		○		
九族五服圖制一卷	不著撰人				○		○		
大宗正司敕令格式申明及目錄八一卷	不著撰人				○		○		
編類諸路茶鹽敕令格式目錄一卷	不著撰人				○		○		
律音義一卷	孫奭等撰	○					○		
作邑自箴一〇卷	李元弼撰	○					○		《宋志》作一卷。
重詳定刑統三〇卷	竇儀等撰						○		
刑統釋文三〇卷	范遂良撰				○			○	
刑統賦二卷	傅霖撰	○					○		
治縣法一〇卷	呂惠卿撰				○			○	
常平役法一卷	不著撰人				○			○	
廣律判辭十一卷	李康侯撰				○			○	
宋提刑洗冤集錄五卷	宋慈撰	○						○	

續表

書名	作者	存	殘	輯	佚	未見	《宋志》著録	《宋志》未收	備注
刑名斷例一〇卷	不著撰人				○			○	
斷例四卷	不著撰人				○			○	
元豐斷例六卷	不著撰人				○			○	
紹興刑名疑難斷例不著卷數	王師心撰				○			○	
元豐廣案二〇〇卷	不著撰人				○			○	
元豐刑部敘法通用一卷	不著撰人				○			○	
三司編敕六卷	索湘等撰				○			○	
三司咸平雜敕三〇卷	林特等撰				○			○	
景祐刺配敕五卷	不著撰人				○			○	
皇祐審官院編敕一卷	賈壽撰				○			○	
元祐編敕十二卷	蘇頌等撰				○			○	
元祐以後敕書德音二卷	不著撰人				○			○	
諸路將官通用敕二〇卷	不著撰人				○			○	
崇寧申明敕令格式二卷	不著撰人				○			○	
宣和軍馬司敕十三卷令一卷	不著撰人				○			○	
紹興監學法二六卷目録二五卷申明七卷對修釐正條法四卷	秦檜撰				○			○	
紹興貢舉法五〇卷	万俟卨撰				○			○	
紹興刑統申明一卷	不著撰人				○			○	
役法撮要一八九卷	京鏜等撰				○			○	
慶元條法事類八〇卷	謝深甫撰		○				○		
右刑法類									
萬卷録不著卷數	令狐揆撰				○			○	
唐餘目録一卷	宋敏求撰				○			○	

續表

書名	作者	存	殘	輯	佚	未見	《宋志》著録	《宋志》未收	備注
書目二卷	劉沆撰				○		○		
歐陽參政書目一卷	歐陽修撰				○			○	
群書麗藻目録五○卷	朱遵度撰				○		○		
隆安西庫書目二卷	不著撰人				○		○		
崇文總目六六卷	王堯臣、歐陽修等撰			○			○		
唐書藝文志四卷	歐陽修、宋祁等撰	○						○	
龍圖閣書目七卷十九代史目二卷太清樓書目四卷玉宸殿書目四卷	杜鎬撰				○		○		
學士院雜撰目一卷	不著撰人				○		○		
經書目録十一卷	歐陽伸撰				○		○		
史鑑三卷	曾□撰				○		○		
樂府詩目録一卷	沈建撰				○		○		
家藏龜鑑目一○卷	劉德崇撰				○		○		
禁書目録一卷	不著撰人				○		○		
萬卷堂目録二卷	沈□撰				○		○		
邯鄲書目一○卷	李淑撰				○		○		
家藏書目二卷	吳祕撰				○		○		
秘閣書目一卷	不著撰人				○		○		
史館新定書目録四卷	不著撰人				○		○		
邯鄲再集書目三○卷	李德芻撰				○		○		
大宋史館書目一卷	不著撰人				○			○	
國子監書目一卷	不著撰人				○		○		
荊州田氏書總目三卷	田鎬撰				○		○		
求書補闕一卷	徐士龍撰				○		○		

續表

書名	作者	存	殘	輯	佚	未見	《宋志》著録	《宋志》未收	備注
廣川藏書志二六卷	董逌撰				○		○		
圖譜有無記二卷	鄭樵撰				○		○		
求書闕記七卷求書外記一〇卷集古今系時録一卷群書會記三六卷	鄭樵撰	○					○		
夾漈書目一卷	鄭樵撰				○			○	
圖書志一卷	鄭樵撰				○			○	
潁川慶善樓家藏書目二卷	陳貽範撰				○		○		
徐州江氏書目二卷	不著撰人				○		○		
吕氏書目二卷	不著撰人				○		○		
三川古刻總目一卷	不著撰人				○		○		
讀書志四卷	晁公武撰	○					○		
遂初堂書目二卷	尤袤撰	○					○		
鄱陽吴氏籯金堂書目三卷	吴良嗣撰				○		○		
萬卷藏書目一卷	余衛公撰				○			○	
孫氏群書目録二卷	孫□撰				○		○		
紫雲樓書目一卷	不著撰人				○		○		
川中書籍目録二卷	不著撰人				○		○		
祕書省書目二卷	不著撰人					○	○		
校勘群書備檢三卷	石延慶、馮至游等撰				○		○		
諸州書目一卷	不著撰人				○		○		
東湖書目志一卷	滕強恕撰				○		○		
漢藝文志考證一〇卷	王應麟撰	○					○		
中興館閣書目七〇卷序例一卷	陳騤撰			○			○		
中興館閣續書目三〇卷	張攀等撰			○			○		

續表

書名	作者	存	殘	輯	佚	未見	《宋志》著録	《宋志》未收	備注
史略六卷	高似孫撰	○						○	
子略四卷目一卷	高似孫撰	○					○		《宋志》載類事類。
法寶標目一〇卷	王古撰				○		○		《宋志》入道家類。
藝文志見闕書目一卷	不著撰人				○			○	
沈諫議書目二卷	沈立撰				○			○	
沈少卿書目一卷	沈紳撰				○			○	
夷門蔡氏藏書目三卷	蔡致君撰				○			○	
秦氏書目一卷	秦□撰				○			○	
李正議書目三卷	李定撰				○			○	
咸平館閣圖籍目録不著卷數	朱昂、杜鎬、劉承珪等撰								
榮王宗綽書目三卷	趙宗綽撰				○			○	
劉氏藏書目録不著卷數	劉義仲撰				○			○	
江氏書目不著卷數	江正撰				○			○	
葉石林書目不著卷數	葉夢得撰				○			○	
鄭氏書目七卷	鄭寅撰				○			○	
萬卷樓書目一卷	方略撰				○			○	
嘉祐搜訪闕書目一卷	不著撰人				○			○	
秘書省四庫闕書目一卷	不著撰人			○				○	
秘書省續編到四庫闕書目二卷	紹興中改定民國葉德輝考證	○						○	
直齋書録解題二二卷	陳振孫撰			○				○	
太宗御製御書目一卷	不著撰人				○			○	

續表

書名	作者	存	殘	輯	佚	未見	《宋志》著錄	《宋志》未收	備注
龍圖閣瑞物寶目六閣書籍圖畫目一卷	不著撰人				○			○	
乾道秘府群書新錄八三卷	唐仲友撰				○			○	
泉州國安縣學書目不著卷數	朱熹撰				○			○	
道藏書目一卷	鄧自和撰				○			○	
朱氏藏書目不著卷數	朱軒撰				○			○	
石庵藏書目不著卷數	蔡瑞撰				○			○	
藏六堂書目一卷	李□撰				○			○	
吳氏書目一卷	吳興撰				○			○	
梅屋書目不著卷數	許棐撰				○			○	
王文書目不著卷數	王文撰				○			○	
右目錄類(經籍之屬)									
集古錄五卷	歐陽修撰	○					○		
集古錄目二〇卷	歐陽棐撰	○					○		
京兆尹金石錄一〇卷	崔君授撰				○		○		
金石略一卷	鄭樵撰	○					○		《宋志》未裁出著錄。
古今碑帖考一卷	朱長文撰	○					○		《宋志》未單行著錄。
金石錄三〇卷	趙明誠撰	○					○		
輿地碑記目四卷	王象之撰	○						○	
成都府古石刻總目一卷	劉涇撰				○		○		
諸道石刻目錄一〇卷	不著撰人				○		○		
隸釋二七卷	洪适撰	○					○		《宋志》入小學類。

續表

書名	作者	存	殘	輯	佚	未見	《宋志》著錄	《宋志》未收	備注
隸續二一卷	洪适撰		○					○	《宋志》入小學類。
石刻鋪叙二卷	曾宏父撰	○						○	
寶刻叢編二〇卷	陳思撰		○					○	
寶刻類編八卷	不著撰人			○				○	
真宗御製碑頌石本目録一卷	不著編者				○			○	
金石友一〇〇〇卷	謝堂撰				○			○	
右目録類（金石之屬）									
姓系氏族一卷姓略六卷	孔平撰				○		○		
名字族一〇卷	魏子野撰				○		○		
同姓名譜六卷	不著撰人				○		○		
尚書血脈一卷	不著撰人				○		○		
春秋氏族譜一卷	不著撰人				○		○		
春秋宗族氏譜一卷	不著撰人				○		○		
帝王歷記譜二卷	不著撰人				○		○		
帝系圖一卷	不著撰人				○		○		
唐宗系譜一卷	李茂嵩撰				○		○		
唐書總紀帝系三卷	不著撰人				○		○		
宋玉牒三三卷	不著撰人				○		○		
仁宗玉牒四卷	不著撰人				○		○		
英宗玉牒四卷	不著撰人				○		○		
韻類次宗室譜五〇卷	宋敏求撰				○		○		
宗室世表三卷	司馬光等撰				○		○		
臣寮家譜一卷	不著撰人				○		○		
文宣王四十二代家狀一卷	不著撰人				○		○		
闕里譜系一卷	不著撰人				○		○		

續表

書名	作者	存	殘	輯	佚	未見	《宋志》著録	《宋志》未收	備注
趙氏大宗血脈譜一卷	趙異世撰				○		○		
趙氏龜鑑血脈圖録記一卷	趙異世撰				○		○		
陸氏宗系碣一卷	令狐峘撰				○		○		
家譜一卷	唐沕撰				○		○		
劉氏大宗血脈譜一卷	劉復禮撰				○		○		
費氏家譜一卷	不著撰人				○		○		
錢氏集録三卷	不著撰人				○		○		
毛氏世譜不著卷數	毛漸撰				○		○		
曾氏譜圖一卷	曾肇撰				○		○		
汝南周氏家譜一卷	周文撰				○		○		
歐陽家譜一卷	崔班撰				○		○		
陶氏家譜一卷	陶芰麟撰				○		○		
帝王血脈小史記五卷帝王血脈圖小史後記五卷	邢曉撰				○		○		
百氏譜五卷	裴揚休撰				○		○		
劉氏家譜一卷	劉沆撰				○		○		
唐氏譜略一卷	唐邴撰				○		○		
宋仙源積慶圖一卷	不著撰人						○		
宗室齒序圖一卷	不著撰人				○		○		
天源類譜一卷	不著撰人				○		○		
祖宗屬籍譜一卷	不著撰人				○		○		
向敏中家譜一卷	向緘撰				○		○		
錢氏慶系譜二卷	錢惟演撰				○		○		
清河崔氏譜一卷	王回撰				○		○		
尊祖論世録一卷	孫祕撰				○		○		
熙寧姓纂六卷	錢明逸撰				○		○		
古今通系圖一卷	魏子野撰				○		○		

續表

書名	作者	存	殘	輯	佚	未見	《宋志》著錄	《宋志》未收	備注
南陽李英公家譜一卷	李復撰				○		○		
文宣王家譜一卷	成鐸撰				○		○		
帝王系家譜一卷	吳逵撰				○		○		
群史姓纂韻六卷	黃邦先撰				○		○		
兗國公正枝譜一卷	顏嶼撰				○		○		
千姓編一卷	採真子撰				○		○		
符彥卿家譜一卷	符承宗撰				○		○		
建陽陳氏家譜一卷	不著撰人				○		○		
長樂林氏家譜一卷	不著撰人				○		○		
百族譜三卷	丁維皐撰				○		○		
晉司馬氏本支一卷	李燾撰				○		○		
齊梁本支一卷	李燾撰				○		○		
姓氏源流考七八卷	徐筠撰				○		○		
歷代諸史總括姓氏錄一卷	李□撰				○		○		
古今姓氏書辨證四〇卷	鄧名世撰			○			○		
太祖玉牒不著卷數	沈該等撰				○			○	
太宗玉牒不著卷數	不著撰人				○			○	
真宗玉牒四〇卷	不著撰人				○			○	
神宗玉牒八〇卷	不著撰人				○			○	
哲宗玉牒不著卷數	汪藻、鮑延祖撰胡南逢重修				○			○	
徽宗玉牒一二〇卷	不著撰人				○			○	
欽宗玉牒二〇冊	不著撰人				○			○	
高宗玉牒不著卷數	不著撰人				○			○	
孝宗玉牒不著卷數	不著撰人				○			○	
光宗玉牒四〇卷	不著撰人				○			○	

續表

書名	作者	存	殘	輯	佚	未見	《宋志》著錄	《宋志》未收	備注
寧宗玉牒五〇卷	不著撰人				○			○	
帝王系譜一卷	吳逵撰				○			○	
仙源慶系屬籍總要不著卷數	范沖等撰張絢等續修				○			○	
(范氏)續家譜不著卷數	范仲淹撰				○			○	
歐陽氏譜圖不分卷	歐陽修撰	○						○	
蘇氏族譜不分卷	蘇洵撰	○						○	
陳郡袁氏譜一卷	袁陟撰				○			○	
楊氏世譜不著卷數	楊傑撰				○			○	
羅提刑宗譜不著卷數	羅適撰				○			○	
闕里世系一卷	孔宗翰撰				○			○	
劉氏家傳不著卷數	不著撰人				○			○	
(游氏)家譜不著卷數	游酢撰				○			○	
安定先生世系述一卷	沈大臨撰				○			○	
陶氏家譜一卷	陶直夫撰				○			○	
(李氏)家譜不著卷數	李石撰				○			○	
(家氏)重修家譜不著卷數	家德麟撰				○			○	
烏州李氏世譜不著卷數	李呂重修				○			○	
婺源茶院朱氏世譜不著卷數	朱熹撰							○	
(曾氏)重修族譜不著卷數	曾丰撰				○			○	
後杜應氏宗譜不著卷數	應士珪撰				○			○	
陳氏族譜不著卷數	陳中撰				○			○	
東萊呂氏家譜一卷	不著撰人				○			○	
於潛洪氏譜系圖不著卷數	洪咨夔撰				○			○	
臨海呂氏譜不著卷數	呂氏撰				○			○	

書名	作者	存	殘	輯	佚	未見	《宋志》著録	《宋志》未收	備注
（游氏）慶元黨人家乘不著卷數	游氏撰				○			○	
方氏族譜不著卷數	方大琮撰				○			○	
方氏仕譜誌不著卷數	方大琮撰				○			○	
米氏譜一卷	米憲傳				○			○	
張氏宗譜不著卷數	張疊撰				○			○	
錢氏族譜不著卷數	錢象祖撰				○			○	
錢氏慶系圖二五卷	不著撰人				○			○	
章氏世系圖不著卷數	章太蒙撰				○			○	
戴氏宗譜不著卷數	戴良齊撰				○			○	
閭風家録三卷	舒岱祥撰				○			○	
吳氏宗譜不著卷數	不著撰人				○			○	
（陽氏）譜繫圖不著卷數	陽枋撰				○			○	
古賢小字録一卷	陳思撰	○						○	
姓解三卷	邵思撰	○					○		
右譜牒類									
三代地理志六卷	不著撰人				○		○		
地理論六卷	不著撰人				○		○		
坐知天下記四○卷	樂史撰				○		○		
九域圖三卷	王曾撰				○		○		
皇祐方域圖記三○卷要覽一卷	王洙等撰				○		○		
十道四蕃引一卷	韓郁撰				○		○		
十八路圖一卷圖副二○卷	趙彥若撰				○		○		
元豐郡縣志三○卷圖三卷	李德芻撰				○		○		
天下郡縣圖不著卷數	沈括撰				○		○		
皇州郡縣志一○○卷	范子長撰				○		○		

續表

書名	作者	存	殘	輯	佚	未見	《宋志》著錄	《宋志》未收	備注
圖經九八卷又圖經七七卷	李宗諤等撰				○		○		
輿地要覽二三卷	李和篪撰				○		○		
聖域記二五卷	余嚞撰				○		○		
地理圖一卷	不著撰人				○		○		
東京至益州地理圖不著卷數	不著撰人				○		○		
圖經不著卷數	李昉撰				○			○	
太平寰宇記二〇〇卷	樂史撰	○					○		
九域志一〇卷	王存等撰	○					○		
春秋地譜十二卷	楊湜撰				○			○	
地理指掌圖一卷	稅安禮撰	○						○	
輿地廣記三八卷	歐陽忞撰	○					○		
輿地新書一〇卷	李如篪撰				○			○	
九州圖志不著卷數	薛季宣撰				○			○	
輿地會元四〇卷	倪樸撰				○			○	
地理總括不著卷數	翁夢得撰				○			○	
輿地紀勝二〇〇卷	王象之撰	○						○	
輿地圖十六卷	王象之撰				○			○	
六合掌運圖一卷	不著撰人				○			○	
方輿勝覽七〇卷	祝穆撰	○						○	
輿地綱目十五卷	曹彥約撰				○			○	
皇朝方域志二〇〇卷	王希先撰				○			○	
括輿志二卷	吳銓撰				○			○	
地理撮要一〇卷	黃超然撰				○			○	
右地理類(總志之屬)									
金陵地記六卷	黃元之撰				○		○		
蜀都故事二卷	楊備思撰				○		○		

續表

書名	作者	存	殘	輯	佚	未見	《宋志》著録	《宋志》未收	備注
會稽録三〇卷	林特撰				○		○		
越州圖經九卷	李宗諤等撰				○		○		
恩平郡譜一卷	楊備撰				○		○		
重修閩中記一〇卷	林世程撰				○		○		
重修徐州圖經三卷	不著撰人				○		○		
廣西郡邑圖志一卷	張維撰				○		○		
廣東會要四卷	王靖撰				○		○		
廣西會要二卷	張田撰				○		○		
富川圖志六卷	潘廷立撰				○		○		
儀真志七卷	韓挺撰				○		○		
合肥志一〇卷	劉浩然撰				○		○		
黃州圖經五卷	李宗諤等撰				○		○		
盱江志一〇卷	童宗説撰				○		○		
(盱江)續志一〇卷	姜得平撰				○		○		
臨江軍圖經七卷	袁震撰				○		○		
重修臨江志七卷	李伸撰				○		○		
瑞州郡縣志十九卷	雷孝友撰				○		○		
潼川府圖經十一卷	袁觀撰				○		○		
建康志一〇卷	史正志撰				○		○		
桂林志一卷	江文叔撰				○		○		
靜江府圖志十二卷	蔡戡撰				○		○		
鎮江志一〇卷	熊克撰				○		○		
武陽志一〇卷	葛元隤撰				○		○		
無爲志三卷	宋宜之撰				○		○		
秋浦志八卷	胡兆撰				○		○		
昭潭志二卷	韋楫撰				○		○		
潯陽志十二卷	晁百揆撰				○		○		

續表

書名	作者	存	殘	輯	佚	未見	《宋志》著錄	《宋志》未收	備注
沅州圖經四卷	吳芸撰				○		○		
歷陽志一○卷	程九萬撰				○		○		
曲江志十二卷	蘇思恭撰				○		○		
信安志十六卷	毛憲撰				○		○		
臨賀郡志一卷	不著撰人				○		○		
晉康志七卷	蕭玠撰				○		○		
桂陽志五卷	周端朝撰				○		○		
武陵圖經十四卷	劉子澄撰				○		○		
潮州記一卷	王中行撰				○		○		
莆陽人物志三卷	不著撰人				○		○		
閬苑記三○卷	王震撰				○		○		
潛藩武泰志十四卷	冉木撰				○		○		
齊記一卷	張朏撰				○		○		
平江府五縣正圖經二卷	不著撰人				○		○		
河南志二○卷	宋敏求撰				○		○		
熙河六州圖記一卷	陳冠撰				○		○		
龍門記三卷	王向弼撰				○		○		
上饒志一○卷	孟猷撰				○		○		
鎮洮補遺一卷	李洪撰				○		○		
永陽志三五卷	林㠉撰				○		○		
永陽郡縣圖志四卷	曾旼撰				○		○		
池陽記一卷	范致明撰				○		○		
永康軍圖志二○卷	虞剛簡撰				○		○		
同安志一○卷	錢紳撰				○		○		
豫章職方乘三卷	洪芻撰				○		○		
嚴州圖經八卷	董棻撰				○		○		
齊安志二○卷	厲居正撰				○		○		

續表

書名	作者	存	殘	輯	佚	未見	《宋志》著録	《宋志》未收	備注
東陽志一〇卷	洪遵撰				○		○		
汴都名實志三卷	環中撰				○		○		
續修宜春志一〇卷	郭正己撰				○		○		
章貢志十二卷	李盛撰				○		○		
括蒼志一〇卷	曾貴撰				○		○		
括蒼續志一卷	陳百朋撰				○		○		
莆陽志十五卷	趙彦勵撰				○		○		
莆陽志七卷	陸琰撰				○		○		
相臺志十二卷	李琮撰				○		○		
同安後志一〇卷	不著撰人				○		○		
南劍州圖經一卷	不著撰人	'			○		○		
福建地理圖一卷	不著撰人				○		○		
泉南録二卷	不著撰人				○		○		
武陽志二七卷	何友諒撰				○		○		
永寧編十五卷	陳謙撰				○		○		
惠陽志一〇卷	黃以寧撰				○		○		
建安志二四卷建安續志類編二卷	林光、劉牧等撰				○		○		
寧武志十五卷	鄒孟卿撰				○		○		
汀州志八卷	李皐撰				○		○		
景陵志十四卷	林英發撰				○		○		
保昌志八卷	揚彦為撰				○		○		
郎城志十二卷	傅巖撰				○		○		
普州志三〇卷	楊泰之撰				○		○		
高郵志三卷	孫祖義撰				○		○		
臨邛志二〇卷補遺一〇卷	宇文紹奕撰				○		○		
姑孰志五卷	林桷撰				○		○		

續表

書名	作者	存	殘	輯	佚	未見	《宋志》著録	《宋志》未收	備注
蕪湖圖志九卷	王相撰				○		○		
臨漳志一〇卷	楊櫨撰				○		○		
清漳新志一〇卷	方杰撰				○		○		
文州古今記十二卷	章穎撰				○		○		
文州續記四卷	杜孝巖撰				○		○		
春陵圖志一〇卷	孫棐撰				○		○		
臨汝圖志十五卷	張貴謨撰				○		○		
零陵志一〇卷	徐自明撰				○		○		
淳光圖志三卷	徐自明撰				○		○		
長樂志四〇卷	梁克家撰				○		○		
蘄春志一〇卷	陸峻、丁光遠等撰				○		○		
均州圖經五卷	段子游撰				○		○		
邵陽紀舊一卷	黃汰撰				○		○		
邵陵類考二卷	羣嶸撰				○		○		
靖州圖經四卷	孫顯祖撰				○		○		
龜山志三卷	黃曄撰				○		○		
彭門古今集志二〇卷	李震撰				○		○		
續同安志一卷	蔡時撰				○		○		
隆興續職方乘一〇卷	程叔達撰				○		○		
吳陵志十四卷	項預撰				○		○		
南康記八卷	朱端章撰				○		○		
廬州志一〇卷	練文撰				○		○		
吉記志三四卷	吳機撰				○		○		
楚州圖經二卷	錢之望、吳莘撰				○		○		
襄陽志四〇卷	劉宗撰				○		《宋志》著録		

續表

書名	作者	存	殘	輯	佚	未見	《宋志》著錄	《宋志》未收	備注
隆山志三六卷	趙甲撰				○		○		
毗陵志十二卷	鄒補之撰				○		○		
荊門志一○卷	王銖撰				○		○		
富水志一○卷	張孝曾撰				○		○		
重修荊門志一○卷	王榮撰				○		○		
彬江記八卷	徐得之撰				○		○		
古沔志一卷	史本撰				○		○		
贛州圖經不著卷數	周夢祥撰				○		○		
興元志二○卷	閻蒼舒撰				○		○		
南安志二○卷	許開撰				○		○		
淮南通州志一○卷	孫昭先撰				○		○		
清湘志六卷	余元一撰				○		○		
廣陵志十二卷	鄭少魏撰				○		○		
長安志十一卷	不著撰人				○		○		
龍城圖志一○卷	黃疇若撰				○		○		
重修龍城圖志一○卷	胡至撰				○		○		
房州圖經三卷	陳宇撰				○		○		
臨封志三卷	虞大中撰				○		○		
永嘉志二四卷	曹叔遠撰				○		○		
永嘉志七卷	周澂撰				○		○		
江陰志一○卷	鄭應申撰				○		○		
新昌志一卷	梁希夷撰				○		○		
通川志十五卷	馬景修撰				○		○		
夷陵志六卷	黃環撰				○		○		
夔州志十三卷	馬導撰				○		○		
番陽志三○卷	史定之撰				○		○		
修水志一○卷	徐筠撰				○		○		

續表

書名	作者	存	殘	輯	佚	未見	《宋志》著録	《宋志》未收	備注
嘉禾志四卷	張元成撰				○		○		
古涪志十七卷	王寬夫撰				○		○		
浮光圖志二〇卷	李棣撰				○		○		
古歸志一〇卷	林仁伯撰				○		○		
歷陽志補遺一〇卷	趙興清撰				○		○		
合淝志一〇卷	王知新撰				○		○		
澧陽圖志八卷	霍篪撰				○		○		
陵水圖志三卷	劉伋撰				○		○		
普寧志三卷	胡槻撰				○		○		
沈黎志二三卷	王寅孫撰				○		○		
程江志五卷	趙汝廈撰				○		○		
瓊管圖經十六卷	趙汝廈撰				○		○		
清源志七卷	劉穎撰				○		○		
括蒼慶元志一卷	邵笴撰				○		○		
通義志三五卷	趙善贛撰				○		○		
西和州志十九卷	張世佺撰				○		○		
同谷志十七卷	李修己撰				○		○		
續同谷志一〇卷	李錡撰				○		○		
高涼圖志七卷	義太初撰				○		○		
潮州圖經二卷	趙師岌撰				○		○		
洋州古今志十六卷	鄭郳撰				○		○		
甘泉志十五卷	張犍撰				○		○		
南海志十三卷	陳峴撰				○		○		
韶州新圖經十二卷	趙伯謙撰				○		○		
敘州圖經三〇卷	俞聞中撰				○		○		
靜南志十二卷	黎伯巽撰				○		○		
墊江志三〇卷	任逢撰				○		○		

續表

書名	作者	存	殘	輯	佚	未見	《宋志》著錄	《宋志》未收	備注
夔州圖經四卷	劉得禮撰				○		○		
江州圖經一卷	不著撰人				○		○		
宕渠志二卷	不著撰人				○		○		
吉陽軍圖經一卷	不著撰人				○		○		
忠州圖經一卷	不著撰人				○		○		
珍州圖經三卷	不著撰人				○		○		
衢州圖經一卷	不著撰人				○		○		
復州圖經三卷	不著撰人				○		○		
果州圖經五卷	不著撰人				○		○		
思州圖經一卷	不著撰人				○		○		
南平軍圖經一卷	不著撰人				○		○		
大寧監圖經六卷	不著撰人				○		○		
湘中記一卷	不著撰人				○		○		
零陵總記十五卷	陶岳撰				○		○		
都梁志二卷	鄭昉撰				○		○		
吳興統計一○卷	左文質撰				○		○		
岳陽志二卷	馬子嚴撰				○		○		
零陵志一○卷	張埏撰				○		○		
邵陽圖志三卷	李章之撰				○		○		
衡州圖經三卷	劉清之撰			○			○		
桂陽圖志六卷	鄭紳撰			○			○		
沅州圖經四卷	不著撰人			○			○		
長安志一○卷	宋敏求撰	○					○		
長安圖記一卷	呂大防撰				○			○	
雍録一○卷	程大昌撰	○					○		
蘇州圖經六卷	李宗諤撰				○			○	
吳地記後集一卷	不著撰人	○						○	

續表

書名	作者	存	殘	輯	佚	未見	《宋志》著錄	《宋志》未收	備注
吳郡圖經續記三卷	朱長文撰	○					○		
會稽三賦三卷	王十朋撰	○						○	
吳陵志一○卷	不著撰人				○			○	
雲間志三卷	楊潛撰	○					○		
高郵續志一○卷	汪網轉				○			○	
續建康志一○卷	吳琚撰				○			○	
鎮江志三○卷	盧憲撰		○					○	
玉峰志三卷玉峰續志一卷	凌萬頃、邊實撰	○						○	
(重修)毗陵志三○卷	史能之撰	○						○	
(景定)建康志五○卷	周應合撰	○						○	
新安志一○卷	羅願撰	○					○		
新安續志不著卷數	劉炳撰				○			○	
瑞陽志二一卷	不著撰人				○			○	
濠梁志三卷	張季檮撰				○			○	
秋浦新志十六卷	王伯大撰				○			○	
合肥志四卷	唐錡撰				○			○	
旌川志八卷	李瞻撰				○			○	
都梁志八卷續一卷	霍篦、周之瑞撰				○			○	
都梁志六卷	何季羽撰				○			○	
涇川志十三卷	王林撰				○			○	
桐汭新志二○卷	趙子直撰				○			○	
(祥符)黃巖志不著卷數	不著撰人				○			○	
(祥符)天台志不著卷數	不著撰人				○			○	
台州風俗記一卷	陳公輔撰				○			○	
義烏(咸淳)續志不著卷數	黃應龢撰				○			○	

書名	作者	存	殘	輯	佚	未見	《宋志》著録	《宋志》未收	備注
咸淳東陽志不著卷數	朱子槐撰				○			○	
鄞州志五卷	朱翌撰				○			○	
括蒼志補遺四卷	樓璩撰				○			○	
臨安志十五卷	周淙撰		○				○		
(嘉泰)天台圖經五卷	宋之瑞撰				○			○	
四明圖經十二卷	張津撰	○					○		
會稽志二〇卷續志八卷	沈作賓、趙不迹、施宿、袁説友等撰 續志張淏撰	○					○		《續志》，《宋志》不著録。
寶慶四明志二一卷開慶續志十二卷	羅濬撰續志梅應發、劉錫撰				○			○	
鹽官縣圖經不著卷數	潘景夔撰				○			○	
吳興志二〇卷	談鑰撰	○						○	
台州三縣誌不著卷數	不著撰人				○			○	
剡録一〇卷	高似孫撰	○						○	
信安志十六卷	衛玠撰				○			○	
信安續志二卷	葉汝明撰				○			○	
赤城志四〇卷	陳耆卿撰	○					○		
赤城續志八卷	吳子良撰				○			○	
赤城三志四卷	林表民撰				○			○	
(淳祐)臨安志六卷	施諤撰		○					○	
(咸淳)臨安志一〇〇卷	潛説友撰		○					○	
黄巖志十六卷	蔡範撰				○			○	
浦陽縣經二卷	朱子槐撰				○			○	
(景定)嚴州續志一〇卷	鄭瑤、方仁榮撰	○						○	

續表

書名	作者	存	殘	輯	佚	未見	《宋志》著錄	《宋志》未收	備注
東陽私志不著卷數	錢奎撰				○			○	
樂清志一○卷	袁采撰				○			○	
漱水志八卷	常棠撰	○						○	
臨海圖經不著卷數	不著撰人				○			○	
沙陽志不著卷數	黎靖德撰				○			○	
延平志一○卷	胡舜舉撰				○			○	
(淳熙)三山志四二卷	梁克家撰	○					○		《宋志》題長樂志。
連川志一○卷	陶武撰				○			○	
義揚志八卷	關良臣撰				○			○	
武昌土俗編二卷	薛季宣撰				○			○	
武昌志三○卷	許中應等撰				○			○	
富川志三卷	李壽朋撰				○			○	
梅川志三卷	張洽撰				○			○	
春陵圖志一○卷	章穎撰				○			○	
長沙志五二卷	褚孝錫撰				○			○	
續長沙志十一卷	不著撰人				○			○	
岳陽乙志三卷	張聲道撰				○			○	
溁江志十二卷	張耕撰				○			○	
隆興府圖經不著卷數	曾丰撰				○			○	
宜春志一○卷	童宗説撰				○			○	
新吳志二卷	張國均撰				○			○	
(景定)臨川志三五卷	周彥約撰				○			○	
鈐岡志三卷	謝好古撰				○			○	
寧越志三卷	林會撰				○			○	
陵水志三卷	劉奕撰				○			○	
廣州圖經二卷	王中行撰				○			○	

續表

書名	作者	存	殘	輯	佚	未見	《宋志》著錄	《宋志》未收	備注
(重修)南海志十三卷	李昴英撰				○			○	
蒼梧雜誌不著卷數	胡珵撰				○			○	
臨賀志三卷集二卷	不著撰人				○			○	
益部方物略記一卷	宋祁撰	○						○	
成都古今集記三○卷	趙抃撰		○				○		
續成都古今集記二二卷	王剛中撰				○			○	
閬苑記三○卷	何求撰				○			○	
閬苑續記二六卷	曹無忌撰				○			○	
嘉州志二卷	呂昌明撰				○			○	
江陽譜不著卷數	曹叔遠撰				○			○	
右地理類(都會郡縣之屬)									
江東地利論一卷	陳武撰			○				○	
東南防守利便三卷	陳克、吳若撰	○						○	
邊防控扼形勢圖論一卷	江默撰			○				○	
西南備邊志十二卷	鄧嘉猷撰				○			○	
右地理類(邊防之屬)									
景德朝陵地理記三○卷	邢昺等撰				○		○		
續南荒錄一卷	陳隱之撰				○		○		
歷代宮殿名一卷	李昉撰				○		○		
南朝宮苑記一卷	不著撰人				○		○		
右地理類(專志之屬)									
岳瀆福地圖一卷	不著撰人				○		○		
華山記一卷	不著撰人				○		○		
衡山記一卷	不著撰人				○		○		
峨眉山記二卷	不著撰人				○		○		
宣和編類河防書一九二卷	不著撰人				○		○		
嶺表異物志一卷	不著撰人				○		○		

續表

書名	作者	存	殘	輯	佚	未見	《宋志》著録	《宋志》未收	備注
南海異事五卷	不著撰人				○		○		
九華山記二卷	釋應物撰				○		○		
九華山舊録一卷	釋應物撰				○		○		
王屋山記一卷	李居一撰				○		○		
峽山履平集一卷	司馬儦撰				○		○		
峽江利涉集一卷	潘子韶撰				○		○		
導河形勢書一卷	李垂撰				○		○		
武夷山記一卷	劉夔撰				○		○		
羅浮山記一卷	郭之美撰				○		○		
茅山記一卷	陳倩撰				○		○		
豫章西山記二卷	李上交撰				○		○		
六峰志一○卷	劉昌詩撰				○		○		
離崒志一○卷	不著撰人				○		○		
雁山行記一卷	陳謙撰				○		○		
九丘總要三四○卷	王日休撰				○		○		
南嶽勝槩一卷	錢景衎撰				○		○		
句曲山記七卷	曾洵撰				○		○		
黃山圖經一卷	汪師孟撰				○		○		
霍山記一卷	林須撰				○		○		
九華山新録一卷	滕宗諒撰				○		○		
九疑考古二卷	吳致堯撰				○		○		
江行圖志一卷	不著撰人				○		○		
大禹治水玄奧録一卷	不著撰人				○		○		
廬山事迹三卷	不著撰人				○				
續廬山記一卷	李常撰				○		○		
四明山記一卷	不著撰人				○		○		
地理圖一卷	不著撰人				○		○		

續表

書名	作者	存	殘	輯	佚	未見	《宋志》著録	《宋志》未收	備注
南岳衡山記一卷	不著撰人				○		○		
考城圖經一卷	不著撰人				○		○		
常州風土記一卷	不著撰人				○		○		
清溪山記一卷	不著撰人				○		○		
水山記一卷	不著撰人				○		○		
茅山新記一卷	不著撰人				○		○		
廬山拾遺二〇卷	朱端章撰				○		○		
續廬山記四卷	馬紵撰				○		○		
九華拾遺一卷	劉放撰				○			○	
何氏山莊次序本末一卷	何異撰				○			○	
廬山記三卷附廬山紀略一卷	陳舜俞撰廬山紀略釋慧遠撰	○						○	《廬山紀略》,《宋志》未收。
峨眉志三卷	張開撰				○			○	
四明它山水利備覽二卷	魏峴撰	○						○	
吳中水利書一卷	單鍔撰	○						○	
赤松山志一卷	倪守約撰	○						○	
湘江論一卷	潘洞撰				○			○	
艮嶽記一卷	張淏撰	○						○	
九華山總録十八卷	程太古撰				○			○	
右地理類(山水之屬)									
南嶽尋勝録一卷	釋文政撰				○		○		
東京記二卷	宋敏求撰				○		○		
隆慮洞天録一卷	李琮撰				○		○		
洞霄圖志六卷	鄧牧撰	○						○	
廬阜紀游一卷	孫惟信撰				○			○	
古杭夢游録一卷	李郁撰				○			○	

續表

書名	作者	存	殘	輯	佚	未見	《宋志》著録	《宋志》未收	備注
金華游録一卷	方鳳、謝翱、陳帝臣、吳續古等撰	○						○	
句漏洞天十記一卷	吳元美撰				○			○	
陽明洞天圖經十五卷	李宗諤撰		○				○		
游城南記一卷	張禮撰	○						○	
西湖古迹事實一卷	傅牧撰				○			○	
右地理類(游記之屬)									
郡國人物志一五○卷	陳坤臣撰				○		○		
巨鼇記五卷	歐陽忞撰				○		○		
隋朝洛都記一卷	陳延禧撰				○		○		
蜀北路秦程記一卷	陳延禧撰				○		○		
明越風物志七卷	姜嶼撰				○		○		
雲南風俗録一○卷	不著撰人				○		○		
蜀江志一○卷	沈立撰				○		○		
庸調租賦三卷	盛度撰				○		○		
歐冶拾遺一卷	陳傅撰				○		○		
巨鼇記六卷	不著撰人				○		○		
地理五龍祕法不著卷數	毛漸撰				○		○		
邕管雜記三卷	范旻撰				○		○		
吳會雜録一卷	魏羽撰				○		○		
江左記三卷	張參撰				○		○		
湘中新記七卷	周衡撰				○		○		
地理叢考一卷	薛季宣撰				○		○		
安南土貢風俗一卷	不著撰人				○		○		
海潮圖論一卷	謝頤素撰				○		○		
甌冶拾遺一卷	檀林撰				○		○		

續表

書名	作者	存	殘	輯	佚	未見	《宋志》著録	《宋志》未收	備注
古今洛城事類二卷	王正論撰				○		○		
江夏辨疑一卷	王得臣撰				○		○		
邕管溪洞雜記一卷	談揆撰				○		○		
濠上摭遺一卷	劉拯撰				○		○		
職方機要四〇卷	程繽撰				○		○		
齊安拾遺一卷	許靖夫撰				○		○		
李渠志一卷	陳哲夫撰				○		○		
清源人物志十三卷	唐稷撰				○		○		
指掌圖二卷	不著撰人				○		○		
南海録一卷	不著撰人				○		○		
吳興雜録七卷	張文規撰				○		○		
四明風俗賦一卷	不著撰人				○		○		
武陵郡離合記六卷	丁介撰				○		○		
鶴山叢志一〇卷	鄧樞撰				○		○		
辰州風土記六卷	田渭撰			○			○		
岳陽風土記一卷	范致明撰	○					○		
嶺外代答一〇卷	周去非撰			○				○	
中吳紀聞六卷	龔明之撰	○						○	
莆陽比事七卷	李俊甫撰	○					○		
都城紀勝一卷	耐得翁撰	○						○	
番禺紀異五卷	馮拯撰				○			○	
江行録一卷	張氏撰				○			○	
東京夢華録一〇卷	孟元老撰	○						○	
桂海虞衡志三卷	范成大撰		○				○		
武林舊事一〇卷	周密撰	○						○	
記古滇説一卷	張道宗撰	○						○	
夢梁録二〇卷	吳自牧撰	○						○	

續表

書名	作者	存	殘	輯	佚	未見	《宋志》著録	《宋志》未收	備注
右地理類(雜記之屬)									
列國入貢圖二〇卷	崔峽撰				○		○		
南蠻記一〇卷	不著撰人				○		○		
于闐國行程録一卷	平居誨撰				○		○		
契丹志一卷	王曾撰				○		○		
南北對鏡圖一卷	不著撰人				○		○		
混一圖一卷	不著撰人				○		○		
西南蠻夷朝貢圖一卷	不著撰人				○		○		
大理國行程一卷	檀林撰				○		○		
夏國樞要二卷	蘇氏撰				○		○		
高麗日本傳一卷	不著撰人				○		○		
契丹國土記契丹疆宇圖二卷契丹地理圖一卷	不著撰人				○		○		
雞林類事三卷	孫穆撰		○				○		
諸蕃志二卷	趙汝适撰			○				○	
溪蠻叢笑一卷	朱輔撰	○						○	
宣和奉使高麗圖經四〇卷	徐兢撰	○					○		
右地理類(外紀之屬)									
吳録二〇卷	徐鉉、高遠、喬舜、潘祐等撰				○		○		
南唐書不著卷數	胡恢撰				○			○	
南唐書三〇卷	馬令撰	○						○	
三十國春秋鈔一卷	不著撰人					○			
南唐書十八卷	陸游撰	○						○	
南唐書十五卷	不著撰人				○		○		
蜀書二〇卷	李昊撰				○		○		

續表

書名	作者	存	殘	輯	佚	未見	《宋志》著録	《宋志》未收	備注
吳越備史十五卷	舊題范坰、林禹等撰		○				○		
王氏紹運圖三卷	林仁志撰				○		○		
備史遺事五卷	錢儼撰				○		○		
金國志二卷	張棣撰					○		○	
後蜀孟氏記事二卷	董淳撰				○		○		
江南録一○卷	徐鉉、湯悅等撰				○		○		
江南録不著卷數	不著撰人		○					○	
九國志五一卷	路振撰張唐英補		○				○		
南唐餘事一卷	陳舜申撰				○			○	
南唐近事一卷	鄭文寶撰	○					○		
江表志二卷	鄭文寶撰		○				○		
征蒙記一卷	李大諒撰				○			○	
江南別録四卷	陳彭年撰	○					○		
江南野史二○卷	龍袞撰		○				○		
渤海行年記一○卷	曾顔撰				○		○		
劉氏興亡録一卷	胡賓王撰				○		○		
荆湘近事一○卷	陶岳撰		○				○		
三楚新録三卷	周羽沖撰	○					○		
湖湘馬氏故事二○卷	曹衍撰				○		○		
辨鳩録一卷	不著撰人				○			○	
蕃爾雅一卷	不著撰人				○			○	
天下大定録一○卷	王舉撰				○		○		
楚録五卷	盧臧撰				○		○		
遼四京記一卷	不著撰人				○			○	

續表

書名	作者	存	殘	輯	佚	未見	《宋志》著録	《宋志》未收	備注
蜀檮杌一〇卷	張唐英撰		〇				〇		
十國紀年四〇卷	劉恕撰				〇		〇		
十國紀年通譜不著卷數	薛季宣撰				〇			〇	
閩王事迹一卷	不著撰人				〇		〇		
閩王列传一卷	陈致雍撰				〇			〇	
高氏世家一〇卷	不著撰人				〇		〇		
湖南故事十三卷	不著撰人				〇		〇		
十國載記三卷	不著撰人				〇		〇		
江南餘載二卷	不著撰人			〇			〇		
南平志二卷	路綸撰				〇			〇	
高宗皇帝過江事實一卷	不著撰人				〇		〇		
廣王事迹一卷	不著撰人				〇		〇		
家王故事不著卷數	錢惟演撰		〇				〇		
夏國樞要二卷	孫巽撰				〇			〇	
西夏事略一卷	舊題王稱撰	〇						〇	
西夏須知一卷	劉温潤撰				〇			〇	《宋志》入兵書類。
匈奴須知一卷	田緯撰				〇			〇	
金虜節要一卷	張匯撰				〇			〇	
虜使問答不著卷數	趙彦秖撰				〇			〇	
十六國考鏡一卷	舊題石延年撰	〇						〇	
避盜録不著卷數	鄭剛中撰				〇			〇	
釣磯立談一卷	舊題史虛白撰	〇						〇	《宋志》入小説家類。
右霸史類									